塞上专题史研究

宁夏旧志图解

范宗兴　孙广文　黄　鑫　编著

黄河出版传媒集团
宁夏人民出版社

图书在版编目（CIP）数据

宁夏旧志图解 / 范宗兴，孙广文，黄鑫编著. -- 银川：宁夏人民出版社，2020.10
（塞上专题史研究）
ISBN 978-7-227-07284-3

Ⅰ. ①宁… Ⅱ. ①范… ②孙… ③黄… Ⅲ. ①宁夏 – 地方志 – 图解 Ⅳ. ① K294.3-64

中国版本图书馆 CIP 数据核字（2020）第 205865 号

塞上专题史研究
宁夏旧志图解　　范宗兴　孙广文　黄　鑫　编著

责任编辑　管世献　王　艳
责任校对　杨敏媛
特邀编辑　薛雯乔
封面设计　赵　瑾
责任印制　马　丽

黄河出版传媒集团
宁夏人民出版社　出版发行

出 版 人　薛文斌
地　　址　宁夏银川市北京东路 139 号出版大厦（750001）
网　　址　http://www.yrpubm.com
网上书店　http://www.hh-book.com
电子信箱　nxrmcbs@126.com
邮购电话　0951-5052104　5052106
经　　销　全国新华书店
印刷装订　宁夏凤鸣彩印广告有限公司
印刷委托书号　（宁）0018922

开　　本　787 mm × 1092 mm　1/16
印　　张　23.25
字　　数　316 千字
版　　次　2020 年 10 月第 1 版
印　　次　2020 年 10 月第 1 次印刷
书　　号　ISBN 978-7-227-07284-3
定　　价　68.00 元

前言

地方志书是中华传统文化的瑰宝，是一笔极其宝贵的财富。地方志书，又称“地志”“地记”“图经”“方志”等，是按一定体例，全面、系统地记述某一时期某一地域自然、政治、经济、文化、社会等历史与现状的资料性文献。因为地方志书具有门类齐全、信息量大、涵盖面广的特征，所以其享有“一方之百科全书”“一方之全史”和“博物之书”的殊荣，并保持着“资治”“存史”“教化”的特殊地位。志书与史书都是传承中华文明的重要载体，比较而言，史书一般是当代人记述前代事，且评论较多，而志书则是当代人记述当代事，其最大的优点是“地近易核，时近易真”，记事直叙不作，真实可信，载量丰富，其独特的历史文化价值和经世致用的使用价值也得到了社会的广泛认同。

我国地方志书产生、发展源远流长，上可追溯到秦代以前，迄今已有 2 500 多年的历史，且代代相传，生生不息。宁夏建置历史悠久，早在战国时期，今宁夏南部和东部地区就出现了首批县级建置。秦始皇统一六国，分天下为36郡，今宁夏黄河以南属北地郡，郡下设县。汉承秦制，宁夏全境初属北地郡，后析出北地郡的西南部另置安定郡。从此，宁夏郡县两级建置初具规模，并影响了以后历代行政建置的更替与完善。遗憾的是，宁夏建置历史虽然悠久，但作为多民族聚居地、不断得到开发的“蛮荒”之地和西北军事重地，直到元、明两代才出现了该地编修的地方志书，与史志学界公认的最早的地方志书《越绝书》相比晚了千余年。

早在宋代，地方志书编纂正处于成熟期，在元代开创“一统志”先例形势下，宁夏也有《开成府志》问世，惜已佚失。明代重视地方志书的编修，永乐十六年（1418年），明成祖朱棣“诏令天下郡、县、卫、所皆修志书”，宁夏现存的首部地方志书大明庆王朱栴亲自撰写的〔宣德〕《宁夏志》就是此时启动的，至正统年间刻印成书，被视为宁夏地方志书的祖本。此后，属“九边重镇”之列的宁夏镇、固原镇编修志书蔚然成风，尤以嘉靖、万历两朝为盛，先后编修了〔弘治〕《宁夏新志》、〔嘉靖〕《宁夏新志》、〔嘉靖〕《固原州志》、〔万历〕《朔方新志》和〔万历〕《固原州志》，加上祖本〔宣德〕《宁夏志》，有明一代共在今宁夏地区编修了6部地方志书，成为宁夏现存最早的优秀历史文化典籍。

清代，编修地方志书之风盛行全国，现存的〔顺治〕《增补万历朔方新志》、〔康熙〕《隆德县志》、〔康熙〕《新修朔方广武志》、〔乾隆〕《宁夏府志》、〔乾隆〕《银川小志》、〔乾隆〕《中卫县志》、〔乾隆〕《盐茶厅志备遗》、〔道光〕《续修中卫县志》、〔道光〕《平罗记略》、〔道光〕《续增平罗记略》、〔道光〕《隆德县续志》、〔嘉庆〕《灵州志迹》、〔嘉庆〕《平罗县志》、〔光绪〕《重修灵州志》、〔光绪〕《平远县志》、〔光绪〕《花马池志迹》、〔光绪〕《海城县志》、〔光绪〕《宁灵厅志草》、〔宣统〕《新修固原直隶州志》，加上〔宣统〕《新修固原直隶州志》的“志中志”〔宣统〕《硝河城志》，以及〔乾隆〕《盐茶厅志备遗》、〔光绪〕《新修打拉池县丞志》，共22部宁夏地方志书，皆出于清代地方官员和文化名流之手。

中华民国时期，新旧军阀混战，社会动荡，不具备修志的社会条件，但国民政府也倡导编修地方志书，延续中华文脉。1929年，南京政府内务部颁布《修志事例概要二十二条》，1944年颁布《地方志纂修办法》，1946年再次颁布《地方志书纂修办法》。1937年初，宁夏省政府依据《修志事例概要二十二条》筹设宁夏省志馆，并成立文献委员会，后因各种原因，省志编修被迫搁置，但也遵循《修志事例概要二十二条》及《地方志书纂修办法》，编修了《重修隆德县志》《豫旺县志》《固原县志》《西吉县志》《化平县志》《盐池县志》和卷本最多、体例完备、影响最大的《朔方道志》，以及基本参照志书体例编修的《十年来宁夏省政述要》，加上志坛鲜见的专业志书《宁夏资源志》《宁夏省资源图志》共10部。特别是6部县级综合志书都出自贫困地区，实属不易，难能可贵。

随着地方志书编纂实践，述、记、志、传、图、表、录七体并用也科学地搭建了地方志书这一特殊的文化载体。相对于其他“六体”而言，“图”在宁夏地方志书中运用的历史较短，但“图”能够成为基本体裁，并被广泛运用，却是地方志书文化创新发展的历史必然。“图”的合理运用，不但使地方志书的体裁更加完善，内容更趋完整，信息量有效增大，而且也提升了地方志书的价值，增进了图文并茂的直观效果。特别是地方志书中对“舆图”“城图”的运用，配合文字记述，形象地展现了历史面貌和所表达的历史内容。这种图文辅成形式，彰显了“一图揽万里”“一图胜千言”的功能作用。

宁夏现存的首部地方志书〔宣德〕《宁夏志》还没有“图”的绘制，直到相隔60年后，宁夏现存的第二部地方志书〔弘治〕《宁夏新志》首次出现了《国朝混一宁夏境土之图》和《宁夏城图》。自此，历经明清两代，直到中华民国时期，有关舆图、舆地图、盐池图、星宿图以及景观图等历史图画，在宁夏传世地方志书中屡见不鲜，并且成为一种特殊的历史文化遗产。这些历史文化遗产常常以一种“写照”出现，具有更加直观、易解的特征。虽然由于技术上的原因，这些图的绘制未必精确，但是相比对此类事物的文字描述，特别对历史研究的价值，至少可以从事物佐证、史料解读、线索查寻、复原原貌等方面，为我们提供了更加方便的条件。

在对历代地方志书文化资源的开发利用上，以往大都重视对文字资料的点校、研究与应用，对一些图画资料的解读与说明则很少涉猎。基于这种现状，我们试图对宁夏历代地方志书中的制图进行搜集整理，并加以分类解读。由于制图的连续性和概括性较差，因而配置的解读说明也难以达到一定的精确程度，但对这种文化资源的整理、挖掘与研究，又将进一步丰富地方历史文化内容，凸显地方志书资政、存史、教化的社会功用。

编辑说明

一、全书收录的各“图”来自明、清及中华民国时期编修的宁夏地方志书，每幅“图”都注明来源。

二、全书由星宿图解、山川图解、人口图解、区划图解、城池图解、官署图解、防务图解、水利图解、交通图解、科教图解、物产图解、地政图解、景观图解、庙宇图解、题词图解 15 个主体部分组成。针对每幅绘图,以〔引言〕〔图示〕〔图解〕方式予以标示和解读。个别图中涉及其他山川地名等，视情况则以〔附记〕方式予以记述。

三、旧地方志书绘制的“图”，多以毛笔字传统笔法随意标明地名等，大小不一，又失书法艺术，从而增加了识别的难度。为了有利于读者辨认，全书在保持“图”的原貌基础上，争取将“图”中的文字改为印刷字，并将繁体字统一改为标准简体字，将通假字、异体字等统一改为通用字。同时，对“唐来渠”“石咀山”等按现在标准要求作了统一规范。

四、对旧地方志书绘制的“图”中难以辨认的字，用□代表，一□一字，个别因字迹模糊不清即保持原貌，以待读者考证研究。

五、全书末尾增列《宁夏现存旧志及绘图简表》，便于读者翻检查阅核对。

目录

星宿图解 ………………………………………………… 001

中国古代天文星象学或玄学以北极星为中心，把环绕天体、周而复始运转不停的恒星分为二十八个星宿，分别为：角、亢、氐、房、心、尾、箕；井、鬼、柳、星、张、翼、轸；奎、娄、胃、昴、毕、觜、参；斗、牛、女、虚、危、室、壁。沿着黄道和赤道之间，二十八个星宿又组成东、南、西、北四大星象，即东方青龙（苍龙）、南方朱雀、西方白虎、北方玄武四大星象。

山川图解 ………………………………………………… 024

从地图上看，今天的宁夏境域轮廓南北长、东西短，基本呈十字形。在这块版图上，包含了山脉、高原、平原、丘陵、河谷等类型多样的地貌，使宁夏呈现丰富的自然景观。

人口图解 ………………………………………… 040

宁夏建省前，全省 8 县人口总量不及 45 万，到民国二十七年（1938 年），除陕甘宁边区盐池县，以及磴口县、阿拉善旗、额济纳旗，宁夏县、宁朔县、平罗县、金积县、灵武县、中卫县、中宁县、同心县 8 县共有人口约 56 万。民国三十年（1941 年），宁夏全省总人口达 73 万。

区划图解 ………………………………………… 047

更为罕见的是《广舆图》中的《宁夏固兰边图》，并配有文字说明，包括该地区的军事、行政、盐政及其他纪事，对研究宁夏历史有很高的参考价值，是非常难得的明代宁夏珍贵历史资料。

城池图解 ………………………………………… 115

西夏是中国历史上由党项贵族在中国西北部建立的一个割据政权，历经 189 年。1038 年，李元昊以夏为国号，称“大夏”。又因其在西方，宋人称之为“西夏”。

官署图解 ………………………………………… 150

清代及中华民国时期编修的宁夏地方志书，有绘制的《固原州署图》《朔方道尹公署图》《宁夏镇守使署图》等。

防务图解 ………………………………………… 159

宁夏镇为军事重镇，上隶陕西都指挥使司（后改由陕西三边总制节制），下辖镇城的宁夏卫、宁夏前卫、宁夏左屯卫、宁夏右屯卫、宁夏中屯卫，号为宁夏“内五卫”。

水利图解 ………………………………………… 210

宁夏地处祖国西北、黄河中上游，总面积 6.64 万平方公里，海拔 1 090—2 900 米。黄河干流冲出黑山峡，从中卫市南长滩入宁夏境，自西南而东北，流经中卫、吴忠、银川、石嘴山 4 个地级市，12 个县（市、区），至内蒙古乌海市海勃湾出境，在宁夏境内流程 397 公里。

交通图解 ………………………………………… 228

宁夏汽车运输始于民国九年（1920 年），以宁夏汽车运输公司成立为标志。民国二十二年（1933 年），在宁兰、宁包两线开始经营客货运输业务。

科教图解 ………………………………………… 239

从清末到中华民国，又是近代科学技术开始进入宁夏并得到初步发展的重要时期，主要有防疫、电报、矿物勘测、水利设计等新技术的应用，其中清光绪三十三年（1907 年）在固原州兴建的农事试验场，就首开了宁夏农业引种试验的先河。

物产图解 ………………………………………… 246

宁夏比较有名的物产有食盐、煤炭、大米及以羊为主的畜产。

地政图解 ………………………………………… 273

中华民国时期，马鸿逵主政宁夏后，为了解决财政困难，首先组织力量对宁夏省土壤类型进行调查，在此基础上，对宁夏省耕地进行丈量清查，测算各县人均耕地亩数，然后依据地亩及田地等级定税，从而增加了财政收入，解决了财政困难，但在当时条件下明显增加了农民的负担。

景观图解 …………………………………………………… 285

自明正统年间（1436—1449 年）起，宁夏镇城就是一座风光美丽的城市，城镇内外，建有丽景园、金波湖、南塘、小春园、静得园、寓乐园、凝和园、撷芳园等 53 处大小园林景观。

庙宇图解 …………………………………………………… 304

在历史的长河中，宁夏地区留下了许多庙宇人文景观。这些庙宇建筑群，格调较高，规模可观，遍布城里城外。

题词图解 …………………………………………………… 326

题词题记是编修地方志书的一大亮点，为地方志书增色不少。为地方志书题词多由主持编修地方志书的地方要员和地方文化名流提笔完成。

宁夏现存旧志及绘图简表 ………………………………… 347

后　　记 …………………………………………………… 352

星宿图解

引言

谈及古代中华大地，经常会提到它的一个别称，即“九州”。关于“九州”是哪九个州，历代划分有所不同，见于古籍的，如《周礼》《禹贡》《吕氏春秋》《尔雅》等就有多个版本。据《尚书·禹贡》载，禹分天下为九州，即冀州（地为白壤）、兖州（地为黑壤）、青州（地为白壤）、徐州（地为红色黏土）、扬州（地为潮湿泥土）、豫州（地为柔软的土）、梁州（地为松散的黑色土）、荆州（地为潮湿泥土）、雍州（地为上等的黄壤）。古人虽有九州之分，但因没有测绘地图的精密仪器，最简单而有效的办法就是通过天文来表达地理，因而将星宿与地域一一对应。这种对应，在天称“分星”，在地称“分野”。

中国古代天文星象学或玄学以北极星为中心，把环绕天体、周而复始运转不停的恒星分为二十八个星宿，分别为：角、亢、氐、房、心、尾、箕；井、鬼、柳、星、张、翼、轸；奎、娄、胃、昴、毕、觜、参；斗、牛、女、虚、危、室、壁。沿着黄道和赤道之间，二十八个星宿又组成东、南、西、北四大星象，即东方青龙（苍龙）、南方朱雀、西方白虎、北方玄武四大星象。每个星象有七个星宿，《史记·天官书》就详细地记载了这二十八星宿：

东方青龙（苍龙）：角木蛟、亢金龙、氐土貉、房日兔、心月狐、尾火虎、箕水豹；

南方朱雀：井木犴、鬼金羊、柳土獐、星日马、张月鹿、翼火蛇、轸水蚓；

西方白虎：奎木狼、娄金狗、胃土雉、昴日鸡、毕月乌、觜火猴、参水猿；

北方玄武：斗木獬、牛金牛、女土蝠、虚日鼠、危月燕、室火猪、壁水㺄。

四大星象的二十八个星宿，就是形象中的星座。在每个星象的七个星宿（星座）中，其包括的个星不同，东方七宿有32星，南方七宿有64星，西方七宿有51星，北方七宿有35星，全部共有182星，循着一定的轨道运行。

星宿与地域对应，是我国古代史志书籍中的一个传统，较早记载的是《国语·周语》，直到清代甚至中华民国时期编修的地方志书，各地还有入某某野多少度的说法。一般而言，二十八个星宿与地域的对应符合两条规则：一是纬度对应规则，即古中国靠南的地域对应靠南的星宿，靠北的地域对应靠北的星宿；二是经度对应规则，即每月观察对应星宿从东方地平线上升起，不受冬夏昼夜长短变化的影响，皆可在古代“中央时间”的上卯时（5：30左右）观测，只是按经度位置变更观测地域，不同的地域即对应不同的星宿。据《晋书·天文志》的标准，天上二十八个星宿与地上十二个州的对应关系是：东方青龙对应兖州、豫州、幽州；北方玄武对应扬州、青州、并州；西方白虎对应徐州、冀州、益州；南方朱雀对应雍州、梁州、荆州。

南方朱雀星象中的井宿、鬼宿就对应“九州”或“十二州”中的雍州。雍州地理范围包括今宁夏、陕西、甘肃和内蒙古部分地区，故宁夏旧志中多存有绘制的“井宿图”和“鬼宿图”。

井、鬼、柳、星、张、翼、轸七星宿形成一组鸟的形象，春分时节出现在南部天空，故称“南方朱雀”。

井宿：又名东井，属南方朱雀星象下的第一星宿。井宿属木，有8星，其组合星群状如网，也犹如一个水井，由此而得名“井”。井宿也像一张迎头之网，又如一片无底汪洋。井宿在西方称为“双子座”，因为井宿组合成东西两列，3月上旬黄昏时分，可以在正南方天空看到闪烁发光的两排并列的星座，看起来就像一对相互拥抱的双胞胎，在西洋占术中将此视为一对兄弟，日本称之为“夫妻星”。

鬼宿：又称“舆鬼”，为南方朱雀星象下的第二星宿。舆，宋代编纂的音韵学著作《集韵》解释为“众也”。因此，舆鬼可理解为众鬼。鬼宿属金，有4星，呈方形，一管积聚马匹，一管积聚兵士，一管积聚布帛，一管积聚金玉。鬼宿犹如一顶戴在朱雀头上的帽子，鸟类在受到惊吓时头顶羽毛成冠状，人们也把最害怕而又并不存在的东西称作“鬼”，鬼宿因此而得名，因主惊吓，故多凶。

柳宿：为南方朱雀星象下的第三星宿。柳宿属土，有8星，状如垂柳，它是朱雀的口。柳，原名为咮，咮是鸟嘴的意思。《尔雅·释天》：“咮谓之柳，柳，鹑火也。”又注称：“鹑，鸟名；火属南方。”柳宿8星，形状弯曲，像鸟嘴，也像垂柳。柳宿居朱雀之嘴，其状如柳叶，嘴为进食之用，故柳宿多吉。

星宿：为南方朱雀星象下的第四星宿，为朱雀之目。因为鸟类的眼睛多如星星般明亮，由此而得名“星”。星宿为日，为马。俗话说“眼里揉不得沙子”，故星宿多凶。

张宿：为南方朱雀星象下的第五星宿，为朱雀的嗉囊。朱雀的嗉子居朱雀身体与翅膀连接处，意为“张开的网”，只有翅膀张开才意味着飞翔，民间常有“开张大吉”等说法，故张宿多吉。

翼宿：为南方朱雀星象下的第六星宿，居朱雀之尾。翼宿属火，有 22 星，状如朱雀的翅膀和尾巴，故而得名“翼”。鸟有了翅膀才能飞翔，故翼宿多吉。

轸宿：为南方朱雀星象下的第七星宿。轸宿属水，有 6 星，其中 4 星居中，又名“天车”，旁有左辖、右辖 2 星。鸟儿的尾巴是用来掌握方向的。古代称车厢底部后面的横木为“轸”，其部位与轸宿居朱雀之位相当，由此而得名。“轸”有悲痛之意，故轸宿多凶。

井：又称“鹑首”，意为“水井”。此星明亮，主吉。

图示 · 星宿图

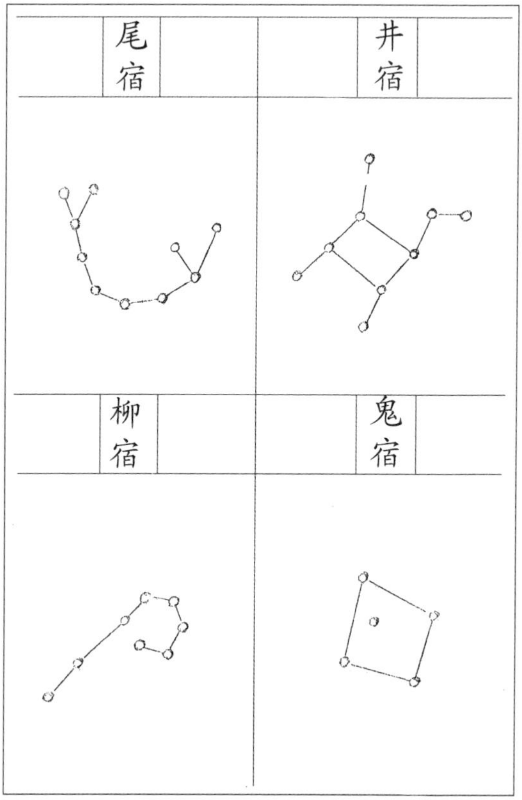

来源：清《增补万历朔方新志》。

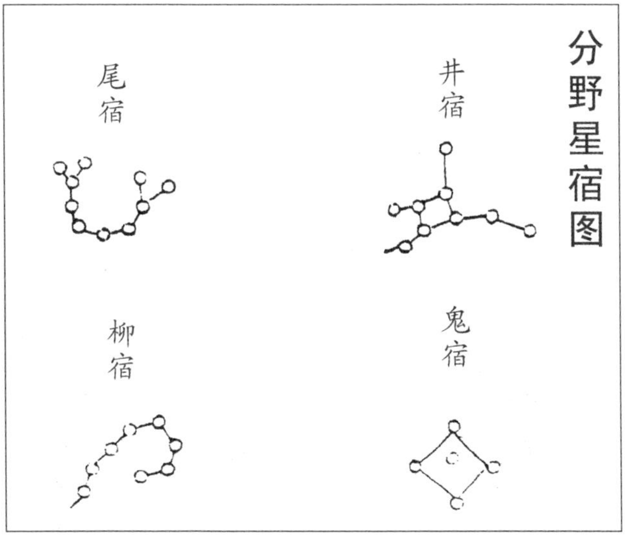

来源：清〔康熙〕《新修朔方广武志》。

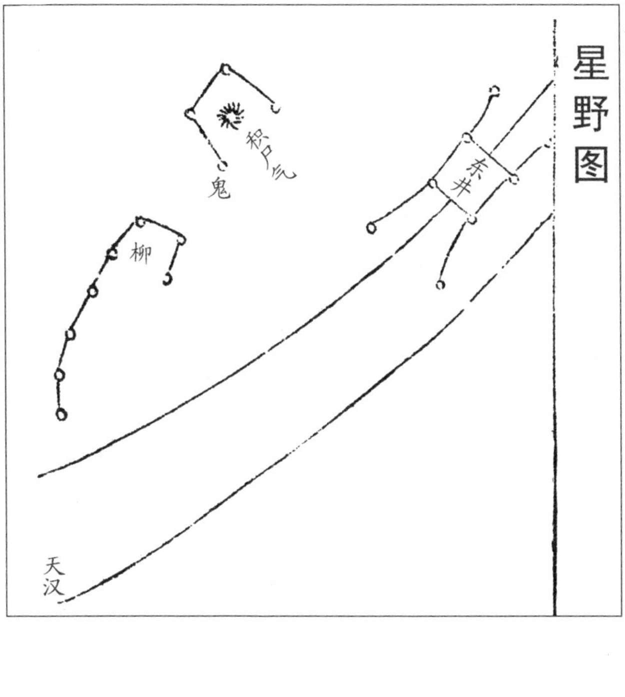

来源：清〔乾隆〕《中卫县志》。

井宿图

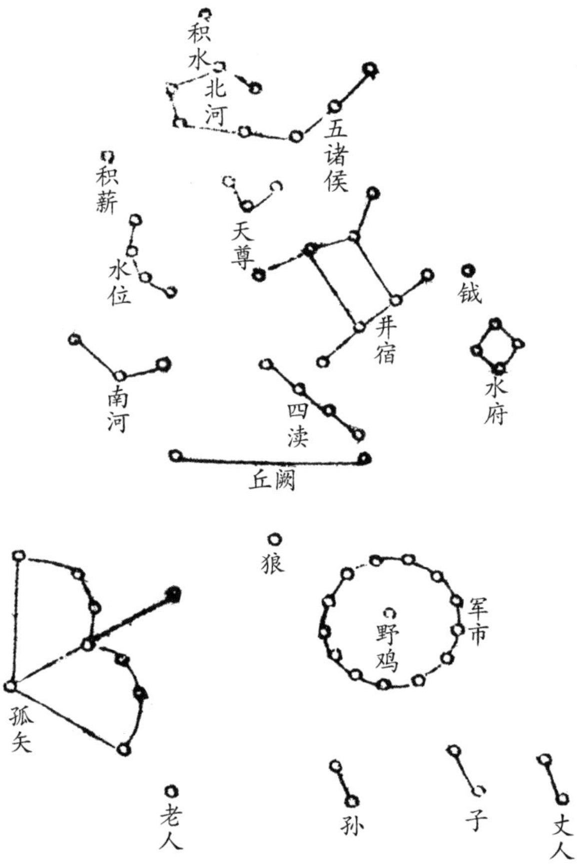

来源：清〔乾隆〕《宁夏府志》。

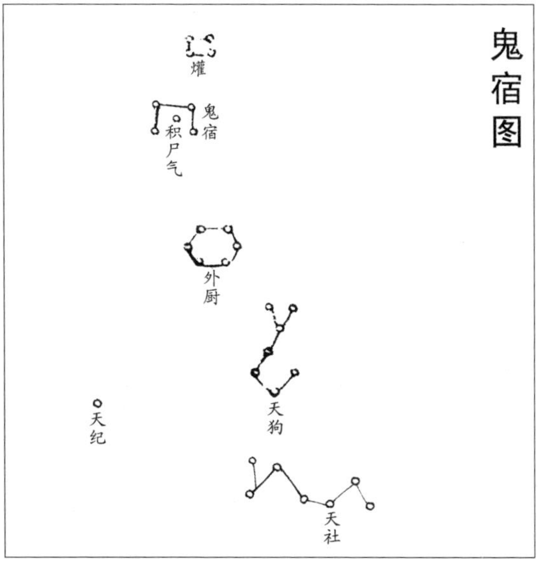

来源：清〔乾隆〕《宁夏府志》。

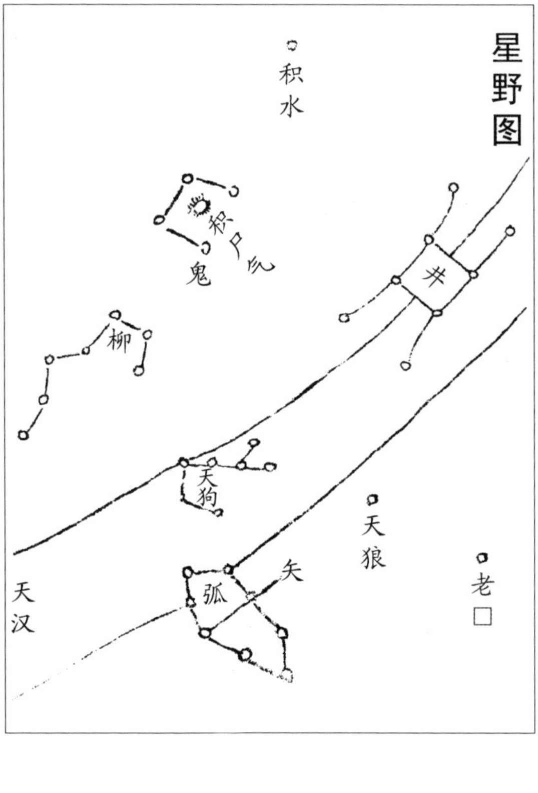

来源：清〔道光〕《续修中卫县志》。

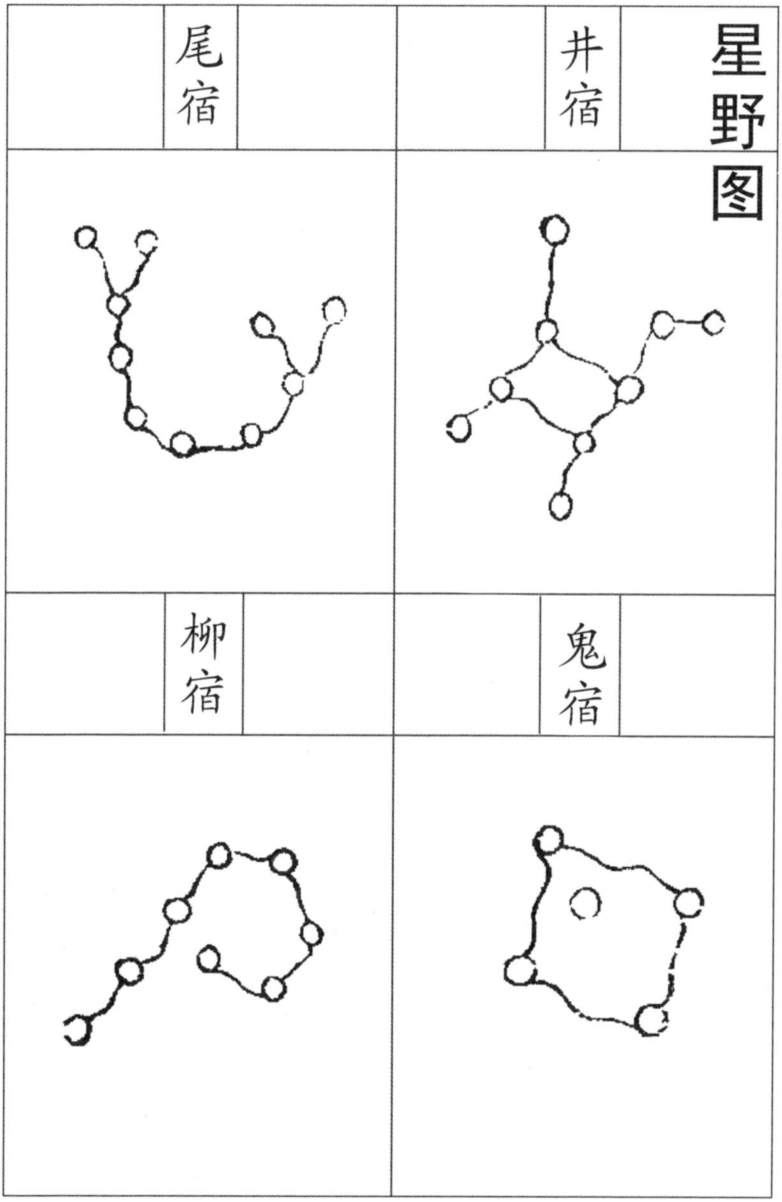

来源：清〔嘉庆〕《灵州志迹》。

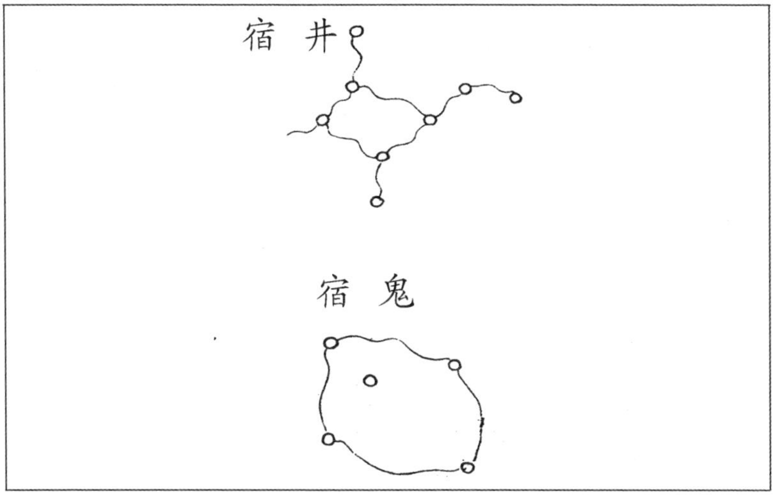

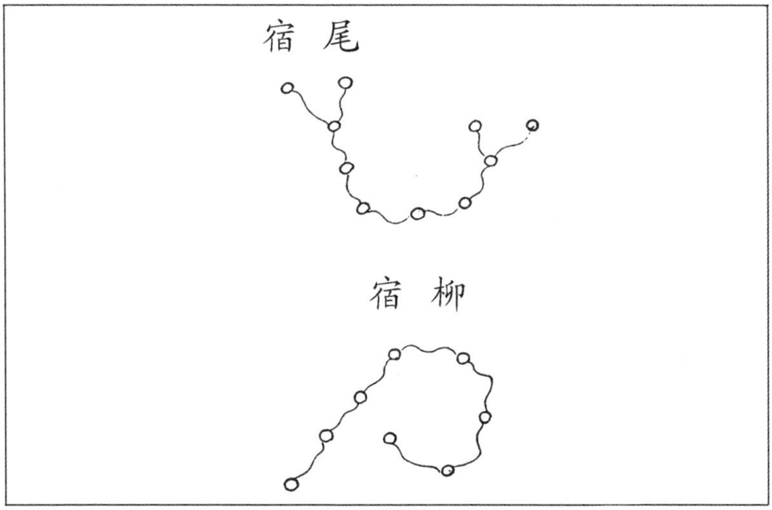

来源:清〔光绪〕《花马池志迹》。

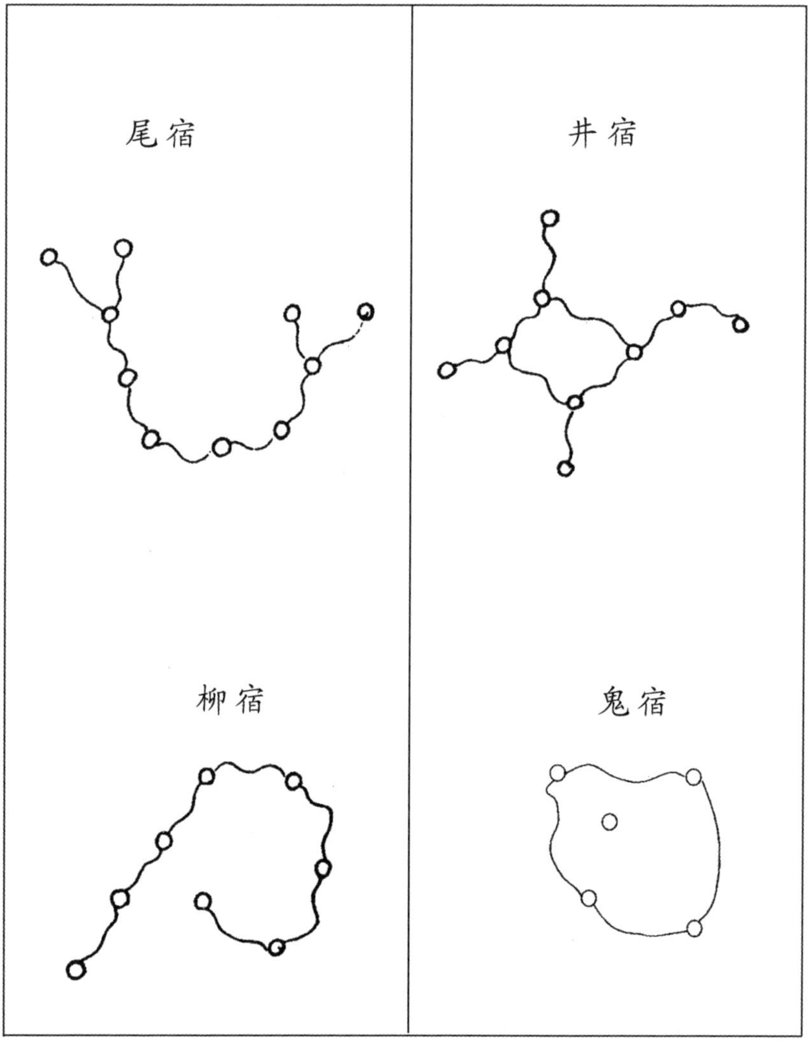

来源：清〔光绪〕《宁灵厅志草》。

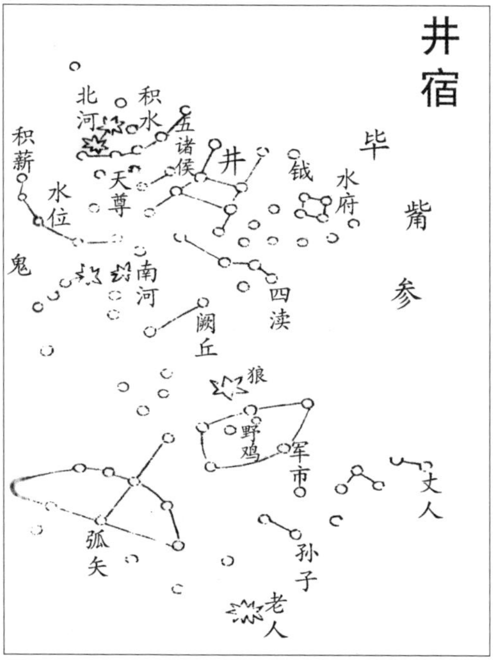

来源：清〔宣统〕《新修固原直隶州志》。

来源：清〔宣统〕《新修固原直隶州志》。

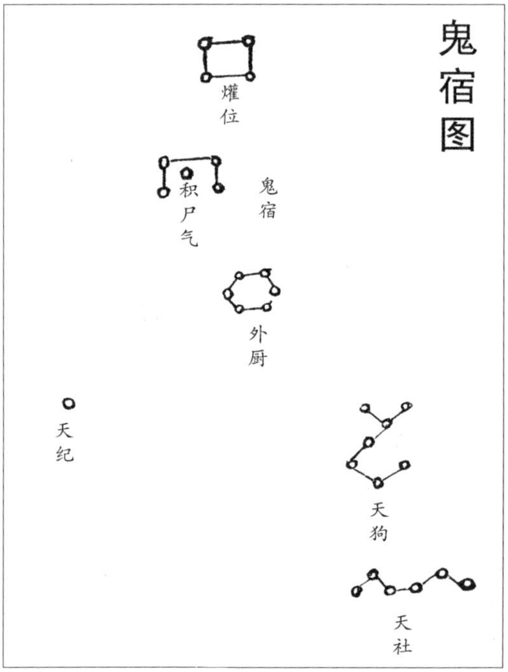

来源：民国《朔方道志》。

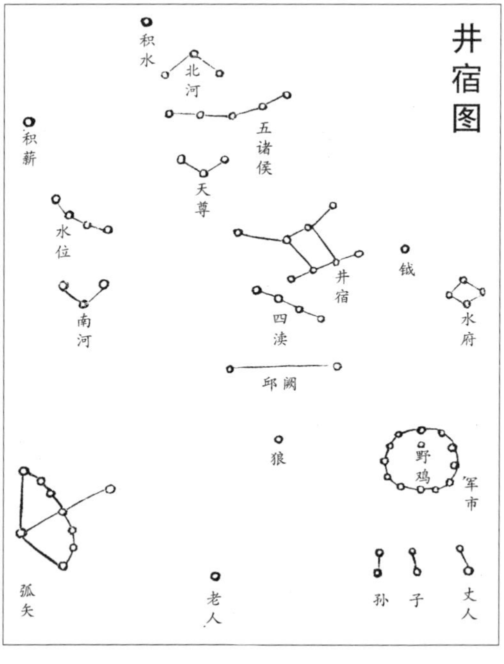

来源：民国《朔方道志》。

井鬼柳三宿图

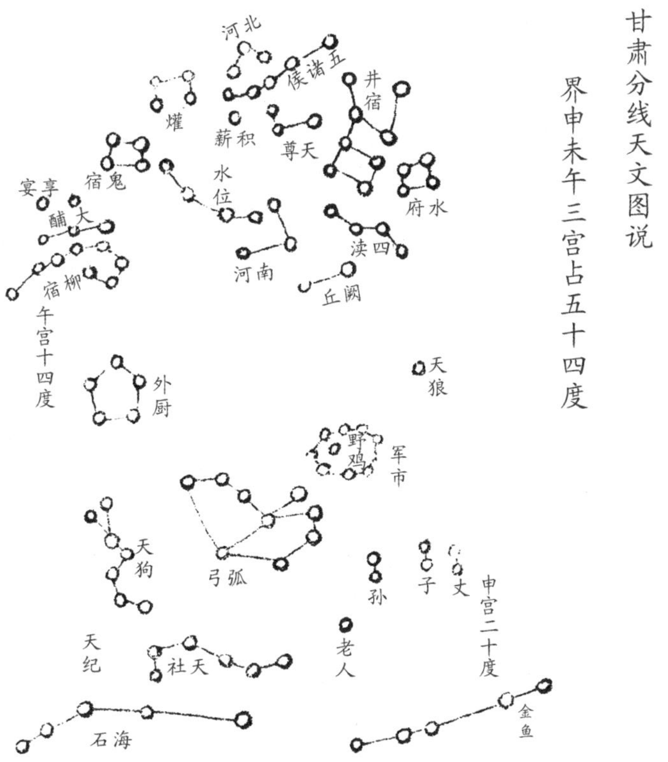

从午宫十五度直抵两宫十五度截取一象限九十〇度减去兰州皋兰县北极高度下余五十四度即申宫二十〇度至午宫十四度之数又从午宫十五度依东加西减之例推至午宫〇二度二十五分三十〇秒值井宿黄道二十七度二十一分三十四秒是为兰州皋兰县地平经度也余仿此

来源：民国《重修隆德县志》。

图解 · 井宿个星

钺：古代一种兵器，即斧钺，属室宿，主诛夷。

南河：有3个星，意为“井宿南面的河流”。《史记·天官书》载：“行南北河，以阴阳言，旱水兵丧。”唐代学者张守节《史记正义》载：“南河三星，北河三星，若月行北河以阴，则水、兵；南河以阳，则旱、丧也。”

北河：属井宿，意为“井宿北面的河流”。有3个星。《史记·天官书》载：“行南北河，以阴阳言，旱水兵丧。”张守节《史记正义》载：“南河三星，北河三星，若月行北河以阴，则水、兵；南河以阳，则旱、丧也。”

天尊：也称“尊帝”，位于北斗之南，为太微垣之主星。有3个星。主幸福康乐。

五诸侯：有5个星，分别为帝师、帝友、三公、博士、太史。指的是天庭的五位地方诸侯。

积水：主水。意为“酿酒而储的水或负责供水的官员”。

积薪：意为“储存的柴薪或负责供应燃料的官员”。

水府：意为“负责供水、灌溉或防洪工事的官员”。主泛满。

水位：意为“量度水位的工具或负责泄洪的官员”。

四渎：意为“江、河、淮、济四条大川”。主江淮河汉。

军市：意为“军队服务的市场”。

野鸡：又名“雉星”。

丈人：意为“老人家”。主寿考。

子：意为“儿子”。

孙：意为“孙”。

阙丘：有2个星，在银河之南，意为“天子之双阙或宫门外的两座小山”。

狼：即天狼，意为“天上的狼”。主侵略。

弧矢：即长矢，又名天弓，在天狼星东南，意为“射天狼的弓箭”。屈原《九歌》载：“举长矢兮射天狼。”

老人：南极老人是中国民间信仰中的一位神仙，象征长寿。《史记·天官书》称为南极星。旧时以为此星主寿，故常用于祝寿时称颂主人。

图解 · 鬼宿个星

鬼质：又称“鬼”“舆鬼”，意为“众多的鬼或车上的鬼”。由 4 个星组成。西晋人晋灼称：“舆鬼五星，其中白者为质。”

尸积：意为“尸体或尸气”。

爟：意为“示警的烽火”。由 4 个星组成。

天狗：意为“天上的狗”。由 7 个星组成，亦称“天狗七星”“犬星”“天狼星”，在外厨南，天社北。天狗星是较亮的恒星，只有太阳、月亮、金星、木星、火星等比它亮。当天狗星接近地平线时，常闪烁着多彩的光芒。民间以为看见天狗星会吉少逆多，伴有血光之灾。

外厨：意为“皇宫外的厨房”，负责烹制祭品。由 6 个星组成。

天纪：是一颗恒星，天纪与弧矢、天社组成一个三角形。

天社：意为“管理庙宇的官员或兽医”。由 6 个星组成。最明亮的成员有 2 颗，其他为暗伴星。

图解 · 其他个星

轩辕：意为“轩辕黄帝”。在鬼宿、柳宿的北面，属南方朱雀星宿，由 17 个星组成。

海石：为明末徐光启所编的《崇祯历书》上根据西方星表加上近南极星区的 23 个星官之一，由 5 个星组成。

大酺：为柳宿周围的个星。

享宴：为柳宿周围的个星。

酒：又称“酒旗星”。据《晋书·天文志》载，轩辕右角南三星曰酒旗，即酒官之旗，主宴飨饮食。酒星在轩辕的东南方。酒旗3星呈“一”字排列。相传在西周初的政治家周公所作的《周礼》中已提到酒旗星。农历六月和九月为酿酒的忌月。以前酿酒必须选择星象、季节和吉日良辰，举行神秘的祭典。古代诗文中也常提到“酒星”或“酒旗星”。东汉末年以“座上客常满，田中酒不空”自称的孔融在《与曹操论酒禁书》中有“天垂酒星之耀，地列酒泉之郡”的语句，反对曹操禁酒。据《汉书·武帝本纪》载，公元前121年夏，霍去病从居延南下，兵至小月氏，大败匈奴，汉武帝赐酒一坛，霍去病倾酒于泉，与众将共饮，此为酒泉地名之来历。诗仙、酒仙并称的李白也有“天若不爱酒，酒星不在天。地若不爱酒，地应无酒泉”的妙语流传。

毕宿：为西方白虎星象下的第五星宿，是传说中的“雨星”。我国有“月离于毕，水漫陈仓”的说法。陈仓古城位于今陕西宝鸡附近，每年8月即为雨季，此时正是古时满月位于毕宿附近的时期。

觜宿：为西方白虎星象下的第六星宿。居白虎之口，口福之象征，故觜宿多吉。

尾宿：为东方青龙星象下的第六星宿。尾宿属火，在7月中旬至下旬的黄昏时分，会出现在南方地平线附近，其形状如狮子尾，故而取名“尾宿”。

附记 · 星座神话

古人不仅把中华大地的地理形势与天上的星宿建立了特定的对应关系，似乎把人间的一切都搬到了天上。古代以一宿星代表一日，二十八宿星代表28日。28日为一个周期，正好4个星期轮流一个周期。二十八宿星在玄学中应用甚广，主要用于地理、择日、易学、占卜等方面，既体现昼夜之分的变化，也体现阴阳气数的变化。古人还认为人的出生日期与天上的二十八宿星相对应，这种传说，源于古人对星辰的自然崇拜，是古代神话和天文学结合的产物。西方也把黄道带划分成十二星座，每个星座对应着人的出生日期，并赋予其相关的神话传说。

在中国神话故事和文人笔下常常听到或看到有关星宿的描述，最具代表性的是紫微星和北斗星。

紫微星就是气星，也称“紫气星”，是木星之余气，追随木星在东方青龙位处，又名“景星”，故有“紫气东来”之美号，是祥瑞吉庆之星。在我国一些神话小说里，帝王称为紫微星。紫微星下凡时，总有二十八位天兵天将跟随其后，这些天兵天将就是二十八宿星。

在文人墨客的笔下，出现频率最高的是北斗星。斗宿是“北方玄武”七宿中的第一宿，由七星组成，其中斗身中的 4 个星又叫“魁星”。魁星就是文曲星，也叫“文昌星”，简称“文星”，因名带“文”字，古人附会为主管文运兴衰的星官。

北斗星常和南斗星并提，南斗星就是箕星，是“东方苍龙”七星宿中的第七宿，由 6 个星组成。古代传说南斗注生，北斗注死，《三国演义》第六十九回就叙述了一个《赵颜借寿》的故事。着红衣的南斗星和着白衣的北斗星在南山下棋，赵颜献上酒脯求寿，南斗星就将 19 岁改成了 99 岁。

另外，在古代文人笔下，位于银河两面的牛宿和女宿衍化出了牛郎织女的传说故事。牛宿是“北方玄武”七星宿中的第二宿，又叫“牵牛星”“牛郎星”“扁担星”，在银河东，共有 6 个星，其中 3 个星好像一个人挑着担子走路。女宿是“北方玄武”七宿中的第三宿，又叫“织女星”，在银河西，共有 3 个星，成等边三角形，好像织布的梭子。《诗经·大东》中早有牛宿和女宿的记载：“阳彼织女，终日七襄。虽则七襄，不成报章。睆彼牵牛，不以服箱。”意思是三只角的织女星，一天来回移动七次。虽然移动七次，却不能织出好花样的布锦。看牵牛星闪闪发光，却不能用来驾车。到了汉代以后，将牛宿和女宿完全人格化，有不少作品描写了织女隔着银河遥望牵牛的愁苦心情，表现了爱情受折磨时的痛苦。

星象、星宿、星座及其特征、象征对比简表

星象	星宿	星座	特征及象征
东方青龙	角	处女座	光为白色,象征造化万物,天下太平
	亢	处女座	明则平安无疾,暗则有天灾瘟疫
	氐	天秤座	主疾病
	房	天蝎座	明则时政清明,百姓安乐
	心	天蝎座	光为红色,象征文明昌盛
	尾	天蝎座	明则五谷丰收,暗则有洪水之患
	箕	射手座	明则风调雨顺,五谷丰收
南方朱雀	井	双子座	明则国泰民安,天下太平,色变则动荡不安
	鬼	巨蟹座	色暗淡,如云非云,如星非星,为不祥之兆
	柳	狮子座	明则百姓丰衣足食,失色则歉收饥荒
	星	狮子座	象征有偶发性急事
	张	狮子座	明则国强民富
	翼	巨蟹座　狮子座	明则礼乐与兴邦,四海一心
	轸	处女座	明则风调雨顺,天下太平
西方白虎	奎	白羊座　双鱼座	象征文昌盛世
	娄	白羊座	明则国泰民安,暗则兵乱四起
	胃	白羊座	明则五谷丰收
	昴	金牛座	明则安和利乐,天下太平,暗则多有忧虑
	毕	金牛座	色为赤,象征兵马军力之权
	觜	金牛座	明则安和利乐,五谷丰收,移位则君臣失位,兵马动乱
	参	双子座	明则民生乐利,风调雨顺,五谷丰收
北方玄武	斗	射手座	明则天下太平,国富民安
	牛	魔羯座	明则六畜兴旺,五谷丰收,安乐和利
	女	水瓶座	象征女性,明则妇女昌盛,女权主事
	虚	水瓶座	明则天下太平,安康快乐,暗则动恤不安,兵乱无宁
	危	双鱼座　水平座	明则危则不安,暗则有大灾难
	室	双鱼座	明则国运昌盛,百姓乐安,暗则天下大乱,瘟疫横行
	壁	双鱼座　白羊座	明则文人当权,道德昌盛,君子明进,小人不见

图示 · 北京中线恒星天球图

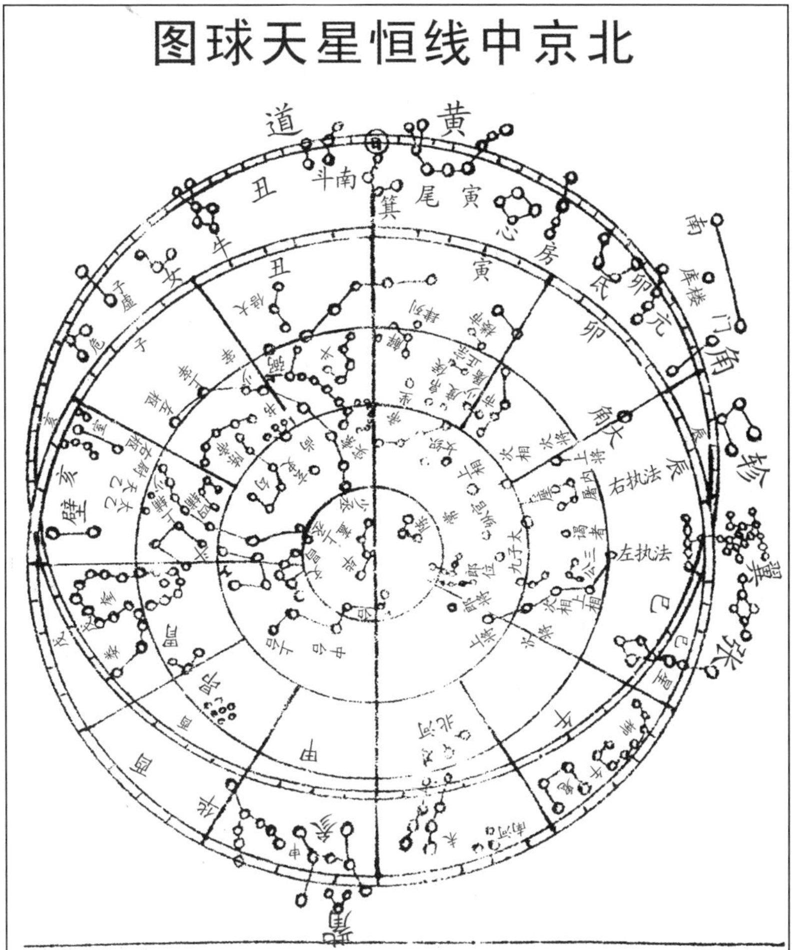

图以宣统二年前冬至日太阳在纬南丑宫初度为体即以正午太阳到正南为式上为黄道下为赤道冬夏二至距纬二十三度二十七分太阳黄道一日约行一度一月约过一宫赤道一日行一周天钟表四分赤道西移一度每一时移一宫三十度每一刻移三度四十五分每逢太阳到午正天下皆同其余时刻日影到方有异因分节气长短距度盈缩并有北级高下之别故求七政到方时刻尚须推算测量之法

节录江右陈松记

来源：民国《重修隆德县志》。

图解·北京中线恒星天球

在民国《重修隆德县志》中绘制的《北京中线恒星天球图》下方配有一段说明性文字：

> 图以宣统二年前冬至日，太阳在纬南丑宫初度为体，即以正午太阳到正南为式，上为黄道，下为赤道。冬夏二至距纬二十三度二十七分。太阳黄道一日，约行一度，一月约过一宫。赤道一日，行一周天，钟表四分。赤道西移一度，每一时移一宫三十度，每一刻移三度四十五分。每逢太阳到午正，天下皆同。其余时刻日影，到方有异。因分节气，长短距度盈缩，并有北极高下之别，故求七政，到方时刻，尚须推算测量之法。
>
> 节录江右陈松记

这段说明性文字中的“正午”及“午正”，指正午十二时；“七政”，同“七正”。《史记·律书》载：“七正，二十八舍。”唐代著名史学家司马贞著《史记索隐》称：“七正，日、月、五星七者可以正天时。”又孔安国曰：“七正，日月五星各异政也。”

该图基本反映了“三垣四象二十八宿”星空体系。对此图的解读，首先要对黄道有个概念性了解。地球一年绕太阳转一周，我们从地球上就看成太阳一年在天空中移动一圈，太阳这样移动的路线叫作“黄道”，它是天球假设的一个大圆圈，即地球轨道在天球上的投影。月亮大约二十八天围绕黄道一周，因此古人把黄道带分成二十八段，每一段称为一“宿”。月亮大致每天前进一宿，共二十八宿，就是常说的二十八星宿，即东、西、南、北四方各七宿。黄道被分成二十八段以后，每一宿都可以当成经度（黄经）使用。

《北京中线恒星天球图》的中心为天极（北黄极），各天体到天极的距离相当于纬度（黄纬），这实际上就形成了一个天球坐标系统，供观测和定位天体使用。距离黄道以北较远的天空，被分成三个区，是天帝居住、生活、工作的地方，称作“三垣”，即紫微垣、太微垣、天市垣。在紫薇垣的垣墙内有两列主要星座，其中一个是天枢星，在它的西面有4个呈斗形的星把它围了起来。而南面有一串小星，第一个就是后宫，也就是传说中的王母娘娘，再往南是庶子、帝星和太子。另一列是“钩陈六星”，被钩陈中呈钩状的4个星所包围的一个小星，称为“天皇大帝”，这是一个极为显要的星名，在历史上曾经被作为极星。其中的钩陈一是近代所使用的极星，也是这两列星中最显著、比较明亮的星。另外在垣墙内还有服侍天帝的“御女四星”，代表天帝在不同方位上的座位的“五帝内座”。在紫薇垣的垣墙外分布着供皇宫中使用的一些设施，比如天厨和内厨两个厨房，睡觉用的天床，关押犯人的天牢，文官们的所在地“文昌宫”，天帝出行时用的帝车等。总之，“三垣二十八宿”就好似把人间社会投影到了天空上。

在《北京中线恒星天球图》中，还有天干与地支的标位。天干与地支在地图和星图中都是用来表示方位的。十天干所对应的方位：甲、乙为东方木；丙、丁为南方火；戊、己为中央土；庚、辛为西方金；壬、癸为北方水。十二地支所对应方位：亥、子对应北方水；寅、卯对应东方木；巳、

图示 · 太阳高度图

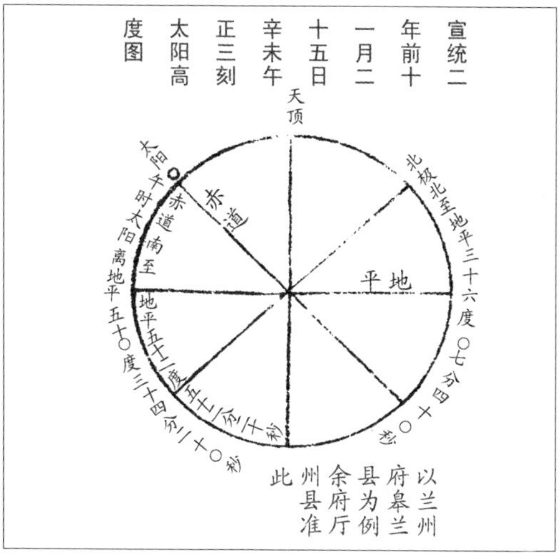

来源：民国《重修隆德县志》。

午对应南方火；申、酉对应西方金；辰、戌、丑、未分别对应东南土、西北土、东北土、西南土。

图解 · 太阳高度

民国《重修隆德县志》绘制《宣统二年前十一月二十五日辛未午正三刻太阳高度图》，以兰州府皋兰县为例，其标明“午时太阳离地平五十〇度三十四分之二十〇秒”疑为有误。

图示 · 余切线求直影图

来源：民国《重修隆德县志》。

图解 ·余切线求直影

在民国《重修隆德县志》中绘制的《余切线求直影图》的下方也配有一段说明性文字：

甲乙为半径股以当表，丙乙为余切线勾以当影，甲丙为日光斜弦。太阳在己，光射于表端之甲直至于丙，成甲乙丙勾股形。己庚高度与戊丁相对之度等用，戊丁如用己庚也。

这里所描述的是过天顶的大圆是子午圈。太阳位于子午圈上，称作“日中天”。此时太阳光线与地面的夹角为正午太阳高度角。图中的圆半径为1（单位圆），甲乙为假象标杆，甲丙为太阳光线，丙乙则为太阳高度角的余切线——正午杆影长度。正午杆影长度的变化，是太阳直射点南北回归运动造成的，是季节变化的重要原因。

山川图解

引言

从地图上看，今天的宁夏境域轮廓南北长、东西短，基本呈十字形。在这块版图上，包含了山脉、高原、平原、丘陵、河谷等类型多样的地貌，使宁夏呈现丰富的自然景观。南部的六盘山自南端往北延伸，与月亮山、南华山、西华山等断续相连，把黄土高原分隔为二，东侧和南面为陕北黄土高原与丘陵，西侧和南侧为陇中山地与黄土丘陵。中部山地、山间与平原交错。北部地貌呈明显的东西分异，黄河塑造了美丽富饶的宁夏平原，平原西侧，贺兰山拔地而起，直指苍穹。贺兰山、六盘山、宁夏平原和黄河最为著名。贺兰山绵亘于宁夏的西北部，山地海拔多在 1 600—3 000 米。六盘山，古称“陇上”，耸立于黄土高原之上，是一条近似南北走向的狭长山脉。“天下黄河富宁夏”，被誉为“塞北江南”的黄河冲积平原——宁夏平原，海拔1 100米至1 200多米，地势从西南向东北逐渐倾斜，土层深厚，地势平坦。黄河干流自中卫入境，向东北斜贯于平原之上，河势顺地势经石嘴山出境。另外，宁夏南部半干旱半湿润山区，河系较为发育，主要河流有清水河、苦水河、葫芦河、泾河、祖厉河等。宁夏旧志中的《贺兰山图》《化平县山脉水道图》，以及涌泉、湖泊和古代称为“灵湫”等图，基本反映了宁夏山川地理环境面貌概况。遗憾的是，宁夏旧志没有有关分布在宁夏平原上的众多湖泊图的绘制情况。因为分布于黄河两岸的宁夏平原，特别是其重要组成部分银川平原，冲层阶段不发育，地势平坦，坡降较小，排水不畅，加上地球偏转力的作用，黄河极易迁移、改道，所以在黄河两岸，留下了众多的湖泊、湿地，民间也就有了“七十二连湖”的说法，银川平原中心城镇银川市因鸣翠湖、宝湖、北塔湖等湖泊的存在，享有“塞上湖城”的美誉。

图示 · 贺兰山图

来源：清〔乾隆〕《宁夏府志》。

来源：清〔道光〕《平罗记略》。

图解 · 贺兰山

贺兰山位于宁夏回族自治区与内蒙古自治区交界处，北起巴彦敖包，南至毛土坑敖包及青铜峡，南北长 220 多公里，东西宽 15—50 公里。整体而言，贺兰山山势雄伟，若群马奔腾。从地貌上看，贺兰山西侧平缓，与阿拉善草原相连，沟谷少而小；东侧陡峭，以断层与银川平原垂直落差达 2 000 米，山间沟谷纵横，长 5 公里以上的沟谷有 150 多条。从地形上看，贺兰山分为 3 段：北段山高谷深，坡度陡峭，分水岭狭窄；三关口至野猫子山为中段，地势平坦，孤山远布；野猫子山以南，在广阔的平顶山中，常有狭深的山谷。中段是贺兰山主体部分，海拔 2 000—3 000 米，主峰敖包圪垯位于银川市区西北，海拔 3 556 米，是宁夏回族自治区与内蒙古自治区的界峰。

贺兰山有汝箕沟、大水沟、小水沟、贺兰沟、插旗沟、苏峪口沟、三关口沟等50多条东西向沟谷，著名的有贺兰口、苏峪口、三关口、拜寺口，自古以来就是东西交通的要道。山前地带有西夏陵、滚钟口、拜寺口双塔等名胜古迹和独特的沙湖风景区。自20世纪80年代贺兰山岩画被大量发现并公布于世后，在国内外引起强烈反响。1996年，贺兰山岩画被国务院公布为全国重点文物保护单位。1997年，联合国教科文组织国际岩画委员会将贺兰山岩画列入非正式世界遗产名录。

贺兰山是中国西北地区一条重要的自然地理分界线，对宁夏平原发展成为“塞北江南”有着显赫功劳。它不但是中国河流外流区与内流区的分水岭，也是季风气候和非季风气候的分界线。因山势的阻挡，既削弱了西北高寒气流的东袭，阻止了潮湿的东南季风西进，又遏制了腾格里沙漠的东移，东西两侧的气候差异颇大。贺兰山还是中国草原与荒漠的分界线，东部为半农半牧区，西部为纯牧区。

有关贺兰山名称的来历，自古就有“驳马”和“贺赖”之说。“驳马”之说来自唐代李吉甫主修的《元和郡县图志》：“山多树林，青白望如驳马，北人呼驳为贺兰。”唐代杜佑的《通典》也称“突厥谓驳马为曷拉，曷拉即贺兰”。后世相沿其说，还引申出“阿拉善”之说。“贺赖”之说，源自《晋书·四夷列传》对匈奴“北狄”的记载：“其入居者有屠各种……贺赖种……凡十九种。”宋代史学家胡三省在《资治通鉴》注疏中说“兰、赖语转耳”。当代学者殷宪研究确证，贺赖是破多罗（一作“破多兰”）简称“多兰”之名的口语音转，又异译为“贺兰”等，均为鲜卑族破多罗部族名和姓氏，又为贺兰山得名提供了实证。

图示 · 化平县山脉水道图

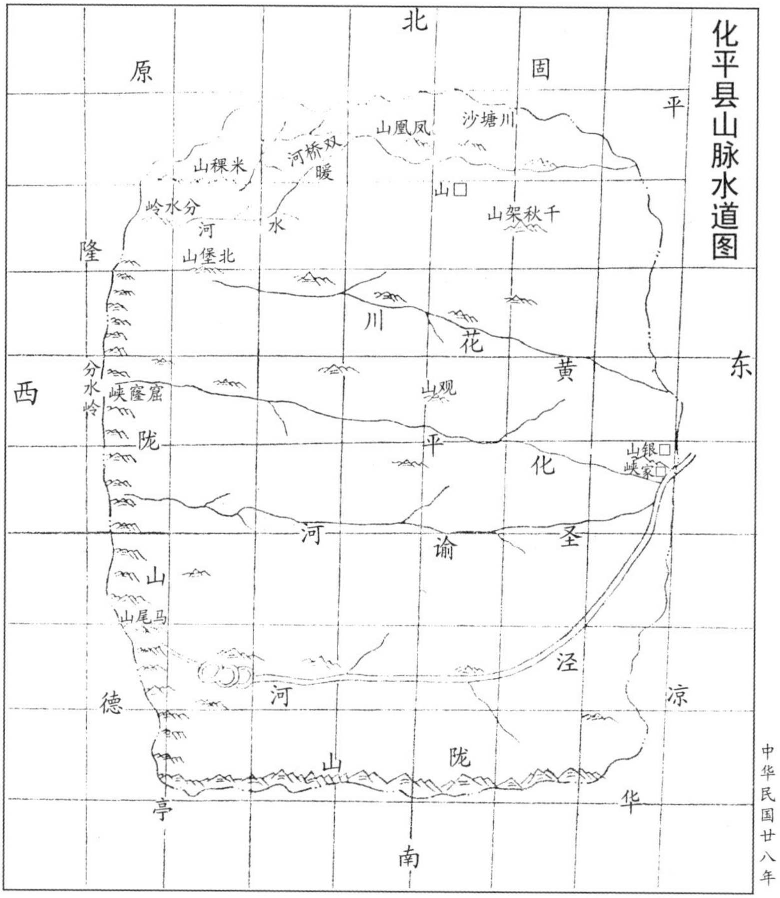

图例县界 山 脉 水 道 每方十里

来源：民国《化平县志》。

《化平县山脉水道图》是在民国《化平县志》编纂中，由化平县办事员蓝景朝绘制的。此图有山有水，且山多水多。化平县，古称安化县。1950 年以泾河源头改为泾源县，今属宁夏固原市。

图解 · 陇山

陇山，又称“陇坻”“陇坂”“陇首”，也称“关山”。陇山有道，称“陇坻大坂道”，俗称“陇山道”。在长达两千多年的历史岁月中，关陇古道一直是我国连接亚洲、非洲和欧洲的陆上纽带，沿途“五里一燧，十里一墩，三十里一堡，百里一寨”，是古丝绸之路上建筑工艺最高、延续时间最长、保存最完整的古道群。

古时的关山、陇山，就是今六盘山。古代盘道六重始达山顶，故名“六盘山”。六盘山是我国最年轻的山脉之一，位于陕西、甘肃、宁夏三省区交界地带，也是西安、兰州、银川三省会（首府）城市所形成的三角地带中心。主峰米缸山海拔 2 930 米。山体大致为南北走向，长约 240 公里，是陕北黄土高原和陇西黄土高原的界山及渭河与泾河的分水岭，是西北重要的水源涵养林基地和风景名胜区，是西北重要的“绿岛”和“湿岛”。六盘山的东南陲有老龙潭胜迹。六盘山国家森林公园的主要景点有野荷谷、小南川、凉殿峡、植物园、二龙河等。2005 年 9 月 18 日落成的六盘山红军长征纪念馆、六盘山红军长征纪念碑位于隆德一侧六盘山主峰之上。

图解 · 秋千架山

秋千架山位于今宁夏泾源县城北 10 公里的向阳河畔，紧连隶属甘肃平凉的风景游览胜地崆峒山。向阳河河谷狭窄，深数十米，在一处河岸，柱石高耸对称，样子颇像秋千架，由此而得名。民间传说这里曾是穆桂英荡秋千的地方。广成子在崆峒山修道时也曾在此歇息荡秋千，这是秋千架山得名的又一说法。如今，泾源县通往平凉的公路就从秋千架山旁通过，每逢春夏季节，这里游人不断。

图解·观山

观山，又名“卧龙山”“龙首山”，俗称“堡子山”，位于宁夏泾源县城东南角，海拔 1 958 米，因峰关古有朝阳紫金观，故名“观山”，又名“鱼儿山”。此山平地而起，与众山不相连属，形似卧虎，显得威武雄壮。此山为泾源县城制高点，站在山顶，泾源县城尽收眼底，举目眺望，群峰叠岸，满目青翠，清奇郁秀，更增添了山城的壮美。尤其登上山顶，晨观日出，但见一轮红日从山凹里升起，霞光万道，映照山川。远处众山时隐时现，烟浓雾凝，万千气象，尤为壮观。2004 年，泾源县人民政府决定命名其为卧龙山。

图解·泾河

泾河是黄河第一大支流渭河的第一大支流，即黄河二级支流。泾河发源于宁夏六盘山东麓，南源出于泾源老龙潭，北源出于固原大湾镇，至甘肃平凉八里桥汇合，东流经平凉、泾川于杨家坪进入陕西长武，再经政平、亭口、彬县、泾阳等，于高陵区蒋王村注入渭河。泾河总长 455.1 公里，在泾源县境内干流全长 38.9 公里，总流域面积 45 421 平方公里，在泾源县境内流域面积 455 平方公里，多年平均年径流量 18.1 亿立方米，自产水资源总量 12.3 亿立方米。泾河干流河谷开阔，一般在 1 公里以上，川地平坦完整，有良好的灌溉条件。

图解·窟窿峡分水岭

窟窿峡分水岭位于泾源县城西 10 公里，险峻曲折，崎岖难行。出泾源县城，沿泾隆公路西行就到了窟窿峡，再向西进谷，有一条一线天之峡谷，就是有名的“荷花苑”。

图解 · 其他川河

在泾源县，除了著名的泾河外，还有其他众多河川：化平川，近临泾源县城，一发源于南峡分水岭，一发源于北峡宽草滩，至香水店合为化平川；圣谕川，古名“圣女河”，距泾源县城西南 7.5 公里；黄花川，一名横河，距泾源县城北 5 公里；双桥河，位于米稞山下，距泾源县城西北 15 公里；暖水河，距泾源县城西北 10 公里，水出温热，生出的雾气犹如锅上的蒸气；沙塘川，距泾源县城东北 20 公里，与崆峒山后峡之水汇合。

图示 · “六盘八泉”图

来源：清〔道光〕《隆德县续志》。

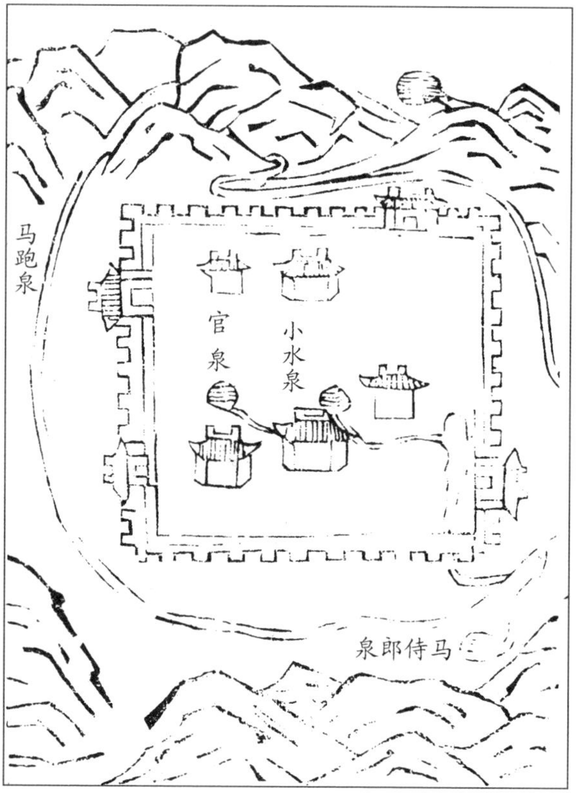

来源：清〔道光〕《隆德县续志》。

图解·“六盘八泉”

宁夏隆德县位于六盘山南麓，境内多山泉，比较著名的有八处，号为“六盘八泉”。据清〔康熙〕《隆德县志》载，县学南20步有官泉，武英庙前有小水泉，北城下有马侍郎泉，县城东百步及旧隆德堡俱有温泉，得胜坡下有龙泉，汤羊岭下有线泉，底店有马跑泉，神林堡有涌泉。各泉“颇多温暖，冬时不凝练”。

附记·神林堡

神林堡，今神林乡，位于宁夏隆德县境西部，距隆德县城约14.1公里。北宋时设神林寨，金代称“神林堡”。明万历年间（1573—1619年）

设递运所。清代也称“神林堡”。中华民国时改为森林铺。中华人民共和国成立后称神林铺。1955 年成立神林乡，1963 年成立神林公社，1984 年改设神林乡。

附记 · 隆德堡

位于今宁夏西吉县将台镇火家集村。蕃语称“邪没陇”，当地以其音转为“羊牧隆”，北宋改为“隆德寨”，清代称“隆德堡”。

图示 · 莲花池图

来源：清〔道光〕《隆德县续志》。

图解 · 莲花池

莲花池，又称“九龙莲花池”，俗称“北联灵湫”，今称“北联池”，在今宁夏隆德县城东北 20 公里的六盘山上，海拔 2 530 米，池面阔 50 余亩，是葫芦河的发源地之一。莲花池，古称“北乱池”“天镜”“雷泽”“朝那湫”，传说是人文始祖伏羲孕生的地方，为隆德古“八景”之一。这里三面环山，层峦叠嶂，有九座山峰团绕，山势巍峨峻拔。九座山形似九龙聚首，饮水于池，故称“九龙莲花池”。2008 年，中央电视台中文国际频道《走遍中国》栏目摄制组到宁夏隆德拍摄专题片，对北联灵湫历史文化渊源进行了挖掘，再现了北联池作为历代官方祭祀圣地的历史场面。

图示 · 灵湫图

来源：清〔道光〕《隆德县续志》。

图解 · 灵湫图

灵湫，即深潭、大水池。古时以为大水池中往往多灵物，故称“灵湫”。旧志绘制的“灵湫”，位于今宁夏隆德县东北 17.5 公里的山麓中，其周围 1.5 公里，深不可测。相传春秋时期，这里就兴官方祭祀活动，多现“祯祥之兆”。历史上的六盘山地区，有多处被称为“灵湫”的地方，统称为“六盘灵湫”。自古至今，也有文人墨客慕名“六盘灵湫”，寻古探秘，赋诗抒情，留下了许多诗文佳作，最具代表性的就是诗圣杜甫的《灵湫诗》。

图示 · 陶乐滩详图

陶乐滩详图

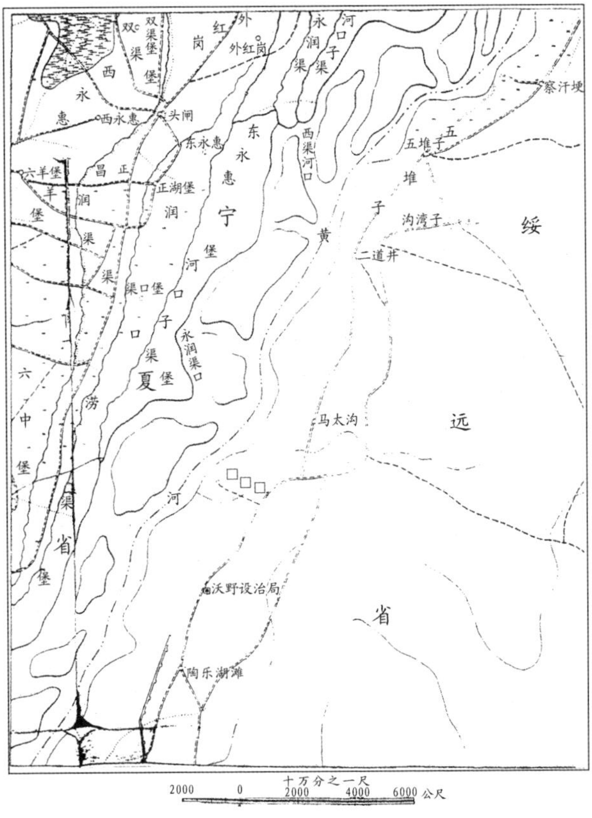

来源：民国《宁夏省人文地理图志》。

图解 · 陶乐湖滩

陶乐湖滩位于今宁夏平罗五香堡东，隔河相望，距平罗县城 30 公里。昔为黄河水流所经之地。其北 20 公里又有五堆子，为清乾隆年间黄河淤澄滩地。陶乐湖滩与五堆子两滩均已开渠垦殖，自陶乐湖滩至五堆子沿河水地达 2 000 顷左右。民国二十五年（1936 年），陶乐湖滩人口约 150 人，五堆子约 300 人，大部由平罗移住，又以回民最多，汉民及蒙古族牧民次之，风俗语言与宁夏相似。

民国十八年（1929 年），宁夏建省，省府咨内政部转呈行政院核准，在陶乐湖滩设立陶乐设治局，以治理河东新垦之地。而绥远省以陶乐湖滩与五堆子系鄂托克旗辖境，应属绥远省范围，也呈请于该处设沃野设治局，置官治理。对此，国民政府一时无法断定，两滩地实际已属绥远省范围，但宁夏省始终以该处居民大部由平罗移住为由，坚持由宁夏省管辖。

图示 · 弱水下游水道图

弱水下游水道图

（据项纳陈宗器两氏稿）

来源：民国《宁夏省人文地理图志》。

图解 · 额济纳河

这幅图是根据陈宗器撰写的西北考察报告内容绘制的。因《宁夏省人文地理图志》中的原图模糊不清，导致无法进行辨别校对。

陈宗器（1898—1960年），字步清，号伯篁，又号君衡、道衡，浙江新昌人。地磁学家、地球物理学家。1927年5月参加了以瑞典籍世界著名探险家斯文赫定为首的中瑞西北科学考察团。历时8年深入中国大西北从事野外考察，沿线进行了地形测绘、气象观测、地质古生物调查等方面的科学考察，并精确测定了罗布泊的位置与形状，开创了中国的地磁科学事业。1929年5月，陈宗器到中央研究院物理研究所工作。1929年夏至1934年夏的5年内，陈宗器在内蒙古、祁连山、柴达木盆地、新疆等地区，完成了综合科学考察任务，开辟了我国西北荒原地理科学事业。由于他在西北科学考察方面的卓越成就，获瑞典国王特颁的北极星勋章。在对中国西北地区的考察中，陈宗器于1929年10月由绥远出发到额济纳旗，沿额济纳河（弱水）南下，经肃州（酒泉）入祁连山考察。

本图所称弱水就是额济纳河。历史上的弱水，发源于祁连山北麓，其上中游称黑河，入额济纳旗境称额济纳河。额济纳河上游有黑河和临水在鼎新汇合后向北流入内蒙古境内后，向北流至狼心山分为东河（又名“纳林高勒”）和西河（又名“穆林高勒”），最后注入东居延泽（又名“索果诺尔”）和西居延泽（又名“嘎顺诺尔”）。东河下游有昂茨河、古尔本汗立河、哈拉素海河、达西敖包河、纳林河等5条支流。西侧有穆林高勒、赛汗高勒、乌兰艾立格高勒、克列图高勒和巴嘎高勒等5条支流，以多口形式汇入居延海。东、西居延泽相距80公里，形成额济纳三角洲。古时这里水量丰沛，水草丰美，宜农宜牧，是巴丹吉林沙漠边缘的一片绿洲，为巴丹吉林沙漠和大戈壁之间的狭长通道，是河西走廊“丝绸之路”去漠北的必经之路，地理位置十分重要。20世纪60年代以来，由于上游植被破坏严重，雪线上升；中游地区过度垦荒，挤占了下游生态用水，导致额济纳河的水量减少，下游河道断流，地下水位下降，草场退化、沙化。

图示 · 北纬 43° 中亚高山之气候区域图

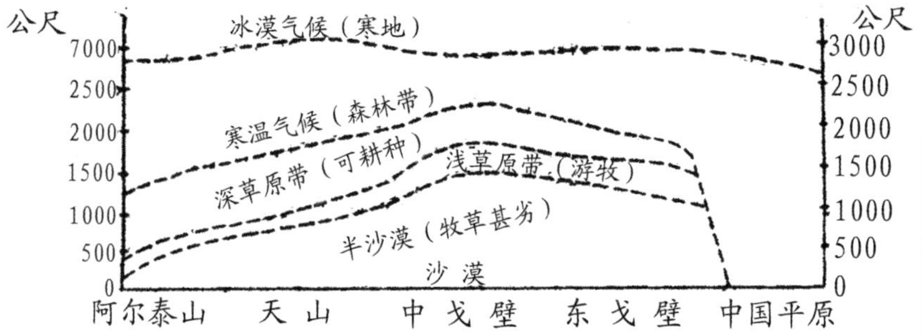

北纬43° 中亚高山之气候区域图

（据德国气象学者郝德稿）

来源：民国《宁夏省人文地理图志》。

图解 · 北纬 43° 中亚高山之气候区域

冰漠气候，又称“冰原气候”或“永冻气候”，是极地气候带的气候类型之一，分布在南极大陆、格陵兰高原以及北极地区的其他终年冰雪覆盖的岛屿。这里纬度最高，终年气候严寒，到处被厚厚的冰层覆盖，成为冰原，冰原气候由此得名。这里终年冰雪覆盖，所以也叫“冰漠气候”或“永冻气候”。

宁夏气候素乏测录。民国二十四年（1935 年）夏，宁夏省垣气象测候所初建，尚无记录可资引证。1927 年，瑞典人斯文赫定到中亚地区探险，与德国气象学者郝德同行。郝德观察阿拉善、额济纳气候情形，并形成观察报告，故民国《宁夏省人文地理图志》依据郝德报告并参照近邻各县记录，对宁夏省区域气温、雨量及风、日照、蒸发等作了简要记述。

图示 · 宁夏地形区域略图

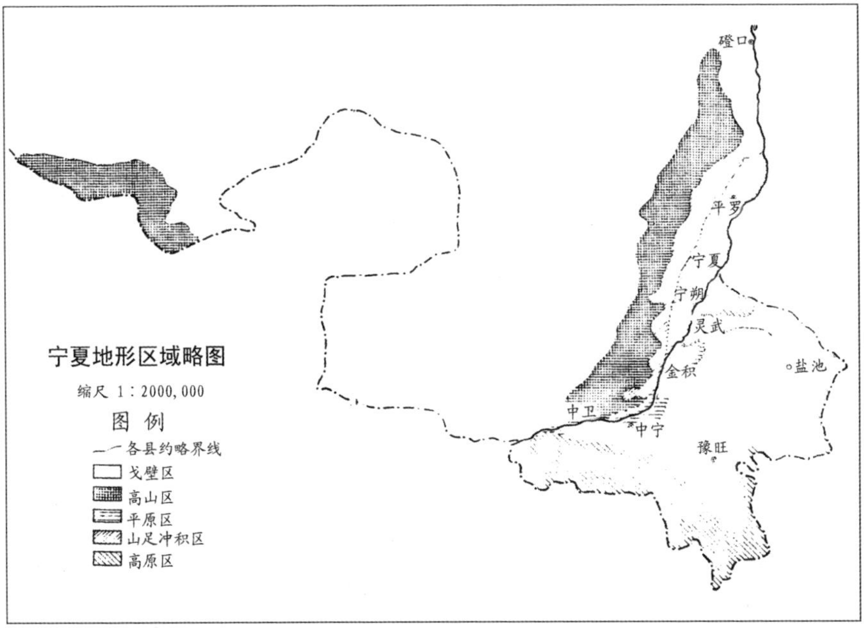

来源：民国《宁夏省人文地理图志》。

图解 · 宁夏地形区域

民国《宁夏省人文地理图志》将宁夏全省地形分为平原区、高山区、高原区、戈壁区四大类。平原区分为中卫平原、中宁平原和宁夏平原。高山区分为贺兰山地、牛首山地。高原区包括豫旺、盐池两县及中卫、中宁、灵武、金积之南地区。戈壁区指贺兰山西麓阿拉善旗及额济纳旗中部。

人口图解

引言

宁夏地处祖国西北内陆，地广人稀，为移民迁入提供了地理空间。同时，历代中央政权实施的移民实边、招屯垦荒政策，又为移民迁移带来了动力。可以这样说，历代对宁夏的开发史，就是一部移民史。延至中华民国初期，因军阀混战，宁夏人口锐减，但宁夏建省后，处于相对的稳定社会环境，宁夏省政府实施兴修水利、鼓励垦荒等利农政策，使中原地区大量流民不断涌入，从而使宁夏人口快速增加。宁夏建省前，全省8县人口总量不及45万，到民国二十七年（1938年），除陕甘宁边区盐池县，以及磴口县、阿拉善旗、额济纳旗，宁夏县、宁朔县、平罗县、金积县、灵武县、中卫县、中宁县、同心县8县共有人口约56万。民国三十年（1941年），宁夏全省总人口达73万。

中华民国初期，宁夏户口统计制度初步建立，马福祥出任宁夏护军使后，就组织过几次户口调查。民国十八年（1929年）宁夏省成立后，由于省小县少，每年都进行户口登记，实现了户口统计正常化。

有关宁夏省会（银川）及所属12县人口统计及分布等，多在国民政府内务部编存的《内政调查统计表》、民国十六年（1927年）《甘肃省各县内务统计表》、民国十七年（1928年）甘肃省民政厅各县户口调查表、民国三十二年（1943年）9月国民政府内政部《后方各省市户口统计》及宁夏省政府秘书处编印的《十年来宁夏省政述要》中都有翔实的记录。

图示 · 宁夏人口分布图

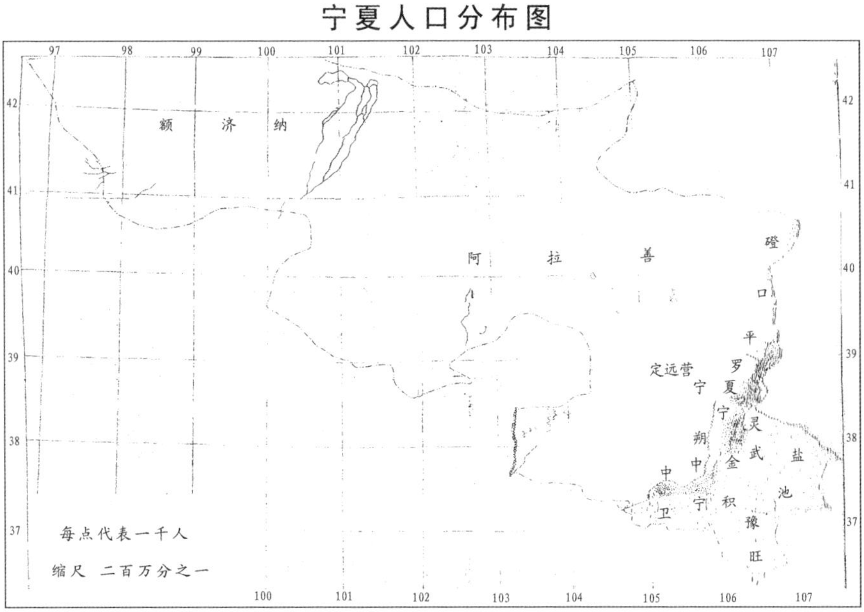

来源：民国《宁夏省人文地理图志》。

图解 · 宁夏人口

民国十八年（1929年）宁夏建省后，宁夏省8县（宁夏县、平罗县、金积县、宁朔县、中卫县、灵武县、盐池县、豫旺县）总户数78 115户449 814人。其中，人口较集中的是平罗县、中卫县、灵武县、宁夏县、宁朔县，全部超过5万人，分别为105 929人、87 956人、65 026人、62 271

人、50 200 人，平罗县在当时算是宁夏的人口大县。民国二十三年（1934 年）从中卫县析出中宁县。此图反映了民国二十四年（1935 年）3 月宁夏省人口分布情况。据宁夏省民政厅统计，宁夏省会及以上 9 县和磴口县、阿拉善旗、额济纳旗人口总计 680 153 人。其中，省会 27 417 人，宁夏县 87 665 人，宁朔县 81 577 人，平罗县 115 075 人，金积县 50 515 人，灵武县 67 580 人，中卫县 83 011 人，中宁县 69 737 人，豫旺县 27 426 人，盐池县 22 624 人，磴口县 12 526 人，阿拉善旗估算 1.7 万人，额济纳旗估算 1.8 万人。宁夏全省人口主要集中在平罗县，超过 11 万人。其他川区各县也属人口集中区，均超过 5 万人。

图示 · 宁夏回族分布图

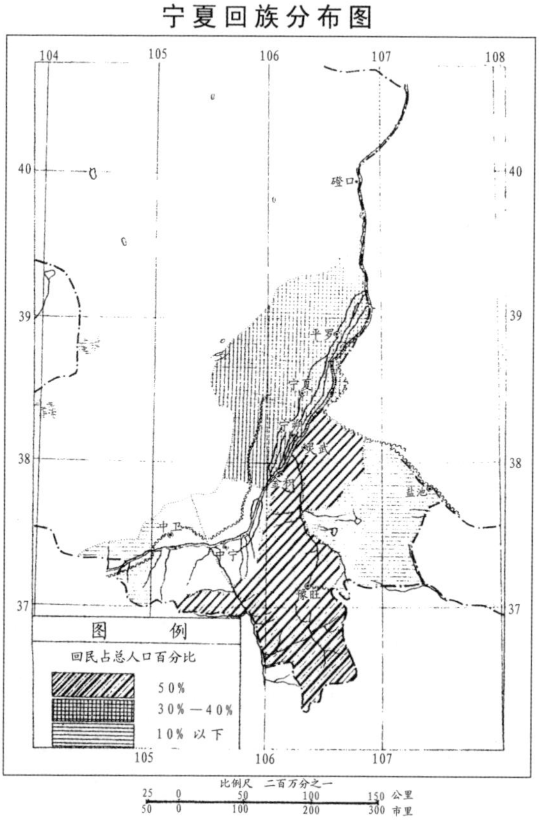

来源：民国《宁夏省人文地理图志》。

图解 · 宁夏回族

据《宁夏省人文地理图志》载，清同治十年(1871 年)，清政府将宁夏回民安置到吴忠堡一带居住垦殖。此后，回民人口由吴忠堡向附近金积、灵武、豫旺 3 县扩散发展，至民国二十四年（1935 年）前后，. 3 县回民占各县人口总数 50%左右，而宁夏、宁朔、平罗 3 县回民占各县人口总数的 30%左右，中宁、磴口、盐池 3 县回民占各县人口总数的 10%以下。只有中卫、中宁 2 县回民人口最少，且多为经商者，其中中宁县仅有回民 500 余户。

图示 · 宁夏人口密度图

宁夏人口密度图

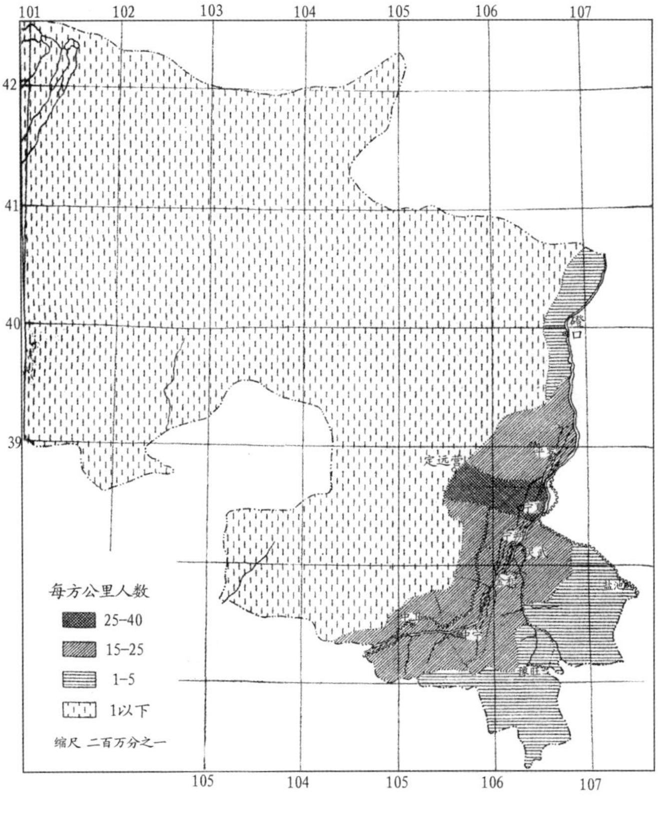

来源：民国《宁夏省人文地理图志》。

图解 · 人口密度

民国二十四年（1935 年）3 月，宁夏省民政厅调查，宁夏全省人口总计 680 153 人。其中，宁夏省会 27 417 人，宁夏县 87 665 人，宁朔县 81 577 人，平罗县 115 075 人，金积县 50 515 人，灵武县 67 580 人，中卫县 83 011 人，中宁县 69 737 人，豫旺县 27 426 人，盐池县 22 624 人，磴口县 12 526 人，阿拉善旗估算 1.7 万人，额济纳旗估算 1.8 万人。宁夏省 10 县面积分别为：宁夏县 5 020 平方公里，宁朔县 3 460 平方公里，平罗县 5 360 平方公里，金积县 2 740 平方公里，灵武县 2 760 平方公里，中卫县 4 820 平方公里，中宁县 3 120 平方公里，豫旺县 6 860 平方公里，盐池县 6 550 平方公里，磴口县 3 520 平方公里。依各县面积、人口推算，各县每平方公里人口密度：宁夏县 18 人，宁朔县 24 人，平罗县 22 人，金积县 18 人，灵武县 25 人，中卫县 17 人，中宁县 22 人，豫旺县 4 人，盐池县 4 人，磴口县 4 人。

图示 · 宁夏省耕地人口密度图

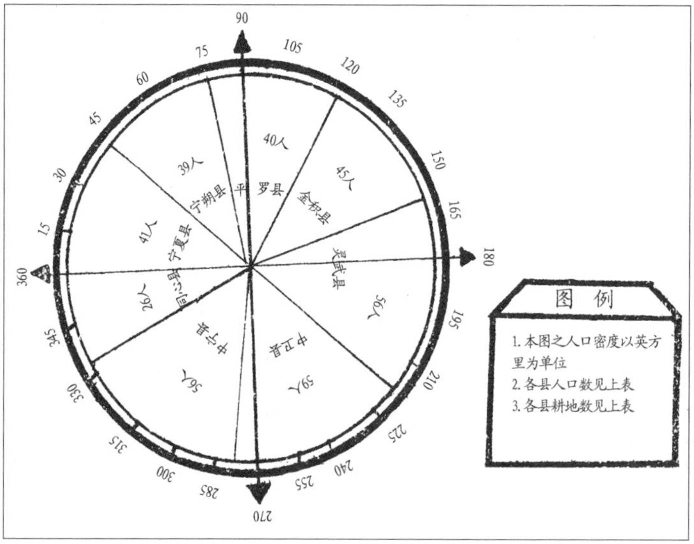

来源：民国《十年来宁夏省政述要》。

图解 · 宁夏省耕地人口密度

《宁夏省耕地人口密度图》表示的是根据各县耕地总数及人口总数，推算出的各县人口密度。据查对，民国二十七年（1938 年），各县登记耕地、人口结果：宁夏县耕地 415 330.75 亩，人口 98 349 人；宁朔县 386 781.64 亩，人口 84 158 人；平罗县耕地 466 842.76 亩，人口 105 415 人；金积县耕地 169 012.76 亩，人口 41 034 人；灵武县耕地 214 737.66 亩，人口 67 379 人；中卫县耕地 223 800.16 亩，人口 73 738 人；中宁县耕地 207 825.89 亩，人口 64 617 人。以上 7 县耕地总面积 2 084 331.64 亩，总人口 534 690 人。另外，据同心县于民国二十八年（1939 年）呈报，全县有耕地 230 937.29 亩，有人口 33 453 人。“图例”中的“英方里”为耕地面积计量单位，1 英里约 3.22 里，1 英方里为 3.22 里见方，即 3.22 平方里。“图例”中的人口数、耕地数“见上表”，即见《十年来宁夏省政述要》第六册《宁夏省耕地人口密度表》。

图示 · 宁夏都市人口比较图

宁夏都市人口比较图

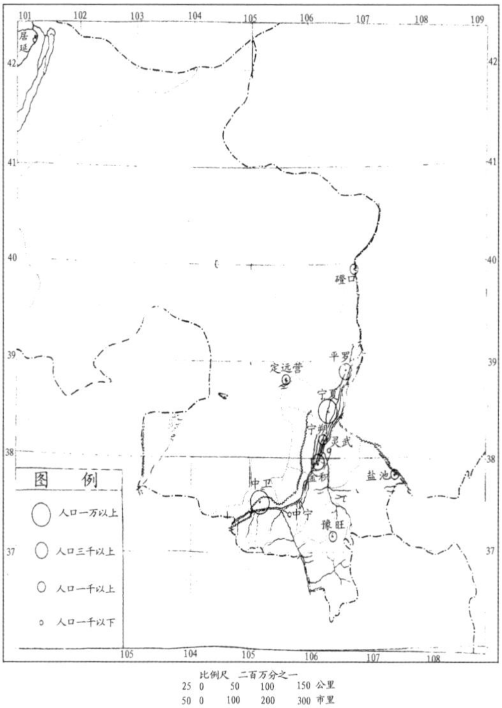

来源：民国《宁夏省人文地理图志》。

图解 · 宁夏都市人口

中华人民共和国成立前没有法定的都市或城镇人口和乡村人口的定义，但都市人口与乡村人口的经济条件和生活方式不同，居住环境存在差异。中华民国时期，据商业发展规模及人口数量，基本将宁夏省城（银川）、中卫县城、平罗县城、金积县城，以及吴忠堡、杨和堡、叶升堡、惠安堡和黄渠桥确定为“都市”。民国二十五年（1936 年）前后，宁夏省城人口达 2.7 万余口，号称“宁夏第一巨镇”；中卫县城人口达 1.5 万人，为“宁夏省第二大城市”；平罗县城人口约 4 000 人，号称“河西大城”；金积县城人口达 4 000 人，号称“河东大城”。

区划图解

引言

在旧地方志书中，多有“舆图”或“舆地图”的绘制。“舆图”或“舆地图”，古指地图或疆域图，今泛指地图。“舆”的本意是车的底座，是用来承载物体的，因为地图上有山川、城镇、四方地物，所以古人就把地图叫作“舆图”或“舆地图”，也叫“疆域图”，把地理学称为“舆地学”。

我国绘测地图的历史是十分古老的，而且长期领先于其他国家。我国古地图的绘制方法与众不同。上古、三代的地图，绘制多简化粗陋。《晋书·裴秀传》中就有评论认为，古代地图“虽有粗形，皆不精审，不可依据；或荒外迂诞之言，不合事实，于义无取”。直到西晋著名地理学家裴秀首创设制了“制图六体”后，这种状况才有了明显改变。“制图六体”，即分率（比例）、准望（方位）、道里（距离）、高下（地形）、方邪（角度）、迂直（曲直）。裴秀创造的“制图六体”，成为我国古代舆地学发展史上极为重要的里程碑，它不仅注重地图的实用性，而且讲究艺术性，即一种形象画法，通俗地讲这种画法就是见山画山，见水画水，一目了然，直观生动。

裴秀以后的舆地学家，首推唐代的贾耽（《旧唐书》作“贾躭”）。贾耽在唐德宗李适时居相位13年，他最大的贡献就是采取了以一寸折成百里，即“计里画方”的比例方法。这种方法较裴秀的分率法，显得更为精密。自此以后，裴秀的“制图六体”和贾耽的“计里画方”，就成为中国古代地图绘制遵循的基本法则。明代嘉靖年间（1522—1566年）进士罗洪先，积十余寒暑，在元人朱思本《舆地图》基础上修订完成的《广舆图》2卷，就是采用裴秀、贾耽遗法绘制的古代舆图中的名著。更为罕见的是《广舆图》中的《宁夏固兰边图》，并配有文字说明，包括该地区的军事、行政、盐政及其他纪事，对研究宁夏历史有很高的参考价值，是非常难得的明代宁夏珍贵历史资料。

图示·宁夏总镇舆图

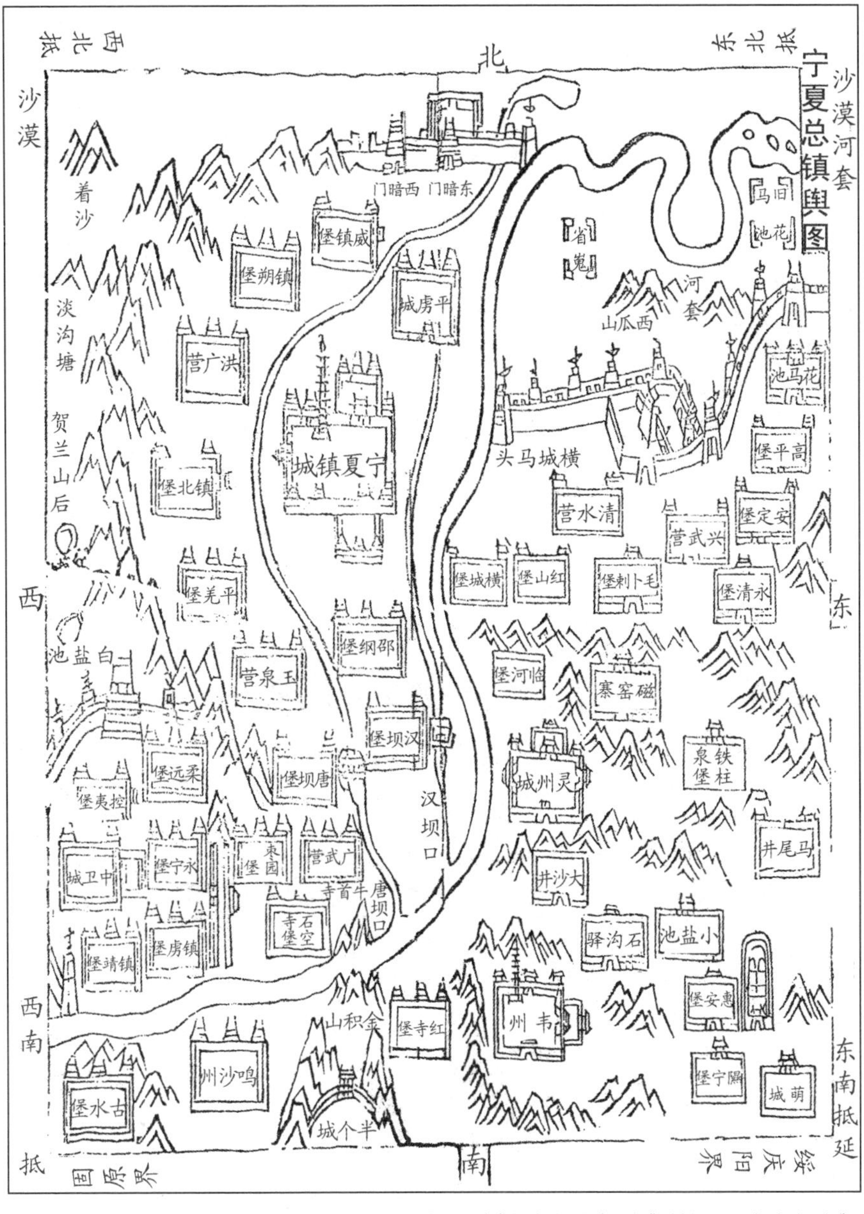

来源：明〔万历〕《朔方新志》、清《增补万历朔方新志》。

图示 · 国朝混一宁夏境土之图

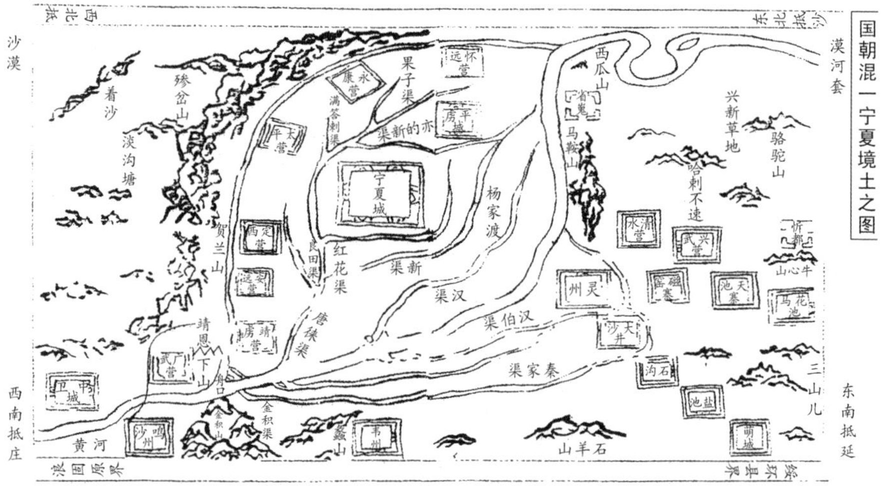

来源：明〔弘治〕《宁夏新志》。

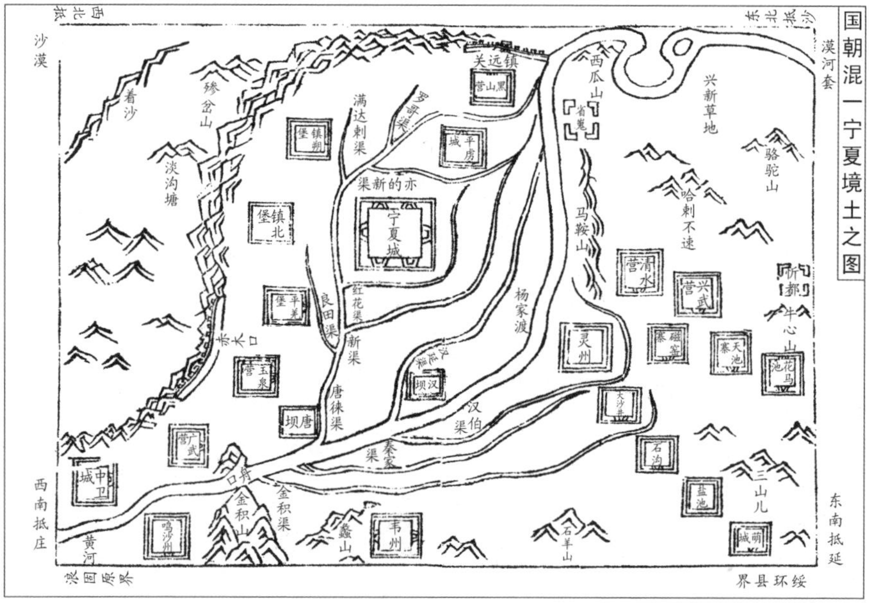

来源：明〔嘉靖〕《宁夏新志》。

图解·宁夏总镇

在明代编修的地方志书中，有关宁夏镇的全境舆图包括〔弘治〕《宁夏新志》、〔嘉靖〕《宁夏新志》中的《国朝混一宁夏境土之图》和〔万历〕《朔方新志》的《总镇舆图》。〔嘉靖〕《宁夏新志》是在〔弘治〕《宁夏新志》基础上编修的，所以两部志书绘制的《国朝混一宁夏境土之图》基本相同，区别是〔弘治〕《宁夏新志》将玉泉营、平羌堡、镇北堡、镇朔堡、黑山营，分别标为“安远营”“定西营”“太平营”“永康营”“怀远营”，有可能是当时对这些与驻军有关的地名进行了更改，并统一为“营”，只是以后没有推行下去。另外，清《增补万历朔方志》是在明〔万历〕《朔方新志》基础上对清顺治十五年（1658年）以前的部分历史作了补录，所以两志收录的宁夏《总镇舆图》也实属雷同。

“宁夏”地名源于元代。西夏宝义元年（1226年），西夏国被蒙古大军所灭。蒙古中统二年（1261年），忽必烈在这一地域设置西夏中兴行省，省治设于中兴府（今宁夏银川市）。西夏中兴行省设立之后屡经废立，元至元二十三年（1286年），将西夏中兴行省省治迁至今甘肃张掖，将西夏中兴行省改为甘肃行省，银川地区则改为隶属甘肃行省的中兴路。元至元二十五年（1288年）又将中兴路改称宁夏府路，这是使用“宁夏”地名之始。

明初，先设宁夏府，后改为宁夏卫，大约在明建文四年（1402年）八月以后将宁夏卫升为宁夏镇，宁夏镇首任总兵官为何福。宁夏镇的中心设在今宁夏银川市。宁夏镇东南至宁夏后卫（今宁夏盐池县）180公里，南至庆阳府环县285公里，西南至中卫182.5公里，西至贺兰山边界50公里，北至西瓜山边界140公里。

附记·省嵬城

省嵬城名最初见于明〔宣德〕《宁夏志》：“省嵬古城在河东，未详建立之始。”明〔嘉靖〕《宁夏新志》载，省嵬城“在省嵬山下”，是“河东废城”。省嵬山在宁夏镇城东北 70 公里。据《西夏书事》载，“北宋天圣二年（1024 年）春二月，李德明建省嵬城于定州”，“定州省嵬山在怀远西北百余里，土地膏腴，向为蕃族樵牧地。德明于山西南筑城，以驭诸蕃”。省嵬城遗址在今宁夏石嘴山市惠农区庙台乡省嵬村。遗址东墙长 593 米，南墙长 587 米，近正方形，城东、城南两侧开门。城墙残高 2—4 米，基宽 13 米。1988 年 1 月 30 日，宁夏回族自治区人民政府把省嵬城列为重点文物保护单位。今省嵬城遗址在河西而不在河东，因黄河改道所致。

附记 · 西瓜山

西瓜山位于今宁夏平罗县陶乐镇北部的黄河东岸，距宁夏镇城 140 公里，为明朝与残元势力的界山。其地有红崖子山，为沙土山丘，状似西瓜，故名。

附记 · 马鞍山

马鞍山位于今宁夏灵武市北部临河镇临河村，因山形似马鞍而得名。马鞍山甘露寺坐北朝南，西面为黄河，三面环山，是一座具有传奇历史的著名寺院。

附记 · 三山儿

三山儿，宋代为今宁夏盐池地三山儿。明代因筑堡，即称“三山堡”，当地人称“三山城”。三山堡地处宁夏与陕西两省区交界的新城滩村。这里地势开阔平坦，城堡北部五六公里范围内地形平缓。西南与东面有多条纵横交错的深沟。据《延绥镇志》载，三山堡，东至石涝池堡 60 里，西至花马池 150 里，南至饶阳水堡（今陕西省定边县姬塬镇辽阳村）70 里，北至定边营 90 里。明参将岳嵩主持建堡，余子俊撤砖井兵守之。明成化九年（1473 年）增筑，周长 2 里 240 步，有楼铺 3 座。明万历三年（1575 年）加高，有墩台 8 座。

图示 · 宁夏舆地全图

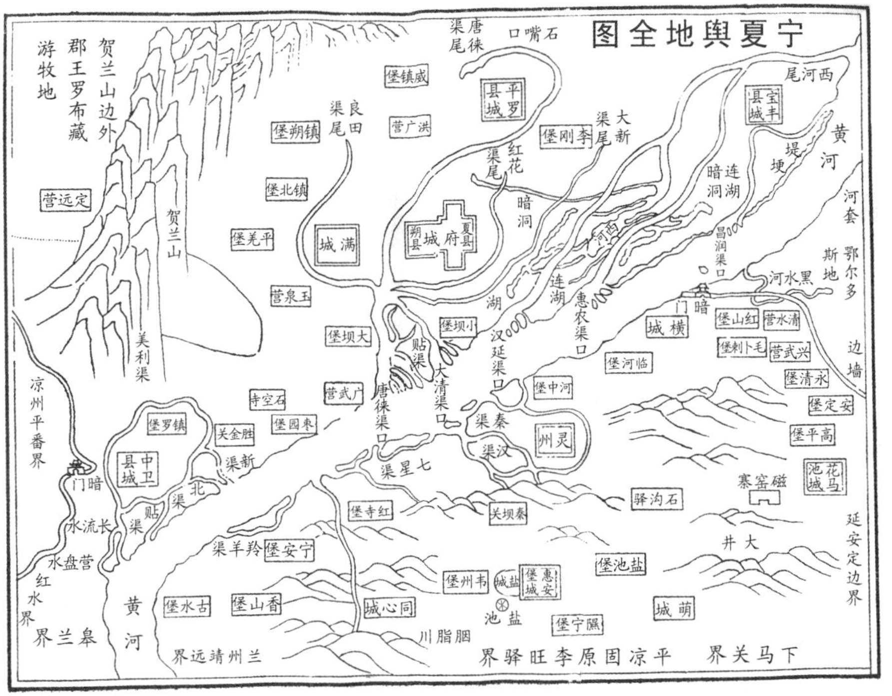

来源：清〔乾隆〕《宁夏府志》。

图解 · 宁夏府

清初，沿袭明代镇卫制度，但设宁夏巡抚，归陕西布政使司。清顺治十五年（1658 年）合并卫所。清康熙四年（1665 年）裁撤宁夏巡抚。清康熙九年（1670 年）划宁夏归甘肃巡抚管辖。清雍正二年（1724 年）十月，清廷吏部以宁夏“生齿繁庶，不减内地”为由，请改宁夏卫置宁夏府（治今宁夏银川市）。光绪十年（1884 年），从甘肃分出新疆单独建省，甘肃省辖 8 个府、6 个直隶州、1 个直隶厅、61 个县。8 个府分别是兰州府、平凉府、巩昌府、庆阳府、宁夏府、西宁府、凉州府、甘州府。6 个直隶州（与府同级）是泾州、固原州、阶州、秦州、肃州、安西州。1 个直隶厅，即化平川直隶厅，与府同级，在少数民族聚居地区设置，不领县。除了直隶厅，甘肃全省还设 8 个属厅，隶属于府，不领县，即洮州厅、庄浪厅、宁灵厅、抚彝厅、贵德厅、循化厅、丹噶尔厅、巴燕戎格厅。宁灵厅属宁夏府，厅治在今宁夏吴忠市利通区金积镇。

图示 · 朔方道疆域总图

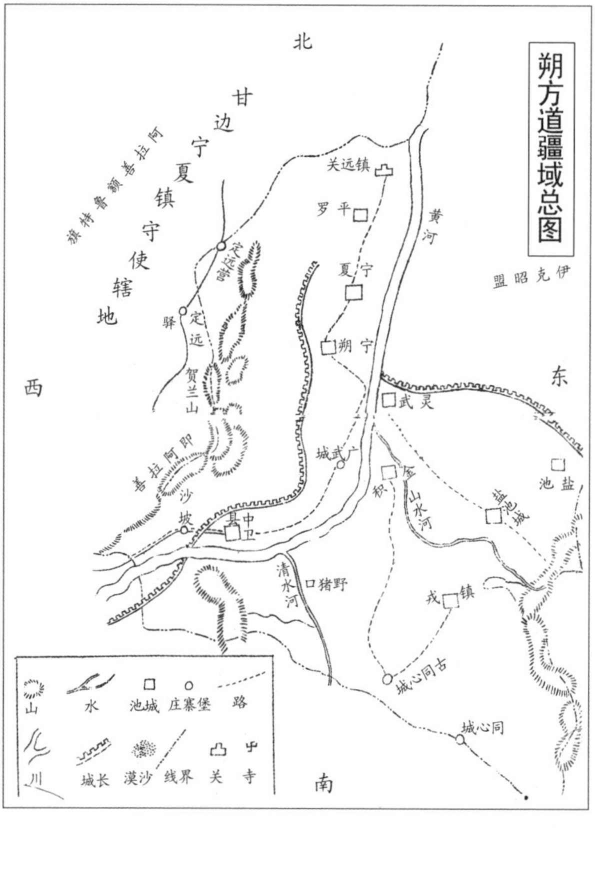

来源：民国《朔方道志》。

图解 · 宁夏道

元、明、清时期都有“道”的设置，但不是一级政区，而是省的派出和按察机构，分巡地方，兼管兵备、盐法、水利。清光绪年间（1875—1908 年）在地方设立省、府、州、厅同时，也设有派出机构和监察区。甘肃省的监察区管辖 6 个道，即平庆泾固化道（治平凉府）、甘凉道（治甘州）、安肃道（治安西州）、巩秦阶道（治秦州）、宁夏道（治宁夏府）、西宁道（治西宁府）。宁夏道道尹与宁夏府知府同有分守之责。

清宣统三年（1911 年），辛亥革命爆发并推翻帝制。次年 1 月 1 日，中华民国成立，废除清代的府、州、厅建置，实行省、道、县三级建置。民国二年（1913 年）1 月公布《划一现行各道地方行政官厅组织令》后，“道”就成为介于省、县之间的二级行政区。民国二年（1913 年）2 月，冯玉祥将宁夏道改设为朔方道。同年 12 月，又将朔方道复名为宁夏道。民国三年（1914 年）5 月颁布的《道官制》，将道的行政长官由观察使改名道尹。同时，在军事上设宁夏护军使，统管宁夏道及阿拉善、鄂托克两个蒙古旗军务。

宁夏道东与榆林道定边县接壤，西至兰山道红水县（今甘肃景泰县）界，北至石嘴子，南与固原县接壤。宁夏道管辖 8 个县，即宁夏县、宁朔县、中卫县、平罗县、灵武县、金积县、盐池县、镇戎县。

今“宁夏”与“朔方”相互有所联系，最早源于西周时期。《诗经》中有《出车》《六月》两首诗，其中有诗句曰：“王命南仲，往城于方，……天子命我，城彼朔方。”诗中所提到的“朔方”就在今宁夏固原市及周边地区范围。这样，朔方便与今宁夏南部六盘山地区发生了联系。到了汉代，今宁夏北部属北地郡，汉武帝在全国设立了 13 个刺史部，北地郡隶属于朔方刺史部，这样，朔方便与今宁夏北部地区发生了联系。有唐一代，以灵州（今宁夏吴忠市）为北方的政治、经济、军事中心，先有朔方行军大总管镇守，后改为朔方节度使驻节。唐人多用“朔方”代指灵州。于是也有了唐代皇甫冉创作的《送节度赴朔方》诗文。

图示·朔方道疆域特图

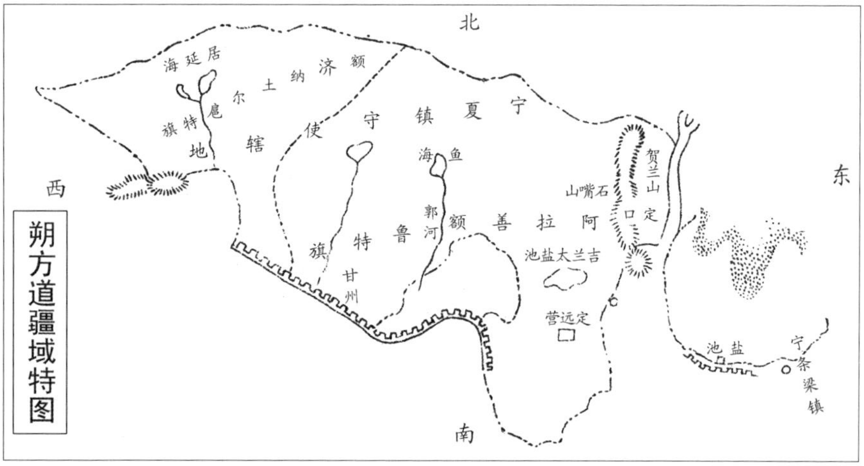

来源：民国《朔方道志》。

图解·贺兰山边外

元代，漠西蒙古统称为“卫拉特”，明代称“瓦剌”，长期控制着宁夏、甘州、凉州的边外地，即阿拉善地区作为各部的游牧地，并不断对宁夏镇各地进行扰掠。清初，漠西蒙古统称“额鲁特”，包括准噶尔、和硕特、土尔扈特、杜尔伯特四大部落。明末清初，准噶尔部崛起，和硕特部受到打压，迁往青海、西藏一带。清康熙年间（1662—1722年），准噶尔部首领噶尔丹叛清，和硕特部不愿从叛，请求东迁归顺。康熙二十四年（1685年），元太祖弟哈布图哈撒尔第21代世孙和罗理从青海率领和硕特部归顺清朝。清帝赐贺兰山北部一带，让该部居牧。康熙三十六年（1697年），在清廷设旗编佐，正式设置阿拉善和硕特旗地方政权进行管理，和罗理为第一代旗王。乾隆十八年（1753年）又设额济纳旧土尔扈特旗。两个蒙古旗由理藩院直接管辖。

民国初年沿清代旧制，两个蒙古旗也不设盟，各为独立旗，直属北洋政府蒙藏院。民国三年（1914 年），阿拉善、额济纳两个蒙古旗改归甘肃省节制，置宁夏护军使，又称“甘边宁夏护军使”，驻宁夏县（治今宁夏银川市），由北洋政府直接领导，官阶、地位与督军相当。民国十年（1921 年），宁夏护军使改称“宁夏镇守使”，由甘肃督军公署节制，管理阿拉善、鄂托克、额济纳 3 个蒙古旗。民国十六年（1927 年），宁夏镇守使撤销。

中华人民共和国成立后，阿拉善、鄂托克、额济纳 3 个蒙古旗行政隶属关系有过多次变更。1954 年 4 月，成立专区级蒙古自治区，辖阿拉善旗和磴口县，属宁夏省管辖。同年 10 月，因甘宁并省，宁夏省蒙古自治区改名为甘肃省蒙古自治区。1955 年 3 月改称“甘肃省蒙古自治州”，1955 年 11 月更名为甘肃省巴彦浩特蒙古族自治州。1956 年 2 月设立巴彦淖尔盟，辖阿拉善旗、额济纳旗、磴口县和巴彦浩特市，隶属于内蒙古自治区。1969 年 7 月，中央变更内蒙古自治区行政区划，将阿拉善左旗划归宁夏回族自治区，额济纳旗划归甘肃省酒泉地区，阿拉善右旗划归甘肃省武威地区。1979 年 7 月，将阿拉善左旗、额济纳旗、阿拉善右旗重新划归内蒙古自治区。1980 年 4 月，成立阿拉善盟，阿拉善左旗、额济纳旗、阿拉善右旗属内蒙古自治区阿拉善盟。

附记 · 定远营

定远营，今名巴彦浩特，意为“富饶的城市”，是阿拉善盟府和阿拉善左旗政府所在地。清初，大将岳钟琪看到位于贺兰山西麓的阿拉善地区西控居延，北连大漠形胜，以其地形重要奏请建造兵营于贺兰山西麓。雍正四年（1726 年），清廷派兵部右侍郎通智主持勘测，奏请朝廷拨银修建城池。雍正八年（1730 年），工程竣工并建有参将衙门，定名为定远营，特调绿营兵驻守，管辖和镇抚此地。雍正十年（1732 年），阿拉善第二代王爷阿宝复归故地后，清廷赐定远营城居住。阿宝遂将王府由紫泥湖（今内蒙古锡林郭勒境内）迁至定远营。定远营城分内外两大区域，城内设王府官衙，城外设商贸区。定远营城据地形高下，倚山而建，气势轩昂。其占地东西长 1 里多，南北宽约 1 里。城墙周长 3.3 里。城墙全部用灰白色黏土，以石杵夯打筑成，有高大雄伟、华丽的南城门，外侧门楣上书石刻大字“定远营”。为增进民族团结，1952 年 8 月 15 日将定远营改为“巴彦浩特”，10 月 16 日中央批复备案通过。2006 年，定远营被国务院确定为全国第六批国家重点文物保护单位。

附记 · 吉兰泰盐池

阿拉善地区盐湖众多，盐产颇丰，皆为不借人力天然结晶而成，其中以吉兰泰（图标为吉兰太）盐池为最大。吉兰泰盐湖，是我国大型内陆盐湖之一，曾经也称“达布苏”“吉兰泰淖尔”“陶力淖尔”。早在清乾隆四十八年（1783 年）就使用吉兰泰淖尔的名称，简称“吉兰泰”，一直沿用至今。这里所产之盐，质地清白，名曰“吉盐”。该池位于今阿拉善左旗吉兰泰镇境内的乌兰布和沙漠西南边缘，坐落在乌兰布和沙漠西南边缘的贺兰山与巴彦乌拉山之间的冲积洪积扇之上的椭圆形盆地。据《中国盐政沿革史》载，吉兰泰有大、小 2 个池，大池周 60 里，小池周 30 里，早在汉代已设盐官进行盐政管理。中华人民共和国成立后，建有内蒙古自治区第一个机械化大盐场——吉兰泰盐场。清〔道光〕《平罗记略》收录徐学彩撰写的《吉兰泰盐湖记》，称“吉兰泰”为蒙古名“挤拉台”，并有吉兰泰“西傍黑山，东邻瀚海，草木不生，人迹罕到”等相关资料的记录，对研究吉兰泰盐湖环境及产盐历史具有一定的参考价值。

附记 · 居延海

居延海位于阿拉善盟额济纳旗西北部，形状狭长弯曲，犹如新月，额济纳河汇入其中。“居延海”是匈奴语，《水经注》将其译为“弱水流沙”。汉代曾称为居延泽，唐代称为居延海，沿用至今。历史上的居延海由东、西、北3个湖泊组成，元代时分别称为“亦集乃哈”“班哈巴儿”“塔剌失”，清代以后分别称为“苏泊淖尔”“噶顺诺尔”“古居延海”。《明一统志》载，居延泽旁亦有池，产白盐，采之不竭。清代也产盐。

图示 · 宁夏省各县行政区域图

图域区政行县各省夏宁

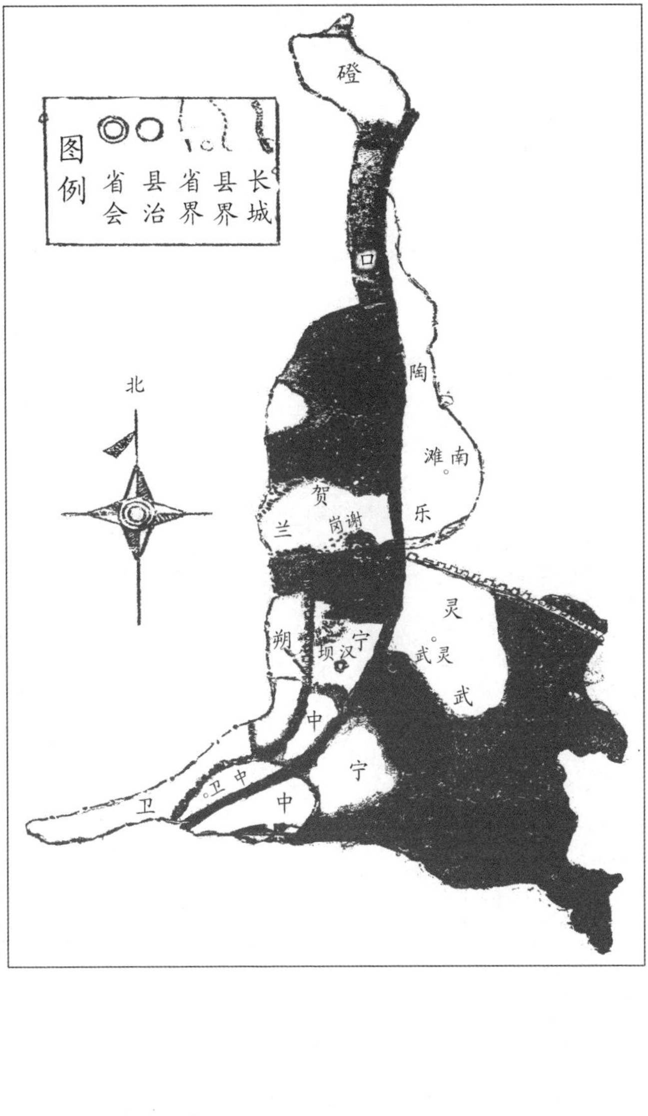

来源：民国《十年来宁夏省政述要》。

图示 · 宁夏全省形势一览图

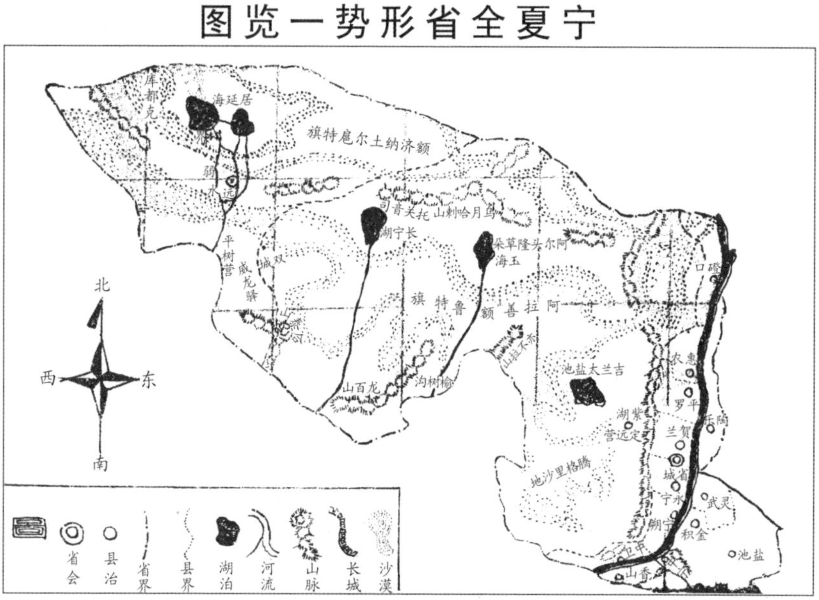

来源：民国《十年来宁夏省政述要》。

图示 · 宁夏全省形势图

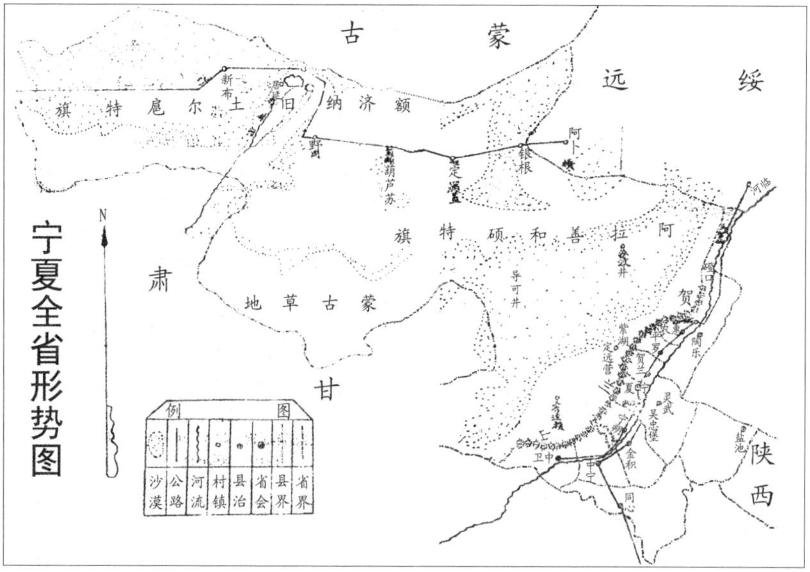

来源：民国《宁夏资源志》。

图解 · 宁夏省

民国十四年(1925年)，国民军驻扎甘肃后，冯玉祥就对宁夏形势作了考察，同时为了扩大势力，便产生了在宁夏设省的意图。北伐战争以后，即民国十六年（1927年），随着军阀混战局面的结束，南京国民政府废除道的行政建置，开始对行政区划作出一些调整。借此机会，时任南京国民政府内政部长的冯玉祥系人物薛笃弼提出甘肃省分治案，具体以宁夏、青海距离甘肃省城太远，交通不便，不易发展为由，提出新设宁夏、青海两省的提案。民国十七年（1928年），甘肃代表赴南京请愿设宁夏省，理由是宁夏地广人稀，应当开发。又北部阿拉善、额济纳两个蒙古旗地方“夙号难治”，从前该处由宁夏镇守使管辖，现镇守使撤销，该两旗地方遂致无所管属，甘肃省政府鞭长莫及，难以控制。

民国十八年（1929年）1月，宁夏省政府成立。同年2月，析平罗县磴口地区的原阿拉善旗磴口、沙金陶海2个巴格（相当于乡）置磴口县。11月，析阿拉善旗置紫湖设治局，析额济纳旗置居延设治局。12月，析平罗县河东“五堆子地”及鄂托克旗辖地置陶乐设治局。至此，宁夏省行政区域为原甘肃省宁夏道下辖的8个县和新设的磴口县，原宁夏护军使管辖的阿拉善额鲁特旗、额济纳土尔扈特旗两个部地，以及陶乐、紫湖、居延3个设治局属地，总面积81万平方公里，总人口72万余。

民国二十二年（1933年）1月，马鸿逵开始主政宁夏。同年9月，划中卫县东部为中宁县。民国二十六（1937年）年春，将豫旺县更名为同心县，并移治半个城（今同心县城）。民国三十年（1941年）4月初，在宁夏、宁朔两个县之间增设永宁县，在平罗县北增设惠农县、陶乐县，并将宁夏县改名为贺兰县。民国三十三年（1944年）4月，增设银川市。民国三十四（1945年）4月增设香山设治局。民国三十六年（1947年）将银川市确定为宁夏省省会。至此，中华人民共和国成立前的宁夏省共设1个市、13个县、3个设治局和2个特别旗，分别是：银川市，贺兰县、宁朔县、中卫县、平罗县、灵武县、金积县、盐池县、同心县、中宁县、永宁县、惠农县、陶乐县、磴口县，香山设治局、居延设治局、紫湖设治局，阿拉善额鲁特旗、额济纳土尔扈特旗。

额济纳土尔扈特旗位于甘肃省张掖、酒泉北部，地处甘、宁、青三省交界处，地理战略位置重要，自宁夏建省以来就有脱离宁夏并入甘肃的呼声。1949 年 9 月，宁夏全境解放后不久，额济纳旗划归甘肃省酒泉专区代管，至 1950 年又复归宁夏。1954 年，甘宁并省时将阿拉善旗、和硕特旗、额济纳旧土尔扈特旗及磴口县划入内蒙古自治区。1956 年，甘肃省所辖巴彦浩特蒙古自治州和额济纳自治州也划入内蒙古自治区，成立巴彦淖尔盟。

1958 年 10 月，宁夏回族自治区成立，辖原属甘肃省的银川专区、吴忠回族自治州、西海固回族自治州及泾源县、隆德县。1969 年，内蒙古自治区阿拉善左旗、阿拉善右旗的 5 个公社并入宁夏，至 1979 年，这些地区又划归内蒙古自治区。截至 2015 年，宁夏回族自治区辖银川、石嘴山、吴忠、固原、中卫 5 个地级市，灵武、青铜峡 2 个县级市，永宁、贺兰、平罗、盐池、同心、西吉、隆德、泾源、彭阳、中宁、海原 11 个县，兴庆、金凤、西夏、大武口、惠农、利通、红寺堡、原州、沙坡头 9 个市辖区，192 个乡镇（102 个镇、90 个乡），44 个街道办事处。

附记 · 阿拉善左旗

阿拉善左旗，原系套西厄鲁特、和硕特游牧地。清康熙三十六年（1697 年）编为阿拉善旗。1949 年成立阿拉善自治旗，属宁夏省。1954 年改阿拉善旗，划归甘肃省。1956 年与额济纳旗合并，划归内蒙古自治区。1961 年分阿拉善左旗、阿拉善右旗。

阿拉善左旗因山得名，系“贺兰山”一名异译。系蒙古语，意为“金黄色的马”。蒙古语称东为左。地处内蒙古自治区西南部，东接磴口县、乌拉特后旗、乌海市；东南与宁夏石嘴山市、银川市、青铜峡市相望；南交甘肃景泰县、古浪县，宁夏中卫市；西连甘肃武威市，内蒙古阿拉善盟阿拉善右旗；北与蒙古国接壤，国境线长 188.28 公里。全旗总面积 80 412 平方公里，辖 9 个镇（温都尔勒图镇、乌斯太镇、巴润别立镇、巴彦浩特镇、嘉尔格勒赛汉镇、吉兰泰镇、宗别立镇、敖伦布拉格镇、腾格里额里斯镇）、6 个苏木（巴彦木仁苏木、乌力吉苏木、巴彦诺日公苏木、额尔克哈什哈苏木、银根苏木、超格图呼热苏木）。旗政府驻巴彦浩特镇，是一个以蒙古族为主体、汉族居多数的少数民族聚居的边境旗。

阿拉善左旗境内有贺兰山广宗寺（南寺）生态旅游区、月亮湖风景区。贺兰山国家级自然保护区有原始次生林 54 万亩，是内蒙古自治区乃至西北的天然生态屏障。被称为“两白一黑”的湖盐、芒硝、煤炭是阿拉善左旗最具有优势和地方特色的矿种，煤炭保有储量 35.5 亿吨，湖盐储量 1.3 亿吨，芒硝总储量约 0.6 亿吨。

早期的阿拉善地区与宁夏以贺兰山为界。清康熙年间，宁蒙初步划定：“贺兰山六十里之内，作为民人采薪之处；六十里之外，作为蒙古游牧之所。”但是，这种比较清晰的划定还不能作为双方共同遵循的依据，边界纠纷时有发生。至乾隆三十四年（1769 年），发生了因建广宗寺（南寺）、福荫寺（北寺）占地的涉界之争。因建寺占地既成事实，清廷就做了照顾性的处理。之后数年，两地纠纷仍然不断，多次会商无果，至光绪九年（1883 年），陕甘总督谭钟麟下决心解决此案，即认定乾隆三十四年的处理为“铁案”，并约定“自口六十里外为界，公立议单，各无反悔。”宁夏道员耆彬担心日久生变，“将起事颠末详叙竖碑贺兰山蒙汉交界处所”，还在宁蒙分界线地址响扎子山梁陡壁之处刻上“蒙汉交界”四个大字，使蒙汉入山民人目睹皆晓。因此，历史上宁阿边界虽然屡有纠纷，但在官方调解之后，基本一直坚持以贺兰山长城暗门外 60 里为界线的基本原则，所以清〔乾隆〕《宁夏府志》绘制的《舆地全图》和民国《朔方道志》绘制的《朔方道疆域总图》，都将贺兰山划入宁夏范围之内，蒙古旗边界均在贺兰山之外。

这里需要说明的是，清雍正十年（1732 年），阿拉善第二代王爷阿宝复归故地后，清廷赐定远营城居住，阿宝遂将王府由紫泥湖（今内蒙古锡林郭勒境内）迁至定远营，开始修建寺庙、王府花园等，定远营城遂成为阿拉善旗府，亦称“王爷府”，普遍称“亲王府”。阿宝旗王生子 4 人，长子衮布先父早逝，按清朝世袭制度，次子罗布藏多尔济成为合法继承人。乾隆十五年（1750 年），罗布藏多尔济在北京完婚，娶清皇室格格为妻，所以罗布藏多尔济旗王也称为郡王，清〔乾隆〕《宁夏府志》绘制的《舆地全图》也就有了“贺兰山边外郡王罗布藏游牧地”的地名标志。

附记 · 额济纳旗

额济纳旗，先秦称“流沙”或“弱水流沙”，汉初以该地内有大海，汉人称为“居延海”或“居延泽”，故元代以前，史册均称“居延海”或“居延泽”，所置县郡亦以“居延”名之。元代称“亦集乃”，今当地额济纳土尔扈特标准蒙古语仍称为“亦集乃”，意为“主人”“先祖之地”。清康熙三十七年（1698 年），土尔扈特汗国阿玉奇汗派阿拉布珠尔率部众 5000 人，以礼佛之名，从伏尔加河流域启程，前往西藏拜见达赖喇嘛。翌年，便派人进京谒见康熙皇帝。康熙四十三年（1704 年），清政府封阿拉布珠尔为固山贝子，赐牧于党色尔腾。雍正九年（1731 年）获准内徙，定牧于额济纳河流域。乾隆十八年（1753 年），清政府将其编为独立旗，正式设置了额济纳旧土尔扈特旗，直属理藩院。

1949 年 9 月 27 日，额济纳旧土尔扈特旗扎萨克郡王塔旺嘉布致电毛泽东主席、朱德总司令，宣布接受中央人民政府领导，额济纳旧土尔扈特旗获得和平解放，由甘肃省酒泉专署代管。1951 年 1 月，额济纳旧土尔扈特旗改称额济纳旗自治区。额济纳旗隶属几经变更，从 1979 年 7 月 1 日起复归内蒙古自治区，1980 年 5 月 1 日即属阿拉善盟辖属。1998 年，是额济纳土尔扈特部回归祖国 300 周年，额济纳旗旗委、政府在塔王府东侧建造了回归纪念碑。

额济纳旗因境内额济纳河而得名，地处祖国北疆，位于内蒙古自治区最西端，也位于阿拉善盟西部，是一个以蒙古族为主体多民族聚居的边境旗，旗政府驻达来呼布镇。全旗总面积 11.46 万平方公里。全旗辖 3 个镇（达来呼布镇、东风镇、黑鹰山镇）、3 个苏木（苏泊淖尔苏木、赛汉陶来苏木、马鬃山苏木）、1 个农场（农牧业示范园区）及 13 个嘎查（建置村），居住着蒙古族为主体的 9 个民族。有土尔扈特、阿拉善和硕特、哈拉哈蒙古 3 个部落和少数的布里亚特蒙古族。

附记 · 永宁县

民国三十年（1941 年）4 月初，在宁夏、宁朔两县之间增设永宁县，治杨和堡，为一等县。永宁县东至黄河与灵武县为界，南至王洪、李俊与宁朔县相邻，西至贺兰山与阿拉善旗为界，北至盈北与宁夏县（贺兰县）接壤，总面积 3 384 平方公里。今永宁县地处宁夏平原中部，东临黄河，西倚贺兰山，是自治区首府银川市的辖县，县人民政府驻杨和镇。截至 2015 年，全县国土面积 1 020 平方公里，总人口 20.4 万人。县辖 1 个街道办（杨和街道办）、5 个镇（杨和镇、李俊镇、望远镇、望洪镇、闽宁镇）、1 个乡（胜利乡）。境内另有宁夏农垦所辖 2 个农场（黄羊滩农场、玉泉营农场）。

附记 · 中宁县

在今宁夏中宁县境内，历史上曾出现了西汉眴卷县，北魏及西魏、隋、唐的鸣沙县，元代鸣沙州的行政建置。明永乐元年（1403 年）置宁夏中卫，今中宁地区的西部属中卫，东部属广武营和鸣沙州城。清雍正二年（1724 年），宁夏中卫改为中卫县，中宁地区属中卫县。

马鸿逵主政宁夏后，宁夏省民政厅代理厅长冯延铸建议在中卫县境增设宁安县，其理由是“中卫县境辽阔，一切政治推行，殊觉鞭长莫及”。要点是“拟将中卫县划为两县，以黄河为界，河南增设宁安县，以宁安堡为县城；河北为中卫县，县城仍旧”。此建议一经公布，立即引起社会广泛关注，河北地区胡生兰等 58 名乡绅上书马鸿逵，提出以黄河为界的反对意见，其理由有二：一是他们认为“似此划分，河南之常乐、古水地址极西，距中卫县城不过二三十里，距宁安县城二百一十里，凡运粮纳草实有舍近求远之劳，政府管辖依然鞭长莫及”。二是他们认为“河南香山出产烟炭，富有羊只，宣和、永康、宁安等堡蕃植园林，盛产枸杞，土地广大，物产丰饶。河北之广武、枣园、石空、镇罗，城堡破烂，林木稀少，干山枯岭，贫富相差悬殊。若以黄河为界，苦乐不均，不啻宁安升诸天堂，中卫堕诸地狱矣”。此信上达后，宁夏省政府指令卫宁分县筹备专员孙斌和中卫县长董天祥，会同省民政厅、财政厅指派的专员重新勘界。重勘的结果，接受了胡生兰等 58 人的意见，撤销原定以黄河为界、南北分县的方案，另订以山河桥、胜金关为界东西分县的方案，并上报国民政府行政院内政部。内政部同意改南北分县为东西分县的方案，但对所拟宁安县名提出异议，驳回重拟，理由是黑龙江省曾经将清朝时期流放犯官的宁古塔地方定名为宁安县，宁夏省再设一个宁安县，势必重复。宁夏省政府接到内政部通知后，经过集思广益，决定取中卫县的“中”字，宁安堡的“宁”字，合二而一，定名为中宁县。县名确定后，又觉得改南北分县为东西分县后，原定县城宁安堡地位偏西，于是又议定以宁安堡以东的鸣沙为中宁县城，并咨文内政部请求批准。理由是如此划分，两相停均，无所偏倚。内政部接到宁夏省政府的咨文后，立即呈报行政院，行政院又立即呈报国民政府。民国二十二年（1933 年）12 月 30 日，国民政府主席林森发布国民政府第 2435 号令，认为所拟新治县名亦尚妥协，准予照办。民国二十三年（1934 年）1 月 1 日，宁夏省政府在宁安堡成立中宁县政府，举行挂牌仪式，至此中宁县正式成立。首设的中宁县东以牛首山与宁朔县、金积县为界，北及西北与宁朔县、阿拉善旗毗邻，南与甘肃省海原县接壤，西自黄河北岸胜金关、黄河南岸山河桥与中卫县为界。

2003 年 12 月 31 日国务院同意设置地级中卫市后，中宁县属中卫市。2008 年 6 月将海原县的徐套乡划归中宁县。中宁县人民政府驻宁安镇。今中宁县位于宁夏回族自治区中部，宁夏平原南端。地处黄河两岸，东邻吴忠市利通区、青铜峡市，西依中卫市沙坡头区，南接同心县，北靠内蒙古自治区阿拉善左旗，行政区划总面积 4 166 平方公里。2015 年，全县辖 6 个镇（宁安镇、鸣沙镇、石空镇、新堡镇、恩和镇、大战场镇）、5 个乡（白马乡、徐套乡、舟塔乡、余丁乡、喊叫水乡）和红梧地区管委会，有 112 个村委会。全县总人口 36.8 万人。中宁县是世界枸杞的发源地和正宗原产地，1961 年被农业部命名为中国枸杞生产基地县，1995 年被国务院命名为“中国枸杞之乡”。

附记 · 惠农县

民国二十七年（1938 年），宁夏省政府计划拆分平罗县新设一县，拟名“永固县”（因境内有东永固堡、西永固堡）。民国二十九年（1940 年）决定改名惠农县。民国三十年（1941 年）正式划平罗县北部的王全口、高庄、惠北、灵沙以北地区置惠农县，因位于惠农渠梢段而得名。当时的惠农县东及东北滨黄河与内蒙古鄂托克旗为界，南与平罗县相接，西及西北以贺兰山与阿拉善旗为界，总面积 3 384 平方公里。辖今石嘴山市惠农区及平罗县的宝丰、黄渠桥、高庄、灵沙、惠北 5 个乡镇和石炭井的部分地区。

1960 年 3 月设置石嘴山市，撤销惠农县。1976 年以原惠农县大部地域置石嘴山市郊区。1987年2月，国务院批准撤销石嘴山市郊区，恢复惠农县。2003年撤销石嘴山市辖的石嘴山区、惠农县，合并设立石嘴山市惠农区，惠农区人民政府驻原石嘴山区，区委驻红果子镇。

今石嘴山市惠农区位于宁夏最北端，东滨黄河，与内蒙古自治区鄂托克旗隔河相望；西依贺兰山，与石嘴山市大武口区相邻；南与平罗县接壤；北与内蒙古自治区乌海市相连，区划面积1 254平方公里。截至2015年，惠农区辖3个镇（红果子镇、尾闸镇、园艺镇）、3个乡（庙台乡、礼和乡、燕子墩乡）、6个街道办事处、38个村委会，总人口18.69万人，其中少数民族3.28万人。

附记 · 石嘴山

据《大明一统志》载，石嘴山因贺兰山与黄河交会处“山石突出如嘴”而得名。在清雍正四年（1726年）前后，石嘴山名被借用为地名，史籍中多见“石嘴子”“石咀山”“石嘴子山”等。“嘴”字的写法，明、清两代史籍均作“嘴”，民国《朔方道志》中始见“嘴”与“咀”并用。中华人民共和国成立后，国务院公布的三批汉字简化方案也未将“嘴”字简化。1959年，在宁夏为设置石嘴山市给国务院的报告中使用了“石咀山”这一不规范的写法。1960年，国务院在批准撤销惠农县设市决定中沿用“石咀山”为市名。1981年，石嘴山市地名委员会根据市名形成的历史渊源，经宁夏地名委员会同意，将“石嘴山”正式定为市名的规范化写法。由此可见，石嘴山作为行政建置名称始于1960年。

附记 · 陶乐县

早在西汉时期，就在今宁夏平罗县高仁乡附近置灵武县。北周时又在这里置建安县，至隋开皇十八年（598年）更名为广润县，又因杨广立为太子，为避讳旋改为大润县。“陶乐”地名来历有3种说法。一种说法是有明一代，残元势力蒙古贵族鞑靼、瓦剌部入居河套，被称为“套虏”，又因此地多湖滩，故称“套虏湖滩”。到了清代，统治者忌讳“虏”字，以谐音将“套虏”改为“陶乐”，将“套虏湖滩”改称“陶乐湖滩”。一种说法也是到了清代，这里属绥远省的鄂托克旗查汉托护地，蒙古语“查汉”即白色，“托护”是肘臂弯曲之形，“查汉托护”引申意为“白色的河湾地”。当地汉族以“查汉托护”音转，又结合“套虏湖滩”，又将这里称为“托护勒滩”，后根据蒙古语音译为“陶乐”，又赋予“其乐陶然”新意。一种说法是清光绪年间，黄河向西倾斜，淤澄成滩，由陶、乐两姓管理领牧，故名“陶乐湖滩”。

清代，陶乐湖滩（查汉托护）地属鄂托克旗。民国十八年（1929年）将查汉托护地改属宁夏省，宁夏省在高仁镇设置陶乐设治局，绥远省反对，并于当年8月设置沃野设治局。民国二十六年（1937年），绥远沦陷，中华国民政府内政部派员查勘后，裁定撤销沃野设治局，此地归宁夏省管辖。民国三十年（1941年）4月，经国民政府行政院批准，宁夏省将陶乐设治局提升为陶乐县，驻高仁。陶乐县辖南起横城，北至王元地，南北长160公里，东西宽20公里，辖2个乡7个保，第一乡驻高仁，第二乡驻察罕埂。

民国三十六年（1947年），陶乐县辖境南起灵武县横城北，北至磴口县王元地老石蛋南，西濒黄河，东与鄂托克旗扎木苏井、朝木海等地交界，南北长180公里，东西宽20公里，总面积3 600平方公里。民国三十七年（1948年），陶乐县共有828户4 004人。

1953年，陶乐县人民政府由高仁镇迁至马太沟。2003年，国务院批复撤销陶乐县，原陶乐县城更名为陶乐镇。将原陶乐县月牙湖乡划归银川市兴庆区管辖，其余地方划归平罗县管辖。撤销建置前的陶乐县位于宁夏东北部，属石嘴山市辖县，东与内蒙古自治区鄂托克前旗、后旗相连，南以明长城为界与灵武市毗邻，西濒黄河与银川市、平罗县、惠农县隔河相望，县人民政府驻马太沟。全县总面积 1 048 平方公里。2003 年，陶乐县辖 3 个镇（马太沟镇、高仁镇、月牙湖镇）、1 个乡（红崖子乡）。全县总人口 3.21 万人，其中回族 0.84 万人。

中华人民共和国成立以来，陆续撤销、合并了很多县，其中陶乐县是在宁夏撤销的第二个建置县（第一个是金积县）。这个县在撤销前，是行政规划最小、人口最少的县。当时的县城也不过 0.4 平方公里，城内只有两条主干道，站在两条街道的交叉口，东西南北四个方向都能望见城外的田野。县城人口只有 4 000 多人。县城虽小，但是吃"公家饭"领工资的人多达 2 300 多人，算下来 10 人左右养活一名干部职工。最为严重的是因为这里处于黄河岸边，地势较低，地下水位高，经常形成大片的盐碱地。河岸又多属沙地，土地松软，河水冲刷河岸，经常出现塌岸现象。加上这里处于毛乌素沙地边缘，经常造成风沙灾害。所以盐碱、黄河塌岸和风沙"三害"伴随着陶乐县 60 多年的历史。

图示·宁夏县疆域分图

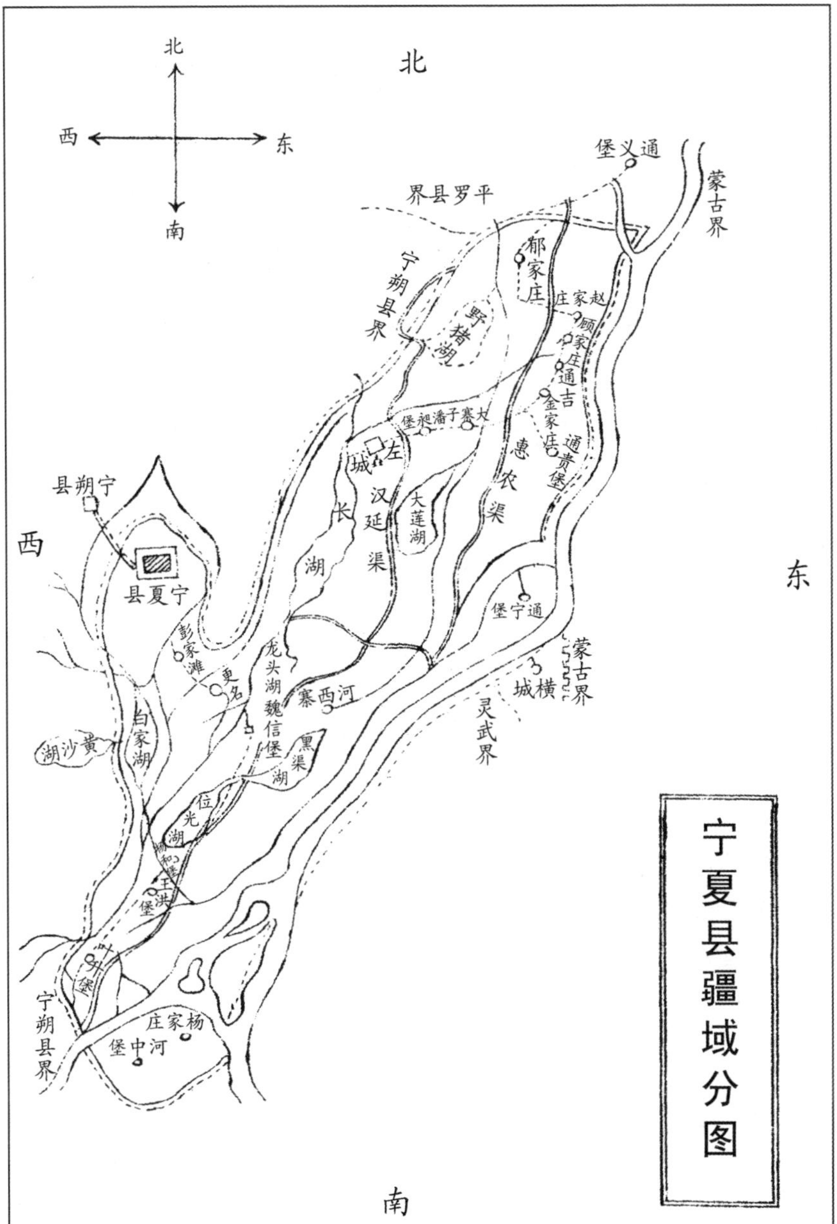

来源：民国《朔方道志》。

图解 · 宁夏县

清雍正二年（1724年），改宁夏左屯卫为宁夏县，县治设在宁夏府城内南门大街西（今宁夏银川市中山南街），为甘肃省宁夏府的首县。民国初年，宁夏县辖4个区16个乡，乡下设堡，一区驻金贵堡，二区驻立岗堡，三区驻常信堡，四区驻芦花台。民国十七年（1928年），宁夏省首次对宁夏县区划进行调整，宁夏县行政区划范围缩小。民国二十年（1931年），再次对宁夏县辖区进行调整，将平罗县贺兰山东麓的苏峪口、贺兰口、插旗口下山坡地和以东的各堡划归宁夏县，同时将宁朔县北部的丰登各堡及贺兰山东麓的冲石口、大口子、小口子、拜寺口、黄渠口下山坡地划归宁夏县，将宁夏县南部所属叶升、任春、王洪、杨和、魏信等堡划归宁朔县。这次调整，使宁夏县行政区划范围有所扩大。民国二十四年（1935年）5月，宁夏县治由省城迁往谢岗堡。民国三十年（1941年）春，从宁夏、宁朔两县析出增设永宁县，又因宁夏县与宁夏省重名，将宁夏县更名为贺兰县，将宁夏县迁至谢岗堡，原宁夏省城的宁夏县址改为夏朔平地方法院住址。贺兰县为一等县，新县界为东至通昌隔黄河与陶乐县为邻，南与永宁县接壤，西至贺兰山，北至洪广营与平罗县接界，总面积740.25平方公里。新县辖10个乡，一乡驻谢岗堡，二乡驻保家户，三乡驻通昌户，四乡驻牛王庙，五乡驻立岗堡，六乡驻白雀寺，七乡驻常信堡，八乡驻谭渠团庄，九乡驻龙王庙，十乡驻王井子。

今宁夏贺兰县位于银川平原中部，是银川市辖县，东濒黄河，西倚贺兰山，与内蒙古自治区阿拉善左旗以贺兰山主峰分界，南与银川市兴庆区、金凤区为邻，北与平罗县接壤。贺兰县境内有贺兰山岩画、古汉墓遗址、拜寺口双塔、宏佛塔等历史古迹和黄河古渡、黄河湿地等自然景观。贺兰县是“国家卫生县城”“国家园林县城”“全国文明县城”“全国体育先进县”“全国商品粮基地”“西部第一渔业大县”“全国水利建设先进县”，也是西部四季绿色“蔬菜之都”。截至2015年，全县总面积

1 197.57 平方公里，辖 4 个镇（习岗镇、金贵镇、立岗镇、洪广镇）、1 个乡（常信乡）、2 个农牧场（京星农牧场、南梁台子农牧场）、1 个街道办事处（习岗街道办事处）。全县常住人口 25.33 万人，其中回族 6.07 万人。

图示 · 宁朔县疆域分图

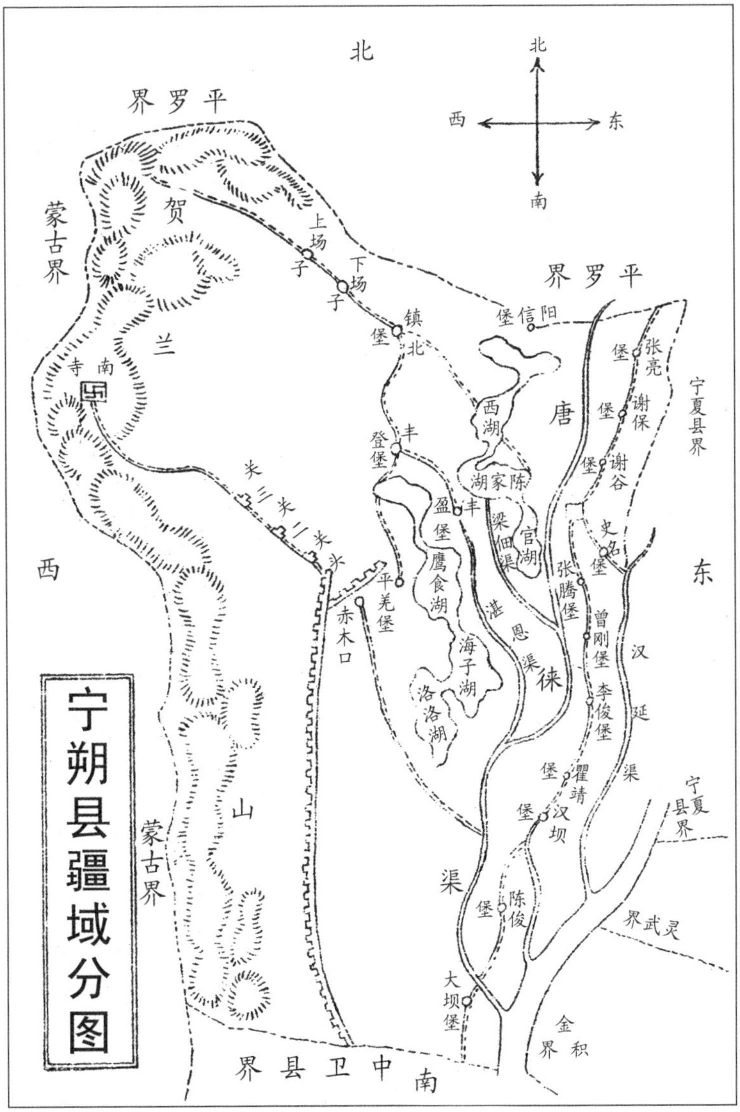

来源：民国《朔方道志》。

图解 · 宁朔县

清雍正三年（1725年）改宁夏右屯卫为宁朔县，县治设在宁夏府城东北5里的旧满城内。初设置的宁朔县辖镇北堡、平羌堡、玉泉营等23个堡寨，又辖宁夏府城内更名户、张腾户、邵必户、谢谷俊户4个街区。乾隆三年十一月二十四日（1739年1月3日）大地震后，在宁夏府城西大街重建宁朔县署。同治战乱后，又于光绪二十年（1894年）在宁夏府城地藏庵北巷重建宁朔县署。民国三年（1914年），北洋政府令裁宁夏驻防满营将军，宁朔县署迁往新城旧将军署。宁朔县与宁夏县以宁夏府城东西正街为界，东至宁夏县张政堡，西至贺兰山外阿拉善旗，南至中卫县分守岭，北至平罗县李刚堡。马鸿逵主政宁夏后，于民国二十三年（1934年）将宁朔县由新城迁至王洪堡（今宁夏永宁县王洪镇）。原宁朔县址旧将军府被拆除，将木料建了军营。民国三十年（1941年）新置永宁县，又将宁朔县治从王洪堡迁至瞿靖堡。民国三十二年（1943年）又将宁朔县治迁至汉坝堡（今宁夏青铜峡市小坝镇）。新县界东至任春堡界永宁县，南至分守岭界中宁县，西至贺兰山邻阿拉善旗，北至宋澄堡，面积852.8平方公里。

清代至中华民国时期，因行政区划的调整和永宁县的设置，宁朔县治所在地也多有变更。同时，因对宁夏县、平罗县和永宁县行政区划的不断调整，使宁朔县行政区划面积也多有变化，很难确定不同时期的面积，即使县治驻地的变更也存在记述不一的争论问题。

1954年9月甘宁并省，设立银川专区，宁朔县属甘肃省银川专区。1958年成立宁夏回族自治区，宁朔县属宁夏回族自治区管辖。1960年8月，国务院通过撤销宁朔县、金积县两县，决定成立青铜峡市。今青铜峡市东隔黄河与灵武市、吴忠市利通区相望，南以牛首山为界与中卫市中宁县接壤，西依明长城与内蒙古自治区阿拉善左旗为邻，北与永宁县相连。

市境东西宽 30 多公里，南北长 60 多公里，总面积 2 525 平方公里。青铜峡市人民政府驻小坝镇。2011 年，青铜峡市综合经济实力名列中国西部百强县（市）第 32 位。2015 年，全市辖 8 个镇（峡口镇、青铜峡镇、大坝镇、小坝镇、瞿靖镇、邵岗镇、陈袁滩镇、叶盛镇）、1 个街道办事处（裕民街道办事处）、3 个农（林）场（连湖农场、树新农场、良种繁殖场）、85 个村委会、21 个城镇社区。全市总人口 28.19 万人，其中回族 6.57 万人。市境著名景区景点有青铜峡黄河大峡谷、中华黄河坛、黄河楼、大禹文化园等。

宁朔县取“宁夏”与“朔方”首字而得名，也有人认为，以“朔方安宁”之意命名，而青铜峡市就是因黄河上游青铜峡而命名。

图示 · 中卫县舆图

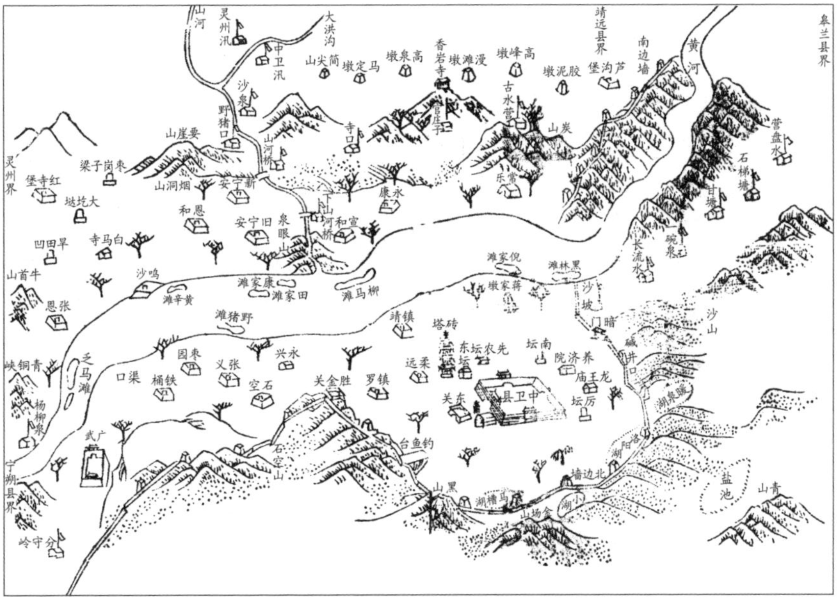

中卫县舆图

来源：清〔乾隆〕《中卫县志》、清〔道光〕《续修中卫县志》。

图示 · 中卫县疆域分图

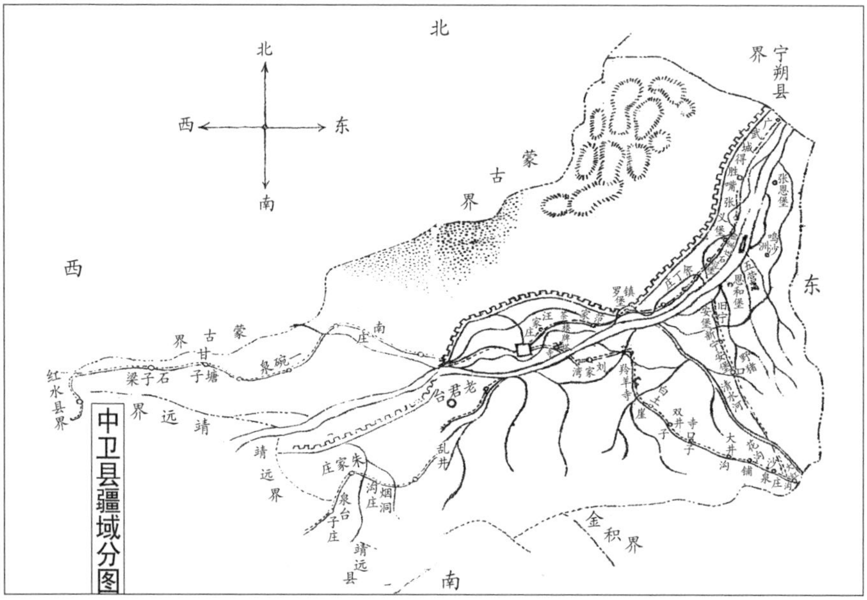

来源：民国《朔方道志》。

图解 · 中卫县

元代设置应理州，至明洪武初废。明永乐元年（1403 年）置宁夏中卫，“中卫”之名始此。清雍正二年（1724 年）裁卫置县，改称中卫县，属宁夏府。清代中卫县，东至广武分水岭，与宁朔县相接；南至白崖口，与灵州相接；西至营盘水，与皋兰县毗邻；北至明长城。又东南至大岚沟，与灵州相接；西南至柴薪梁，与靖远县相连。

民国二十三年（1934 年）1 月，中卫县分成中卫县、中宁县。中卫县新界为：东界中宁县，西界甘肃靖远，北界阿拉善旗，南界海原县。

2003 年 12 月 31 日，国务院批复同意撤销中卫县，设立地级中卫市。中卫市设立沙坡头区，以原中卫县的行政区域为沙坡头区的行政区域。2004 年 2 月 6 日，自治区人民政府印发通知，撤销中卫县，设立地级中卫市。中卫市辖从吴忠市划入的中宁县、从固原市划入的海原县和沙坡头区。地级中卫市设立后，没有设立沙坡头区一级政权，只在原中卫县辖区设立中卫城区办公室等机构，以中卫城区指代沙坡头区。2008 年 6 月 11 日，宁夏回族自治区人民政府办公厅印发通知，要求即日起统一使用“中卫市沙坡头区”，不再使用“中卫市中卫城区”或其他名称。同年，宁夏回族自治区人民政府批复同意将海原县的兴仁镇、蒿川乡划归中卫市沙坡头区管辖。2012 年组建沙坡头区管委会。2016 年 8 月 19 日，中卫市沙坡头区正式挂牌，标志着该区以市辖区行政建置模式独立运行。

原中卫县位于宁夏中西部，东邻中宁县，南与同心县、海原县及甘肃省靖远县为邻，西接甘肃省景泰县，北邻内蒙古自治区阿拉善左旗，总面积 4 671 平方公里。辖 10 个镇（文昌镇、滨河镇、迎水桥镇、东园镇、柔远镇、镇罗镇、宣和镇、永康镇、长乐镇、兴仁镇）、2 个乡（香山乡、蒿川乡）。2003 年，全县总人口 35 万人。

图示 · 平罗县疆域分图

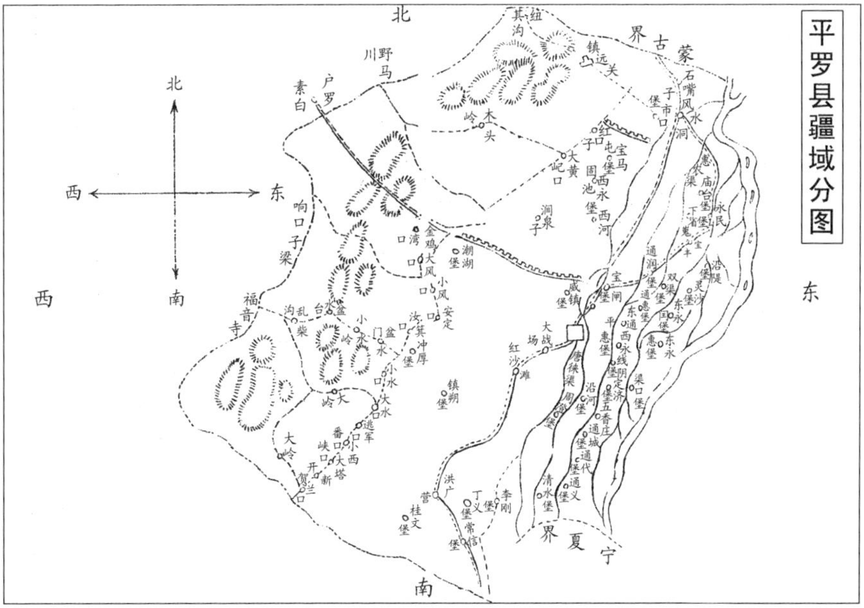

来源：民国《朔方道志》。

图示 · 平罗县舆地全图

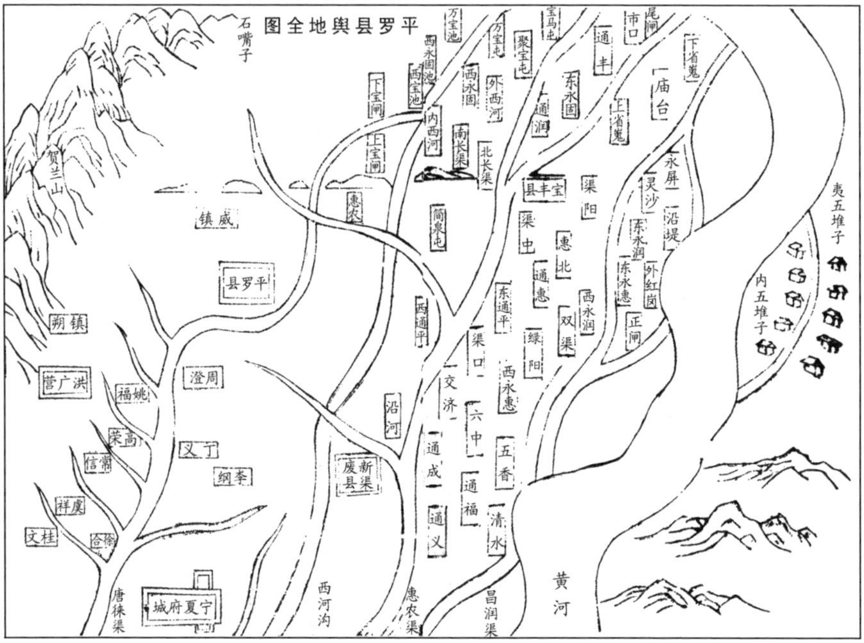

来源：清〔道光〕《平罗记略》。

图解 · 平罗县

西汉元鼎三年（前 114 年），就在今平罗县境置廉县，治今暖泉村。明嘉靖三十年（1551 年）设平虏守御千户所。清初改为平罗所，因“虏”系对少数民族的带有侮辱性的称谓，故取谐音为“罗”。清雍正二年（1724 年）置平罗县。雍正二年（1724 年）至雍正六年（1728 年），在开挖惠农渠、昌润渠并组织移民的同时，增设了新渠县、宝丰县。自此，平罗县、新渠县、宝丰县 3 县并设，直至乾隆初年因大地震严重破坏，被迫撤销新渠县、宝丰县建置，原新渠县的通宁、通朔、通贵、通昶、通吉堡划归宁夏县，其余地方与原宝丰县全境划归平罗县。清嘉庆十一年（1806 年），原属阿拉善旗的磴口一带划归平罗县。民国十五年（1926 年）又将磴口从平罗划出，设置磴口县。

民国二十二年（1933 年），宁夏省调整宁夏、宁朔、平罗 3 县辖地，原属平罗县的常信、洪广、丁义、李刚、清水、通义等 9 堡及高荣堡的西半部，划归宁夏县。民国三十年（1941 年），划出平罗县北部的宝丰、黄渠桥，石嘴山的高庄、惠北、灵沙等 8 个乡，设置惠农县。平罗县新境东滨黄河界陶乐县，南界贺兰县，西界阿拉善旗，北界惠农县，面积 1 447.4 平方公里。

今平罗县位于宁夏平原北部，东与内蒙古自治区鄂尔多斯市鄂托克前旗毗邻，西以贺兰山分水岭为界与内蒙古自治区阿拉善左旗接壤，南与贺兰县毗邻，北与石嘴山市惠农区相连，总面积 1 254 平方公里。截至 2015 年，平罗县辖 7 个镇（城关镇、黄渠桥镇、宝丰镇、头闸镇、姚伏镇、崇岗镇、陶乐镇）、6 个乡（高庄乡、灵沙乡、渠口乡、通伏乡、高仁乡、红崖子乡），总人口约 20 万人。

附记 · 新渠县

明清以来，黄河河道不断东移，在今宁夏平罗县形成一大片河滩荒地。到了清初，世代居住在黄河以东的蒙古族牧民，看中了河西的广袤草地，称之为“查汉托护”，视为优良牧场。他们不断越过黄河，在这里长期放牧。而此时，宁夏平原农业人口急速膨胀，耕地显得日益紧张，也开始在查汉托护等地垦荒。于是，农耕者与放牧者之间经常发生冲突，使地方官感到棘手。清康熙五十二年（1713 年），时任宁夏总兵的镶黄旗人范时捷上奏康熙皇帝，提出宁蒙以黄河为界的建议。康熙批准所奏，下令蒙古部族全部撤出查汉托护。清廷这一历史性的决定，划定了宁蒙边界，巩固了农民与牧民间的和谐关系，奠定了开发“查汉托护”的基础。

清雍正二年（1724 年），川陕总督年羹尧巡视宁夏后，上奏雍正皇帝：“宁夏东北五十里插汉拖辉地方，南北延袤百有余里，东西广四五十里或二三十里不等”。又称这里“旷野而平，其土肥润……易于引水”。“若修河、造渠坝及放水之闸”，可以“垦田六十余万亩”。雍正四年（1726 年），清廷“特颁帑银十六万两”，在“插汉托护”地方开凿惠农渠、昌润渠，引水招垦，又拨银15万两，用于移民安置，使这里出现了“犁云遍野，麦浪盈畴”的新景象。

在开挖惠农渠和昌润渠的同时，清廷于雍正四年（1726年）设新渠县，驻通福堡，即今宁夏平罗县姚伏镇东永胜三队。新渠县辖境包括今宁夏平罗县东部黄河西岸各地。新建的新渠县城周长4里3分，城墙高2丈6尺，护城壕宽7尺，深6尺。城有南北城门2道：南门称“赐福”，北门称“纳秀”。城中心建鼓楼一座，分东、南、西、北4个鼓楼洞：东称“就日”，西称“瞻云”，南称“呈福”，北称“览胜”。乾隆三年十一月二十四日（1739年1月3日）宁夏—平罗大地震，新渠县城变为废墟。新渠“仓廒俱陷入地中，粮食俱在冰河之内，令人刨挖米粮熟如汤包，味若酸酒，已不堪食用”。县内河水倒灌，城堡、渠闸俱毁。次年三月，办理救灾事宜的钦差、侍郎班第以“新渠、宝丰率成冰海，不能建城筑堡”为由，请准裁汰新渠、宝丰2县，原领53个堡寨并入平罗县。

附记・宝丰县

清雍正六年(1728年)，在修渠开发“插汉托护”中，又以新垦区开垦耕地2余顷，添设宝丰县，驻今宁夏平罗县宝丰镇。辖境包括今宁夏石嘴山市所辖的惠农区全部。宝丰县城墙高1丈6尺，护城沟宽7尺，深6尺。设南、北2门：南门称“文福”，北门称“黄宝”。城中心建鼓楼1座，设东、南、西、北4个鼓楼洞：东称“捧日”，南称“观润”，西称“澜霞”，北称“笼翠”。在乾隆三年宁夏—平罗大地震中，宝丰县城变为废墟。据史料记载，“宝丰、新渠并所属各营堡以及沿河户民一带，地震后裂开大窟，旋涌出大水，并河水泛涨进城，一片汪洋，深四五以至六七尺不等”。“自新渠而起二三十里之外，越宝丰而至石咀子，东连黄河，西达贺兰山，周回一二百里竟成一片冰海”。宝丰“仓廒半陷入地中”。清乾隆四年(1739年）三月，办理救灾事宜的钦差、侍郎班第以“新渠、宝丰率成冰海，不能建城筑堡”为由，请准裁汰新渠、宝丰 2 县，原领 53 个堡寨并入平罗县。乾隆十二年（1747 年）设县丞，专司渠务。

附记 · 五堆子

清乾隆四十八年（1783 年），黄河向西改道，将平罗县属东永惠堡东部一分为二，其中将南北长 9 公里、东西宽 2 公里的狭长地带隔到黄河以东，与内蒙古鄂托克旗相接。次年，经陕甘总督准奏，平罗县与鄂托克旗协商，双方立碑 5 处，作为平罗县与鄂托克旗的界碑，于是碑西为内五堆子，属平罗县；碑东为外五堆子，属鄂托克旗。《平罗县舆地全图》称外五堆子为“夷五堆子”。

图示 · 灵州舆图

图舆州灵

来源：清〔嘉庆〕《灵州志迹》。

图示 · 灵武县疆域分图

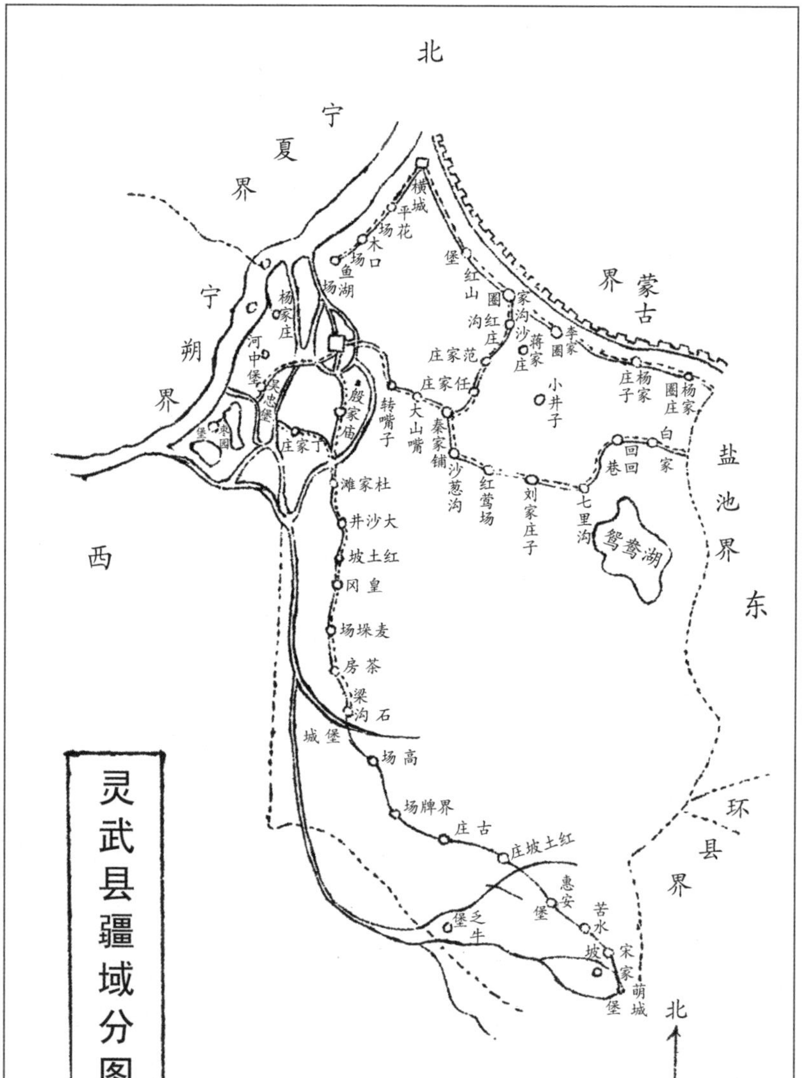

来源：民国《朔方道志》。

图解 · 灵武市

西汉惠帝四年（前 191 年）置灵州县，治今宁夏吴忠市利通区古城附近。县在黄河洲岛上，因“此地在河之洲，随水高下，未尝沦没，故号灵州”。隋朝曾改灵州为灵武郡，从此，灵州、灵武作为历史地名沿用至今。明洪武十六年（1383 年）置灵州河口守御千户所，至宣德三年（1428 年）改为灵州守御千户所，隶属宁夏卫。明洪武十七年（1384 年），因黄河水泛滥，灵州“城凡三徙”，于明宣德三年（1428 年）第三次迁徙于灵州“新城”，即今宁夏灵武市城垣。明弘治十三年（1500 年）曾升置灵州。清废卫所，灵州为宁夏府直隶州，辖 36 个堡寨，辖境约今宁夏灵武市、同心县、盐池县全部和吴忠市部分地区。民国二年（1913 年）改灵州为灵武县，属宁夏省。灵武县为三等县，东界盐池县，南界金积县，西濒黄河界宁朔县，北倚长城界绥远省鄂托克旗。

今灵武市位于宁夏中部，地处黄河东岸，东和东南与盐池县相邻，南接红寺堡区，西与永宁县和吴忠市利通区、青铜峡市接壤，北与内蒙古自治区毗邻。2015 年，灵武市辖 6 个镇（东塔镇、郝家桥镇、崇兴镇、宁东镇、马家滩镇、临河镇）、2 个乡（梧桐树乡、白土岗乡）、2 个农（林）场（灵武农场、狼皮子梁林场），全市总人口 28.78 万人，其中回族 15.23 万人。

灵武市境内水洞沟遗址是中华民族远古文明的发祥地之一，1988 年被国务院公布为全国重点文物保护单位。灵武恐龙化石遗址是迄今为止中国发现面积较大、分布集中、保存完整、周边环境未遭破坏的恐龙化石群，2005 年 6 月公布为全区重点文物保护单位、区级地质公园。灵武白芨滩国家级自然保护区位于毛乌素沙地西南边缘，是中国建立较早的荒漠类型保护区，2000 年经国务院批准晋升为国家级自然保护区。2015 年，灵武市获“中国最具区域带动力城市百强”“中国产业发展能力城市百强”殊荣。2018 年 1 月 31 日，中国地名文化遗产保护促进会通知“确认灵武市为地名文化遗产千年古县”。

附记 · 山水河

山水河，俗称“山水沟”，又名“苦水河”，为宁夏境内入黄河的黄河一级支流。发源于甘肃省环县，流经盐池县境内西南边缘惠安堡镇萌城村，转入同心县、灵武市、吴忠市利通区，从新华桥处入黄河，全长224公里， 最宽水面50米左右，属环江水系。

附记 · 鸳鸯湖

鸳鸯湖，相传以前称“太平湖”，位于宁夏灵武市磁窑堡镇境内毛乌素沙地地带，曾被誉为“沙漠明珠”。这是一个由两个湖泊组成的妙地，由此也称“鸳鸯湖”。

听老人讲，鸳鸯湖的水往西流，这条水道已被沙子湮没。关于鸳鸯湖，至今还有一段美丽凄婉的传说：数百年前，磁窑堡的刘姓财主，有一个聪明伶俐的女儿名叫刘香兰。刘财主家的长工叫王七，是个能干、善良的小伙子。由于经常接触，刘香兰发现王七正直、诚实，就悄悄地和王七相爱了。很快，这件事被刘财主知道了，他气急败坏地派人将王七五花大绑毒打了一顿，但王七的决心仍不改变。刘财主一狠心，便将王七绑上石头扔进了太平湖。刘香兰得知王七被投到湖里后，万念俱灰，也跳入了太平湖。从此，人们就把太平湖改称鸳鸯湖。能够印证这个传说的是1960年5月，北京大学著名历史地理学家侯仁之先生响应党中央关于“向沙漠进军”的号召，率队来到宁夏进行考察，而且特意寻访了鸳鸯湖。他在《光明日报》刊登的《鸳鸯湖》一文中说：“鸳鸯湖，多么美丽的名字啊！在一带沙区中竟然有这样一个名称美丽的湖泊出现，又是多么令人向往的事。”在这次考察中，侯仁之先生意外地发现，在鸳鸯湖的东岸平缓的斜坡上，是一片荒芜了的墓地。墓地前面有一座于清道光七年（1827年）立的石坊，石坊横额正面题的是“刘氏祖阡”，背面是“木本水源”。

图示 · 金积县疆域分图

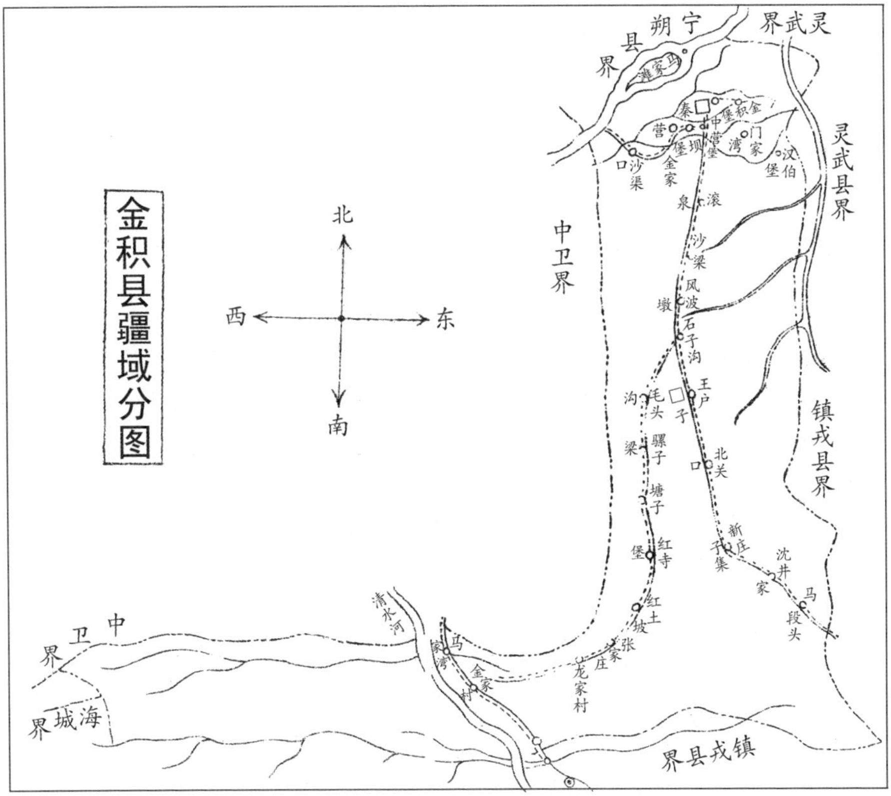

来源:民国《朔方道志》。

图解 · 金积县

明代筑金积堡，今为宁夏吴忠市利通区金积镇。清同治十一年（1872年），清军控制金积堡后，镇原县举人慕暲上书左宗棠，谓灵州幅员广大，“非一州牧之力所能裁制”，建议增设县治。左宗棠奏请析灵州西部置宁灵厅，治金积堡。撤宁夏水利同知，改为抚民同知，治金积堡。设同知一员、参将一员。民国二年（1913年）改宁灵厅为金积县，县治金积堡。金积县为四等县，位于黄河东岸，东北界灵武县，南界豫旺县、中宁县，西北濒黄河界宁朔县。

1960年9月，金积县撤销，原所辖地区部分划归吴忠市，部分划归青铜峡市。金积县因金积堡而得名。金积堡因其以南倚金积山（今宁夏青铜峡市境牛首山）而命名。据《明一统志》记载，金积山因“山多赭土，日照其色如金”，故名。

图示・花马池分州舆图

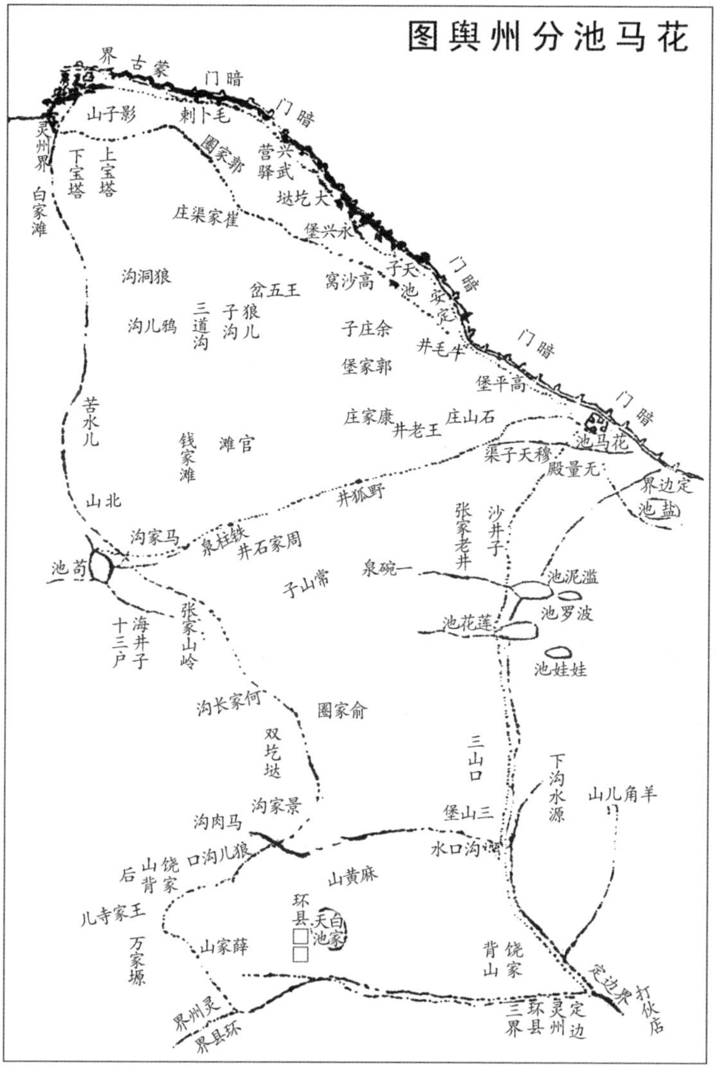

来源：清〔光绪〕《花马池志迹》。

图示 · 盐池县疆域分图

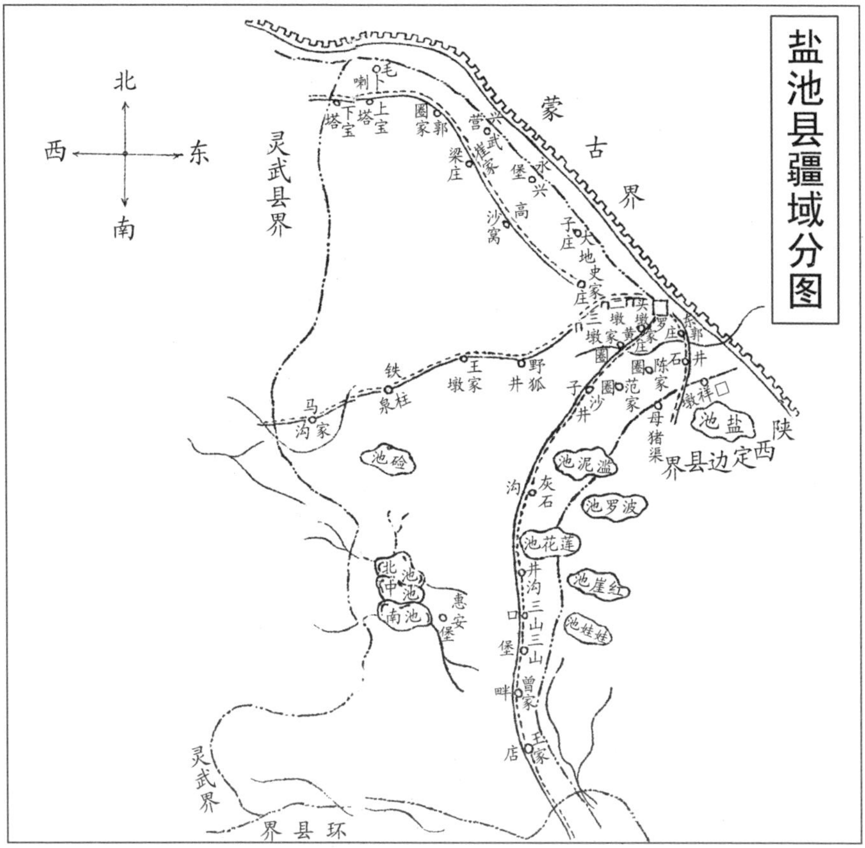

来源:民国《朔方道志》。

图示 · 盐池县形势图

见355页。

图解 · 盐池县

在今宁夏盐池县境内最早设置的行政建置是朐衍县，始于战国秦惠文王时期，治今张家场古城，历经秦汉，沿袭未改。至南北朝时期，首次出现了盐州地名，后来又出现了盐川郡、花马池、盐池不同名称。

“盐池”地名的演变与当地分布的众多天然盐湖及其所产食盐密切相关。自隋唐以来，历经五代、宋夏至元代，这里一直以盐州相称，只因州址“北近盐湖”而得名。关于明代“花马池”地名的由来，有多种解释，而“以盐易马”说最为可信。因为这里不仅以盛产食盐而著称，而且畜牧产业也经久不衰，食盐和畜牧这两个地方特色支柱产业影响了地名的演变。“以盐易马”商品交易模式就出现在某个盐湖附近，久而久之，民间就将这个盐湖称为“花马池”，而且“以盐易马”不只是在一个地方进行，所以常有“花马大池”“花马小池”和“花马池”的说法。明正统元年（1436 年）九月，宁夏总兵官都督同知史昭上奏“拟于来春相地于花马池筑立哨马营”，正统皇帝从之。据此，于正统二年（1437 年）春“筑立”花马池城哨马营，并设“烟墩”屯兵。这个城就取名“花马池城”，此为花马池营旧城，于是“花马池”又同时成为一个行政区划名称。清代今盐池地区军事地位下降，其行政级别也降为花马池分州，属灵州管辖。民国二年（1913 年）改花马池分州为盐池县，“花马池”名称才逐渐省废。

民国二年（1913 年）将前清设置的花马池分州改置为盐池县的同时，将原属灵州管辖的惠安、盐积、隰宁、萌城 4 堡划归盐池县管辖，习惯称这 4 个堡为“新四堡”，将原来管辖的西水堡、铁柱泉堡、边三堡、外属堡、南水堡、里三堡这 6 个堡称为“旧六堡”。当时，盐池县东邻陕西榆林道定边县，西至宁夏道灵武县白芨滩，南至陇东道环县，北至二道边墙土堆。

1936 年 6 月 21 日，中国工农红军西征解放盐池县城，建立了工农政权（亦称“苏维埃政权”），不久改为抗日民主政权，属陕甘宁边区三边分区。此时，国民政府宁夏省当局在惠安堡建立盐池县政府，管辖惠安堡、萌城堡等地，从此形成两个盐池县并存的局面。民国二十九年（1940 年），因盐池县“辖境过小”，宁夏省政府将原属同心县的韦州、下马关、红城水、关口湾和金积县的红寺堡划属盐池县。1947 年 4 月，胡宗南部进攻陕甘宁边区期间，宁夏马鸿逵出兵配合，占了盐池县的大部分地区，陕甘宁边区盐池县政府迁至县境南部山区李塬畔一带。1949 年 8 月，盐池县第二次光复（1947 年 7 月曾光复过一次），盐池县政府由山区返回县城。9 月，宁夏全省解放，并存 13 年的两个盐池县的局面至此结束。

驻地惠安堡的国民政府盐池县共辖 6 个乡，乡公所分别驻惠安堡、牛皮沟、韦州、红城水、下马关、关口湾。1947 年，马鸿逵部占据三边后，宁夏省政府将占据的盐池地区划为 3 个乡：城关、城郊、柳杨堡、王乐井、鸦儿沟、冯记沟为第一乡；高沙窝、苏步井为第二乡；大水坑、青山、红井子、麻黄山、后洼为第三乡。至此，盐池县共设有 9 个乡。民国《盐池县志》绘制的《盐池县形势图》就反映了马鸿逵部占据盐池县后的行政区划变更情况。

今盐池县位于宁夏回族自治区东部，东邻陕西省定边县，南依甘肃省环县，北与内蒙古自治区鄂托克前旗接壤。全县总面积 8 522 平方公里，由东南至西北为广阔的干草原和荒漠草原，是著名的宁夏滩羊集中产区。盐池县人民政府驻花马池镇。截至 2015 年，全县辖 4 镇（大水坑镇、花马池镇、惠安堡镇、高沙窝镇）、4 乡（冯记沟乡、王乐井乡、麻黄山乡、青山乡），总人口 17.02 万人，其中少数民族 4 146 人。

盐池县是中国工农红军西征时解放的宁夏第一县，也是西征时在宁夏建立的第一个县级红色政权。自此，盐池县成了陕甘宁边区的西北门户和前哨阵地。在同心、固原（今宁夏固原市原州区）、西吉、彭阳、海原等 6 个革命老区县中，盐池县也是宁夏唯一一个坚持到全国解放的老解放区。

图示 · 平远县疆域图

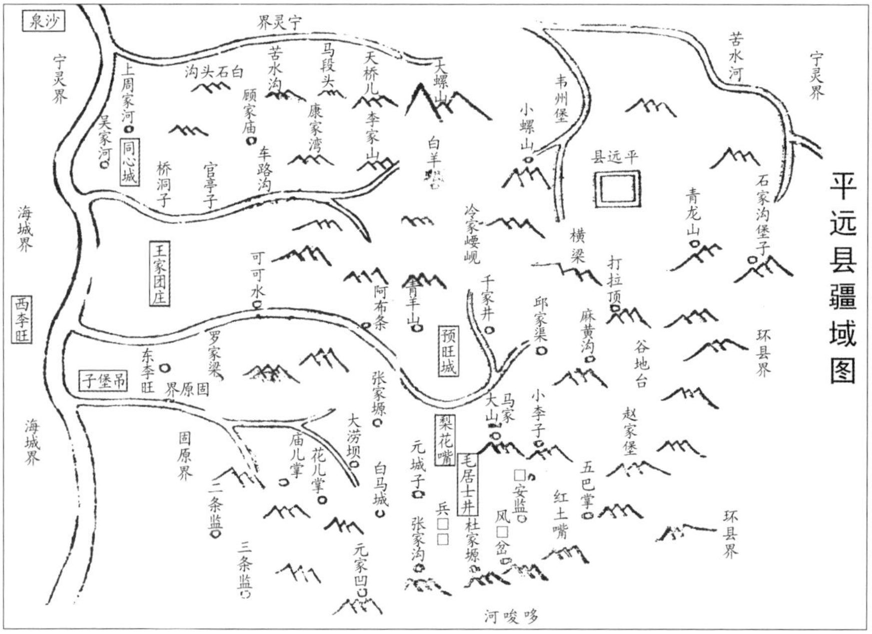

来源：清〔光绪〕《平远县志》。

图解 · 平远县

在今天宁夏同心这片广袤的大地上，早在西汉元狩二年（前121年），为安置内附的匈奴民族，置北地属国三水县，治今同心县下马关镇红城水古城。西汉元鼎三年（前114年），从北地郡析置安定郡，所以北地属国三水县也称安定属国三水县。东汉仍为三水县，后因羌人占领被废。魏正始元年（240年），又在三水县故地置西川县，县治也在今红城水古城。唐高宗曾在今宁夏同心境内置安乐州安置吐谷浑王诺曷钵和弘化公主及部属。唐大中三年（849年）还在红城水古城设过威州。西汉时期，在今宁夏同心县境内，还设置了一个县，就是参緣县，治今同心县东南，疑在今预旺镇南塬村。直到清同治十三年（1874年）六月，清政府在下马关设立平远县，属甘肃省固原直隶州管辖。可以说平远县开创了同心近代的建县史。

“平远”二字取自于当时县域境内的历史沿革。明成化五年（1469年）设立西安所（今宁夏海原县境内）。同时在葫芦峡口设镇戎守御千户所，地属固原卫。明弘治十八年（1505年）元月，在豫旺城开设平虏守御千户所。清雍正四年（1726年）改置平远所。平远县首任知县、《平远县志》主修人陈日新解释平远为“寓平治垂远之意”。清同治年间在豫王城（今宁夏同心县预旺堡）置平虏守御千户所，隶固原卫。清改卫为府，韦州、同心城为宁夏府灵州辖地。

清代的平远县幅员辽阔，疆域是从海城县、固原州、灵州分割而来，不仅包括今宁夏同心县的整个区域，其西包括今宁夏海原县李旺镇，其北包括今宁夏吴忠市红寺堡区，其东南包括今甘肃环县的毛井等乡镇。

图示 · 镇戎县疆域分图

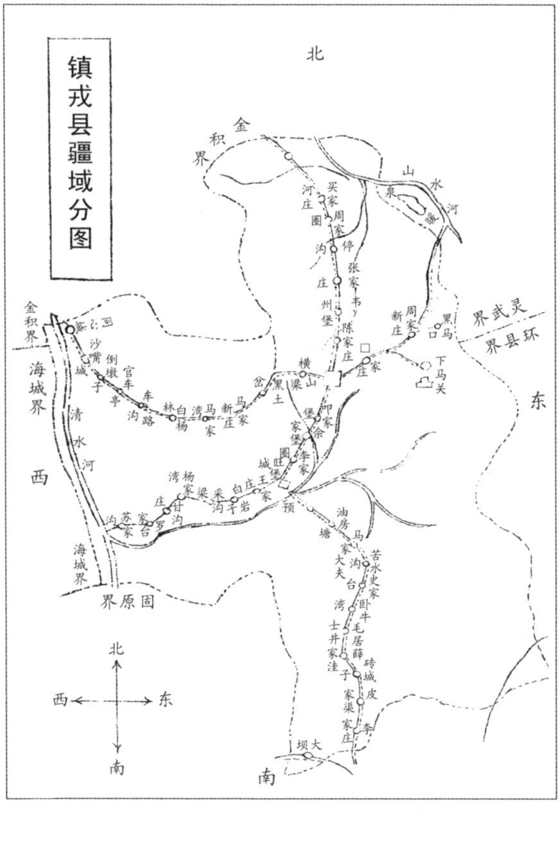

来源：民国《朔方道志》。

图解 · 同心县

民国三年（1914 年）1 月，北洋政府内务部统一改定全国各省重复县名，将平远县改称“镇戎县”，划归甘肃省宁夏道（朔方道）。民国七年（1918 年）又将镇戎县改为豫旺县。民国十八年（1929 年），宁夏道自甘肃省分出，建立宁夏省，豫旺县属宁夏省。1936 年 6 月，中国工农红军西征解放豫旺县，建立我国历史上第一个县级回民自治政权——陕甘宁省豫海县回民自治政府，县治驻王家团庄。时过不久，红军转移，马鸿逵部恢复了县级建置，并于民国二十七年（1938 年）4 月将豫旺县驻地由下马关迁至同心城，并改豫旺县为同心县。同心县因驻地同心城而得名。同心城，曾名“半个城”（一作“半角城”）。传说明末，李自成起义军攻城，城内军民同心抵抗，未被攻下，故称“同心城”。当时同心县为五等县，东界盐池县、甘肃环县，南界固原县，西南界海原县，西北界中卫县、中宁县，北界金积县、灵武县，县境面积达 13 270.9 平方公里。

1949 年 9 月 12 日，同心县获第二次解放，同年 12 月正式成立同心县人民政府，县治设在同心城。1958 年，县城由原“半个城”逐步迁址于今宁夏同心新城。今同心县地处宁夏回族自治区中南部，隶属吴忠市。东与盐池县、甘肃省环县接壤，南与固原市原州区、中卫市海原县毗连，西与中卫市中宁县为邻，北与吴忠市红寺堡区交界。截至 2015 年，同心县辖 7 个镇（豫海镇、河西镇、韦州镇、下马关镇、预旺镇、王团镇、丁塘镇）、4 个乡（田老庄乡、马高庄乡、张家塬乡、兴隆乡），全县总面积 4 466 平方公里。全县总人口 39.8 万人，其中回族 34.16 万人。干旱缺水是同心县最大的自然特征。

附记 · 罗山

罗山位于今宁夏吴忠市红寺堡区境内，呈南北走向，绵延30多公里，宽18公里，海拔2 624.5米的主峰好汉圪垯，是宁夏中部的最高峰。罗山有效阻滞了毛乌素沙地的南侵，是宁夏中部的绿色生态屏障，也是宁夏中部干旱带重要的水源涵养林区，被当地人称为“母亲山”，素有“旱海明珠”“荒漠翡翠”之称。

罗山，古称“蠡山”“螺山”。蠡山，指像“蠡帽一样的山”。为了书写方便，后人就把蠡山写成了螺山，并进一步简化为罗山。

从历史上看，西汉元狩二年（前121年），为了在北地郡境内安置内附的匈奴民族，即在今宁夏同心县设北地属国三水县。西汉元鼎三年（前114年），又称安定属国三水县。东汉仍为三水县。北地属国或安定属国是两汉历史上五属国（陇西、北地、上郡、朔方、云中）之一，主要安置内附的匈奴各部，而三水县主要安置匈奴左谷蠡王统领的部众。左谷蠡王部众就居牧在今罗山一带，蠡山有可能因匈奴王左谷蠡而得名。左谷蠡王、右谷蠡王是匈奴的贵族封号，次于左贤王、右贤王。左右谷蠡王与左右贤王合称“四角”，地位高于千长、百长、什长、当户等。

今调查普查结果显示，罗山原始森林覆盖面积约9 600公顷。1981年，对罗山林区进行考察，主要保护对象是以青海云杉、油松为代表的荒漠区域典型森林生态系统、干旱风沙区水源涵养林及其自然生态综合体。该林区海拔2 100—2 150米，为浅山灌木林；海拔2 150—2 500米为山杨纯林，白桦、山杨混交林，油松、山杨混交林，油松纯林，油松、云杉混交林；海拔2 500米直至山顶以云杉纯林为主。1982年，罗山成为宁夏首批自治区级自然保护区。2002年，罗山自然保护区晋升为国家级自然保护区，面积33 710公顷。

附记 · 豫旺城

豫旺城修筑于元代中期。元天历二年（1329 年）封阿剌忒失里为豫王，遂筑豫王城，后被人称“豫旺城”。城周 5 里 3 分，高厚各 10 米，设南、北、东 3 门。当时这里修建有钟鼓楼、大佛寺、玉皇阁、城隍庙、牌楼等。街道整齐，甚为壮观。1936 年，红军西征到达豫旺，成立了豫海县回民自治政府。

图示 · 固原疆域图

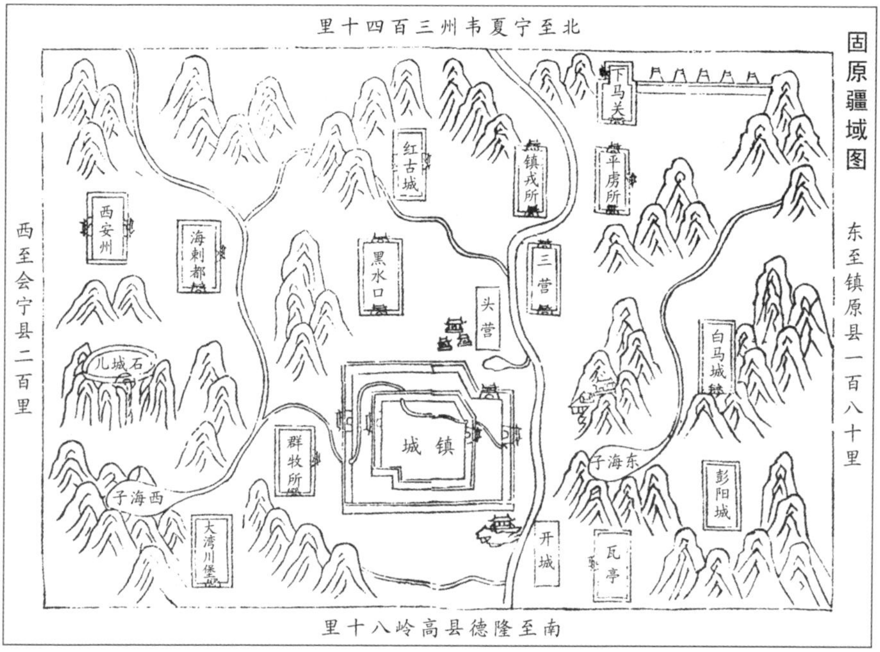

来源：明〔万历〕《固原州志》。

图示 · 固原疆界图

见356页。

图解 · 固原州

固原是宁夏南部历史上最悠久的古城，也是兵家必争之地。早在西汉元鼎三年（前114年），就在这里设置安定郡，郡治高平就是今天的宁夏固原城。由于这里是南北交通的枢纽，故在以后的2 000多年间，历代王朝在这里都有建置。北魏改高平为原州，北宋又改为镇戎军，金改军为州。到了元代，固原地区的行政建置设在开成（今宁夏固原市原州区开城镇）。

明初，固原属明朝内地，只于固原地区置巡检司，属平凉右卫管辖。正统以后，西北边防形势渐趋紧张，经常有残元骑兵南下，沿清水河攻掠固原等地。景泰二年（1451年）兴工重修固原城。次年迁平凉右卫所于固原城，并在开城设固原守御千户所，以加强固原地区的防御能力。随着蒙古鞑靼诸部占据河套地区的严峻现实，明朝边防形势也发生了变化。成化二年（1466年），鞑靼大举扰掠延绥地区，就曾散掠平凉，入灵州及固原，长驱寇掠静宁、隆德诸处。成化三年（1467年），鞑靼攻破开城县，县治和千户所被迫迁往原州故地，即今宁夏固原城。成化五年（1469年），平息满俊（满四）率众叛明事件，即升固原守御千户所为固原卫。大致就在此时，将“古原州”或“故原州”转音定名为“固原”，此为固原得名之始。弘治十五年（1502年）为固原州，又为固原镇治。

清顺治二年（1645年），清兵平定秦陇，沿用明制，仍为固原州，隶属陕西布政使司平凉府。同治十三年（1874年），为了“控驭”回民，而资治理，左宗棠上书朝廷升固原州为直隶州，领海城（今宁夏海原）、平远（今宁夏同心）两县及硝河州判、打拉池县丞，又在同心设巡检，此即所谓“固原五属”。民国二年（1913年）废固原直隶州，改置固原县，初属甘肃省泾源道，后属甘肃省平凉专区。1949年10月，固原县属甘肃平凉专区。

1953 年 11 月，甘肃省西海固回族自治区成立，自治区首府为固原县，辖西吉、海原、固原 3 县。1955 年 11 月，西海固回族自治区更名为固原回族自治州。1958 年 10 月，宁夏回族自治区成立，撤销固原回族自治州，成立固原专区。1970 年 7 月，固原专区改为固原地区行政公署，辖固原、海原、西吉、隆德、泾源 5 县。2001 年 7 月，国务院批复撤销固原地区和固原县，设立地级固原市和原州区。2002 年 7 月正式撤地设市，改固原地区为固原市，改固原县为原州区，固原市辖海原县、西吉县、隆德县、泾源县、彭阳县和原州区。2004 年 2 月，海原县划入新成立的中卫市管辖。

附记 · 固原镇

固原镇总兵官治固原州（今宁夏固原），因总督陕西三边军务开府固原，所以也称陕西镇。固原镇所辖边墙位于宁夏镇以南，东起今陕西定边县西南，经盐池县南、同心县北、海原县北、靖远县北，然后沿黄河东岸南伸，至今兰州市西、洮河注入黄河处附近，长 500 公里。全线分东、中、西三路，东路白马城、中路下马房关、西路兰州都是重要关口。白马城位于今甘肃庆阳市环县芦家湾乡庙儿掌村，嘉靖初年由陕西三边总制杨一清主持重修，为固原卫东路防御重地。

关于固原镇所辖兵马额数情况，据《武备志》载：固原镇，原额官军 126 919 名，实际驻军 90 412 名；原额马、骡、牛 32 250 匹（头、只），实际有 33 842 匹（头、只）。关于固原镇所领屯堡、烽堠情况，据文献记载，明嘉靖年间（1522—1566 年），固原镇有白马城、红古城、下马房关、海喇都和大湾川等大屯堡 5 个，其他中小屯堡 36 个，烽堠 154 个。

附记 · 三边总督

随着边防需要，为了集中提调九边兵力，提高各镇协防御边效果，明廷又在镇守、巡抚和总兵之上再设总督要职，以统辖 2 个或 2 个以上边镇的兵力。

明代，延绥、宁夏、甘肃三镇驻地分别设在今陕西榆林、宁夏银川和甘肃张掖，俗称“三边”，在九边中又称“西三边”。而固原就在这三镇的中间，南倚崆峒，北靠宁夏，东接榆林，西连甘肃，军事地理位置十分重要，是关中的门户。固原地方志中曾这样来比喻固原的地理位置：“三镇者，其固原之门墙；固原者，其三边之堂奥。”堂奥者，堂的深处，喻腹地。这句话的意思是说，如果把三镇和固原比作大宅院的话，三镇就是固原的门和墙，固原就是宅院厅堂最里面的地方。

明景泰以后，鞑靼部潜居河套，“三边终无宁日”，再加之三边镇各自为战，势孤屡挫。成化九年（1473 年），刑部主事张鼎上言认为：延绥、宁夏、甘肃三边镇守总兵和巡抚都御史，在抵御蒙古鞑靼、瓦剌时各镇不相统一，各自为阵，有警不相救援，致使作战多次失利。应推举一员文武兼济的大臣总制三边，统一指挥三边人马，联合作战。三镇总兵、巡抚以下官员悉听其调遣。成化十年（1474 年）一月，朝廷任左都御史王越为首任三边总制，统一指挥三镇军务。总制府设在固原，三边总制自此始。固原也一跃而成为西北地区规格最高的军事重镇，成为西北军事指挥中心，直到明末。固原镇辖 3 个守御千户所和 1 个群牧千户所，即西安州守御千户所（治今海原县西安镇）、镇戎守御千户所（治今宁夏海原县八营）、平虏守御千户所（治今宁夏同心县预旺镇）；甘州群牧千户所，为肃王府的牧马地。

明嘉靖十五年（1536 年），“以制非人臣当称”为由，将三边总制改为陕西三边总督，开府固原，防秋时移驻花马池。

附记 · 固原镇长城

明弘治年间，蒙古火筛、小王子诸部多次窜入套内，南掠固原、平凉一带，致使明王朝于弘治十四年（1501 年）正式设置固原镇，并兴筑长城，当时称为“固原内边”或“小边”。总制秦纮首筑内边一条，自饶阳界起，西至徐斌水300余里，系固原地界；自徐斌水起，西至靖虏花儿岔止，长600余里，亦各修筑重险。饶阳堡（今陕西定边姬塬镇辽阳村）属延绥镇饶阳水堡，为延绥镇、固原镇分界处。徐斌水堡，今宁夏同心县东北徐冰水村，时属靖虏卫，即今甘肃靖远县。花儿岔，位于今甘肃靖远县西北水泉镇黄河东岸。嘉靖年间（1522—1566年），固原镇将靖虏卫（今甘肃靖远）西南沿黄河东南岸修筑的墩台加筑成长城，穿过今甘肃兰州市，并顺洮河东岸向南延伸至今甘肃岷县境内，称“黄河一条边墙”和“洮州十关”。

在固原市境，还有一段战国秦长城，累计长120公里左右。这道长城多半修建于山峦北坡，依山就险，因坡取势，山谷隘口及平川地带多用夯土筑成。固原秦长城现存高度在1—3米，1988年被确定为自治区重点文物保护单位，随后又被确定为全国重点文物保护单位。

图示 · 隆德县境内图

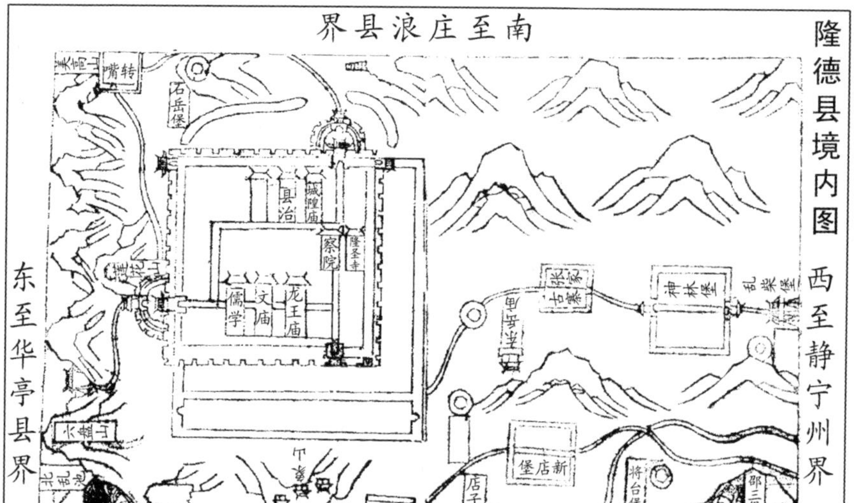

来源：清〔康熙〕《隆德县志》。

图示 · 隆德县全图

见 357 页。

图解 · 隆德县

西晋初年，在今宁夏隆德县境设都卢县，因境内有都卢山而得名。都卢山即今瓦亭、和尚铺西侧六盘山。

隆德县源于蕃语“邪没陇”，宋代以其音转为“羊牧隆”。北宋大中祥符七年（1014 年）置笼竿城（今宁夏隆德县城关镇），也称陇干城。陇干，即陇山主干，就是今六盘山脉主峰美高山（米缸山）。北宋天禧元年（1017 年）建羊牧隆城（今宁夏西吉县将台堡镇南火家集村隆德堡）。北宋庆历三年（1043 年）置德顺军，领陇干县，治笼竿城。取“羊牧隆”之“隆”，又取“德顺军”之“德”，将羊牧隆城改为隆德寨。北宋建炎四年（1130 年），金兵攻克德顺军，至金皇统二年（1142 年），德顺军改为德顺州，治笼竿城；隆德寨升为隆德县，治隆德寨，属德顺州。元至元二十年（1284 年）废德顺州，设静宁州，治今甘肃省静宁县城。同时，迁隆德县治至笼竿城。静宁州辖陇干县全部，隆德县领原德顺州其余辖地。明、清两代，仍设隆德县。清末，隆德县属甘肃省平凉府。

民国初年，隆德县属甘肃省陇东道，次年改属甘肃省泾源道（后改为陇东道）。民国三十一年（1942 年）设置西吉县，将平峰镇和蒙宣、兴平、将台 3 乡划归西吉县。至此，隆德县辖境大体与今相同。

历史上的隆德地处要冲，东望关陕，西眺河洮，南走秦州，北通宁朔，又襟带秦凉，拥卫西辅，有“关陇锁钥”之称。今隆德县位于宁夏南部边缘六盘山西麓，隶属固原市，西北毗连甘肃静宁、宁夏西吉，东南连接宁夏泾源、甘肃庄浪，总面积 985 平方公里。县人民政府驻城关镇。截至 2015 年，隆德县辖 3 个镇（城关镇、沙塘镇、联财镇）、10 个乡（观庄乡、山河乡、凤岭乡、杨河乡、好水乡、陈靳乡、神林乡、张程乡、奠安乡、温堡乡)。全县总人口 17.68 万人，其中回族 2.22 万人。隆德是“中国现代民间绘画之乡”“全国文化先进县”“中国书法之乡”。在国家非物质文化遗产普查目录 100 多个项目中，涉及隆德书法、绘画、剪纸、泥塑、篆刻等民间民俗文化的有 50 多个。

图示 · 盐茶厅地原图

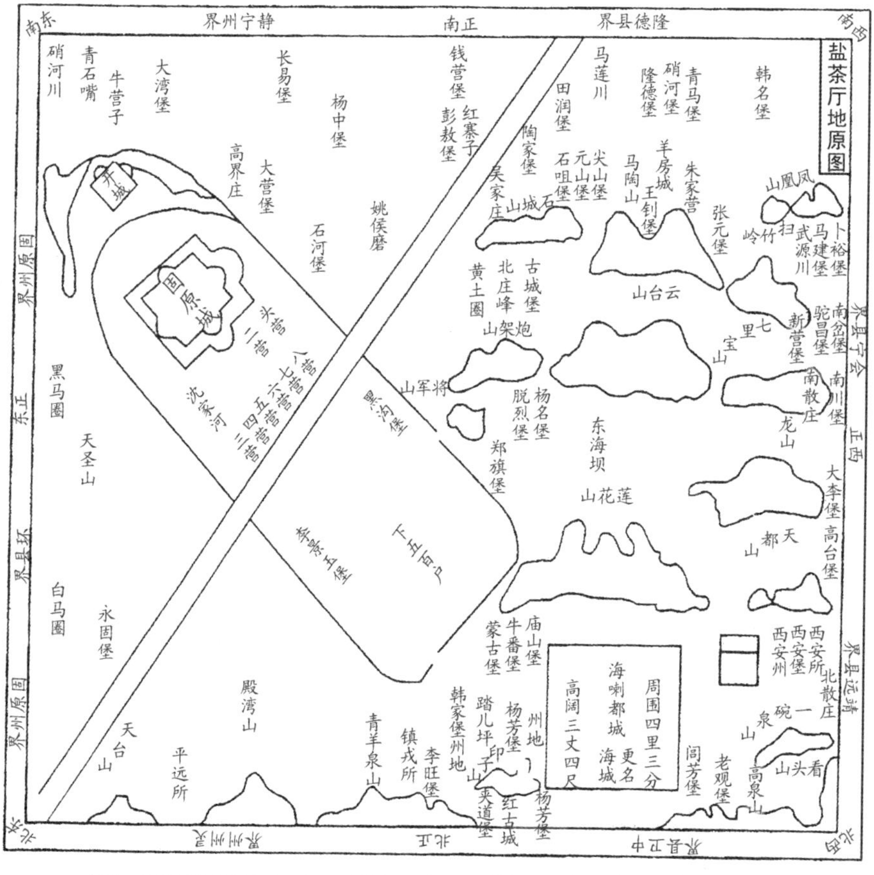

来源:清〔乾隆〕《盐茶厅志备遗》。注:原图将“正西”写作“正南”,由编著者更正。

图示 · 盐茶厅地新图

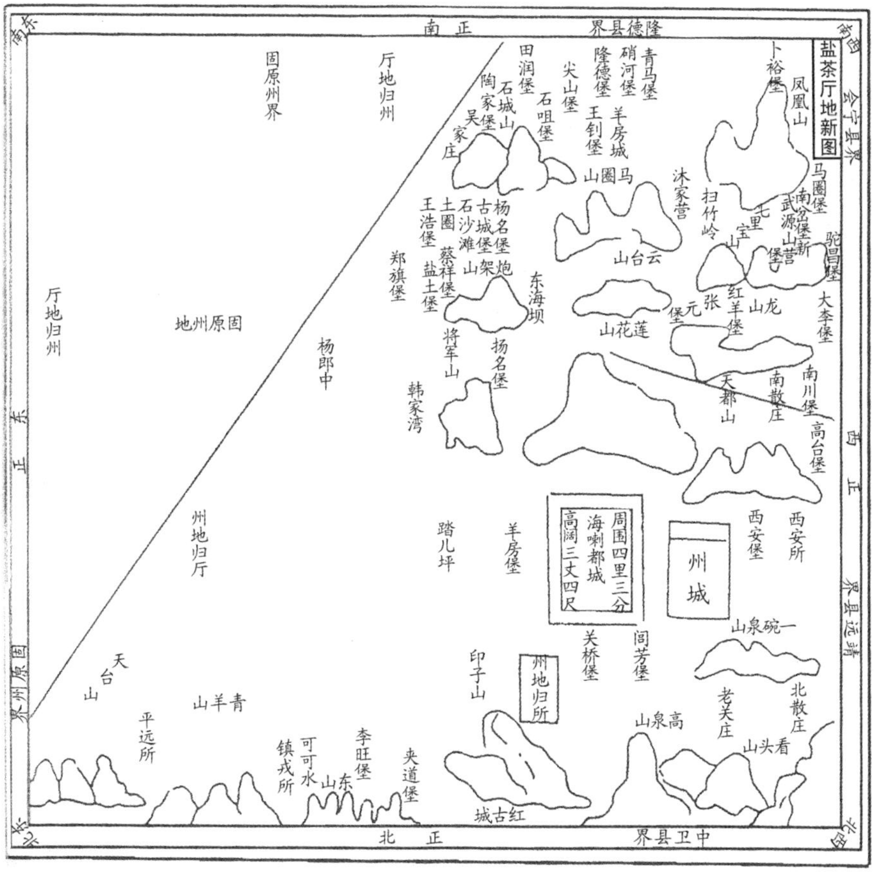

来源:清〔乾隆〕《盐茶厅志备遗》。

图示 · 海城县全境图

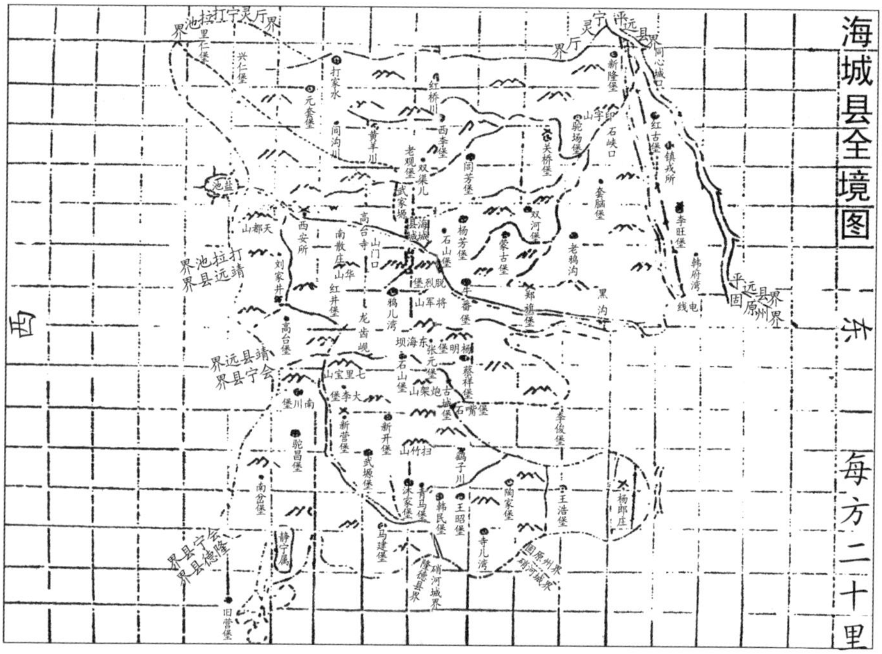

来源：清〔光绪〕《海城县志》。

图解 · 海原县

北宋时期，今宁夏海原县为西安州地。西夏曾在今宁夏海原县境西置南牟会城及行宫（离宫）。北宋元丰四年（1081 年），南牟会城被宋军焚毁。随后西夏收复南牟会城，复筑城池，故称“南牟会新城”。北宋元符二年（1099 年），南牟会新城复为宋地，置西安州，成为西北边陲军事要地，属秦凤路。1126 年，西安州被西夏攻取，更名为南威州。元初，置海喇都堡，属开成路。明代，将海喇都堡改称海城，属固原州。清乾隆十四年（1749 年），原驻固原城的盐茶同知移驻海城，官营盐茶兼管行政。清同治十三年（1874 年）裁盐茶厅设海城县，上隶固原直隶州，下领堡寨 14 处，辖境相当于今宁夏海原县。海城县得名，与南华山下“随地皆泉”，又“登山下视，仿佛星宿海”有一定关系。民国三年（1914年)1月，北洋政府内务部统一改定全国各省重复县名，将海城县改称海原县，属甘肃省平凉专区。

2003年12月31日，国务院批准将隶属固原市的海原县划归中卫市管辖。今海原县位于宁夏中南部，东与固原市原州区相连，南与西吉县接壤，西临甘肃省靖远县、会宁县，北接中卫市沙坡头区、吴忠市同心县，总面积6 899平方公里。县人民政府驻地海城镇。截至2015年，海原县辖5个镇（海城镇、李旺镇、西安镇、三河镇、七营镇）、12个乡（史店乡、树台乡、关桥乡、高崖乡、郑旗乡、贾塘乡、曹洼乡、九彩乡、李俊乡、红羊乡、关庄乡、甘城乡)。全县总人口45.18万人，其中回族32万人。

海原县是集干旱山区、革命老区、回族聚居区为一体的农业人口大县，还有东乡族等少数民族居住，是国家扶贫工作重点县，也是“中国民间文化艺术之乡”。境内有南华山、灵光寺等旅游景点。

附记 · 西安州城

西安州城位于海原县城西20公里西安镇老城村，背靠天都山，面临销黄川，城址呈方形，边长700米，残存城墙高3—5米。西安州始建于北宋时期，西安州城具有“固靖之咽喉，甘凉之襟带”的战略地位。北宋雍熙二年（985年），西夏占据天都山一带，将西安州城改名为南牟会城。北宋元符二年（1099年），西安州城被宋军收回。同年五月，北宋另筑新城，西安州治于新城。北宋大观元年（1107年），在此建都仓，“可储粟五百万石”以供军需，取名“裕边仓”。元代豫王曾建国于西安州。明成化五年（1469年）置西安州守御千户所，隶属固原卫。西安州城周围9里3分，壕堑一道，深、阔各3丈，为天都地区最大城池。开东、西二门，城四面有楼，称东宁、西靖、安南、定北，有瓮城。城墙遗址残高4—5米，配置有墙台、角台。民国九年（1920 年）地震城毁，今遗址尚存。

附记 · 天都山

宋夏时期，今六盘山余脉南华山与西华山合称“天都山”，名震边塞。也有研究者认为天都山就是西华山。南华山，位于海原县城南 7.5 公里处，呈东南—西北走向，长约 35 公里，宽 25 公里，总面积 42 万亩，平均高度 2 600 米，主峰马万山海拔 2 955 米，仅次于贺兰山，名列宁夏第二。南华山因山形似莲花，亦名“莲花山”，又因山高气寒，春秋落雪而称“雪山”。清代有“海城八景”，其中华山叠翠、古寺天花（又称灵寺散花）、五泉竞冽、双涧分甘“四景”都在南华山中。西华山，当地人称为“西山”，距离海原县城约 40 公里，位于今宁夏海原县西安镇西 7.5 公里。这里人烟稀少，四周被众山包围，犹如世外桃源。这里有石窟 6 孔，开凿于宋夏时期，还有大小殿宇 13 座，1989 年被海原县定名为“天都山道观”，今为自治区重点文物保护单位。

据称，西夏占取天都山一带后，曾在天都山下修建由 7 座大殿组成的行宫，元昊和没𠺕氏就在这里举行了盛大的婚礼。

附记 · 扫帚岭

扫帚岭位于今宁夏西吉县火石寨乡南的石峰群中。因山岭上生长做扫帚的毛竹而得名，也称“扫竹林”。扫帚岭主峰高百余米，状如驼峰，三面绝壁，只有东北方可攀登而上，陡峭之势与天水麦积山有相似之处。扫帚岭石窟是火石寨最多的石窟。

附记 · 固原八营

明弘治十七年（1504年），都察院左副都御史杨一清整顿陕西马政，在今宁夏固原修马营19处，其中处于交通要道上的有头营、二营、三营至八营，后来各营都以村镇名而延续至今。头营（今宁夏固原头营镇）距固原城以北20公里，北连三营和黄铎堡。三营距固原城以北约40公里，南接固原，北控同心，西邻清水河。这8个营都是明代牧马屯粮要地，有民谣为证："头营一到川，二营修到山根前，三营修得真好看，四营修在米粮川，五营河滩六营洼，七营八营一对卦。"

附记 · 石城山

石城位于今宁夏西吉县火石寨乡蝉窑村。石城周围有陡峭的峻峰环抱，只有东西两端有峡谷可以通到外面的世界。所以，石城犹如城门，又好似一座大城池，易守难攻，险要异常。石城已是一个沿袭时间很久的地名，古有城堡，莫知所创。早在唐代，即称"石堡"，后来演化为石城。石城山由天然形成，红砂岩质，形似卧牛，四面绝壁，唯东南角有人工石阶可登，又好似一座大城池，易守难攻，险要异常，号称"石城天险"。石城山顶呈牛背形，东西长338米，南北宽120米，面积4万余平方米。顶部中段从东至西人工凿造长方石坑6个。东端有一石灶房。明成化四年（1468年）夏四月，落居固原的土达满俊（满四）背叛朝廷，就以石城山为据点，与前来围剿的官兵抗衡，石城因此而闻名于世。如今，石城山依旧，与周围的扫帚岭、炮架山、七里宝山、将军山、照壁山等山峦共同构成了一道景观。

图示 · 硝河疆域图

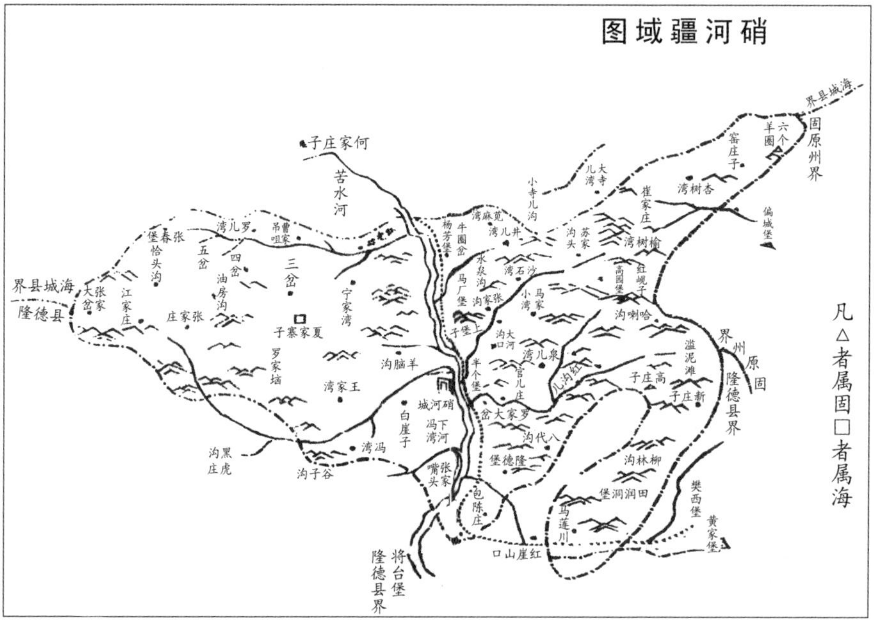

来源：清〔宣统〕《新修固原直隶州志·硝河城志》。

图解 · 硝河城分州

硝河城分州治硝河城（今宁夏西吉县硝河乡）。清同治十三年（1874年），固原州升为直隶州，设州判于原盐茶厅属硝河城，并置硝河城分州，隶属固原直隶州，下辖高园堡、马莲川、张春堡、马昌堡、本城堡5堡。硝河城分州辖境长36里，宽30里，东至固原州界，西南至隆德县将台堡，北至海城县韩民堡，东南至隆德县樊西堡，西南至隆德县黑虎沟，东北至海城县界，西北至隆德县界，相当今西吉县南部部分地区。民国二年（1913年）撤销固原直隶州和硝河城分州，设固原县，将前清设置的硝河城分州辖地划入固原县。清代，硝河城分州的设置，成为固原州西南一个重要的地方政权。硝河，一名苦水河，发源于须弥山，东南流入硝河城分州，故硝河城及硝河城分州因硝河而得名。

附记 · 西吉县

清代，今宁夏西吉县境属固原州。民国时期，今西吉县初属泾源道，后改属陇东行政公署。民国三十一年（1942 年）3 月，国民政府决定将固原、海原、隆德、静宁、会宁 5 县边界相邻区域划为一个特区，至当年 10 月设西吉县，治沐家营（今宁夏西吉县吉强镇）。1949 年 10 月，西吉县划属甘肃省定西专区。1958 年，宁夏回族自治区成立，西吉县划归宁夏。

今西吉县地处宁夏南部六盘山西麓，总面积 3 130 平方公里。截至 2015 年，西吉县辖 3 个镇（吉强镇、兴隆镇、平峰镇）、16 个乡（新营乡、红耀乡、田坪乡、马建乡、震湖乡、兴平乡、西滩乡、王民乡、什字乡、马莲乡、将台乡、硝河乡、偏城乡、沙沟乡、白崖乡、火石寨乡）。全县总人口 49.63 万人，其中回族 28.8 万人。西吉县是全国文化先进县、全国体育先进县、全国双拥模范县、全国粮食生产先进县、全国科普示范县、国家级马铃薯标准化示范县、国土资源节约集约模范县。

图示 · 化平县舆地总图

见下页。

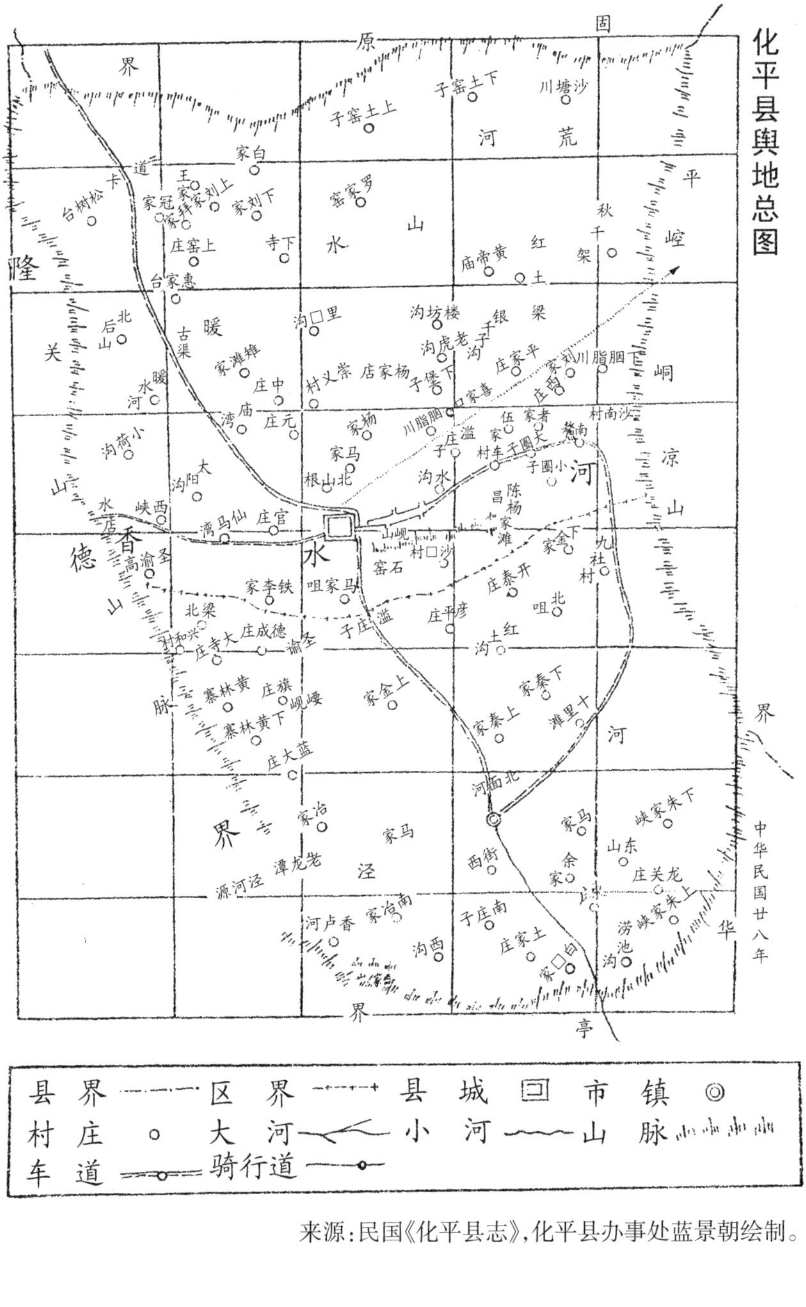

来源：民国《化平县志》，化平县办事处蓝景朝绘制。

图解·泾源县

历史上，在今宁夏泾源县境设独立的县级建置始于北宋乾德二年（964年），时名安化县，自华亭县析置，治安化峡，即今宁夏泾源县新民乡。北宋太平兴国八年（983年），安化县移治唐代制胜关旧址，今关店之名源于此。北宋至道元年（995年），复治安化峡。金大定七年（1167年）改安化县为化平县，隶属平凉府。元初废化平县，并归华亭县。明属陕西布政使司平凉府。清初沿袭明制，至同治十年（1871年）划平凉、固原、华亭、隆德4州县地，迁徙当地土著汉族，安插陕甘回民9 480余人于此，置化平抚民通判厅，简称“化平直隶厅”，属平庆泾固化道。化平直隶厅辖化临、香水、圣谕、白面4里，辖境约今宁夏泾源县。民国二年（1913年）改化平直隶厅为化平县，恢复了900多年前的县名，先属甘肃省泾源道，后属陇东专区。此后，化平县基层建置经历了废里设区、改里为区、改区为乡的多次变更，至民国三十一年（1942年），将面泉、崇义、惠家、圣谕、白面、泾源6个乡改设为白泉、泾南2个镇和泾北、黄花2个乡。1949年8月，化平县解放后设泾南、泾北、百泉、黄花4个区，下辖16个乡。1950年5月，以化平县为泾河发源地而改名为泾源县，属平凉专区。1953年实行民族区域自治政策，改泾源县为泾源回族自治区。1955年5月又改称泾源回族自治县。1958年，宁夏回族自治区成立，泾源划归宁夏，归属固原专区，更名为泾源县。

历史上的泾源县因地处六盘山下，“居关山之中，位崆峒之阳”，素为“秦凤咽喉、关陇要地”。民国时期的泾源县，东至羊套梁，与平凉交界；南至大南川，与华亭交界；西至龙江峡（窟窿峡）分水岭，与隆德县交界；北至土窑子董家山，与固原县交界。如今的泾源县行政区划历经调整，其四至变更为东与甘肃省平凉市崆峒区相连，南与甘肃省华亭县、庄浪县接壤，西与隆德县毗邻，北与固原市原州区、彭阳县交界，全县总面积1 131平方公里。2015年，泾源县辖3个镇（香水镇、泾河源镇、六盘山镇）、4

个乡（新民乡、兴盛乡、黄花乡、大湾乡）。全县总人口 11.71 万人，其中回族 9.18 万人，是宁夏回族人口比例较高的县份之一。

泾源县又地处六盘山国家级自然保护区腹地，县境内六盘山地区被列为国家级自然保护区、国家级森林公园和中国第一个旅游扶贫开发试验区。

附记 · 老龙潭

老龙潭，俗称“泾河堖”，从地质结构上说，是燕山运动和喜马拉雅造山运动中山体断裂形成的大峡谷，位于泾源县城南 20 公里，为泾河的源头，河源高程 2 540 米，由西向东流入甘肃平凉。老龙潭背靠六盘山麓，由头潭、二潭、三潭、四潭组成。头潭在一片丛林石峡之中，有四五个小潭相衔而下，流水从最后一个小潭冲出，形成两条瀑布，喷珠溅玉，蔚为壮观。二潭由两个葫芦形潭组成，前潭的水从石坡滑下，注入后潭，给人以“清泉石上流”的美感。三潭是“龙下巴”，这里已筑起大坝，变成了一座碧绿的水库；四潭是老龙潭的门户。

老龙潭一带山高峡深，山清水秀，气候阴湿、降水充沛，享有黄土高原上的“天然水塔”美誉。潭边松径幽雅，两侧悬崖怪石嶙峋，山、水、林、石景色秀丽。老龙潭在宁夏旅游景点中名字很响，它除了以湍湍清澈之态、百泉汇流之势的自然景观而闻名，更以美妙神奇的传说演绎出魏徵梦斩泾河老龙和柳毅传书神话故事，至今老龙潭附近的悬崖下还有“龙女洞”。还以流出的泾水清澈不污，引发出了“泾渭分明”这样脍炙人口的成语。清乾隆皇帝曾对泾水清澈不污十分感兴趣，并派平凉知府胡纪漠亲往老龙潭考察，并撰写成《泾水真源记》。老龙潭还是红色革命文化纪念地。1946 年 8 月，由马思义率领的边区回民骑兵团奉命与海固、陇南、平东工委编为两个武装工作大队进入六盘山地区并向陇南出击，牵制国民党军进攻陕甘宁边区的兵力。9 月 8 日，两队会合，翻越六盘山西峡，进入化平县（今泾源县）境内，11 日凌晨在老龙潭附近冶家新庄、马家庄突然被国民党军包围。武工队奋力反击，激战一天，突出了重围。战斗中，排长马智俭、司务长马玉德等 11 人英勇牺牲。1992 年 7 月修建了泾源县老龙潭革命烈士纪念亭，此地 2009 年被命名为宁夏回族自治区爱国主义教育基地。

附记 · 彭阳县

今宁夏彭阳县，人文历史久远，曾是伏羲、女娲等人文始祖活动过的地方。早在秦代，就在这里设朝那县。两汉、西晋因之，治今宁夏彭阳县古城镇。北魏废县，西魏复设。西魏大统元年（535 年），迁朝那县治于今甘肃省灵台县西北 45 公里东朝那镇。

北宋咸平六年（1003 年）置彭阳城，属镇戎军（治今宁夏固原市原州区）。自此，“彭阳”一名沿用至今。彭阳“因在彭原山之阳而得名”。南宋建炎四年（1130 年），其地入金，废为彭阳堡。蒙元时设广安州，寻置广安县，州、县同治今宁夏彭阳县古城镇。明洪武二年（1369 年）撤销广安州并于开成县。明弘治十五年（1502 年）升开成县为固原州，今宁夏彭阳县境属固原州辖地。清初基本沿袭明制。清同治十二年（1873 年），固原州升为直隶州，辖今彭阳县境兴上、兴下、东昌、永丰 4 里及清平、万安 2 监。“监”是牧养军马的管理机构。明代曾设灵武监（后改清平监），驻今宁夏彭阳县城，领清平、万安（今甘肃环县车道乡境）2 苑，隶属陕西苑马寺。

民国初年，改固原直隶州为固原县，县以下建置基本沿袭清制。民国十八年（1929 年）实行区村制，今宁夏彭阳县境属固原县东区、万安区和南区一部分。民国二十三年（1934 年）实行乡镇保甲制，今宁夏彭阳县境有城阳、草庙、万安3乡。民国二十九年（1940年）设王洼镇、城阳乡、万安乡、张化乡。民国三十四年（1945年）重设区制，今宁夏彭阳县境属第二区和第三区。

1983年7月29日，国务院批准划固原县东部彭阳、王洼一带成立彭阳县。截至2015年，彭阳县辖3个镇（白阳镇、古城镇、王洼镇）、9个乡（红河乡、城阳乡、孟塬乡、草庙乡、冯庄乡、小岔乡、罗洼乡、交岔乡、新集乡）。彭阳县位于六盘山东麓，隶属固原市，西连固原市原州区，东、南、北环临甘肃的镇原县、平凉市崆峒区、环县，总面积为2 528.65平方公里。彭阳县人民政府驻地白阳镇。全县总人口25.19万人，其中回族7.67万人。

彭阳县素有“粮仓油盆”之称，也先后获“全国造林绿化先进县”“水土保持先进县”“退耕还林先进县”“绿化模范县”“国家园林县城”“全国文明县城”“群众体育先进县”“国家科技进步县”等殊荣。任山河烈士陵园位于古城镇任河村，1996年3月被国务院批准为“全国重点烈士纪念建筑物保护单位”。境内战国秦长城现存较好的是白阳镇白岔村段和孟塬乡玉塬村段，2001年被国务院公布为全国重点文物保护单位。无量山石窟位于古城镇田庄村，1988年被列为自治区重点文物保护单位。皇甫谧文化园位于古城镇政府驻地西北角，有宁夏境内最高的历史名人石造像。

图示 · 宁夏市镇分布图

宁夏市镇分布图

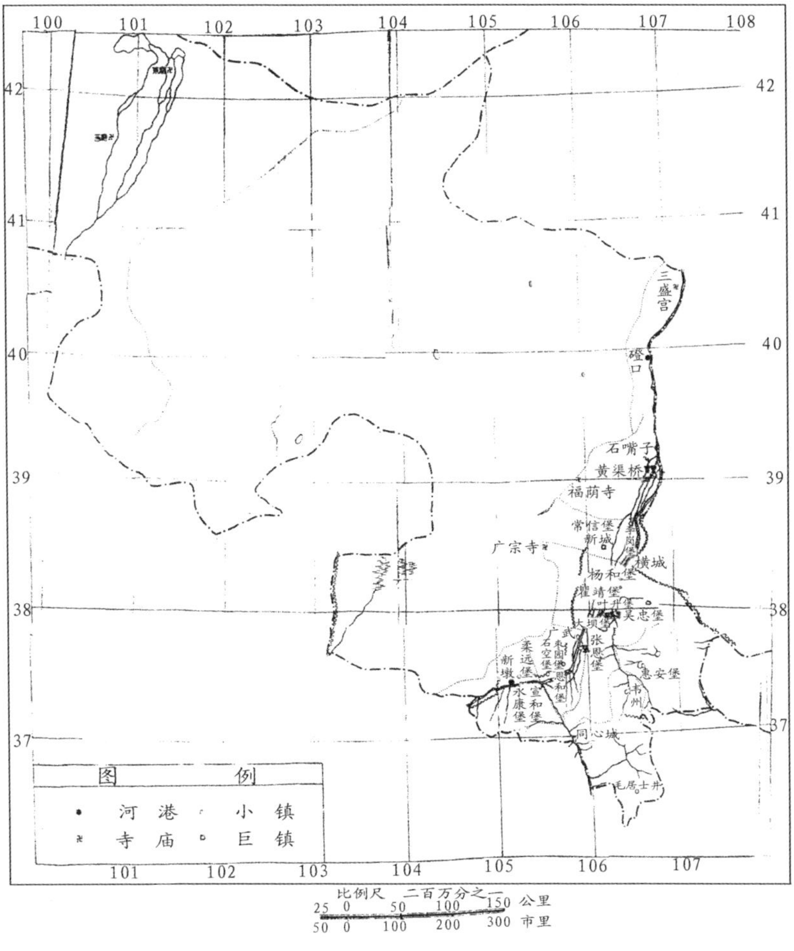

来源：民国《宁夏省人文地理图志》。

图解 · 宁夏市镇

民国时期的宁夏省治及宁夏县治所在地，即今银川市，属宁夏第一巨镇。早在清代全盛之时，人口曾达10万以上。民国二十五年（1936年）

前后，全城人口也有 2.7 万余口。宁夏省城也是全省商贸中心，有大小商号 420 余家。

中卫县城（今宁夏中卫市驻地）地处黄河北岸，是宁夏通往凉州、甘州、兰州的孔道，城内马路宽阔，商业旺盛，常住人口达 1.5 万，为宁夏省第二大城市。

平罗县城（今宁夏平罗县驻地）在黄河西岸，城内常住人口约有 4 000 人，市街尚盛。

此外，金积县城可谓河东大城，常住人口约 4 000 人。灵武因受吴忠堡影响，在县城中排名略有靠后。

宁夏村堡虽多，但规模狭小，故形成“巨镇”者不多。吴忠堡为灵武县属巨镇，位于金积、灵武两县要冲，有大商户 40 余家，全镇常住人口 2 300 多人，商业之盛超过县城，仅次于省城，为宁夏省第二商埠，居河东各县之冠。

新满城，又名“新城”，早在清乾隆三年兴建，城内房屋整齐，居民稠集，商业殊盛。至民国初期，因“化旗为民”，新城开始衰落。民国二十年（1931 年），宁朔县治迁出，新城市面更加萧条，城内常住人口 300 户左右。

另外，杨和堡因地近宁夏城和宁朔县城，黄渠桥因地近平罗县城，而两地又处交通要冲，街内房屋整齐，商业尚称繁盛。叶升堡为“和盐”（和屯池盐）储仓转销之所，惠安堡为“惠盐”产销中心，亦各有特点。

城池图解

引言

早在西汉时期，在今宁夏银川市掌政镇东建造过一处小城，史称“吕城”，又名“北典农城”（南典农城在今宁夏青铜峡市邵岗镇西）。大约同一时期，在今宁夏永宁县西南建造了上河城，城在黄河西岸，因此段黄河又称上河而得名。北典农城和上河城可以理解为今宁夏银川地区建造城池的开始。到北魏时，又在黄河西岸置饮汗城，大夏赫连勃勃以此为丽子园。北魏时，在这一带置怀远县，治今宁夏银川市兴庆区掌政镇。北周又在此置怀远郡，并保留怀远县。隋唐时期，仍设怀远县，至五代废县为城。

西夏是中国历史上由党项贵族在中国西北部建立的一个割据政权，历经 189 年。1038 年，李元昊以夏为国号，称“大夏”。又因其在西方，宋人称之为“西夏”。早在 1019 年，李元昊父亲李德明就选定怀远镇（今宁夏银川市）为都城，次年正式建城，定都于此，名为兴州。1033年，李元昊升兴州为兴庆府，并开始大兴土木，修建宫城、殿宇。李乾顺时期进行规模性修建。

西夏兴庆府的城市设计，直接受到唐代长安城与北宋开封城的布局影响，呈长方形，周18余里，护城河阔10丈；南北各二门，东西各一门；街道较宽，有20余街坊；皇家手工业作坊集中于宫城宫厅附近；宗教场所有承天寺、高台寺、戒坛寺、佛祖院等。城中皇家的宫殿园林占有很大面积，有一定规模的宫城，而一般居民则密集分布于数十个街坊之内，均为低矮的土屋或土板屋。后来，随着城市建筑向南北扩展，兴庆府的城郭比例不再是“东西倍于南北”，而成为“人”字形城市。

13世纪初，蒙古兵进攻西夏不胜退兵，西夏又修复被破坏的城堡，并改兴庆府为中兴府。1227年，西夏灭亡，中兴府也遭到毁灭性的破坏，一度空废。中统二年（1261年）设西夏中兴等路行中书省及中兴府路，治所均在中兴府城。后中兴府路改为宁夏府路，中兴府城遂改称“宁夏府城”。元末因战乱不断，人不安居，城池难以守备，即弃府城西半（今宁夏银川市兴庆区进宁街以西地片）而修筑东半，城墙高3丈。

明代以来，大规模军事性质的卫所与屯堡的设置，奠定了清代至民国时期以宁夏镇城（今宁夏银川市）和固原镇（州）城（今宁夏固原市）城镇演化、分布的大致格局。

图示 · 宁夏城图

见下页。

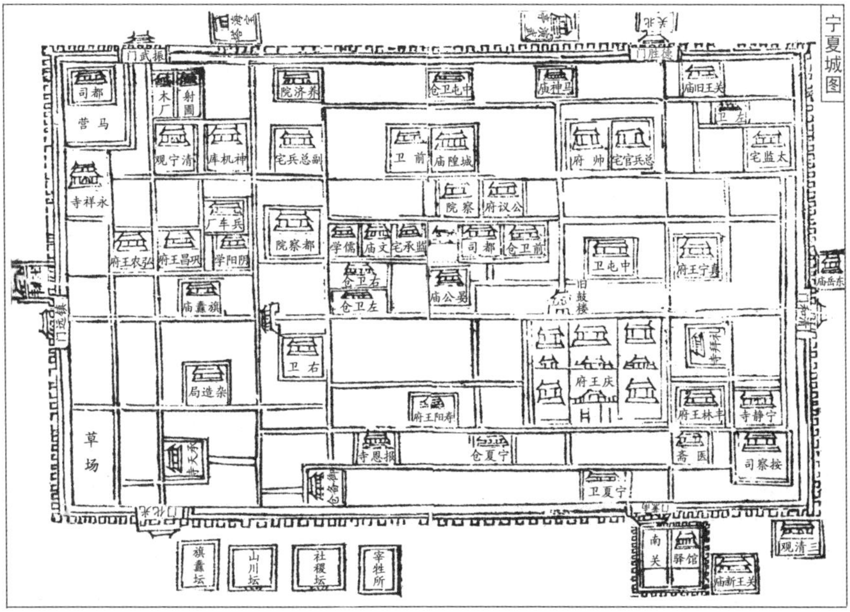

来源：明〔弘治〕《宁夏新志》。注：清和门、南薰门、光化门、镇远门、振武门、德胜门由编著者填补。

图示 · 宁夏城图

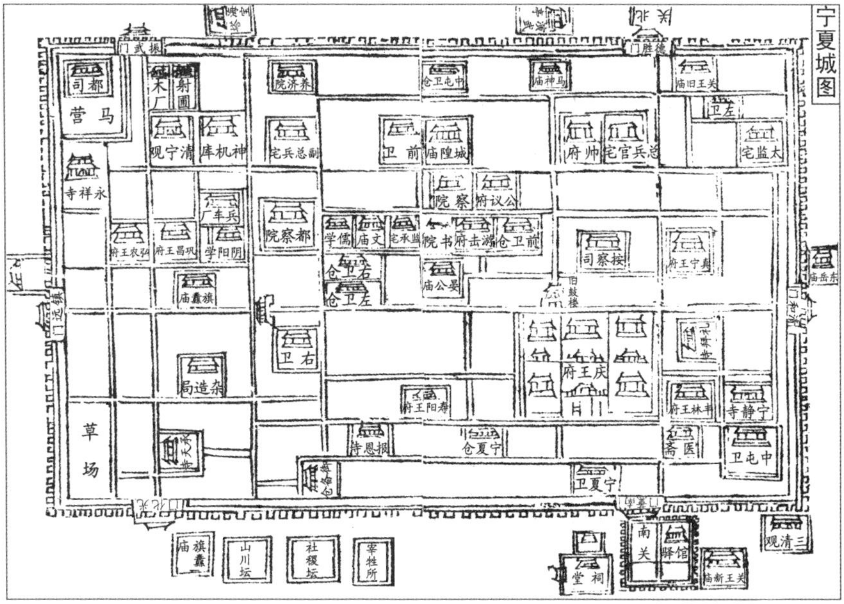

来源：明〔嘉靖〕《宁夏新志》。

图示 · 宁夏镇城图

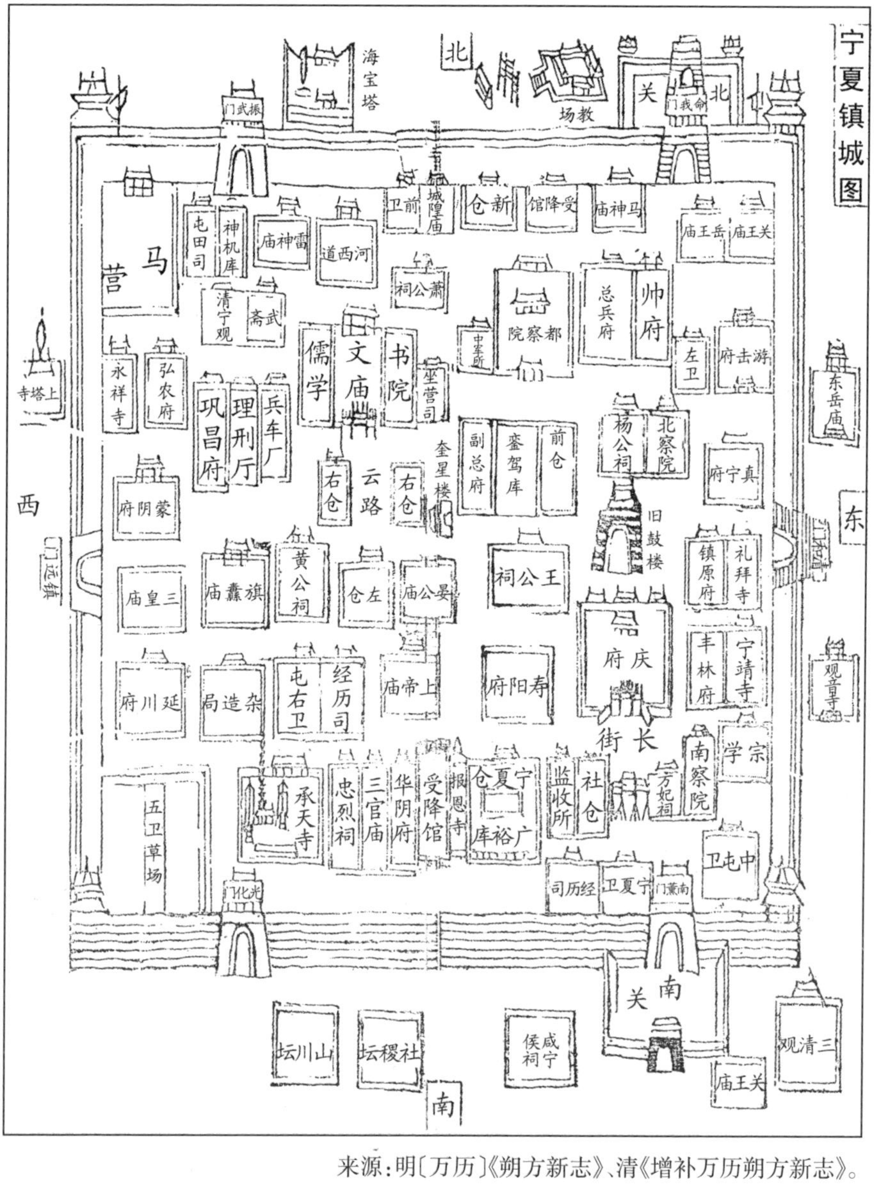

来源：明〔万历〕《朔方新志》、清《增补万历朔方新志》。

图解 · 宁夏镇城

明洪武三年（1370 年）“立宁夏府”。命长兴侯耿炳文之弟耿忠为宁夏卫指挥使，“开立宁夏卫”。“隶陕西都司，徙五方之人实之。”明洪武九年（1376 年），明朝首设宁夏卫，对元末修筑的城墙进行首次复修，并一直沿用了近 70 年。正统九年（1444 年），因人口激增，又恢复了元末放弃的西半城。宁夏城原为土筑，成化三年（1467 年）始用砖包砌城墙。这次修筑的宁夏镇城规模扩大，与“号为重镇”名实相符。

明万历二十年（1592 年）兵变，水浸城圮。此后，巡抚周光镐、杨时宁、黄嘉善、崔景荣等要员相继主持重修，“城楼渐复旧制，仍为巨镇伟观”。这种华丽与坚固的风格，一直传至清代。

明正统年间（1436—1449 年）修复扩建后，宁夏镇城高 3 丈 5 尺，基阔 2 丈。环城引水为池，池深 2 丈，阔 10 丈，水四时不竭。正统年间扩建的宁夏镇城有六大城门：东门叫“清和门”，西门叫“镇远门”，北门叫“德胜门”，南门叫“南薰门”，西南方向叫“光华门”（今光华门位置）、西北方向叫“振武门”（今北京路中山公园北门位置，与光华门相对直）。六大城门及城门楼雄伟壮观，尽展九边重镇雄姿。清和门、镇远门、光化门、振武门外建有月城，城上建有城楼；南薰门、德胜门外建有关城，时称“南关门”“北关门”，南关门称“昭阳”，北关门称“平虏”，关门之上均筑门楼。另外，全城还有 85 座悬楼，70 座铺楼。整个城郭门楼、角楼及悬楼、铺楼之设，达 171 座，雄伟工绝，“以至炮铳具列，闸板飞悬，火器、神臂之属制备，极其工巧”，又显九边重镇武威。

宁夏镇城内设藩封王府 8 座，即庆王府和真宁王府、弘农王府、丰林王府、巩昌王府、寿阳王府、桐乡王府、延川王府。此外，城内还建有都察院、太监宅、帅府、总兵官宅、公议府、按察司及宁夏卫、宁夏前卫、宁夏左屯卫、宁夏右屯卫、宁夏中屯卫等 30 多处公署、卫所、官邸。镇城内还建有文庙、儒学、书院、射圃、演武亭等修文习武场所。有坛祠庙宇寺观20多处。设杂造局、兵车厂、神机库等官营兵器制造作坊。有熙春、毓秀、清和、永春等街坊市集32处。镇城内外，建有丽景园、金波湖、南塘、小春园等景观53处。总体而言，明代修建的宁夏镇城布局合理，结构严谨，商业繁盛，文化发达，又具有塞上湖城特色。

附记·庆王府

朱㮵是明太祖朱元璋第十六子，生于洪武十一年（1378年），洪武二十四年（1391年）四月十三日册封庆王，封地庆阳。庆阳，即今甘肃省庆阳市庆城县。当年四月建庆王府，至洪武二十六年正月癸亥（1393年2月28日）“受命西来”，先居庆阳。五月，庆王又“旋居韦州”，并“居之九年”。朝廷以宁夏“粮饷未敷”，令其初驻韦州，诏理庆阳、宁夏、延绥诸卫军务。建文三年（1401年），庆王朱㮵“徙国宁夏”，正统三年（1438年）病逝，享年60岁，谥曰“靖”，史称“庆靖王”。

庆王朱㮵由韦州“徙国宁夏”后，即在宁夏卫城南薰门内营建庆王府，具体位于今银川新华东街以北，解放东街以南，中山南街以西，步行街以东范围。庆王府周回3里，萧墙高1丈3尺，有棂星门、端礼门、承运门3座。府内设承奉司、长史司、仪卫司、纪善司、典膳司、典宝所、良医所、审理所、工正所、奉祠所、典仪所等机构。建有王宫、东宫、西宫、承运殿、后殿等宫室殿堂，还陆续建有逸乐园、慎德轩(康园之号)、延宾馆（以待未婚之仪宾）及拥翠楼、八角亭、迎薰楼等游乐场所。明宣德八年(1433年)又在宁夏镇城南5里建皇华馆，以为迎接诏书之所；正统元年(1436年)，在镇城新街西建天使馆，以俟“敕旨来者”。庆王府内还有宗庙、书堂等建筑。2008年8月，宁夏人民出版社出版宁夏大学白述礼教授专著《大明庆靖王朱㮵》一书，可供读者参考。

附记・儒学

明代，全国各地儒学兴起，宁夏地区也自兴儒学之风。明庆王朱㮵编修的《宁夏志》首次记载了宁夏（今宁夏银川市）办学的情况。该志中有创办宁夏中屯卫儒学，至建文三年（1401 年）革除，永乐元年（1403 年）复立，“设教授一员，教训官兵子弟”的记载。〔弘治〕《宁夏新志》中的《宁夏城图》标注儒学紧靠文庙，位于文庙正西。

附记・书院

书院是中国古代的一种集教学、科研、文化积累和评论时政于一体的文化机构，是中国传统教育的重要形式，五代至北宋时开始出现。与全国相比，宁夏书院起步晚、规模小、影响力弱。特别是宁夏又处于边地，故明代早期的宁夏教育仅以儒学的形式出现，大约直到弘治年间（1488—1505 年）才出现了书院。因为〔弘治〕《宁夏新志》中《宁夏城图》有书院的标志，在文庙正西，位于监承宅与游击署之间。这个书院应该是明代在今宁夏地区创办最早的书院，是否称为养正书院，文献没有记载。

附记・养正书院

养正书院，又名“揆文书院”“鼎新书院”。明嘉靖十七年（1538 年），宁夏巡抚吴铠利用学宫东边的民房就地创建，召集诸生分馆居业，书院的旁边就是游击署。嘉靖四十年（1561 年），地震致书院倾圮。嘉靖四十三年（1564 年），右佥都御史、宁夏巡抚王崇古在出访视察中了解到学宫和书院作为诸生敬业之所，地近兵马驻防和训练之地，不利于文化教育的发展，遂改书院为游击衙，在游击署的旧址翻新重建书院，至隆庆元年（1567 年）六月完工，并将养正书院更名为“揆文书院”，用意“揆文奋武”“文事武备”。揆文书院建有仪门及明道、会讲二堂，左右列号舍各六区，名为“六行六艺”。会讲堂后修建泮池，并筑高台建文昌祠。泮池，又称“泮宫”，是位于学宫或书院大门正前方的半月形水池，意即“泮宫之池”，它是官学的标志。依照古礼，天子太学中央有一座学宫，称为“辟雍”，四周环水，而诸侯之学只能南面泮水，故称“泮宫”。又因孔子曾受封为文宣王，建“泮池”为其规制。泮池上一般有石桥，或拱或平，或三座三洞，或单座多洞不等，被称为“泮桥”。科举考试时，学生过桥去拜祭孔子，称为“入泮”。

明隆庆元年（1567年）六月，对揆文书院的修整完工，由提学佥事殷武卿作了记录，并详细记录了揆文书院沿革及改建经过。万历年间（1573—1619年），宁夏巡抚罗凤翱、黄嘉善相继主持对揆文书院进行了增修。后改为讲院。

附记·兵车厂

宁夏镇兵车厂位于都察院西北方向，还有杂造局、神机库都在城西部。兵车厂、杂造局专门制造头盔、长枪、腰刀、弓箭等，神机库专门负责枪炮重器的制造与储藏。这些制造与储存兵器的作坊出现，印证了明代宁夏镇城内为军事服务的手工业十分发达。

附记·三清观

庆王朱栴崇信佛、道之说，以修身养性。洪武初年，西夏时建造的承天寺殿宇焚毁无遗，独一塔巍然。朱栴在承天寺内“得一断碑，方知其建立之始”，遂命重修承天寺，并增创殿宇。永乐年间（1403—1424年），朱栴因病在南薰门外东南建造了道教寺院三清观，以祭祀道教尊奉的玉清元始天尊（天宝君）、上清灵宝天尊（太上道君）、太清道德天尊（太上老君）。宣德年间（1426—1435 年），朱梅还主持修葺了地处宁夏镇城南薰坊东的真武堂，以祭祀为道教所尊奉的我国古代神话中的北方之神玄武。

附记・安化郡王府

明代宁夏镇，除建有宏伟壮观的庆王府外，还建有庆藩王分封的真宁王府、安化王府、弘农王府、本林王府等。在明代地方志书绘制的《宁夏城图》《宁夏镇城图》，除了标明庆王府、真宁王府、弘农王府、丰林王府、巩昌王府外，就是没有安化王府，其原因是安化郡王朱寘鐇曾主谋发动了一次叛乱，人被处死，爵位被削除。这次叛乱发生在明正德五年（1510 年），即壬辰年，又称“壬辰之乱”或“壬辰之变”。朱寘鐇是庆靖王朱栴曾孙，安化惠懿王朱秩炵孙，安化恭和王朱邃墁（追封）庶子。朱寘鐇于弘治五年（1492 年）嗣爵封为安化郡王，其亲信孙景文、孟彬私下常称朱寘鐇为“老天子”。正德四年（1509 年）八月，“朝中八虎”之首的刘瑾派御史等到各处清理屯田，奉命的官员多迎合虚报，伪增屯田亩数，悉令出租。派往宁夏的大理寺少卿周东以 50 亩为一顷，敛财巨多，谄媚刘瑾，激起兵怨民愤。正德五年（1510 年）春，驻守宁夏镇的游击将军仇钺和副总兵杨英领兵出御蒙古，总兵官姜汉选精兵 60 人为牙兵，由指挥周昂带领。周昂与千户何锦为安化王划策，于四月五日设宴诱杀总兵官姜汉、镇守太监李增等，袭杀巡抚安惟学、大理寺少卿周东。安化王等随即焚官府，释囚徒，撤离黄河渡船，传檄文历数刘瑾之罪状，与朝廷分庭抗礼。壬辰之乱消息传来，震动朝野。这次叛乱因仇钺果决平息，仅仅坚持了 18 天就以失败而告终，朱寘鐇被捕，被押往京都赐死。

图示 · 宁夏府城图

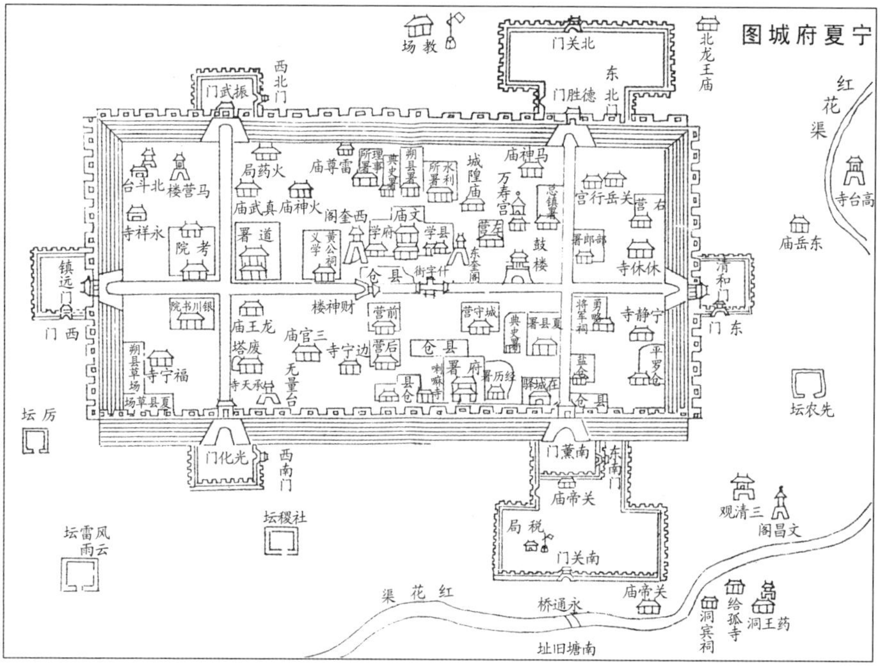

来源：清〔乾隆〕《宁夏府志》。

图解 · 宁夏府城

清初，宁夏府城基本保持了明代宁夏镇城的规制与风格。清雍正二年（1724 年）裁卫、所军事建制，改置宁夏府，遂改明代宁夏镇城为宁夏府城。乾隆三年十一月二十四日（1739 年 1 月 3 日）平罗大地震，造成“官民房舍，瞬息之间一齐倾圮，而城垣亦俱倒塌，仅存基址”，传承至此的明代宁夏镇城建筑几乎荡然无存。乾隆五年（1740 年），清廷拨巨款重修宁夏府城，在明代宁夏镇城的旧址上，向内“收进二十丈建筑”，城垣规模缩小。其基址基本沿今清河街、南薰路、凤凰街、上海路南侧。重建工程自乾隆五年五月开始，于次年六月告竣，共用库银 314 529 两。重修后的宁夏府城，“周围长二千七百五十四丈，东西径四里五分，南北径三里一分，高二丈四尺。址厚二丈五尺，顶厚一丈五尺，并砖石包砌。外垛口墙高五尺三寸，内女墙高三尺”。宁夏府城门仍以明代旧制为6座。建瓮城门6座、城楼6座，建瓮城门楼6座、角楼4座、炮台铺楼24座。修水沟62道、马道6座、水关4座。

这次修建，在南薰门外建土城1座，“周围共长五百九十八丈，计三里三分二厘，高二丈，址厚二丈，顶厚一丈，外砖砌。垛口墙高五尺二寸，内女墙高一尺八寸”。设关门1座，称“朝阳”。另设马道1座，便门1座，东西梢门2座，水沟23道，水关6道。

这次修建，在德胜门外建关厢土城1座，“周围长四百三十丈六尺，计二里四分。比南关小一百六十七丈四尺，城墙高厚与南关同”。设关门1座，初称“平虏”，后改称“永安”。又建门楼1座，马道1座，东、西梢门2座，水沟13道，水关2道。修建护城河1道，“宽三丈，深一丈”。

据《宁夏府志》载，宁夏府城重建后建有万寿宫、宁夏府署、宁夏县署、宁朔县署及所属官衙署所40余座，学宫、书院、社学共7所，城内外坛庙祠阁、寺宫庵院、堂台殿观计80余处，石坊30余座，有米粮、柴炭、猪、羊、牛、骡马、青果、番货等市集17处。城市街道井然，通衢四达，共有街巷127条，皆有名称。

清代修筑的宁夏府城墙一直沿用到中华人民共和国成立后。20世纪60年代前，位于今宁夏银川市清和街和解放街交会处偏北向的银川古城门东门，即清和门还保存完好。随着社会环境的安宁和经济发展，城墙失去了防御的基本功能而得不到及时的维护与修葺，最终在城市改造中逐步消失殆尽，至今仅存留中山公园西门附近的百十米残垣基址。

赵文续先生生前为宁夏文史馆馆员，1920年出生于银川一个满族家庭，祖上系雍正年间（1723—1735年）派驻宁夏城戍边的营官。银川美术馆收藏的《宁夏府城图》，就是赵文续先生的杰作。《宁夏府城图》由南半城、北半城、中城共3卷画组成，再现了20世纪20—30年代宁夏城

（今银川市兴庆区）的城郭景观和历史风貌。

附记 · 银川书院

清代，书院已遍布全国各地，宁夏书院也得到了空前的发展，全境各府州县几乎都有书院，共创建、重建书院 29 所，其中乾隆和光绪时期最多。

银川书院建在宁夏府光化门内，是宁夏存在时间最久、影响最大的书院。清乾隆十八年（1753 年），浙江上虞（今浙江绍兴市辖区）人、宁夏知府赵本植在宁夏府城光化门（光华门）内西侧购置张姓民房一所增修创立，可谓“讲堂肆舍、会课之馆、燕息之室咸备”。银川书院的学田在平罗，共 108 顷 6 亩 5 分。一般是“募民垦田，以其收入为膏火费”。乾隆三十三年（1768 年），宁夏知府顾光旭怀着“为对银川思锡麓，欲从西夏续东林”的想法，增拓重建，广其址，筑围墙。具体讲，银川书院增拓重建后，“增建书楼、学舍百余楹”，设重门，建大堂两间，外题“大雅”，内题“岩绿书堂”，可容数十人。东西方向为文明祠、探源楼、藏书所、主院居处、斋舍等，计有屋舍百余间。东北方向为藏书阁。银川书院重建竣工后，乾隆丙辰科进士、宁夏县（今宁夏银川市）人，翰林路谈写了《银川书院碑记》，详细记载了重建后的银川书院的规模：“旧基之深百七十尺，广仅九十尺。今广其东偏地益之，深如旧，广倍之而有加焉。购之民，酬其值百十有余金。于是书院方广之数七百一十尺。”宁夏知府顾光旭写了《银川书院诗》三首。这一组诗分别介绍了银川书院的主要建筑“大雅堂”“岩绿书堂”和“探源星宿之楼”（藏书阁）。顾光旭的三首诗通过对银川书院的几处重要建筑物的描写，展示了重修的银川书院的规模与学风。正如平罗人、廪贡王瀚在《屋渠渠行，银川书院落成赋》的开头以“屋渠渠（形容房屋高大而深广），好读书”赞扬其宽敞明亮，足见当时的学人对重修的银川书院的规模评价之高。

清同治二年（1863年），银川书院毁于战乱。同治八年（1869年），绅士王琇、赵廷焯、吴乐卿、麦永年等人联合申请重建银川书院，宁夏嵩武军首领张曜命湘舫太守督办，“鸠工庀材，拓地域学宫西偏袤三百六十尺，广一百八十尺，计构造内外廨舍共数十间”。光绪十年（1884年），宁夏知府李藻移建银川书院于文庙偏西。广东陆路提督张曜为之记。是年，有学使来宁夏视察，因旧有猪市街试院焚毁，便将银川书院改作试院。光绪三十二年（1906年），因科举考试制度废止，宁夏知府赵维熙将试院修葺一新，改为宁夏府中学堂。民国二年（1913年）因经费不足，将宁夏府中学堂降为宁夏高等小学堂，民国五年（1916年）改为甘肃省立第八师范学校，民国七年（1918年）又附设第五中学。

银川书院不仅反映了清乾隆中期以后宁夏地区的教育事业发展水平，而且也是将“银川”作为地理实体名称的开端。在银川书院创立不久，由创办人赵本植的家塾先生汪绎辰依银川书院之名编纂了《银川小志》。《银川小志》记载“欲创立书院，条其议上之大宪。报中”。这几个字明确地告诉后人，银川书院是上报朝廷批准而创立的，“银川”地名因书院也是得到乾隆皇帝批准的。可以这样说，银川书院的创立是银川得名的开始，而《银川小志》是扩大影响并强化“银川”这一名称的社会知名度的第一部地方志书。

从现有文字记录看，明代以前是没有“银川”这一地名称谓的，一直到明代后期，陕西三边总督刘敏宽经过花马池（今宁夏盐池县）时，作诗一首，有诗句“须凭驼岭临河套，遥代银川挹贺兰”。据诗中叙述，当时的“银川”应指贺兰山以东、长城以西的河套平原，还不能确定当时的银川就是宁夏镇（今宁夏银川市）。当“银川”作为城镇名称出现时，它又被称为塞上的“小南京”，可见这里商贾云集，市肆繁荣。

图示 · 朔方道城池并图

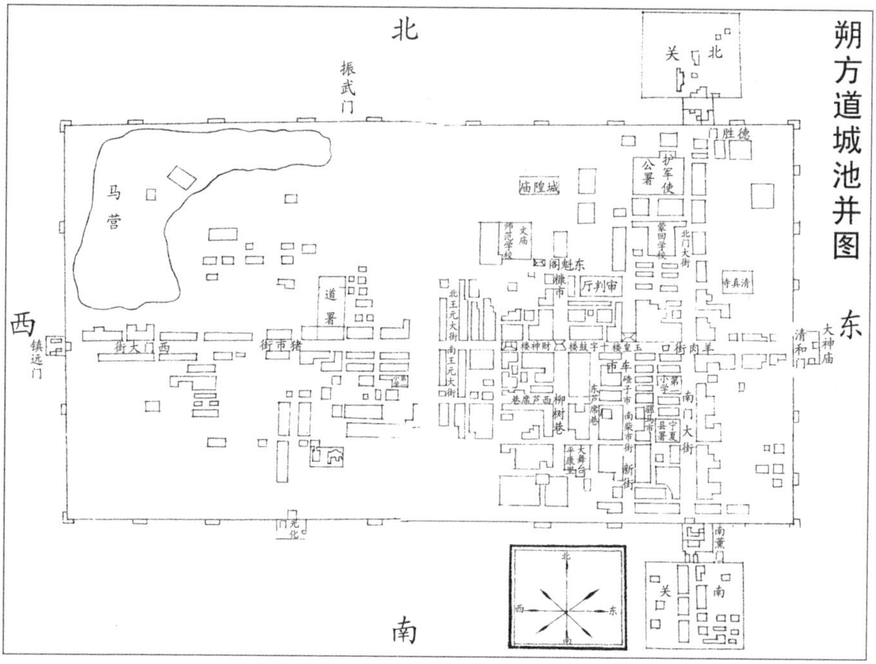

来源：民国《朔方道志》。

图解 · 朔方道城池

民国初期的朔方道城，即清乾隆三年地震后修复的宁夏府城，习惯称为“宁夏城”，又因它与城西 9 公里处的新城（满城）遥遥相峙，故又称“老城”。朔方道城有大小 6 个城门未变，东大街上有玉皇阁、鼓楼古建筑。玉皇阁下开南北向城门洞，南面通过的大街叫南柴市，北面通过的大街叫北柴市，民国三十一年（1942 年）分别改为和平南街、和平北街，今分别称“玉皇阁南街”“玉皇阁北街”。鼓楼因四边有门洞，行人与车马均从这个十字通道穿过，故又称“四鼓楼”或“十字鼓楼”，成了城市的中心地带。以鼓楼为中心，除向东西伸展的东西大街外，其南面有柳树巷，北面有糠市，民国三十一年（1942 年）分别改为复兴南街、复兴北街，今分别称“鼓楼南街”“鼓楼北街”。

羊肉街口是东西与南北大街会合的十字路口，沿街西行，路南的一条巷子叫骡马市，今称“新宁巷”。过南柴市向西还有一条巷子叫碴子市，今称“朝阳巷”。

旧资料中有王元街、王银街和王爷街不同名称。一般认为王元街因王元人名而来。王家是明代宁夏的名门望族，王元则是镇城的名人，为嘉靖年间（1522—1566 年）进士，曾做过河北大名县知县。因王元府第在今宁夏银川民族南街，故后人称此段街区为“王元街”。所谓王银街，疑为王元街的口误或笔误所致。

所谓王爷街，有两种说法：其一，因明代此处街区有寿阳郡王府、岐阳郡王府和华阴郡王府，王府所遗大井一口，被后人称为“西府井”，此街区亦被称为“王府街”“王爷街”；其二，清光绪二十六年（1900 年）“庚子事件”后，列强指控清廷总理大臣、掌管禁卫军虎神营的“大阿哥”溥儁的生父、端王载漪等为事件“主犯”，要挟清廷将其处死，朝廷被迫革去载漪爵职，降为辅国公，发配新疆。但端王一家行至宁夏时，因他与贺兰山后阿拉善蒙古亲王塔旺札布（简称“罗王”）既是儿女亲家，而且罗王之妹又是端王的续福晋（续夫人），遂潜至阿拉善旗隐居。中华民国前后，端王一家曾一度离宁，后几经周折，于民国十年（1921 年）冬再次率全家重返宁夏城定居下来，宅第位于今民族南街西侧，直至民国十六年（1927 年）12 月病故于此，故后人便称此街为“王爷大街”。

民国三十六年（1947 年）改王元街为民族街。民族北街原无名，即命名为“民权街”。中华人民共和国成立后，于 1956 年将南、北两街合并，统名为“民族街”。

银川南门外还有王元桥一座，也因王元街而得名。

附记 · 甘肃省立第八师范学校

民国五年（1916年），在宁夏府建立的正规的中等学校，而甘肃省立第八师范学校，校址利用前宁夏中学堂旧址，由宁夏平罗人李秉彝出任首任校长。民国七年（1918年）又设甘肃省立第五中学，与甘肃省立第八师范学校合用一个校址，故又称“五中八师”。民国十八年（1929年）宁夏建省后，将五中、八师分别改为宁夏省立第一中学和宁夏省立第一师范学校。五中、八师是宁夏境内的模范学校，许多学生不同程度地接受了弃旧图新的思想。

附记 · 马营

据志乘所载，这里原建有以水景为主的“元昊宫”，为西夏都城兴庆府第一大建筑，后毁于战火。明嘉靖年间（1522—1566年），在此建宁夏镇属兵马营房，俗称“西马营”。民国十八年（1929年），宁夏建省，省政府“呈准划省垣西北角马营废址，兴建公园”。为纪念孙中山先生，宁夏省主席门致中将其正式命名为“中山公园”。公园西园墙（古城墙西北角至镇远门北侧段）和北园墙（古城墙西北角至振武门段相连），总长1 000多米，城墙底宽12米，高15米。1973年在备战中，因修建环城人防工程，中山公园的这两段古城墙被毁坏，1985年又因修建北环路（今北京路）北段，古城墙又被彻底毁坏。至今，仅残存有公园的西段城墙残垣。1998年，宁夏回族自治区成立40周年，银川市人民政府拨款新修了中山公园西大门，并保存了这段见证宁夏百年历史的古城墙。如今的银川中山公园占地面积约32公顷，其中水面6.7公顷，是银川最大的综合性公园，也是宁夏历史最悠久的公园。公园内有著名的古迹文昌阁，建于清代。鸣钟亭内的铜钟，是明代从西夏废寺中所得，于成化元年（1465年）重铸，高7尺，周长9尺，重3 500余公斤，造型独具风格。

图示 · 宁朔县城池图

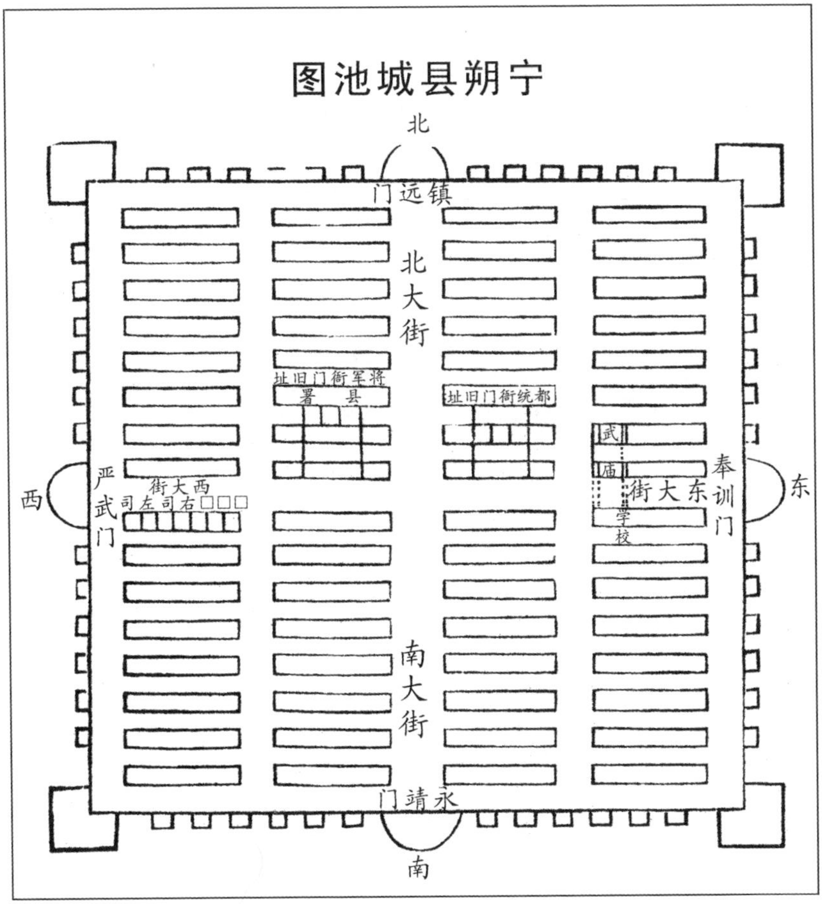

来源：民国《朔方道志》。

图解 · 宁朔县城

上图为民国三年（1914年）至民国二十二年（1933年）《宁朔县城池图》。近10年的宁朔县治位于宁夏府新城。民国三年（1914年）8月，北洋政府令裁宁夏驻防满营将军缺，将宁朔县府由宁夏府城地藏庵北巷迁至宁夏府城西7.5公里处平湖桥东南新满城，自成规制。

图示 · 平罗县治图

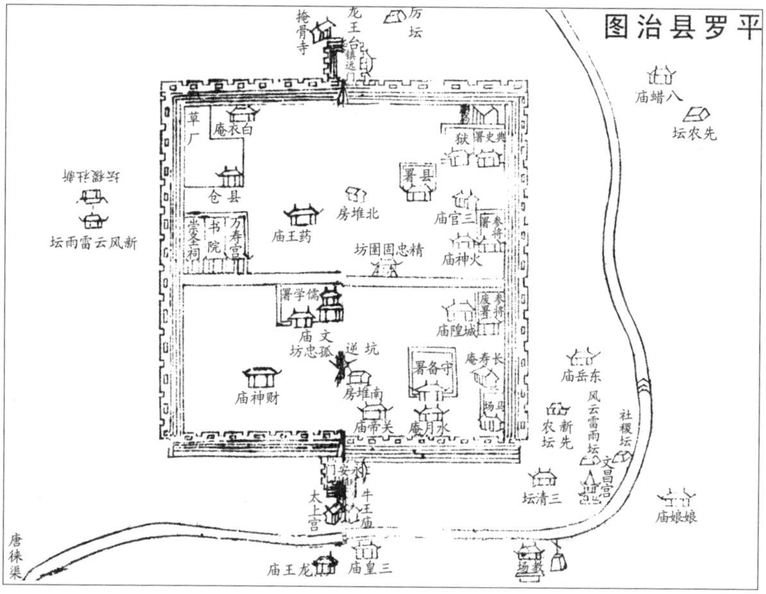

来源：清〔道光〕《平罗记略》。

图示 · 平罗县城池图

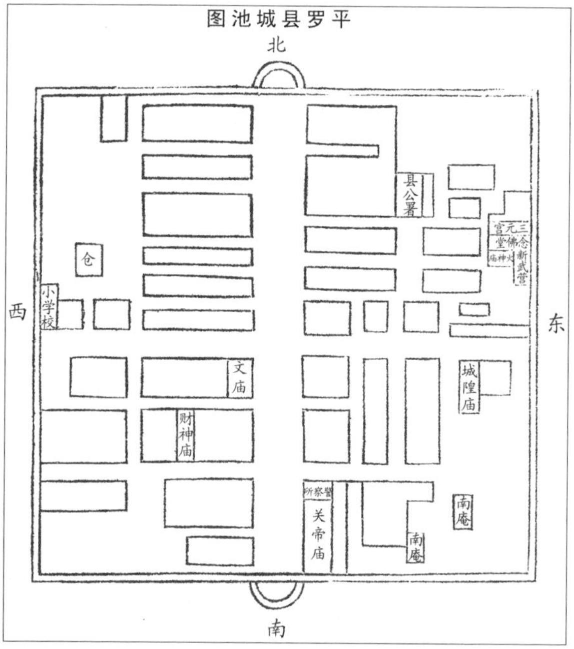

来源：民国《朔方道志》。

图解 · 平罗城

明代，在一些军事重地设置守御千户所，常驻戍守士兵，有些千户所驻地就逐步发展成了城池，平罗城就是典型一例。明永乐年初修筑，名“平虏城”，含有靖虏、镇虏之意。嘉靖三十年（1551年）设平虏守御千户所。万历三年（1575年），巡抚罗凤翱主持重修，以砖石包砌。清代改平虏守御千户所为平罗所，又更名“平罗城”。雍正二年（1724年）又改置平罗县。乾隆四年（1739年）于地震后扩建重修，呈方形，青砖包砌，周长4里3分，墙高2丈4尺，城墙厚2丈4尺，顶厚1丈5尺，分东、西、南、北及草市、衙门6条街、14条巷。设南、北两门，南门称“永安”，北门称“镇远”，两门各建瓮城。4道城墙各建敌楼2座，城墙上设雉堞（城墙上掩护守城人的矮墙）510个。城四周设宽5丈、深8尺的护城河。

图示 · 花马池分州城图

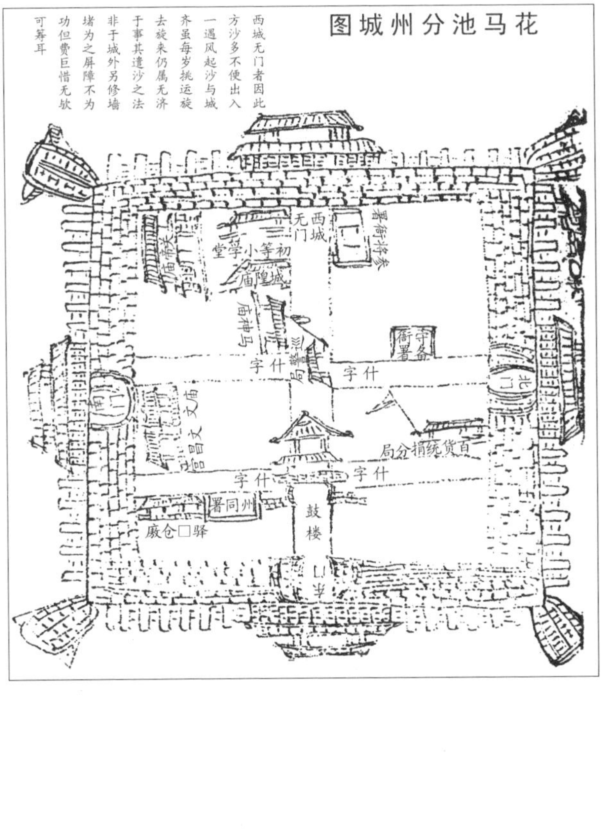

来源：清〔光绪〕《花马池志迹》。

图示 · 盐池县城池图

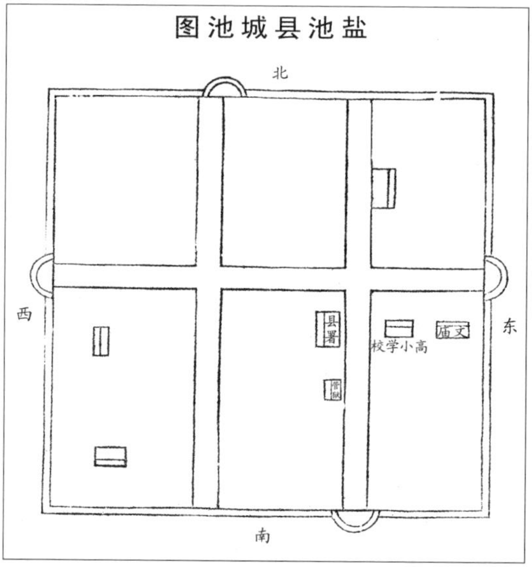

来源：民国《朔方道志》。

图解 · 花马池城

今宁夏盐池县城。明代的花马池地区具有“羽翼陕北，捍蔽中原”的重要战略地位，但这里“土地平漫，难以设防”，于是先在明正统二年（1437年）春，由宁夏总兵官史昭始建花马池营，又叫“哨马营”，位于今宁夏盐池县与内蒙古鄂托克前旗之间的北大池1.5公里许，俗称“烂摊子城”。后来，因这座城池地处长城外，孤悬寡援，难以设防，就于天顺年间（1457—1464年）重新选址，在今宁夏盐池县城修筑花马池城。据〔嘉靖〕《宁夏新志》载，新筑的花马池城高3丈5尺，周回7里3分。池深5尺，阔2丈。城墙由黄土夯筑，开东、北两门，东门为“永宁”，北门为“威胜”，城门上有楼。弘治七年（1494年）置花马池守御千户所，正德元年（1506年）置宁夏后卫，均治花马池城。

明万历三年（1575年）对花马池城进行扩修，又开南门，称“广惠”。万历八年（1580年），巡抚萧大亨主持维修，以砖石包砌。清乾隆六年

（1741 年）重修花马池城。根据实际调查，花马池城址南北长 1 100 米，东西宽 1 050 米，呈正方形。城墙基宽 12.6 米，残高 10 米左右，顶宽 2—4 米。开东、南、北 3 门，均带瓮城，瓮城 40 米见方，东门瓮城门南开，南门瓮城门东开，北门瓮城门东开。北瓮城早年已毁，东、南两瓮城尚留有部分残迹。西城墙无门，于墙正中建有二层楼阁式玉皇阁，早年被毁。城墙四隅有楼。全城以鼓楼为中轴分东西向一条主街。又有南北向 2 条街道，与主街交叉，称“什字街”。花马池城未设西门的原因是“沙多不便出入”。清〔光绪〕《花马池志迹》载，“一遇风起，沙与城齐，虽每岁挑运，旋去旋来，仍属无济于事”。

2000 年在旧城改造中，利用收集的古城砖修葺城墙近 400 米，又修复古城门两处。

史称明代营建的花马池城具有“灵夏肘腋，环庆襟喉”和“全陕要地”“关中要冲”之战略地位。

图示 · 灵州城图

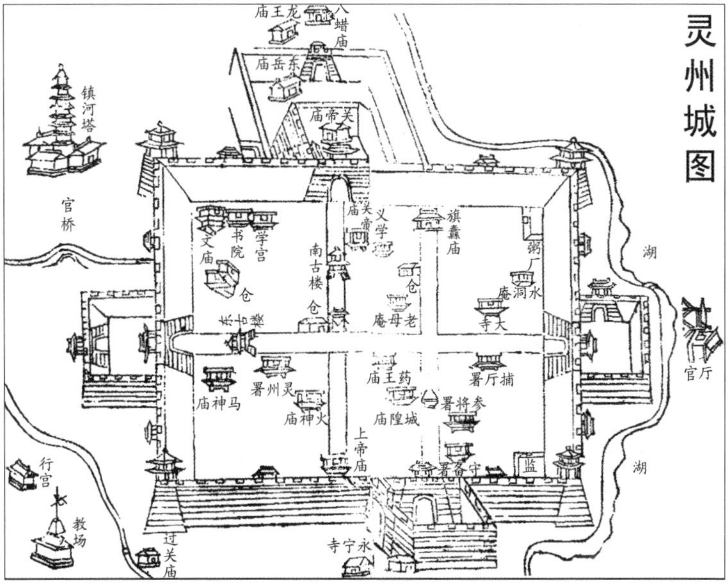

来源：清〔嘉庆〕《灵州志迹》。

图示 · 灵武县城池图

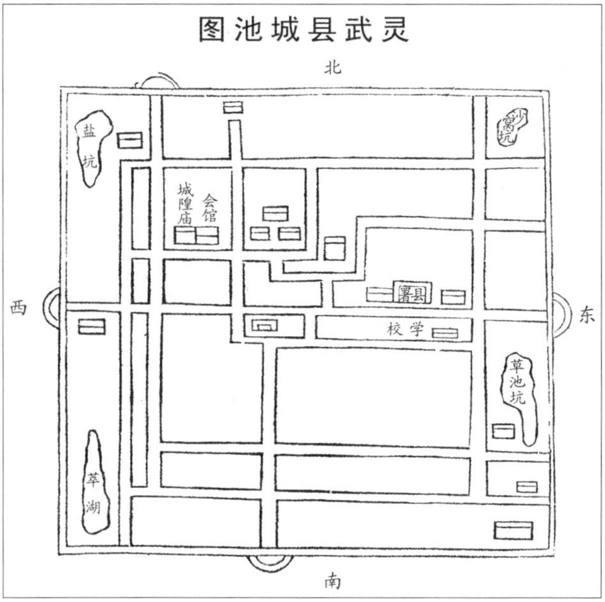

来源：民国《朔方道志》。

图解 · 灵武县城

今宁夏灵武市，古称“灵州”。民国二年（1913 年）“州改县”，灵州改为灵武县。古灵州城在黄河东，位于今宁夏吴忠市境内。明初因黄河泛滥“城凡三徙”。明洪武十七年（1384 年），灵州城：“西南角被河水冲毁崩圮。”“筑城与故城北十余里。”“永乐间，亦被河水冲圮”。宣德三年（1428 年），筑“新城”，“西去坎城五里余”，即今宁夏灵武市。明景泰三年（1452 年），对灵州城进行扩展，周围 7 里 8 分。明万历五年（1577 年），宁夏巡抚罗凤翱主持对灵州城墙进行砖石包砌，高 3 丈 1 尺、址厚 2 丈 5 尺。开城门 4 道，东曰“澄清”，西曰“孕秀”，南曰“洪化”，北曰“定朔”。城门上皆有楼，外有月城。建有角楼 4 座、敌楼 4 座、门台 4 座、炮台 4 座。修环城河一道，深 1 丈，宽 3 丈。清乾隆三年十一月二十四日（1739 年 1 月 3 日）城被地震损毁，至乾隆五年（1740 年）重修，耗银 6.71 万两。

图示 · 中卫县城全图

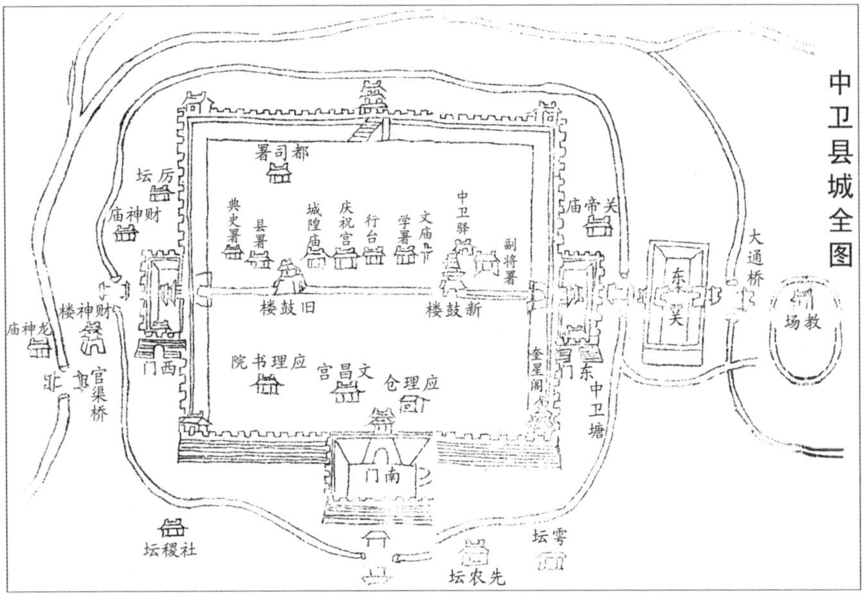

来源：清〔道光〕《续修中卫县志》。

图示 · 中卫县城池图

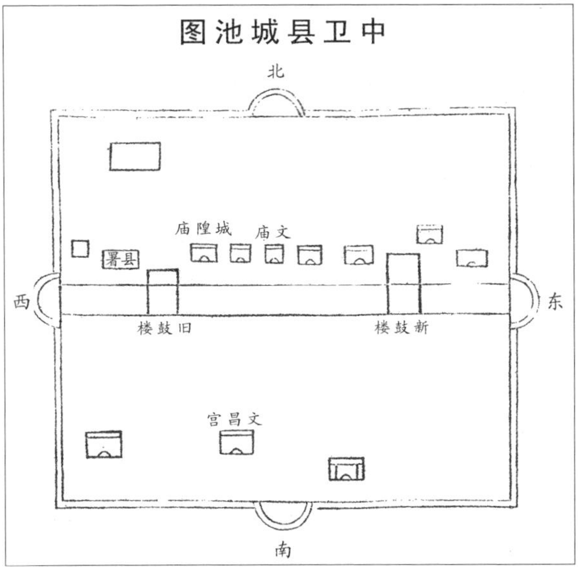

来源：民国《朔方道志》。

图解 · 中卫县城

今宁夏中卫市，元应理州治所，永乐六年正月丙申（1408 年 2 月 9 日），为宁夏中卫，清雍正二年十月丁酉（1724 年 12 月 12 日）改为宁夏中卫县。城垣始建年代失考。旧址狭小。明正统二年(1437 年)，都指挥仇廉主持扩修，周围 5 里 8 分。天顺四年(1460 年)，参将朱荣再次扩修，城墙增高为 3 丈 5 尺，护城河深 1 丈，阔 7 丈 5 尺，开东、西两门，东称“振威”，西称“振远”。嘉靖二年(1523 年)，参将周尚文始开南门，称“永安”。万历二年(1574 年)以砖包城，成为宁夏西路最坚固的城池。清康熙四十八年（1709 年)、乾隆三年十一月二十四日(1739 年 1 月 3 日)两次地震破坏，两次修复，周围 5 里 7 分，高 2 丈 4 尺，址厚 2 丈 5 尺，顶厚 1 丈 5 尺，女墙(垛墙)5 尺 9 寸。护城壕长 6 里 3 分，外设月城(瓮城)。此外，城东北、西北、西南建角楼 3 座、敌楼 8 座、门台 6 座、炮台 14 座。

图示 · 金积县城池图

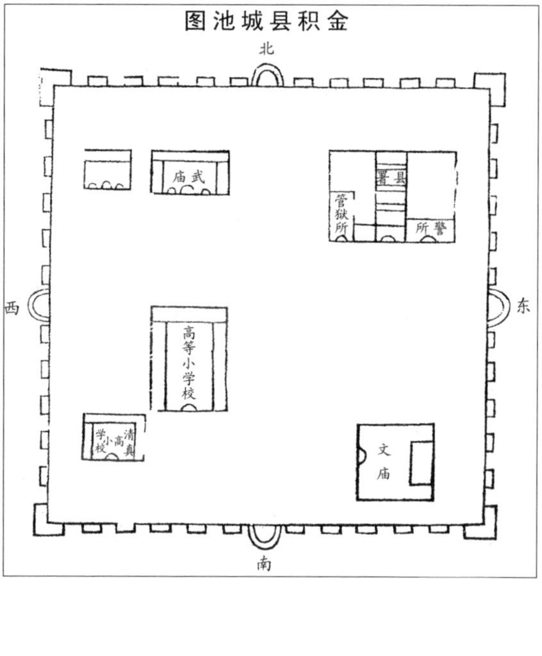

来源：民国《朔方道志》。

图解·宁灵厅城

位于今宁夏吴忠市利通区金积镇。初称金积堡，始建时间无考，得名众说并存，一说以所依金积山（今牛首山）而得名，一说以其境黄河淤积土地肥沃，犹如“积沙孕金”而得名。清同治年间（1862—1874 年），马化龙在金积旧堡基础上修建了“保生寨”，大致墙高 2 丈 3 尺， 址宽 1 丈 5 尺，顶宽 7 尺，女墙高 3 尺，上有垛口。清同治十一年（1872 年），金积堡被清军攻破，左宗棠令修复故堡旧址，招流离者安集居住。同时，清政府撤销宁夏水利同知，新设宁灵抚民同知，驻金积堡，共辖 7 堡，辖境约今宁夏吴忠市西南和同心县北部地区。自此，金积堡也就成了宁灵厅城，清廷首次修复的宁灵厅城周围 1 130 丈，高 2 丈 2 尺 8 寸，女墙高 5 尺，垛口 1 211 道，开东、西两门，内建军器局、火药局，外建校场、草场，由灵武营参将驻守，一跃成为“襟带黄河，雄踞边要”的塞上重镇。光绪九年（1883 年），陕甘总督谭钟麟奏建新城，款绌未果。光绪二十六年（1900 年），宁灵厅同知洪翼、参将侯明俊再次奏请筑城，得到准许，但由于慈禧太后和光绪皇帝西逃，朝廷无力拨银修建，由当地绅商岳廷献、毛大昌等捐集 1 000 两黄金，只对东、西两道城门及瓮城、月城重新进行了修筑。光绪三十四年（1908 年），宁灵厅同知成谦再次倡议捐款修葺城池，并选派灵武城守营千总颜荣耀、贡生岳廷献监工，历时 3 个多月，修葺完工。这次修复了宽 2 丈 5 尺、深 5 尺的护城壕沟，引水护卫，还在城堡东、西两门外的护城河上各建官桥一座。民国二年（1913 年）2 月改宁灵厅城为金积县城。1949 年 9 月被解放时，金积县城仍有国民党驻军修护的碉堡、哨所、炮台、护城壕沟等城防设施。

图示 · 平远县城池图

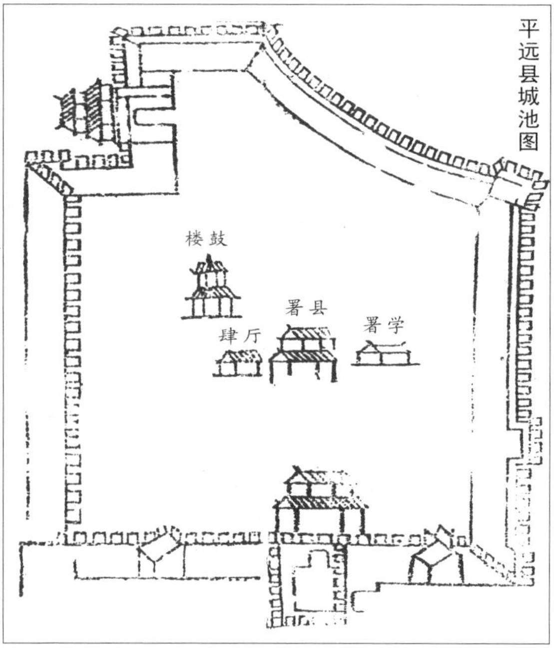

来源：清〔光绪〕《平远县志》。

图示 · 镇戎县城池图

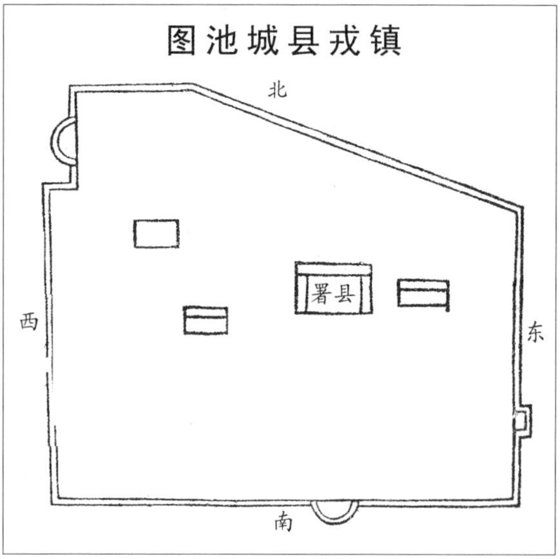

来源：民国《朔方道志》。

图解・下马关古城

清同治十三年（1874年）置平远县，驻下马关古城。民国三年（1914年）改平远县为镇戎县，县治未变。

下马关古城位于今同心县下马关镇城南。明嘉靖五年（1526年），王琼主持修筑，周围5里7分，高、阔各3丈5尺。城南门建月城，南门楼顶悬刻“重门设险”。东城门外顶端悬刻“橐钥全秦”。北城门顶镶嵌“固原第一关”石刻巨匾。万历九年（1581年）重修，以砖石包砌。清康熙二十五年（1686年）地震倒塌，略为补修。清中晚期，古城西关因水患没于溪谷。光绪二年（1876年），西城被水冲毁，观察使魏光焘命部将吴禧德带兵新筑西关土城，并增设炮台8座、雉堞702处，于光绪五年（1879年）后完工。其间，陈日新以平远县知县之任，参与了修建县城和县署工程，还完善了仓库、驿站、铺司（低于驿站的公文邮件递送机构）的建设。据《平远县志》记载，在得到当地回民许可后，陈日新将豫旺旧礼拜寺的木材搬移过来，用于修筑县署。

明、清两代，下马关城属兵防重镇，清驻参将防守。今存残城呈长方形，南北长570米，东西宽460米，墙体高20米，基宽10.7米，顶宽7.45米，为黄土夯筑。

图示 · 固原州城图

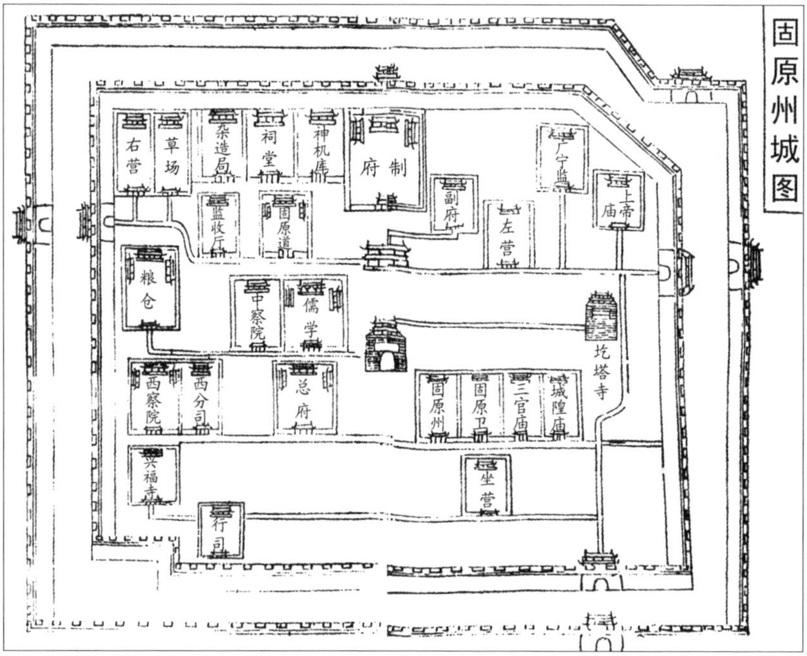

来源：明〔万历〕《固原州志》。

图示 · 固城图

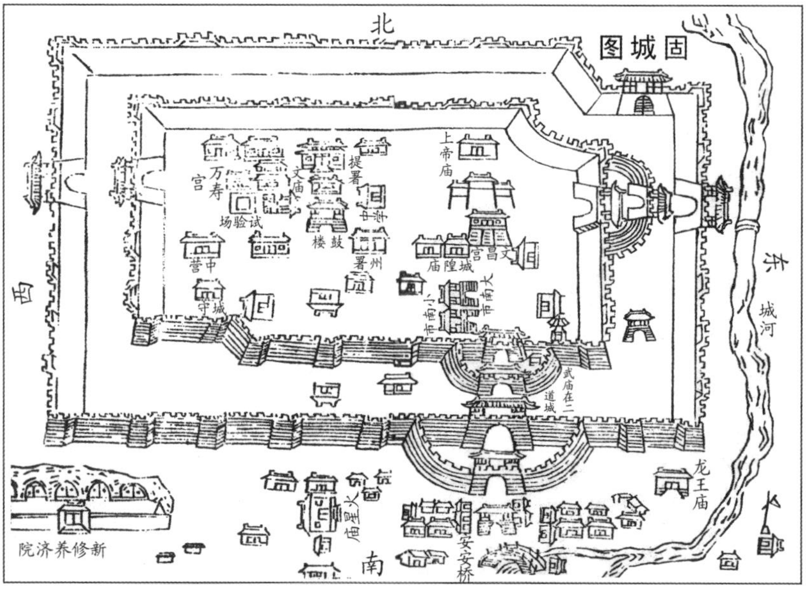

来源：清〔宣统〕《新修固原直隶州志》。

图解 · 固原城

对于明廷来说，作为边地，宁夏镇与固原镇互为唇齿。从地域关系上讲，“固原为中制之地”，与宁夏南北垂直，“东向可以顾榆林，西向可以顾甘肃”。这样，固原镇的军事地位也显得极为重要。

明初，将元朝的开成路降为开成县，最初只作为内地，主要作用是“所备唯靖虏”。正统以后，西北边境防御渐趋紧张，为防御残元势力南扰，先后在北方边境设置了九个重镇，号称“九边”，固原镇即为“九边”之一。随着军事地位的升级，明代对固原镇城的营建经历了以下几个阶段。

明景泰二年（1451 年），因准备设置固原守御千户所，首次对固原城进行修筑。次年，迁徙平凉卫右所进驻固原城，为固原守御千户所。从此，随着明西北边备防御的不断变化，固原的军政机构设置亦随之升格。

明成化五年（1469 年），升固原守御千户所为固原卫。次年，准备设置固原兵备道，兵备佥事杨勉增筑固原城，并设楼橹（用以瞭望、攻守的无顶盖的高台）。成化六年（1470 年），正式设置固原兵备道。

明弘治十五年（1502 年），升固原卫为固原州。三边总制秦紘又增筑外关城。至此，固原成为一个在西北边地防务中举足轻重的要镇。

明万历三年（1575 年），三边总督石茂华始将固原外城用砖石包砌，故又称“砖包城”，并增设角楼、炮台和东道。至此，固原已成为一座既坚固又具有防御功能的巨大城池。

经过数次扩筑，固原城在明代已成定制，并终明之世，延及清初。当时的山西太原城，与固原城同为内地，也是总制（总督）驻节地，同时也得到大力扩修，城墙的高、厚及其型制与固原城基本相同，两城同为砖包，都有角楼、炮台等。清初地理学家刘献廷在《广阳杂志》中记载，“明三边总督，驻扎固原，军门为天下第一，堂皇如王者。其照墙画麒麟一、凤凰三、虎九，以象一总制、三巡抚、九总兵也”。

清嘉庆十六年（1811 年），陕甘总督那文毅采取以工代赈方式，对固原州城进行整修。清代的固原州城保持明代固原镇城的规制，平面呈“回”字形，双重城墙，内外二城，高大雄伟，颇具特色。内城最早筑于明景泰年间（1450—1456 年），周围 9 里 3 分，高 3 丈 5 尺，有垛口 1 046 座、炮台 18 座，有城门 3 处。外城筑于明弘治年间（1488—1505 年），周围 13 里 7 分，高 3 丈 6 尺，有垛口 1 573 座、炮台 31 座，壕深宽各 2 丈，有城门 4 处。这种格式的城市布局，实为少见，也反映了固原城在军事上的重要地位。20 世纪 70 年代备战期间，固原城墙被拆除，只因固原监狱的设置留存西北角一段城墙和东南的魁星楼（当地人称“财神楼子”）。

图示 · 海城县城池图

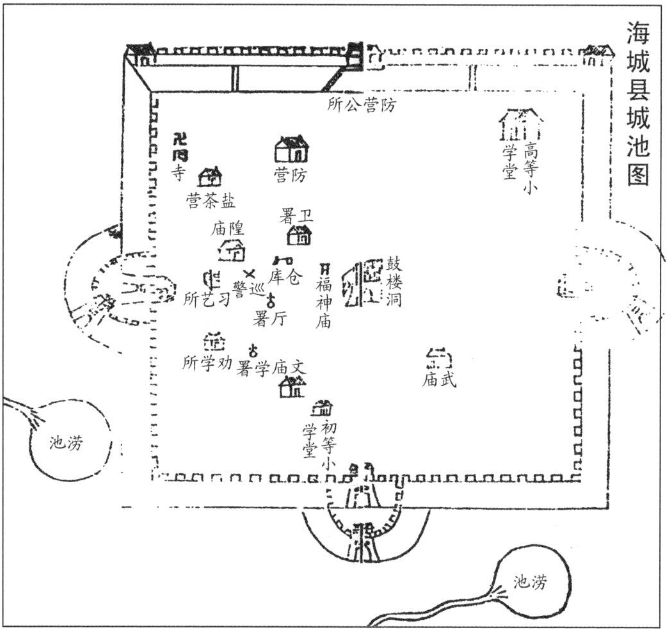

来源：清〔光绪〕《海城县志》。

图解 · 海原县城

今宁夏海原县城，地处南华山下的背山面水要地。元初称“海喇都堡”，意为“美丽的高原城堡”。明代封为楚王牧地，在此设王府承奉司，并将海喇都简称“海城”。清顺治三年（1646 年）置盐茶厅，厅署设在固原州城内，遥控海城。清乾隆十二年（1747 年），甘肃平庆道移驻固原州。次年将设在固原州城内的平凉府盐茶厅署搬迁到海城，专管干盐池盐务，并开始了厅署城池的修建，遂为盐茶厅城。清乾隆十四年（1749 年），盐茶厅署落成，盐茶厅同知正式移居。当时的举人刘统欣然命笔，写了一篇《盐茶厅署落成记》。盐茶厅从开始建置建城到更易建置，以至设海原县，是海原及其附近地区发生历史性转折的一个重要阶段，或者简单地讲，盐茶厅就是海原县的前身。1920 年发生的海原大地震，使海原县城遭到严重破坏，中华民国政府拨款对县城进行了修复。

附记 · 干盐池

干盐池，曾名“碱隈川”，位于今宁夏海原县西部，距离县城 35 公里。这里四周为群山环绕，无出水口，常年汇集雨雪，形成盐湖，盛产青盐、白盐、红盐。干盐池城始建年代不详，宋代称“定戎寨”，驻守重兵。明成化年间（1465—1487 年），佥宪（佥都御史，朝廷特派官员）杨勉在这里掘隍成垒（挖出没水的城壕），移兵镇守。清代，在海城设立一级地方行政机构盐茶厅，专门管辖干盐池盐务。1920 年发生的海原大地震，使干盐池城遭受毁灭性的破坏，这里的盐湖也因此向北整体移动近一公里，至今遗址尚存。

图示 · 硝河城图

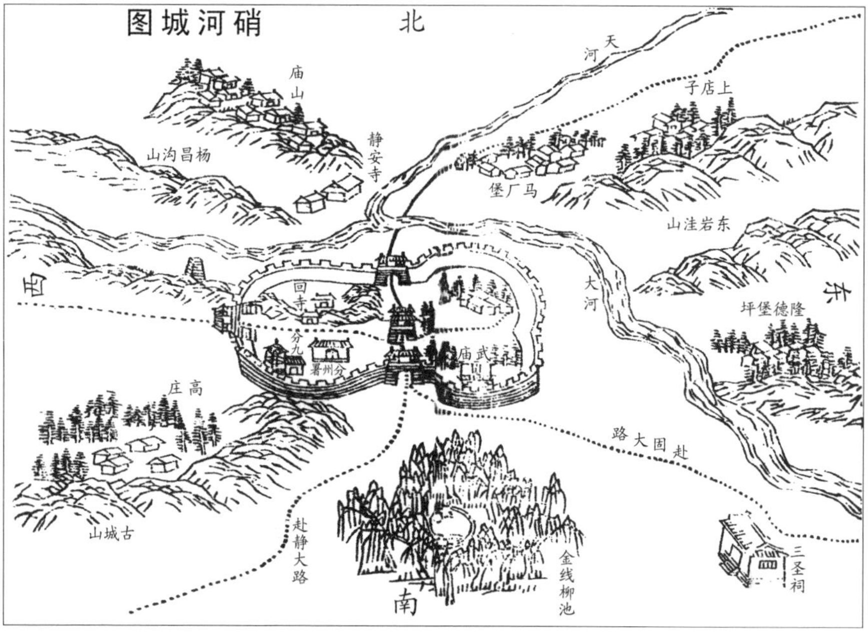

来源：清〔宣统〕《新修固原直隶州志·硝河城志》。

图解 · 硝河城

硝河，今属宁夏西吉县，为回族聚居地。古为要塞重堡，宋金时期为得胜寨。明成化四年（1468年），土达满俊（满四）据石城叛明，于此修筑招贤王府，后成为肃王朱楧牧地行邸。清同治十三年（1874年），陕甘总督左宗棠上书清廷升固原为直隶州，设硝河城分州，在硝河城设分州州判衙署、千总衙署。当时，未修城池，沿用以前城堡，周围约1里8分。开设城门3个，分别称南门、北门和小南门。城西襟山带水，尚称形胜。清光绪三十三年（1907年），对硝河城进行整修。昔日的硝河城“寸土寸金，方圆数千里的商贩、驼队云集此地”。最出名的是“顺治奎”“玉顺和”“万顺银”“玉和老”四大钱庄，这四家钱庄的银票当时在全国流通。今日看到的硝河古城墙上布满了许多小洞，城墙脚下有十余个窑洞，窑洞内还挖有暗道。1936 年 9 月，红一师三团进驻硝河城，成立了苏维埃临时地方政权。同年 10 月 22 日，中国工农红军一方面军、二方面军在将台堡会师，会师前，红二方面军总指挥部就设在硝河城。

附记 · 庙山

庙山位于今宁夏海原县东北部高崖乡境内，清水河西侧，长 6 公里，宽 3—4 公里。北西走向。山顶有篆文印章石刻，曾名印子山。后建寺庙得今名。庙山曾安葬着剿匪时牺牲的革命烈士，数年前将烈士墓搬到牌路山（旧称“牌楼山”，在海原县城东南，属南华山余脉）下，并修建了烈士陵园。中华人民共和国成立初期，同心、海原、固原等地共有土匪 85 股，达数千人之众，他们相互勾结，到处流窜，烧杀抢掠，无恶不作。其中，以马绍武为首的所谓“仁义军”200 多人，盘踞在庙山，自称“小台湾”，公开反共，与人民解放军对抗。针对西北各地匪患严重的情况，中共中央、中央军委作出了坚决剿灭匪特的决策。宁夏省委和省军区在 1949 年 12 月中旬成立了同心、海原、固原剿匪指挥部，全力清剿宁南山区土匪。截至 1950 年 3 月上旬，同心一带的马绍武残匪基本被肃清，至 7 月底，固原山区的 20 多股土匪基本上被肃清。在庙山剿匪战斗中，邵山、杨连生等 23 名解放军指战员英勇牺牲。

图示 · 隆德县城图

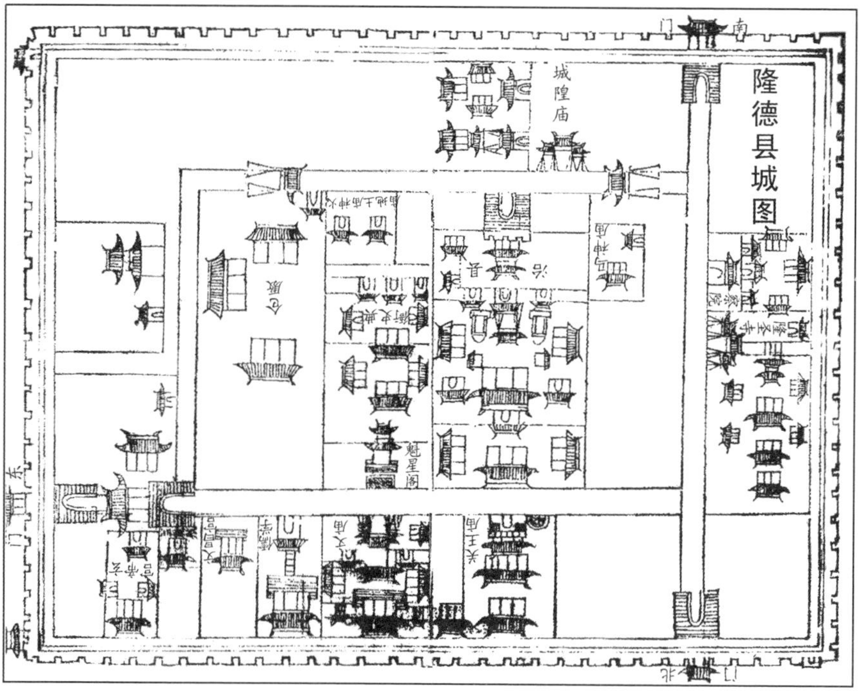

来源：清〔康熙〕《隆德县志》。

图示 · 隆德县城图

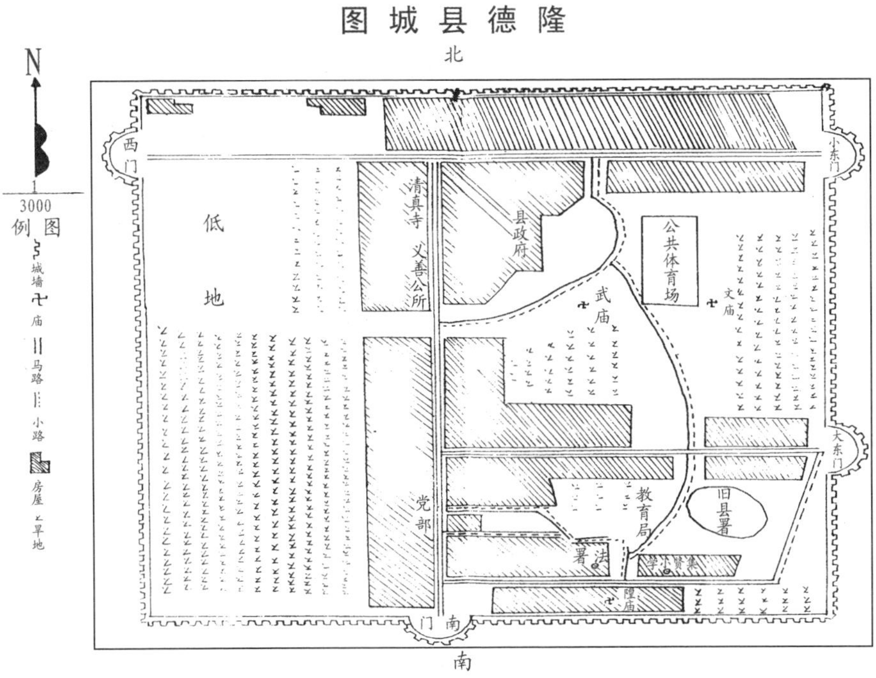

来源：民国《重修隆德县志》。

图解 · 隆德县城

隆德县城（今宁夏固原市隆德县），位于六盘山西5公里的甜水河南岸，这里地势开阔，“坦为兵冲”，为历代兵家用兵之地。1920年遭遇震灾，城墙及门楼全部倒塌。民国十六年（1927年），集资补修，城墙高12米，基宽12.5米，顶宽6米，女墙高1.5米，垛0.4米，城壕宽5米，引水入壕。城开四门，东门“拥翠”、西门“登丰”、南门“挹青”、北门“迎恩”。门洞砖砌拱形，城楼双层飞檐斗拱。明代所砌南墙尚在。城南出土金代《德顺州广济禅寺塔下安葬功德记》碑石及柱石8块。

官署图解

引言

官署，指旧政府机关、军事机关所在地和官员办公场所，因级别与性质不同，也称“府署”“道署”“县署”“府衙”“县衙”等。清代及中华民国时期编修的宁夏地方志书，有绘制的《固原州署图》《朔方道尹公署图》《宁夏镇守使署图》等。从这些官署图看，其共同特点是以中轴线纵深延伸，两侧均匀对称。这种代表地方标志性建筑，保留了传统的官式形制、传统的建筑结构，体现了传统的利用空间和风格，让人感到庄严肃穆、气势雄浑、古朴典雅。

图示 · 朔方道尹公署图

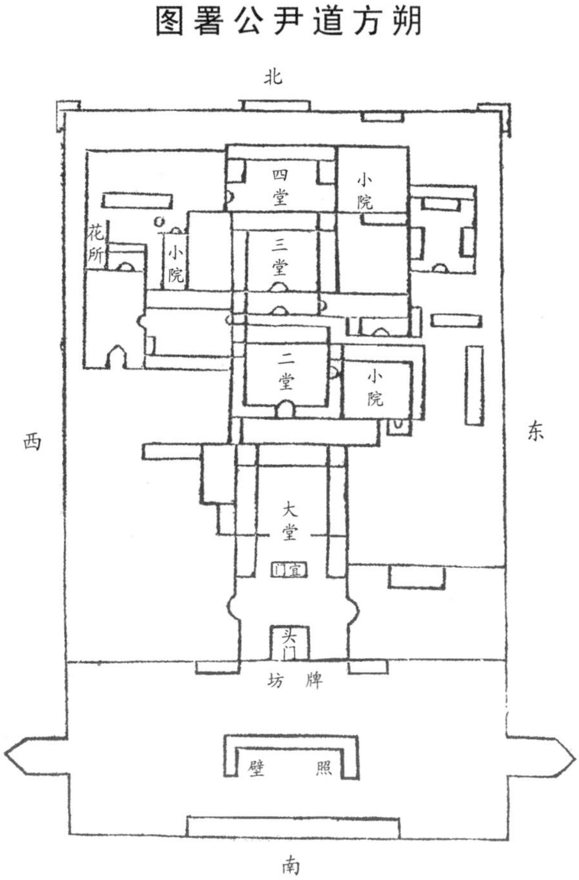

来源：民国《朔方道志》。

图解 · 朔方（宁夏）道尹公署

民国二年（1913年）改清宁夏道为朔方道。朔方（宁夏）道治今宁夏银川市兴庆区，道尹公署位于宁夏城西城猪市街（今宁夏银川市解放西街北侧珠市巷怡园所在地），为当时宁夏最高行政机构。

这个老建筑坐北朝南，长31米、宽21米、高6.5米，全部为砖木结构，灰砖平房，屋顶有女儿墙，全部面积约600平方米。这所平房的所在地最早是明代宁夏都察院、宁夏理刑厅衙署旧址。清代改为甘肃省分巡宁夏道的道台衙门。中华民国建立以后，宁夏道改为朔方道，朔方道署仍驻原址。南京国民政府宁夏省成立后，这里又为宁夏省政府办公场所，并拆除满城部分城墙砖石和部分建筑木料修建起如今的建筑。当时房屋全属砖包墙式建筑，院内有套院、花园，还建有一座能容纳千人左右的木制两层小礼堂。宁夏省政府四周全部用土墙围起，西至今珠市巷，北至今文化街（沙湖宾馆处），东至今进宁北街，南至今解放西街。

1949年9月，银川市解放，这里又先后是新的宁夏省人民政府、宁夏回族自治区人民委员会、甘肃省银川专署、宁夏回族自治区人民政府办公场所。1978年，自治区人民政府迁至今银川解放西街原宁夏农业机械学校校址。2005年9月，自治区人民政府将民国宁夏省政府旧址确定为第三批全区重点文物保护单位。

朔方（宁夏）道尹公署有大堂、二堂、三堂、四堂各5间，还有库房、办公室、客厅、寝室、厨房、茶室、科员办公室、戏楼及宾客宴会、书画卷藏、收发杂务等所40余间。公署前为宜门（官署大门内的正门，亦称“仪门”“桓门”），外为头门、照壁，左右为东西辕门，辕门外各有小池1个，四周柳树成荫。公署内设内务、财政、教育、实业4科和署务秘书室。据民国《朔方道志》记载，朔方（宁夏）道属下设行政事业机构16个（不含各县），分别为唐徕渠局、汉延渠局、大清渠局、惠农渠局、商务会、百货征收局、电报局、邮政局、牲畜税局、茶捐局、烟酒局、皮毛局、包裹局、产盐局、禁烟局等。道尹陈必淮曾主持对道尹公署加以修复，民国九年（1920年）加筑围墙，长60丈，宽40丈，建角亭2座，后墙上建凉亭3间，同时将大门改建为牌楼。

图示 · 宁夏镇守使署图

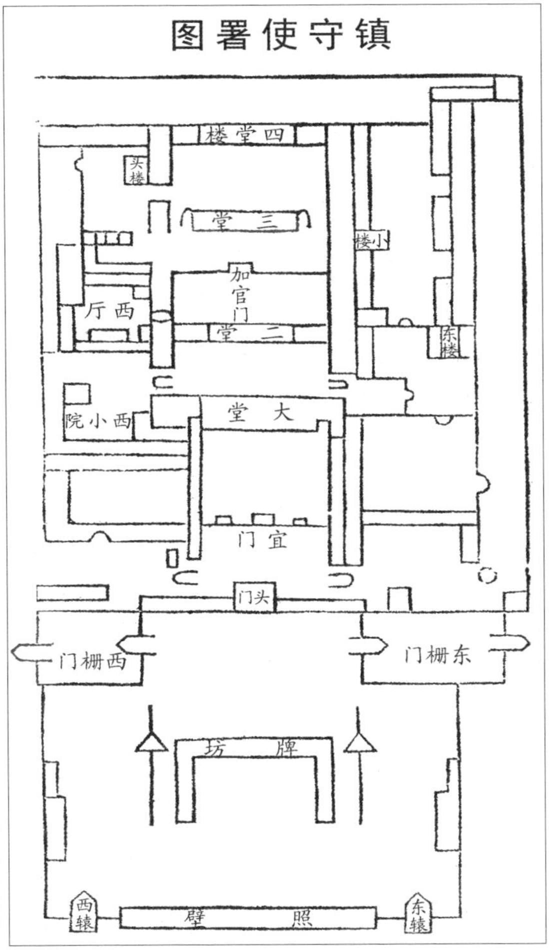

来源：民国《朔方道志》。

图解 · 宁夏镇守使署

北洋政府时期，中央沿袭清代总兵官制，在地方改置镇守使，甘肃设陇东、陇南、河州、甘州、凉州、肃州、甘边宁海、宁夏八大镇守使，通称“甘肃八镇”。北洋政府规定“以青海属甘，以长官事属镇守使”，并任马麒为甘边宁海镇守使兼蒙番宣慰使。镇守使署设于西宁，与青海蒙番宣慰使署合署办公。民国十五年（1926 年），国民军冯玉祥部进入青海，次年 2 月改甘边宁海镇守使为青海护军使。

民国二年（1913 年），将清代设在宁夏府的宁夏总兵官府改为宁夏护军使署。民国七年（1918 年）2 月，宁夏护军使马福祥大兴土木，对宁夏护军使署进行修复扩建，至次年 8 月竣工，耗白银 12 450 余两。民国十年（1921 年），改为宁夏镇守使署，为朔方（宁夏）道最高军事管理机构，位于宁夏城北门大街（今宁夏银川市中山北街）西，即明代宁夏镇帅府所在地。有大堂、二堂、三堂各 5 间，其他用房 30 余间，规模比朔方（宁夏）道尹公署还大。经宁夏护军使马福祥、宁夏镇守使马鸿宾两次扩建，宁夏镇守使署共计有房屋 222 间，其中马福祥在民国二年（1913 年）添筑围墙见方 25 丈，并建角亭。宁夏镇守使署最高长官为护军使，后改镇守使。

图示 · 甘肃第三高等审判检察分厅图

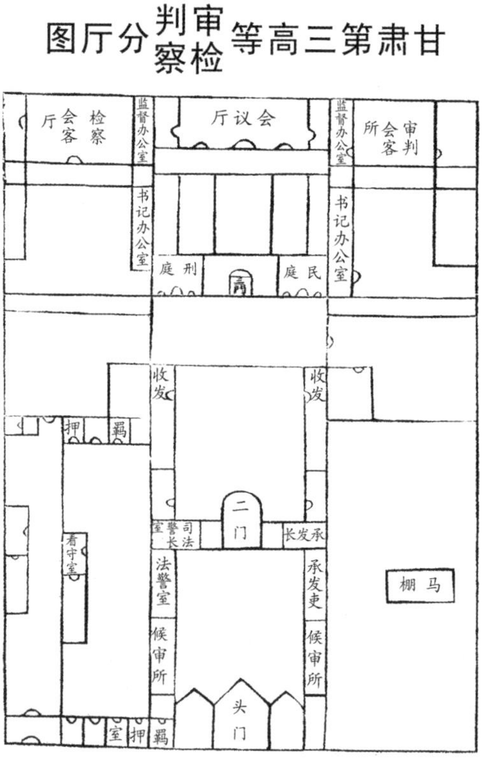

来源：民国《朔方道志》。

图解 · 甘肃第三高等审判检察分厅

甘肃省第三高等审判检察分厅为宁夏道最高司法机构。民国九年（1920 年）由北洋政府司法部派推事褚辛培来宁夏监督筹建，以银川城北柴市街（今宁夏银川市玉皇阁北街南段）原宁朔县旧署改建。分审判、检察 2 厅，共计 3 院。中院上设会议大厅 5 间，中院下建东西走廊 15 间，中间东有民庭两大间，西有刑庭两大间。中院向前东边设审判收发室、承发长室各 2 间，向前西边设检察收发室、司法警长室各 2 间。再向前有二门楼 1 座，东边设承发吏室 3 间、候审室 1 间（大间），西边设法警室 3 间。另外，审判系统还设有审判监督办公室及寝室、推事书记办公室、录事办公室、外房。检察系统也对应设检察监督办公室及寝室、检察书记办公室、侦查室、录事办公室。民国十二年（1923 年），监督检察李学源在大门西边修建了看守所，并建所官室 2 间、夫役室 1 间、厨房 1 间。

图示 · 固原州署图

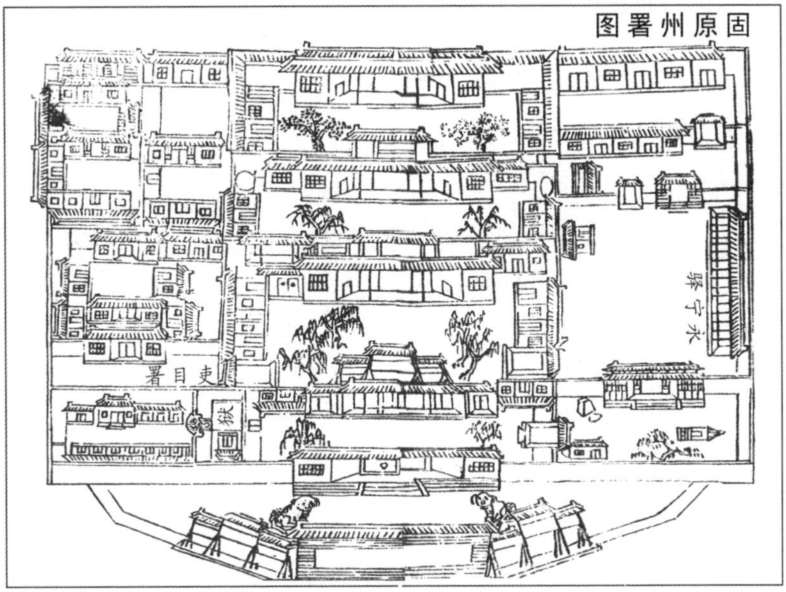

来源：清〔宣统〕《新修固原直隶州志》。

图解 · 固原州署

固原州署最早建于明代，为都指挥使署，清代重修。清代州署东为福神祠，西为狱所，又东为永宁驿，西为吏目署。门堂庭院，仅避风雨，西厅名为补春榭，其对峙者为书斋。在州署东院设习艺所。州署前堂有柳树数十棵，为固原知州王学伊所植。

图示 · 固原提督署图

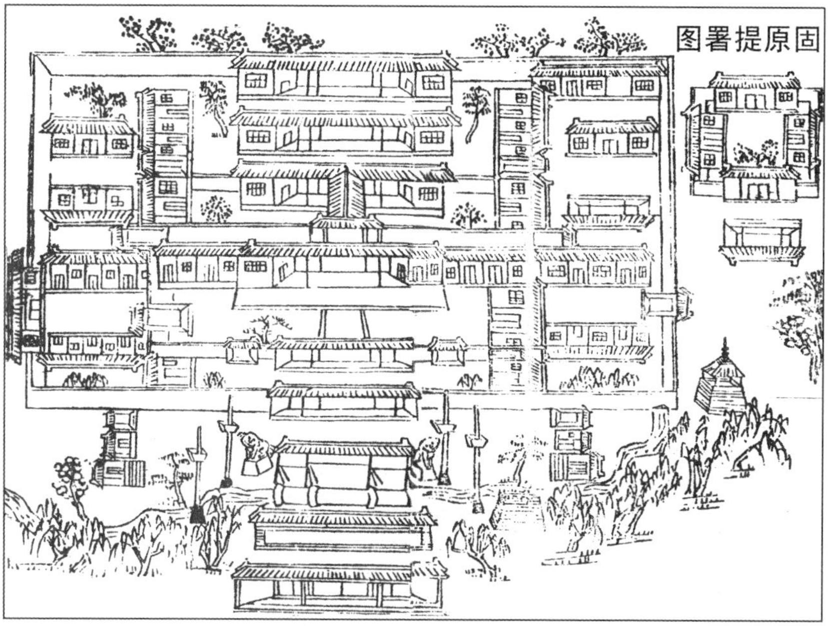

来源:清〔宣统〕《新修固原直隶州志》。

图解 · 固原提督署

固原提督，又称“陕西提督”，是清朝镇抚陕西和甘肃东部地区的军事长官，相当于省级军区司令，官阶从一品，隶属于陕甘总督。原驻节西安，顺治十八年（1661 年）移驻秦州（今甘肃天水）。康熙四年（1665 年）又移驻于固原，直至清末。该提督节制河州（今甘肃临夏）、延绥（驻陕西延安）两镇；直辖提标五营（中营、左营、右营、前营、后营，均驻固原城）、平凉城守营（驻平凉城）及庆阳、靖远、西凤（驻陕西凤翔）、潼关、商州（今陕西商县）、定边（今陕西定边）诸协（营）65 个。固原提督统率的总兵额最多时有 3.5 万多人。固原提督府驻固原州城鼓楼北。固原提标中营设中军参将 1 员，提标左营、右营、前营、后营、城守营各设游击 1 员，各游击下设守备、千总、把总等。乾隆二十四年（1759 年）实行陕甘分治，分设川陕总督和甘肃总督。固原提督由陕、甘二总督共同节制。清嘉庆六年（1801 年）七月，固原提督移驻汉中府，次年七月入驻固原，以防范边陲。民国二年（1913 年）2 月，北洋政府令裁固原提督，改置甘肃省陇东护军使，护军使署驻平凉。

图示 · 固原中营署图

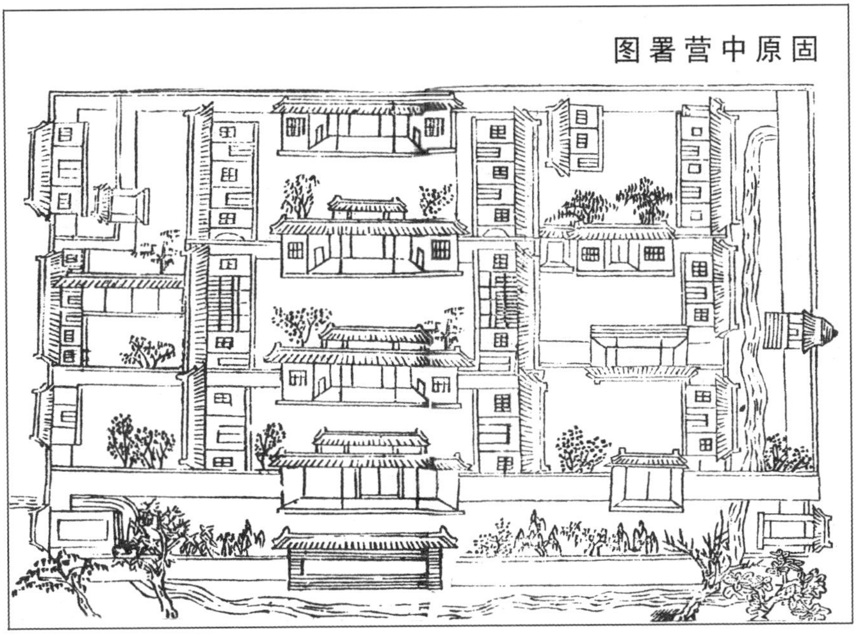

来源：清〔宣统〕《新修固原直隶州志》。

图解·固原中营署

固原中营，即固原提标中营，隶属于固原提督。提标中营设中军参将1员，级别高于固原提督所辖的其他各营，统领着固原提督所辖的主力军队。固原中营署位于固原州城西南角，建于清同治年间（1862—1874年），西侧有水渠一道，引西海子水环流，周围柳树成荫，隙间避有菜畦，堪称一景。在固原提督直辖的提标五营中，中营署规制也大于左营、右营、前营、后营，故〔宣统〕《新修固原直隶州志》只绘制《固原中营署图》。

图示·固原城守营署图

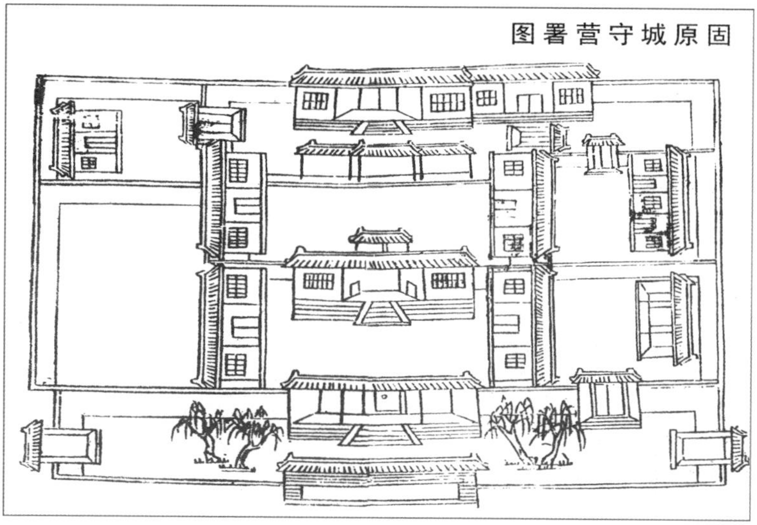

来源：清〔宣统〕《新修固原直隶州志》。

图解·固原城守营署

固原城守营隶属于固原提督，设游击1员，统领守备、千总、把总。固原城守营署位于固原城西南一角，建于清同治年间（1862—1874年）。光绪三十四年（1908年）在营署前后栽植杨柳，数年后依依成阴，亦为一景。

防务图解

引言

大明取代元朝后，在今宁夏北部设宁夏府。但是，元帝室与蒙古贵族残余势力仍盘踞北疆，而且自东向西逐渐形成兀良哈三卫、瓦剌、鞑靼三大集团势力，对新生的明朝政权构成严重威胁。洪武五年（1372年）因暂时无力防守经营宁夏，遂废为空地空城，并迁当地居民于陕西一带。洪武九年（1376年）首创宁夏卫，隶属陕西都指挥使司。建文年间（1399—1402年），边警日益严重。朱棣夺取帝位后，于永乐元年（1403年）命开国功臣、右军都督府左都督何福挂“征虏将军”印，充任宁夏总兵官，镇守宁夏，节制山西、陕西、河南诸军，统一指挥西北全境军事。宣德初年，朝廷又改以镇守宁夏总兵官专挂“征西将军”印，负责宁夏一镇军事，遂成定制。

明正统以后，为了加强对长城全线的管理，防御强大的蒙古贵族鞑靼、瓦剌的扰掠，明王朝在东起鸭绿江、西至嘉峪关的万里边防线上，设立9个防守区，各驻重兵分段防守，统称“九边重镇”。初设辽东、宣府、大同、延绥四镇，继设宁夏、甘肃、蓟州3镇，而太原总兵治所设在偏关，三边总制府驻固原，这样加上偏关、固原2镇，合称“九边”或“九镇”。其中，延绥、宁夏、甘肃、固原4镇，是明朝在西北的四大军事重镇，也是明朝北部防御体系的重要组成部分。

其实，在明永乐二年（1404年）“弃胜州”（今内蒙古东胜）

后，即撤卫弃套，也就是放弃内蒙古河套平原，退守宁夏之后，在失去防御缓冲地带的军事形势下，才提升了宁夏镇的军镇地位。为此，明廷首先采取一系列加强边备措施，建立了一套严密的“镇卫制度”，即总镇—卫—所—屯堡—烽堠体系。

宁夏镇为军事重镇，上隶陕西都指挥使司（后改由陕西三边总制节制），下辖镇城的宁夏卫、宁夏前卫、宁夏左屯卫、宁夏右屯卫、宁夏中屯卫，号为宁夏“内五卫”。后来到嘉靖年间（1522—1566年），随着宁夏镇战略地位的提升和防御体系的完善，又将宁夏镇辖区分为五路，即南路邵刚堡（今宁夏青铜峡市邵岗镇）、北路平虏城（今宁夏平罗县）、中路灵州（今宁夏灵武市）、西路中卫（今宁夏中卫市）、东路后卫（即花马池，今宁夏盐池县），与“内五卫”合称宁夏“五路七卫”，每卫各有5个千户所，千户所下辖若干百户所、总旗和小旗（按明代军事编制，5 600人为卫，1 120人为千户所，112人为百户所，50人为总旗，10人为小旗），外加灵州和兴武营2个守御千户所及宁夏群牧千户所，合计38个千户所。平时，驻宁夏总镇各地官军根据“分地守御”的原则，负责防区内边墙（长城）、城堡、屯堡、烽堠的修筑守备，同时兼有军屯任务。战时，则由宁夏总镇总兵官统一调派，参加战斗。

从军事战略上讲，宁夏镇以“背山面河，四塞险固”而著称。所谓“背山面河”，即指宁夏镇西靠贺兰山，东依黄河水。所谓“四塞险固”，正如明兵部主事许伦在《九边图论·宁夏》中所言，宁夏镇城有“贺兰山环其西北，黄河在东南，险固可守”。进一步讲，明代的宁夏镇，西北以贺兰山为固，东南以黄河为险。再从形胜上分析，在明代的历史长河中，横亘宁夏镇西北的贺兰山和流经宁夏镇东线南北流向的黄河天险在军事上发挥着比前朝更大的作用；从地域上看，宁夏镇还是深入漠北的一个独角，是西北诸镇中处在最北边的边镇，其所在的地理位置本身就显示了在明代西北边备中的军事地位。因此，宁夏镇也“号为重镇”。

清代，宁夏军事战略地位下降，但在宁夏北部增设满营，由宁夏将军统领八旗兵驻防。在宁夏南部先设陕西总督驻固原，节制陕西、甘肃两省。后有陕西提督移驻固原，直至清末。中华民国时期，宁夏同样具有重要的战略地位。

图示 · 宁夏镇河西总图

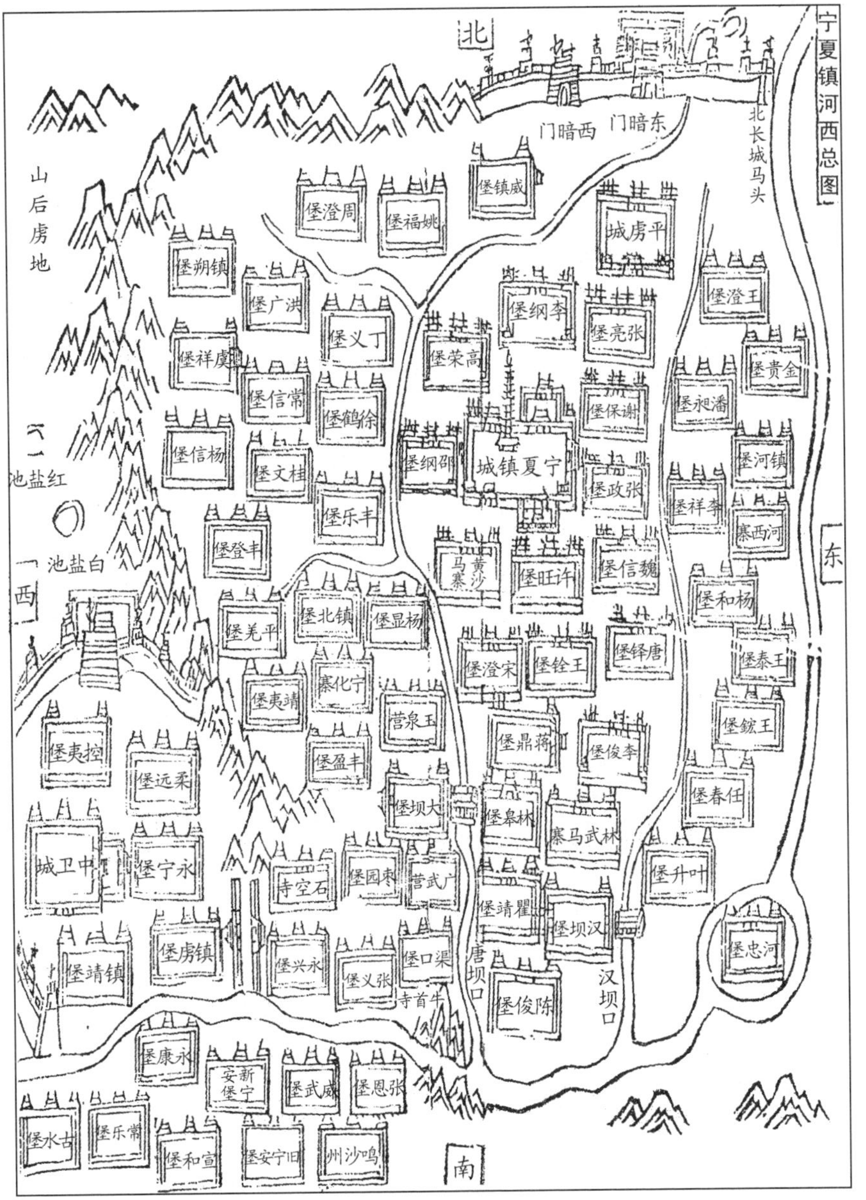

来源：明〔万历〕《朔方新志》、清《增补万历朔方新志》。

图解 · 宁夏镇河西

明弘治十七年（1504 年）设宁夏河西兵粮道，为明廷设在地方的监察机构，专收粮斛，兼管水利，嘉靖时（1522—1566 年）又兼管盐池，并承担兵备灵州职能。万历年间（1573—1619 年）又兼管军政事务。兵粮道官员一般由副使或佥事充任。

图示 · 宁夏镇河东总图

来源：明〔万历〕《朔方新志》、清《增补万历朔方新志》。

图解 · 宁夏镇河东

明隆庆元年（1567 年），总督王崇古以花马池地属延绥、宁夏两镇之间，地方辽阔，战略地位重要为由，奏设宁夏河东兵备道，以整饬兵防，管辖宁夏镇、延绥镇各 9 个堡寨。因宁夏河东战略地位更为重要，河东兵备道官员初由宪司大臣充任，后改为太仆寺少卿，驻灵州。后来，河东兵备道又兼管长城兵防，遂由灵州移驻花马池。万历四十八年（1620 年）、泰昌元年（1620 年），张九德“以按察副使饬河东兵备”，即“以按察副使受事”，被任命为宁夏督储河东道，兼摄灵州学政，筑灵州河堤使明灵州“新城”免受黄河水泛滥淹没，保住明灵州城，造福灵州人民。《宁夏大学学报》2011 年第 3 期发表白述礼教授《大明宁夏督储河东道工部尚书张九德》论文，可供读者参考。张九德可谓治理宁夏黄河的一位杰出代表。

图示 · 宁夏镇南路图

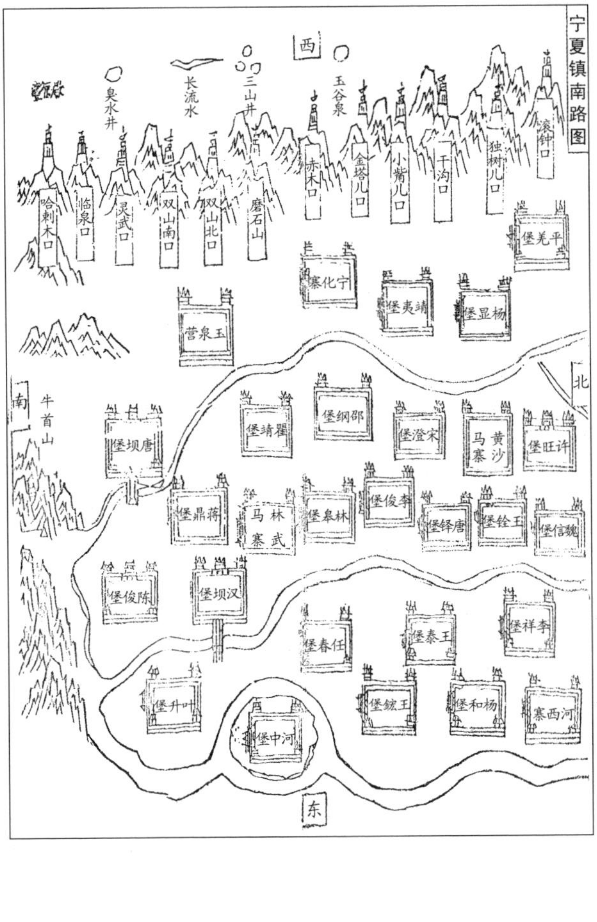

来源：明（万历）《朔方新志》、清《增补万历朔方新志》。

图解 · 宁夏镇南路

宁夏镇南路，又称“南路邵刚”。自平羌堡（今宁夏银川市西夏区平吉堡村）北境，向南至大坝堡（今宁夏青铜峡市大坝村），宁夏镇城以南各堡寨皆属南路。南路守备驻邵刚堡。邵刚堡驻军 500 名，有军马 500 匹。南路守备还直领玉泉营，设把总 1 名，驻旗军 200 名。邵刚堡位于今宁夏青铜峡市邵岗镇。明洪武初年设堡，以守堡军官邵刚名字命名，开有东门，上建振武楼。建有永寿塔。明正德五年（1510 年），总制、右都御使杨一清奏设守备。

玉泉营位于今宁夏青铜峡市邵岗镇营桥村。明万历十五年（1587 年）筑城，周围 3 里。其地居唐徕渠西，北近宁夏镇，地势平旷，设官军仓场。营城遗址尚存。

附记 · 赤木口

赤木口，又称“三关口”，因内设三道关口而得名，位于贺兰山中部，东北距银川市约 40 公里，系贺兰山最大关隘。明嘉靖十八年（1539 年）冬，由宁夏巡抚杨守礼奏请修筑。今银巴高速公路、307 国道由三关口而过。

赤木口内设三道关口，头道关为主关，夯土起墙，南北关墙与西长城主体城墙相连接。过头道关向西约 2.5 公里即为第二道关，今仅关口南侧的山头上残存一座夯土墩台。过二道关继续向西，山谷渐趋狭窄，约 2.5 公里后即为第三道关，这里两壁相夹一道，一水中分，山险壁峭，颇有“一夫当关，万夫莫开”之势。

因头道关处于“缓口可容百马”的开阔地方，就在关口两侧拐弯处各筑一坐跨墙方墩台，高出墙面 2 米，顶部见方 3 米。第二道关口南侧也在一处 20 多米高的山头上设有墩台，见方 11 米，高 8 米。

赤木关是建关时官方的命名。赤木是一种中药材，赤木关可能因这一带盛产赤木而命名。

附记 · 牛首山

牛首山，位于今宁夏吴忠市青铜峡市南20公里处的黄河东岸，介于银吴平原和卫宁平原之间，主脉南北走向，长约29公里，宽约9公里。牛首山，古名“望云山”“黛黛岭”，北魏之前也曾称“艾山”，北魏时称“青山”，唐代称“硖石”“回乐峰”，亦称“大石山”，宋（西夏）时称“峡口山”，明代称“金积山”，清初又叫“紫金山”。民间因其主峰小西天（文华峰）和大西天（武英峰）南北耸峙，宛若牛首犄角，故名“牛首山”。有专家考证，牛首山名称是由西夏牛首寺演化而来的，在清初还是个俗名，到乾隆年间（1736—1795年）才在县志中列为山名。牛首山的古寺庙群，初建于唐代以前，分“西寺”和“东寺”两部分，是宁夏境内建筑规模最大的古寺庙群，古为朔方名刹。

近年，有关学者将牛首山与《山海经》中记载的上古圣岳“不周山”联系起来。不周山的具体方位，历代学者众说纷纭，有人认为是巴颜喀拉山，有人认为是昆仑山，有人认为是祁连山，有人则推测是贺兰山。

附记 · 瞿靖堡

瞿靖堡位于今宁夏青铜峡市瞿靖镇。明洪武初（1368年）设堡，以守堡军官瞿靖名字命名。原堡南北长280米，东西宽220米，四面设城门5处，堡内设官军仓场，堡南有永寿塔。

附记 · 汉坝堡

汉坝堡，明洪武九年（1376年）修筑。汉坝，即小坝，其命名与汉延渠水利设施有关。中华民国时期，宁朔县最后移驻治小坝。

附记 · 林武马寨

林武马寨，又名“马站堡”。明嘉靖年间（1522—1566年）增设。嘉靖四十年（1561 年）于此设军马站，因名马站，俗名“马寨”。

附记 · 叶升堡

叶升堡，位于今宁夏青铜峡市叶盛镇。明洪武九年（1376 年）修筑，因副将叶升之姓名而命名。

图示 · 宁夏镇北路图

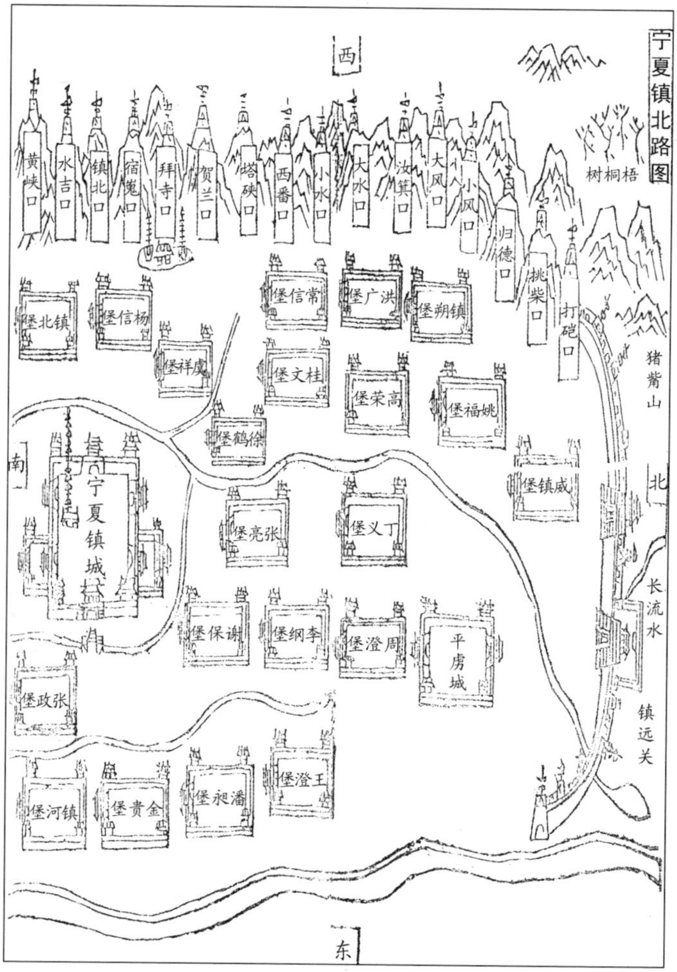

来源：明〔万历〕《朔方新志》、清《增补万历朔方新志》。

图解 · 宁夏镇北路

宁夏镇北路，又称“北路平虏”。由横城堡北境，西达镇北堡南界（今宁夏贺兰县西）。明正德五年（1510年），总制、右都御史杨一清奏设守备，驻平虏城。宁夏镇城以北各堡寨皆属北路。北路参将驻平虏城。北路守备直领威镇堡，设把总，驻旗军。在北路防区，长城跨黄河向北绕了一个大弧形。

威镇堡有二：旧威镇堡始建于明初，堡址在今宁夏平罗县城西北“北门关墙”以北约3公里处，堡名因地名得名。明嘉靖九年（1530年）在边墙以南、今宁夏平罗县城西北7.5公里处重建威镇堡，遗址东西长300米，南北宽250米。堡墙“高约二丈，宽丈余”，顶部砌女儿墙，堡四角均建有墩台。明代驻军丁157名，驻马兵57名。清代驻马、步守兵80名，设有官军仓场。

附记 · 镇远关

镇远关建于明初，古人称其为宁夏“北境极要之地”。镇远，即“镇守边远”之意。镇远关位于“平虏城（今宁夏平罗县）北八十里”，为明代宁夏四条“御敌之路”之一。这里需要说明的是，镇远关与贺兰山镇远关口（今称“正谊关沟口”）是两个地名、两个地方。镇远关是明初建在贺兰山与黄河之间的一座关塞，其旧址有待进一步考证。镇远关口是贺兰山地靠近镇远关的一个山口。随着镇远关的废弃，遗迹的消失，贺兰山镇远关口就被后人误称为镇远关了。

附记 · 打硙口

打硙口，今宁夏大武口，是明代修建的西长城与北长城相接的重要关口。硙，音 wèi，意为石磨。打硙口为沟谷名，就是“打凿石磨的山口”。

“大武口”在明代史籍中被称为“打硙口”，此后的文献资料中还出现过“大硙口”“达武口”等名称。民国三十二年（1943年），宁夏省建设厅厅长李翰园至此，认为“打硙口”名称不雅，遂改名为“大武口”。1973年设立石嘴山市大武口区，“大武口”因山口名而沿用为行政区划名。1975年改大武口区为第一区，1981年复名大武口区，为宁夏石嘴山市政府驻地。

附记 · 镇北堡

镇北堡，始建于明弘治十三年（1500年），由宁夏巡抚、都御使王珣委派都指挥郑玘主持修筑。因该城堡居贺兰山东麓南北之要冲，扼镇北口、拜寺口、苏峪口、贺兰口之咽喉，又西距贺兰山镇北口5公里，成为宁夏镇城的西北门户，故名“镇北堡”。

清乾隆三年十一月二十四日（1739年1月3日）发生大地震，镇北堡被毁。乾隆五年（1740年），清廷拨款，废弃旧堡，在旧堡东北方向200米处重建新堡，今天看到的两个城堡，人们习惯称“明堡”和“清堡”，“明堡”就是震后的残基。

从“明堡”残基看，明代修筑的镇北堡由黄土夯筑，呈长方形，长175米，宽165米，残高1—3米，基宽5米，其规模略大于“清堡”。明代在镇北堡置操守，驻军防守，并设官军仓场。

清代新建的镇北堡，内设把总署、火药库、粮仓。堡外还有校场。“清堡”也由黄土夯筑，东西长170米，南北宽150米。城墙残高10米，基宽11.7米，顶宽5米，女墙高1.8米。城门面东。瓮城呈半圆形，直径40米，瓮城南向，砖砌门洞宽3.7米，进深7米。城墙上有硬山式门楼，高约3.5米。墙上筑堞墙垛口，堞墙高1.8米。城墙四角设角楼。

因镇北堡所处的特殊地理位置，其具有一定的开发利用价值。清代中后期，“因河套与厄鲁特诸部面内输诚”，即开通贺兰山赤木口（三关口）、黄峡口、宿嵬口（苏峪口）3个通道，准许阿拉善蒙古族牧民凭腰牌随时进入，与宁夏民众交易，于是镇北堡就成了蒙古族牧民由苏峪口进入宁夏的首站和交易市场。同时，那时的贺兰山所产的木材、煤炭运转，镇北堡都是必经之地。因此，镇北堡既是驻军重地，又是物资集散之地，也是商旅驻足之处。民国二十八年（1939 年），国民政府拨专款在镇北堡设宁夏畜牧总场，场界西至贺兰山与阿拉善旗交界处，东至新开渠，南到平吉堡黄羊滩，北到镇朔堡，在境内划分出以平吉堡为中心的养牛基地、以高家闸为中心的养马基地、以镇北堡为中心的养羊基地。民国三十一年（1942 年），宁夏牲畜总场更名为十一军军马场，至宁夏解放后由兰州军区接管。1992 年，已故宁夏著名作家张贤亮在镇北堡创建的镇北堡西部影城，已享誉全国，成为宁夏主要旅游景区之一。

附记 · 洪广堡

洪广堡，位于今宁夏贺兰县洪广镇洪广村，平面呈方形，边长 270 米。始建年代不详，明嘉靖十九年（1540 年）已筑，为宁夏右屯卫所领 18 个屯堡之一。明万历三十三年（1605 年），巡抚黄嘉善主持向西北扩展 164 丈，开挖城池深 1 丈，宽 2 丈，并在此设游击署。清乾隆三年十一月二十四日（1739 年 1 月 3 日）因地震被毁，至乾隆五年（1740 年）重修完工，城周围 2 里 6 分，高 2 丈 4 尺，址宽亦 2 丈 4 尺，顶宽 1 丈 5 尺。墙以黄土夯筑。今东北侧城墙残高 7 米，基宽 11 米，西南侧城墙残高约 2 米，坍毁严重，东南侧城墙已消失，西北侧城墙剩余百米保存完好。原城四角各有一座角台，并建敌楼 3 座。南墙辟门，门额嵌“宁塞”匾额。明代在洪广营设有官军仓场。清代设有教场，东西长 125 丈，南北宽 85 丈。清道光年间（1821—1850 年）又建演武厅，计房 21 间。另有旗台 1 座、照壁 1 座。

附记 · 镇朔堡

镇朔堡位于镇北堡北 15 公里处，今属宁夏贺兰县。始建于明初，堡名因地名而得。遗址东西长 250 米，南北宽 200 米。该墙“高约二丈余，宽丈余”，顶部砌女儿墙。堡门向南开，并建有门楼，堡墙四角建有墩台。明洪武二十五年（1392 年）隶宁夏右屯卫，后属平虏守御千户所。嘉靖十二年（1533 年），驻军 200 名，设把总 1 员、守堡官 1 员。万历年间（1573—1619 年）置操守。堡内建有仓场、庙宇等。

图示 · 宁夏镇中路图

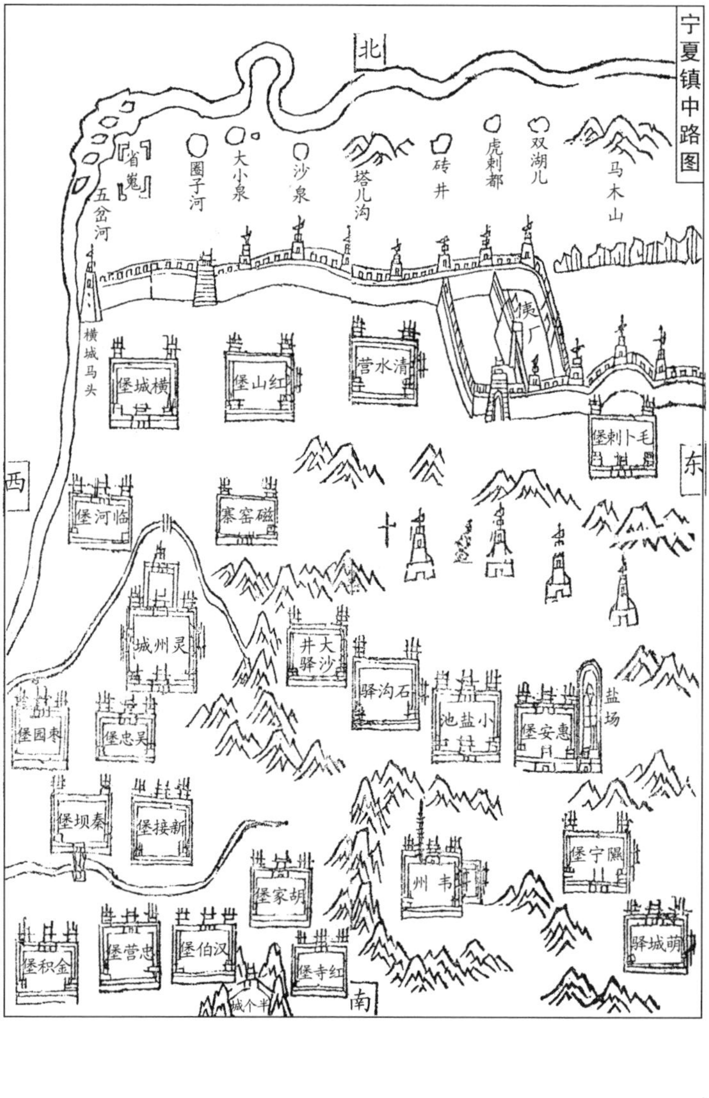

来源：明《万历》《朔方新志》、清《增补万历朔方新志》。

图解 · 宁夏镇中路

宁夏镇中路，又称“中路灵州”。东南自清水营城(今宁夏灵武市磁窑堡镇清水营村)东境与东路接界起，西北至横城堡黄河东岸。中路参将、守备驻灵州，分守枣园堡（今属宁夏吴忠市利通区古城镇）、吴忠堡、惠安堡、汉伯渠堡、金积堡、秦坝关堡、夏家堡、河东关堡、红崖站堡、半个城、马家园、胡家堡等13个屯堡及38个烽堠。

附记 · 横城堡

横城堡，位于今宁夏灵武市北35公里处。西濒黄河，北靠明长城，南距横城古渡2公里，与银川相距10余公里。明正德二年（1507年），右都御史杨一清负责修筑，周围一里许。之后，巡抚杨时宁负责包裹砖石。清乾隆三年遭地震损坏严重。乾隆六年（1741年）拨银3 335两重新维修。残址呈正方形，边长280米，墙体外层砖包，基宽7米，顶宽4米，残高3.5米。城南墙附设瓮城，开砖券拱形城门，门洞深14.5米，高、宽各4米。明代驻兵防守，为灵州屏障。清代亦驻军设防。今砖被拆除，其余保护完好。

附记 · 红山堡

红山堡，位于今宁夏灵武市东北35公里处。北倚长城，西距横城堡10公里，东距清水营25公里。明正德六年（1511年），都指挥使史镛主持修筑。残址呈正方形，黄土夯筑，边长200米，底宽7米，顶宽4米，高8米，面东开城门一道。有瓮城，门向东开，为砖券拱形，门洞深6米，宽3.3米，高3.3米。瓮城长30米，宽20米。今仅存残墟，部分砖石墙基保存完好，房屋形制尚可辨认。红山堡有处藏兵洞，不仅可以藏兵，而且洞道里还存有大量的物品，有专家清理出百余件文物，包括兵器、瓷器、火药原料以及粮食等。据专家推测，藏兵洞内清理出的兵器可能为明代宁夏镇城“杂造局”所造。清理出的9枚古代钱币，均为年号钱，年代最近的一枚是清代的“顺治通宝”，说明在清顺治年间（1644—1661年）藏兵洞及相邻的红山堡还有人居住。又据清乾隆《宁夏府志》记载，在清乾隆年间（1736—1795年），红山堡还驻有守兵。

附记 · 清水营

清水营，位于今宁夏灵武市东北38公里处，因坐落在清水河西南边，因河得名。明代以前，为“周长一里”的小城。明弘治十三年（1500年），都御使王珣“拓其城周围二里”，之后以砖石包裹。残址基宽14米，顶宽6米，高9米，有一东门，外有瓮城，长36米，宽18米，门向南开，门洞深7.8米，高3.5米，宽3.5米，瓮城上有城楼痕迹，长22米，宽7米。20世纪80年代初，保存较完整，后砖石被拆，成为废墟。

附记 · 磁窑堡

磁窑堡，又名“磁窑寨”，位于今宁夏灵武市境内。建于明代，开南门，城墙残址呈脊状，东部高2米，西部、北部高约1.5米。因此地盛产陶瓷而得名。

附记 · 吴忠堡

吴忠堡，位于今宁夏吴忠市利通区。筑堡年代无考，大约在明弘治十四年（1501 年）已有“吴忠堡”一名出现于史册，是以当时驻防军官吴忠的名字命名，大体北界今宁夏吴忠市区裕民西路，南临胜利西街，西靠西湖小区，东接街心公园，呈正方形。清同治八年（1869 年）战毁。光绪十年（1884 年）重修，以土夯筑城墙。“底宽八尺，高丈余。城堡分设六门，东、西各一门，南、北各二门。民国末，仍见北部土墙残垣。”

附记 · 石沟驿

石沟驿，位于今宁夏灵武市东南 50 公里处。原有古城 1 座，周围 300 步。明弘治十三年（1500 年），都御史王珣“拓其城周围二里，开一南门”。残址东西长 460 米，南北宽 300 米，墙体黄土夯筑，基宽 7 米，顶宽 3 米，残高 8 米。城内距北墙 50 米处有一与北墙平行的内墙，略高于外墙，今有墙体除了西部 150 米左右的一段保存较好外，其余部分多塌毁，埋于流沙。瓮城被毁，只有城楼楼台遗存。明代，石沟驿既属屯军堡寨，也属宁夏通往关中的驿站之一。

附记 · 惠安堡

明嘉靖年间（1522—1566 年），为了加强对蒙古贵族的防备，并加强对这里盐湖的管理，由巡抚黄嘉善主持特在盐湖东筑城一处，名为“惠安堡”，位于今宁夏盐池县惠安堡镇老盐池城南 7.5 公里处。此城堡以砖石包砌，周长 2 里 4 分，高 3 丈，址厚 2 丈 5 尺，顶厚 1 丈 5 尺。开门 2 道，设门楼 2 座，建南北敌台 3 座。明巡抚崔景荣奏设盐捕通判驻惠安堡，延至清代。

附记 · 萌城

萌城，位于盐池县惠安堡镇东南部，与甘肃环县的甜水堡交界。萌城位于甜水堡、惠安堡之间，始建于明代，堡城四周山大沟深，地势险峻，是烽燧相连的重要城池。萌城还是明代南通关中的重要驿站，曾设驿站、递运所、批验盐引站等机构。萌城距离山城堡七八十里路程。1936 年 11 月 17 日，红四军、红三十一军与国民党军发生的萌城战斗拉开了山城堡战役的序幕，为保证红军在山城堡集中力量聚歼国民党部队创造了必要的条件。

附记 · 隰宁堡

隰宁堡，位于今宁夏盐池县惠安堡镇南 10 公里处。明成化年间（1465—1487 年），巡抚徐廷章主持修筑。“周围一里许”。弘治十三年（1500 年），都御使王珣“拓为二里许，开南门”。今尚存“凸”字形土筑残垣。

附记 · 小盐池

小盐池，今名“老盐池”，位于今宁夏盐池县西 100 公里处惠安堡镇。明代以前既有旧城，“周围一里”。明弘治十三年（1500 年），“巡抚王珣拓为二里”。正德四年（1509 年），“都御史王时中拓为四里，开南、北二门”。古城东城较西城塌毁严重，仅存土脊。

图示 · 宁夏镇西路图

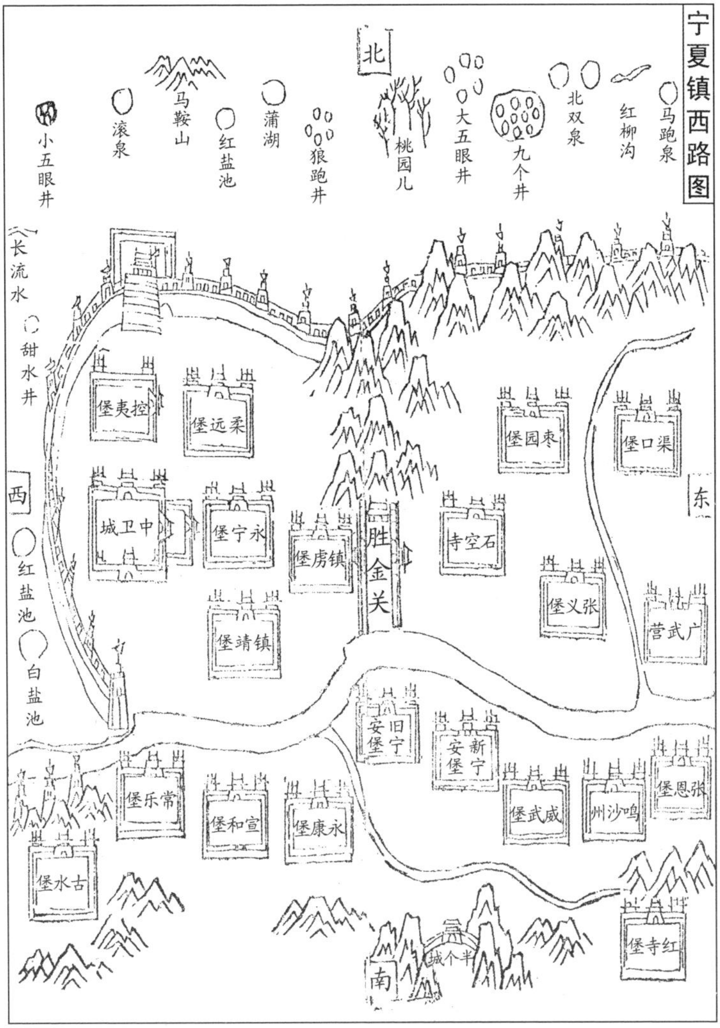

来源：明〔万历〕《朔方新志》、清《增补万历朔方新志》。

图解 · 宁夏镇西路

宁夏镇西路，又称“西路中卫”“宁夏中卫”。东起广武营北界，西至中卫西南喜鹊沟。明永乐元年（1403 年）创建，为河西军事重镇。西路参将驻中卫城，分守柔远、镇靖、永康、宣和、宁安、威武、石空寺、枣园、常乐、镇虏各堡和新宁安堡等 11 个屯堡。嘉靖年间（1522—1566 年）领 5 个千户所、50 个百户所，以及威武堡、常乐堡、控夷堡、古水井堡等 13 个屯堡，又领烽堠 75 个，驻军 6 200 多名，有马 2 400 匹。西路东依青铜峡、牛首山，南靠香山，又北背边墙，南面黄河，西据沙山，属边陲要路。西路守备直领鸣沙州城，驻军 400 名，有马 50 多匹。

明正统九年（1444 年），巡抚、都御史金濂以“西路适中，平衍无据，兵欠联络”为由，奏请始筑广武营城，设守备防守。成化五年（1469 年）改守备为协同，领张恩、张义、枣园、渠口墩 4 堡，分守西路。

鸣沙位于今宁夏中宁县鸣沙镇。北魏置鸣沙县，并设黄河通航码头。此处西枕黄河，人马行经，随路有声，异于余沙，故号“鸣沙”。北周保定二年（562 年）置会州。北周建德六年（577 年）废州设鸣沙镇。隋开皇十九年（599 年）复立鸣沙县。唐因之，属灵州。北宋废县存镇。元置鸣沙州。明正统九年（1444 年）重修，周围 3 里 7 分，高 3 丈 2 尺，开南、北二门。明末清初，黄河河道南移，州城崩塌，城址南移。明代设置校场。

历史上，鸣沙城曾是北魏会州、环州、鸣沙县，以及西魏鸣沙县、隋代鸣沙县、唐代环州及西会州、元代鸣沙州的所在地。

附记 · 胜金关

胜金关，位于今宁夏中卫市区东约 25 公里与中宁县分界处，属中卫市沙坡头区镇罗镇。北面山峦起伏，沙丘纵横。南面滔滔黄河，蜿蜒东下。胜金关是贺兰山南端的主要道口，是明长城的重要关隘，与打硙口、三关口和镇远关合称为宁夏“城防四隘”。明弘治六年（1493 年）由西路中卫参将韩玉修筑，辖步骑兵多达 7 641 名。万历四十一年（1613 年）重修。清代置分守参将率兵防守。毁于清同治四年（1865 年）。胜金关城堡约 60 米见方，城墙残高 13—14 米。后世的许多战事就发生在这里，验证了此道雄关的军事地位。

附记 · 石空寺堡

明万历十三年（1585年）修筑石空城，设守备驻防，沿至清代。城周围508丈。清乾隆四年（1739年）重修南门，建城楼、月城。全城有城楼3座，角楼4座，炮台2座。

附记 · 镇虏堡

镇虏堡，位于今中卫市境内。明弘治元年（1488年）修筑，有南门1座，并设月城。有城楼3座，角楼3座，炮台2座。明、清设把总防守。原名镇虏，清改称"镇卤"，后改称"镇罗"。

附记 · 枣园堡

枣园堡，位于今宁夏中宁县境内。明弘治元年（1488年）修筑。清乾隆四年（1739年）重修。设南门1座，并建月城。明代设操守，清代设把总。

附记 · 红寺堡

红寺堡之名，见于明代。明正德二年（1507年）建堡，位于今宁夏吴忠市红寺堡区新庄集乡旧寺堡子村。嘉靖十六年（1537年）废弃旧堡，重建新堡（位于今宁夏吴忠市红寺堡区红寺堡镇团结村），嘉靖四十年（1561年）毁于地震。有一种说法是这一带以前有一处红富寺，简称"红寺"，约建于隋唐时期，原址位于今宁夏吴忠市红寺堡区红寺堡镇红海村。明代最早就是在“红寺”这个地方建堡，并取名为“红寺堡”。

如今的红寺堡是国家大型水利枢纽工程——宁夏扶贫扬黄灌溉工程（“1236”工程）的主战场，是全国最大的生态扶贫移民集中区。1998 年 9 月，中共宁夏回族自治区委员会决定设立红寺堡开发区管理委员会，为自治区政府派出机构，行使县级政府职能。1999 年 1 月正式成立红寺堡开发区。2009 年 9 月 30 日，国务院批复设立吴忠市红寺堡区，区人民政府驻红寺堡镇。2010 年，宁夏回族自治区人民政府先后批复同意调整红寺堡区与相邻县区的行政区划，将同心县韦州镇巴庄、塘坊梁两村及甘沟村部分地域（韦州河东岸），盐池县惠安堡镇 211 高速公路—211 国道以西地域，将吴忠市利通区南部自滚泉起沿滚泉—孙家滩公路向东，经芨芨沟、大白驿子沟至利通区—灵武市界线以南地域，灵武市白土岗乡南部，自灵武市—利通区界线附近向正东方向至 211 高速公路以南，划归红寺堡区。调整后的红寺堡区位于烟筒山、大罗山和牛首山之间，东临盐池，西接中宁，南起同心，北连灵武、吴忠市利通区，东西长约 80 公里，南北宽约 40 公里，区域面积 2 767 平方公里。截至 2015 年，红寺堡区辖 2 镇（红寺堡镇、太阳山镇）、3 乡（柳泉乡、新庄集乡、大河乡），总人口 179 390 人，其中回族占总人口的 61%。

图示 · 宁夏镇东路图

来源：明〔万历〕《朔方新志》、清《增补万历朔方新志》。

图解 · 宁夏镇东路

宁夏镇东路，又称“东路后卫”“宁夏后卫”。明成化十五年（1479年），在首次修筑“河东墙”（民间称“二道边”）时，置花马池守御千户所。这个千户所设在后来弃之塞外的花马池营旧城。明弘治十五年（1502年），巡抚、都御史韩文奏请复置花马池守御千户所。正德二年（1507年），总制、右都御史杨一清奏改花马池守御千户所为宁夏后卫，驻花马池城，设副总兵、分守参将，领宁夏镇城黄河以东灵州、横城、清水、毛卜刺、兴武、红山、永清、安定、高平、柳杨堡、铁柱泉堡、野狐井堡等堡寨，辖地北自花马池营城东界，西至毛卜剌堡西境（今宁夏灵武市东北宝塔），东至定边营界，南至宁夏中路，约为今盐池县全部和灵武、同心县大部分地区。宁夏后卫战略地位重要，有“平固门户，环庆襟喉”或“灵夏肘腋，环庆襟喉”的重要作用。嘉靖年间（1522—1566 年），曾议将指挥延绥、宁夏、甘肃、固原西北四镇长城防御的陕西三边总制府移驻花马池，可见其军事地位之重要。

明正统九年（1444 年），巡抚都御史金濂奏请利用“半个城”旧基筑兴武营城，设守备防守。成化五年（1469 年）改守备为协同，分守东路。正德二年（1507 年），花马池守御千户所提升为宁夏后卫后，将兴武营协同改为兴武营守御千户所，仍设协同，领毛卜剌及 21 个烽堠，分守宁夏东路。

今宁夏盐池县境内众多的边墙、城堡、烽燧遗迹，大都为明代建筑，是因为这里是明代北部重要的边防要地，因为这一带无高山大河，整个地形相对辽阔平坦，无险可守。敌骑一旦突破宁夏东路防线，向南可直驱环县、庆阳，直向关中，向西南可向固原、平凉，威胁关中，由此，宁夏后卫实属“关中要冲”。

附记 · 东长城

东长城，一般指明代修筑的“头道边”，由陕西定边进入宁夏盐池，向西抵黄河边的灵武横城。明代在今宁夏盐池境内曾 3 次修筑长城：第一次，明成化十年（1474 年）；第二次，明弘治十五年至正德元年（1502—1506 年）；第三次，明嘉靖十年（1531 年）春三月，总制陕西三边军务的兵部尚书兼都御史王琼主持兴建长城，王琼命按察副使齐之鸾、佥事张大用“领其事”。齐之鸾负责主修花马池以西至横城堡的“深沟高垒”长城工程。全部工程至当年“秋九月告竣”，总长度为 186 公里。

附记·战台

战台，为长城沿线军事设施，位于今宁夏盐池县境内明代长城“头道边”内侧安定堡与英雄堡之间，是由相距1公里，民间称为四步、六步、七步、八步战台组成的战台群，也是中国长城沿线上唯一一处战台群，修建于明代隆庆、万历年间（1567—1619年）。其中，八步战台最为著名，位于“头道边”内侧15米处，四周有坞城，见方35米，门向南开，坞城四周有小城壕环绕。八步战台残高6.1米，内为黄土夯筑，外砌砖石，顶部四周设垛口，垛口下设箭窗。台内构造分3层，保存完好，至1964年兴修水利时砖被拆除，1968年又被人为炸毁。

附记·兴武营

兴武营，位于今宁夏盐池县城西60公里处。明代以前就有古城，称“半个城”。明正统九年（1444年）在“半个城”旧基上建兴武营城，在长城内侧20—150米处。兴武营城周围3里8分，高2丈5尺，池深1丈3尺，阔2丈。设西、南二门，带瓮城。城墙砌以砖石，已被拆毁，土筑墙基本完好，四隅设角台，墙中均设跨腰墩。城西南角有古井，称“马踏井”。南边的拱形城门宽约8米，可进两辆古时的战车。兴武营是宁夏盐池县境内规模比较大的遗址，也是保存较好的遗址。

附记·铁柱泉堡

铁柱泉堡，位于今宁夏盐池县冯记沟乡境内。明弘治十三年（1500年），三边总制秦铉始筑堡，因择地不利，不久即塌圮颓废。嘉靖十五年（1536年），三边总制刘天和亲临前线，发现铁柱泉为蒙古贵族南下扰掠牧马水源，在原堡基础上进行加固增筑，并以城护泉，绝敌骑之路。次年，筑城完工，为方形，周围 4 里，高、厚 4 寻（一寻为八尺）。置兵 5 000 人，兼募土人守卫。西墙正中设腰墩，四隅设角台，门面东开，设瓮城。明万历三十五年（1607 年），都察院右副都御史、兵部侍郎、宁夏巡抚黄嘉善主持将铁柱泉城“甃以砖石”，使之更加坚固，成为宁夏东路长城沿线重要军事据点。今城上门楼遗迹依稀可辨。铁柱泉因泉水清澈如铁青色，涌入柱状而得名。铁柱泉东城门楼上镌刻“铁柱泉城”。

附记 · 安定堡

安定堡，位于今宁夏盐池县城西 30 公里处。明嘉靖时期以前修筑，残址东西长 1000 米，南北宽 250 米，门面南开，设有瓮城。原来包砖被拆除，土筑墙身基本完整。四隅设角台，北墙正中设跨腰墩。

附记 · 宁夏镇长城

明朝建立以后，退回到漠北草原的蒙古贵族鞑靼、瓦剌诸部仍然不断南下骚扰抢掠。明中叶以后，女真族又兴起于东北地区，也不断威胁边境的安全。为了巩固北方的边防，在明朝的 200 多年统治中，几乎没有停止过对长城的修筑工程。

明长城是明朝在北部地区修筑的军事防御工程，亦称“边墙”，区别于秦始皇时期所修的万里长城。2009 年 4 月，国家文物局和国家测绘局首次公布明长城数据：其东起鸭绿江畔辽宁虎山，西至祁连山东麓甘肃嘉峪关，从东向西行经辽宁、河北、天津、北京、山西、内蒙古、陕西、宁夏、甘肃、青海 10 个省（自治区、直辖市）的 156 个县域，总长度 8 851.8 公里。其中，人工墙体长度为 6 259.6 公里，壕堑长度为 359.7 公里，天然险长度为 2 232.4 公里。东部险要地段的城墙，用条石和青砖砌成，十分坚固，气势宏伟。但是，夯土长城是明长城的主要部分，夯土墙是以木板作模，内填黄土、黏土或灰石，层层用杵夯实筑成，每一米造价约为一两银子。

明代长城的修建过程，大体可以分为三个阶段：

明洪武五年（1372 年），出兵 15 万分两路进击漠北，西路打通了河西走廊，设置甘州、庄浪诸卫。洪武二十年（1387 年），大将军冯胜、蓝玉经略东北，将边界推进到大兴安岭以西。明永乐八年至二十二年（1410—1424 年）先后 5 次发兵，深入漠北，迫使瓦剌和鞑靼分别接受了明王朝的册封。明王朝的北部边防线推进到大兴安岭、阴山、贺兰山以西以北一带。明前期的长城工程主要是在北魏、北齐、隋长城的基础上，增建烟墩、烽堠、戍堡、壕堑，局部地段将土垣改成石墙。修缮重点是北京西北至山西大同的外边长城和山海关至居庸关的沿边关隘。

明中叶发生“土木之变”以后，瓦剌、鞑靼不断兴兵犯边掳掠，迫使明王朝把修筑北方长城、增建墩堡作为当务之急。百余年间建成辽东镇、蓟镇、宣府镇、大同镇、山西镇、榆林镇（延绥镇）、宁夏镇、固原镇、甘肃镇等长城重镇，并逐步形成了“九边”分区防守、长城分段管理的制度。

明后期隆庆（1567—1572 年）、万历（1573—1619 年）之际，蒙古贵族俺答部与明王朝议和互市，北方边境稍安，边患主要来自东北的女真族。万历初年，辽东镇总兵李成梁拓边建宽奠、孤山六堡，继而重修了辽东边墙。

明宣德七年(1432 年）至正统八年（1443 年），总兵官史昭任职期间置斥堠、建关隘，成为宁夏明长城的雏形。成化十年（1474 年），徐廷璋、范瑾仿照延绥巡抚余子俊的做法，督造宁夏河东长城，这条长城东与延绥镇相接，明人称作“河东墙”。成化十二年（1476 年），贾俊出任宁夏巡抚督御史，在边 8 年，主持构筑贺兰山双山南口（今宁夏青铜峡市西北岔口）至广武营（今宁夏青铜峡市青铜峡镇广武村），永安墩（今宁夏中卫市西南）至西沙嘴（今宁夏中卫市柔远堡村）的宁夏西南边墙。又在原宁夏陶乐县境内黄河东岸修建河东“十八墩边墙”，北起镇远关所对黄河东岸，南接横城堡“河东墙”。嘉靖年间（1522—1566年），再次对宁夏镇边墙加修改建，连成一体，东南起自花马池与延绥镇长城相接处，西北经兴武营、横城堡，沿黄河东岸北行至石嘴山越过黄河，经镇远关绕一个大弧型，再依贺兰山东坡南下直至今宁夏中宁县枣园堡转向西行，经宁夏中卫止于黄河北岸。

概括地讲，宁夏镇长城由北长城（旧边、新边、长堤）、西长城（又称“边防西关门墙”）、东长城（又称“深沟高垒”，民间称为“头道边”）三部分构成。其中，东长城一线的“河东墙”（民间称为“二道边”）的明长城因沙碛侵蚀，久弃不用。

图示 · 满城图

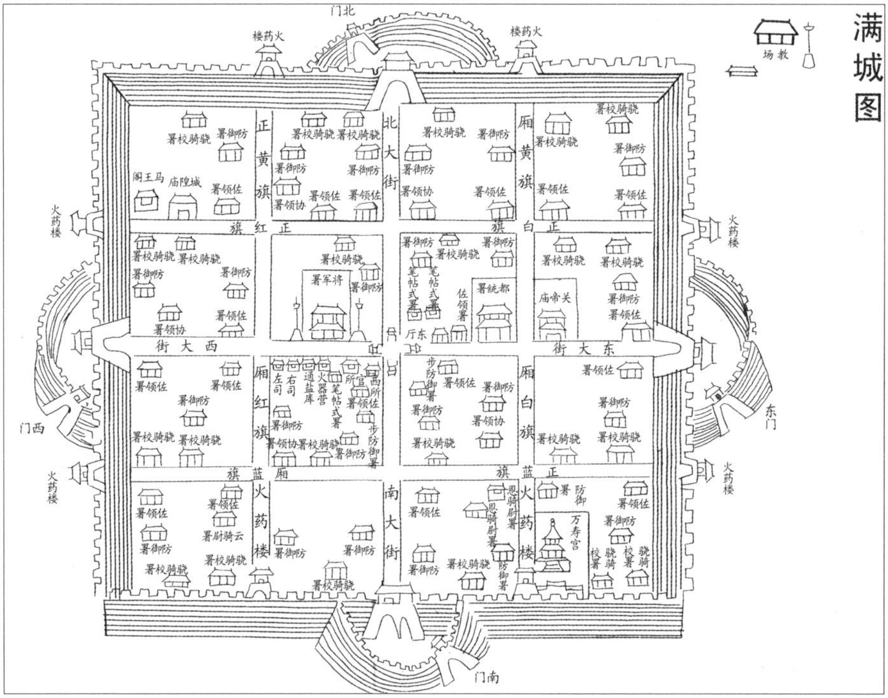

来源：清〔乾隆〕《宁夏府志》。

图解·满城

清康熙十五年（1676年），清廷派八旗军驻防宁夏，临时驻在宁夏府城内。雍正元年（1723年），清廷派遣一支由5 000名满族士兵组成的旗军来到宁夏，并拨库银于“宁夏府城外东北二里处筑城”，以资屯守。这座驻军小城，史称“满城”，其址在今宁夏银川市兴庆区丽景街街道境内。雍正三年（1725年），设镇守宁夏等处将军、副都统，统率八旗军驻防满城。据《大清一统志》载，宁夏满城“周六里有奇”。又据《清代地震档案史料》载，满城开东、西、南、北4座城门，城内有八旗兵将军、都统等衙署，并筑兵丁房屋。

清乾隆三年十一月二十四日（1739年1月3日），宁夏—平罗发生强烈地震，满城墙倒屋塌，伤亡极其惨重。震后，清廷兵部右侍郎博尔济吉特班第到震区“细加查看”，上奏请求“另择高燥地基”移建满城，“以重万年巩固事”。乾隆四年（1739年），宁夏道尹阿炳安在距“宁夏府城西十五里平湖桥东南建新满城”。乾隆五年（1740年）闰六月七日，新满城及官兵衙署、兵丁房间全部建造完工，费银156 523两。从六月二十日起，宁夏满营官兵用了8天时间“陆续挪住”新满城。新满城址在今宁夏银川市金凤区新城北街以西，新平巷以东，新城东街以北，周城巷以南。

新满城呈方形，“城东西三里七分半，南北以如之，共延长七里五分。高二丈四尺，底宽二丈五尺，顶厚一丈五尺。垛墙五尺三寸，俱甃以砖砌”。城墙四周垛口共1 240个，炮眼1 363个。新满城辟有东、西、南、北4座城门，有城门楼台4座，东称“奉训”，西称“严武”，南称“永清”，北称“镇朔”。有瓮城4座，马道4条，瓮城门楼4座，角楼4座，药楼8座，炮台24座，水沟20道。“有护城河一道，宽二尺，深一丈”。城内东西、南北大街呈十字形，将全城官兵衙署房屋分为面积相等的4个区，各级官署和八旗驻地皆按固定的方位整齐布局。将军署在城西大街，左翼都统署在城东大街，右翼都统署在城西大街。八旗官兵营房均分布在四区，镶黄旗、正白旗在城东北区，正黄旗、正红旗在城西北区，镶白旗、正蓝旗在城东南区，镶红旗、镶蓝旗在城西南区。新满城内还建有万寿宫、关帝庙、城隍庙、马王阁等多处汉族群众奉祀的庙宇，在城中心十字大街口建4座牌楼，东称“承恩”，西称“威远”，南称“定功”，北称“拱极”。在新满城四周，分布着各旗的驻地及家属田地庄园。

民国二年（1913年），宁朔县从省城移治于此，新满城成为宁朔县城，后县治迁出。民国二十四年（1935年）秋，宁夏省政府决定在新满城修建飞机场，强迫城内旗人限期迁出，拆除新满城南北城墙，并几乎全部拆除了将军府、副都统府及庙宇牌楼。到现在，新满城遗迹不存，只保留了满城街名。

满族旗人沿袭以旗统人、以旗统兵的国民一体、军政一体的组织形式。他们出则备战，入则务农，平时耕猎为民，战时披甲当兵。新满城的八旗男丁每3年编审一次。编审时，年满18岁男子算一丁。新满城设将军1员、副都统1员、协领5员、佐领19员、世袭骑都尉3员、防御24员、营外防御2员、骁骑校尉24员、世袭恩骑尉2员、八品笔帖1员、前锋校等328员。另外，有马甲1 872名、炮手16名、铁匠头目6名、匠役60名、步兵584名、养育兵600人。详细记录在册的满城旗兵有3 550人。

满城旗人的生活来源全靠朝廷供养，这叫落实恩养政策，无论是将军还是步兵，都可以分配得到住房。俸禄有俸银、俸米、家口米、马匹及马料等。满城八旗人，官靠俸银，兵靠粮饷，老弱妇幼、退伍甲兵、进京考试者等都有补贴。辛亥革命后，满族兵甲溃逃，只有普通旗人居民留住。民国四年（1915年），北洋政府提出“代旗为民”建议，政府代表宁夏护军使马福祥与满营官兵代表商谈达成协议，满营武器全部上缴，官兵全部解散，发放生活费。当时，被解散的官兵2 200余人，另外还有官兵家属2 400余人，宁夏地方政府拨给湛恩渠附近部分荒地，令其垦荒谋生。

图示·广武疆域地理图

见358页。

图解 · 广武营

广武营位于今宁夏青铜峡市境内。明正统九年（1444 年），巡抚金濂“以其地当西路适中，平衍无据，兵欠联络，始奏筑城”，以“广布武德”之意命名。初设都指挥领军戍守，后改游击戍守。成化元年（1465 年），游击陈连扩筑广武营城，周围 3 里。弘治十三年（1500 年），巡抚王珣再次扩筑，城高 3 丈 5 尺，池深 1 丈 5 尺，周围 4 里，南门建城楼。嘉靖四十年（1561 年）地震后重修。清乾隆四年（1739 年）再次重修，成为边防宁夏西路要冲以及西路驻军重要城池。同治元年（1862 年），堡绅白尚忠捐资补修门楼、墙堞。光绪十七年（1891 年）以砖石包砌，并修复城门洞。清代亦设游击驻防，防守范围大体东临黄河，西北靠峡口山、分守岭。1958 年开工建设的青铜峡水利枢纽工程建成后，广武城址没于库区之中。

图示 · 固原五属总图

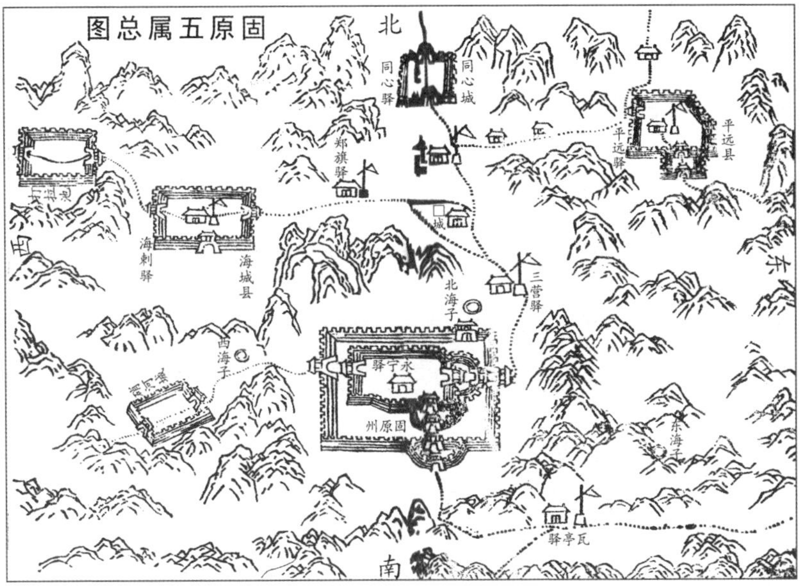

来源：清〔宣统〕《新修固原直隶州志》。

图解 · 固原五属

清军镇压西北回民反清斗争后，左宗棠上书朝廷并经御批：为了“控驭”回民，而资治理，于同治十三年（1874年）升固原州为直隶州，领海城、平远2县，设分州于硝河城，并在打拉池（今甘肃省靖远县境）设县丞，在同心设巡检，此即所谓“固原五属”。由于同一原因，原设在金积堡的宁夏水利同知，升为宁灵厅；又划平凉、华亭、固原、隆德4州县部分地设化平川直隶厅。这些升州设县的措施，影响到了后来中华民国和中华人民共和国的行政区划。

附记 · 朝那湫

《固原五属总图》中标有西海子、东海子和北海子的方位。这“三个海子”就是史书上所称的众多“灵湫”的一部分。

汉代以前的固原，气候湿润，森林茂密，水源丰富，在六盘山下的固原城周围，很早就形成了北海子、西海子、东海子等多处天然湖泊，统称为“朝那湫”。朝那湫均出于都卢山（今宁夏六盘山），左曰“东海”，右曰“西海”，中间曰“北海”，西海大于东海、北海。

西海子地处固原城西南部20公里，古称“西海”，今称“海子峡”。西海三面环山，形如掌立，中间有石隙，水由此出，激湍清冽。从石隙喷出的水复入2个旋洞，时人称其为“东龙口”“西龙口”。水入洞后由地下行，再复出峡。这种水出石隙，再入龙洞，复出涌动的流势所构成的绝妙佳境，有春波荡漾之妙。这里周围晴波映带，花草繁茂，山水景物相依，是风景独特的佳境，在清代就被列为固原十景之一，称为“西海春波”。

东海子在宁夏彭阳县城西北干海村，今湖水走漏，当地人称为“干海子”。

北海子属泉水溢湖，四季清澈，常年不枯，古人称其为“暖泉”，文人墨士雅称为“北鱼池”“蓬沼”。北海子水域总面积百亩有余。北海子南端有一处人工堆砌的小岛，岛屿将海子分割为一个自然湖和3个人工池。湖中芦苇连片，野鸭成群，堤岸古柳雄悍，雀跃鸟鸣，自然风光与人文景观相融合。

《史记》《汉书》中有“朝那湫渊”的记载，有研究者以《地括志》“平高县东南二十里”为据，认为“朝那湫渊”就是东海子。也有研究者依据《水经注》有关湫水发源地距高平“县西南二十六里”的记载，认为“朝那湫渊”当为西海子。秦始皇时，规定对当时全国的12座名山，以及朝那湫渊等6条川湖进行祭祀。西汉文帝刘恒曾下令增加祭祀朝那湫渊用的玉器。朝那湫渊究竟在哪里，古代典籍没有确切记载，今围绕“朝那湫”的地址展开争议的主要有甘肃灵台、镇原、庄浪以及宁夏隆德、彭阳。1977年春，在今宁夏彭阳县古城镇古城村发现了国家一级文物“朝那鼎”。2007年又在古城镇海口村发现有“那之湫”三字的石刻残碑。

附记 · 打拉池城

打拉池，今属甘肃省白银市平川区。清代先后属靖远卫、靖远县。清同治十二年（1873年），陕甘总督左宗棠撤销平凉府盐茶同知，同时在原盐茶同知辖境迤西打拉池地方，专设县丞二员，统归固原直隶州管理。次年正式设置打拉池县丞，又隶属于海城县。民国元年（1912年）划打拉池隶属靖远县。

打拉池古城位于屈吴山（一称“崛吴山”）正北山脚下的黄河之滨，一直具有重要的战略地位。唐代，这里因盛产芨芨草，制绳业发达，故称“打绳川”。北宋初被西夏占据，称“达啰城”，并筑起城堡。蒙元早期，因成吉思汗的军队雇用的波斯（今伊朗）人组建的部队，担任的主要任务就是放牧军马，牧场就在这一带，因而被称为“达喇赤”，即“牧场”或“牧马的地方”。可见，“打拉池”地名是由蒙古语音译“达喇赤”演绎而来的。明成化九年（1473年），按照“因旧而筑，废者补之，阙者增之”的办法增筑城堡，城周3里3分。清同治十三年（1874年），陕甘总督左宗棠奏请以盐茶厅改为海城县，“打喇赤”也被改为“打拉池”。

图示·隆德寨

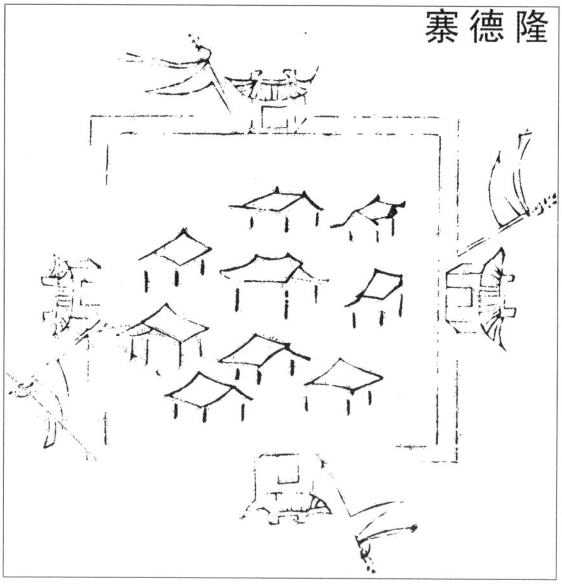

来源:清〔道光〕《隆德县续志》。

图解·隆德寨

隆德寨，蕃语“邪没陇”，当地以其音转为“羊牧隆”，位于今宁夏西吉县将台堡镇南火家集村。北宋天禧元年(1017年)筑城堡，当地土语称“羊牧隆城”。北宋庆历三年（1043年）改称“隆德寨”，系牧马军寨。金皇统二年（1142年），将隆德寨升为隆德县。元大德八年（1304年）废德顺州，设静宁州，治今甘肃省静宁县城。同时，迁隆德县治至笼竿城（今宁夏隆德县城关），隆德寨逐渐废弃。

图示 · 六盘关寨

来源：清〔道光〕《隆德县续志》。

图解 · 六盘关

六盘山是兵家必争之地，六盘关寨是标志性军事设防工程。有学者认为东汉时即设关。唐设六盘关，为“原州七关”之一，即所谓“扼九寨咽喉，七关襟带”。北宋韩琦经营边事，置六盘关寨戍守。元时竖有牌坊曰“陇干锁钥”。清代也有驻军把守。六盘关寨具体位置无定论，大体位于隆德县城东 10 公里六盘山上，与固原县分界。据《武经总要》记载，六盘关寨东至木波 10 公里，西至神林堡 20 公里，南至杜堡 15 公里，北至瓦亭

10 公里，按此推断，六盘关寨其址当在小水沟一带。今有学者考证，认为六盘关寨位于今宁夏六盘山顶红军长征纪念馆广场，或今六盘山公路隧道之山顶。

图示 · 哨站标牌式样图

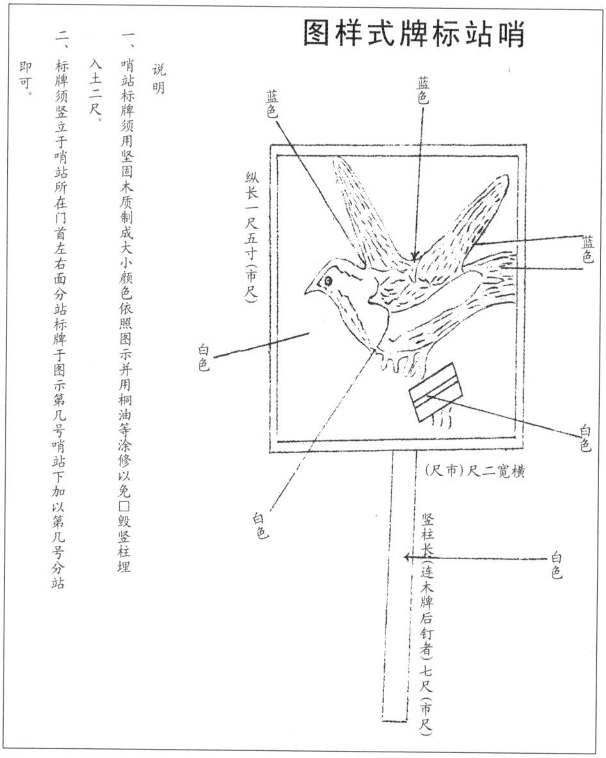

来源：民国《十年来宁夏省政述要》。

图解 · 哨站标牌

民国二十七年（1938 年）1 月，为发动全民抗战，严密民众组织，防范盗匪，缉捕奸细，维护地方治安，宁夏省民政厅拟定《宁夏省各县传递哨组织条例》，并通令各县组建传递哨。民国二十八年（1939 年）9 月，对传递哨组织条例进行了修订，并规定了哨站标牌式样，以示识别。

图示 · 汉延渠之线与敌接触略图

图略触接敌与线之渠延汉

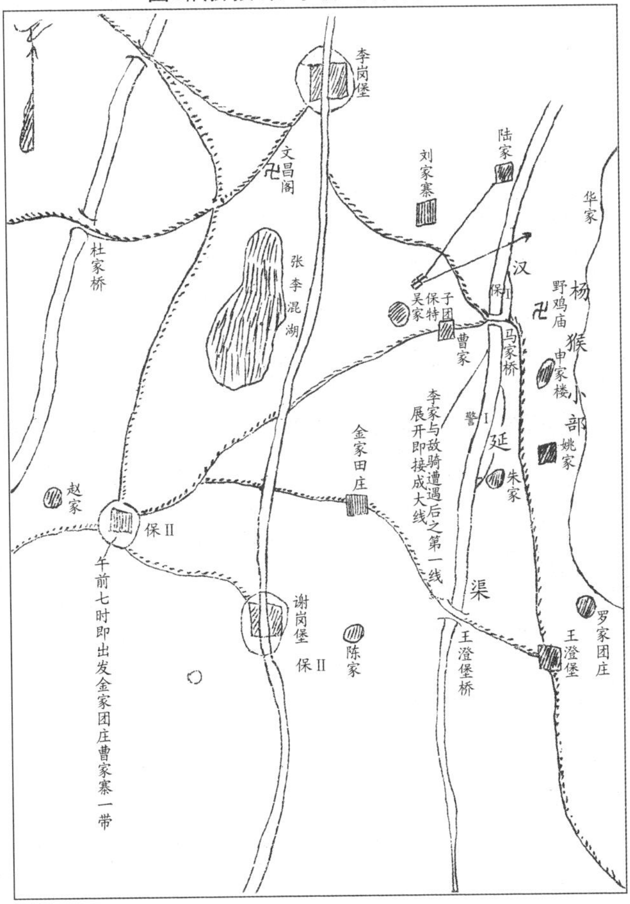

来源：民国《十年来宁夏省政述要》。

图解 · 孙马军阀汉延渠一线战态

民国二十三年（1934 年）1 月 25 日，孙殿英部近逼宁夏省城，这是马鸿逵部在汉延渠一线对孙殿英部的军事布防图。宁夏城垣西距贺兰山，东距黄河，均约 30 公里，近郊平原纵展，周围多有堡寨，唯有城西邻唐徕渠，城东复连汉延渠、惠农渠。汉延渠位于黄河以西，处于唐徕渠、惠农渠之间，因唐徕渠穿行于宁夏省城西，几乎为“护城渠”，而惠农渠又距宁夏省城较远，只有汉延渠及其周围具备军事布防的良好条件。因此，“四马（马鸿逵、马鸿宾、马步芳、马步青）”利用上述地形条件，构筑了汉延渠一线防御阵地。

杨猴小部是被孙殿英收编的土匪武装，有匪众 2 000 余人。中华民国时期，陕西、甘肃、青海、宁夏、新疆等地匪患蜂起，土匪疯狂抢掠、杀人放火，弄得鸡飞狗跳，农民不安，商旅裹足，几乎到了无时无匪、无地无匪的程度，尤以 20 世纪二三十年代最为猖獗。这些土匪，流窜于牧场、乡村、城镇之间，给当地人民的生产、生活造成了很大伤害，成为西北地区社会不稳定的重要因素之一。杨猴小部就是 20 世纪 30 年代初，内蒙古、甘肃、宁夏一带最大的土匪武装，来自包头一带，全部是马队，故又称“骑匪”，非常剽悍，多有驻军围剿，又多无功而返。杨猴小子，大名为杨耀峰，内蒙古伊克昭盟东盛县（今内蒙古鄂尔多斯市东胜区）杨场豪村人，因人长得又小又瘦，所以老百姓称“杨猴小子”。杨猴小子被孙殿英、宋哲元收编不久又复叛为匪，在绥西包头、达拉特旗、宁夏北部、陕北靖边等地区活动猖獗。杨猴小部个个都是精于骑射的忘命之徒。孙殿英认为，西进宁夏必与马家骑兵作战，杨的部队正好大派用场，就将杨部作为进占汉延渠一带的前锋。

图示 · 熊家团庄吴庄击溃敌之骑兵略图

图略兵骑之敌溃击庄吴庄团家熊

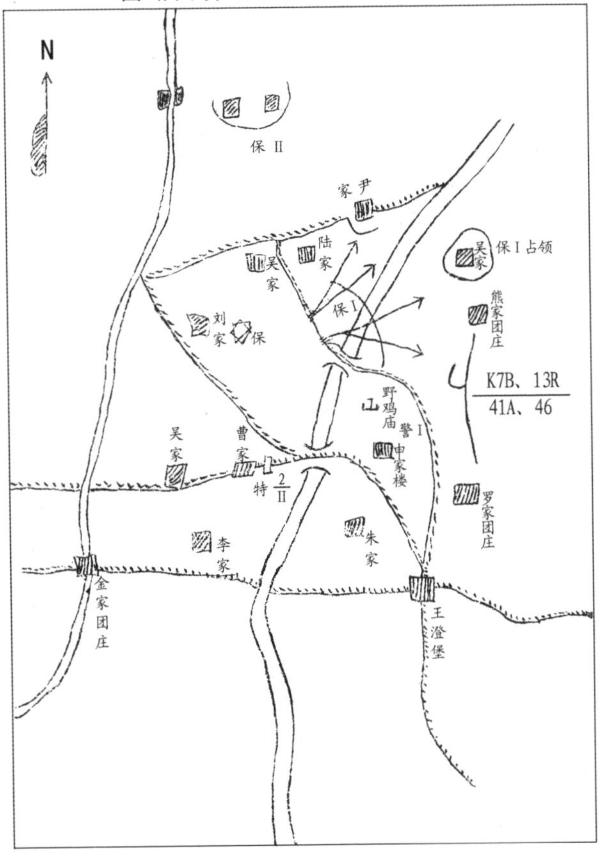

来源：民国《十年来宁夏省政述要》。

图解 · 熊家团庄吴庄之战

民国二十三年（1934 年）1 月下旬，孙殿英部由绥西进犯宁夏，由磴口、石嘴山、平罗一线直犯宁夏省城。1 月 26 日，马鸿逵部第二大队、警备营、特务团三营在宋家寨、陆家寨一带，兵分两线对占据熊家团庄的孙部发起总攻，击毙孙部数百人，缴获步枪、马枪数十支，缴获战马数匹。

图示 · 满达桥与敌接触略图

图略触接敌与桥达满

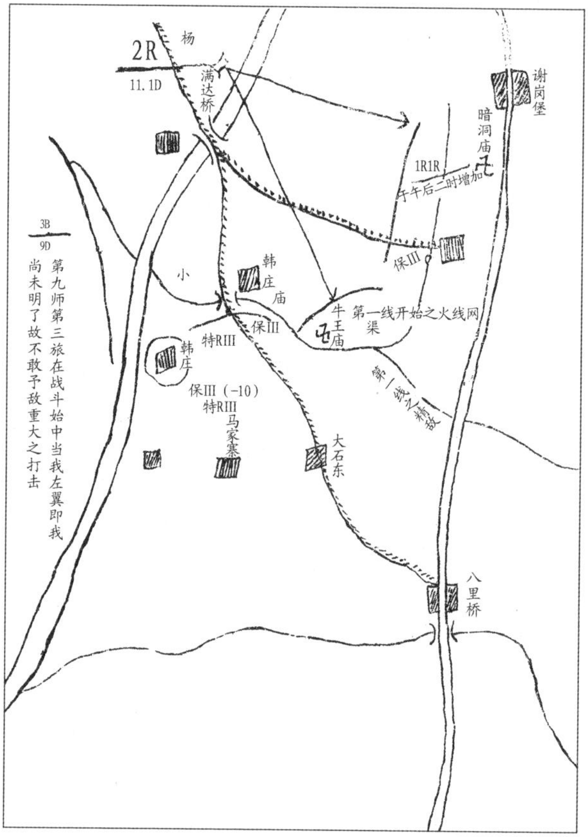

来源：民国《十年来宁夏省政述要》。

图解 · 满达桥之战

宁夏城以北经谢家堡、李刚堡、平罗县、黄渠桥、石嘴子至磴口县，计有110公里。因孙殿英部由平罗一线进犯宁夏，故马鸿逵用在北面防线一带的兵力有万余人。民国二十三年（1934年）1月27日拂晓，孙殿英部进占宁夏省城北满达桥，依托李家寨、马家寨、许家庄一线，其先头部队已抵进省城西唐徕渠岸及大小礼拜寺一带。孙部组织奋勇队千余人，架设云梯从省城西北城墙发起进攻，被马部守军击退。同时，马鸿逵部第三旅旅长马英才率部由省城北门出击，保安处部队由谢岗堡进至韩庄至唐徕渠一线向敌左侧攻击，第一旅旅长卢忠良由丁义堡向南急进，抄袭敌后，第九师韩旅长第一团团长马成龙率 3 个步兵营扼守满达桥第一道防线，并依托满达桥西北各寨，向敌右侧攻击。孙部被马部主力四面围攻，损失惨重，残部退到满达桥以北各寨内。此役，宁夏省保安处处长马全良左肋负重伤，副处长韩进禄阵亡，其他官兵伤亡 600 余人。

图示 · 小礼拜寺之攻击略图

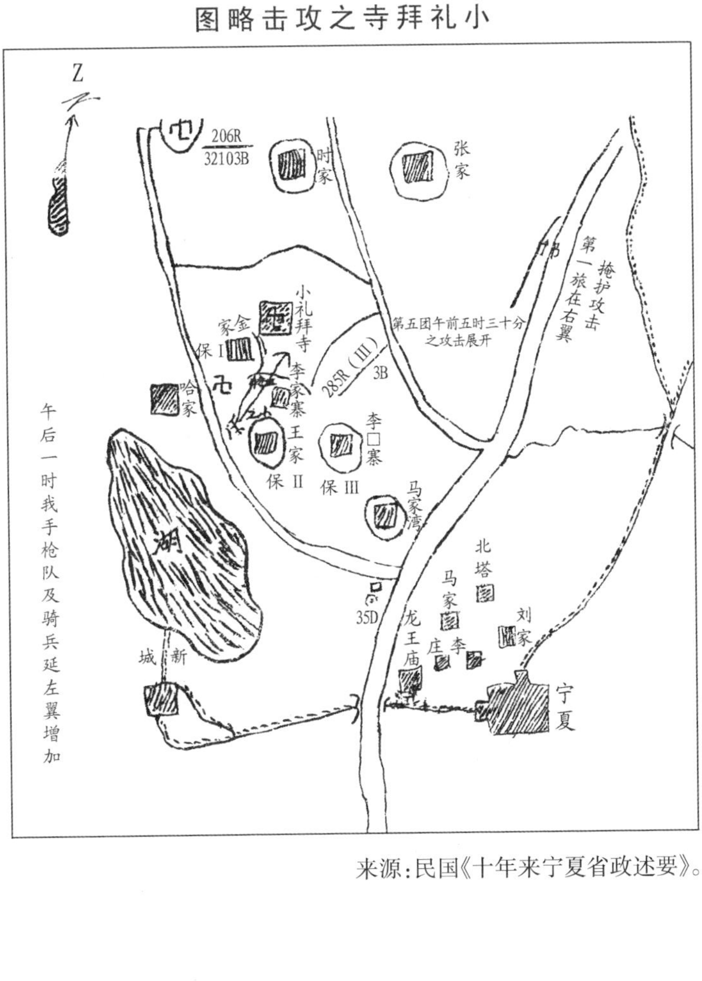

来源：民国《十年来宁夏省政述要》。

图解 · 小礼拜寺攻击战

在孙马混战中，马鸿逵部马开基团于民国二十三年（1934年）1月28日午前7时向孙部展开攻击。孙部于午后2时退至唐徕渠以西的小礼拜寺附近各寨，死力据守。几乎同时，马鸿逵部马文祥支队击溃大礼拜寺之敌。2月2日拂晓，马鸿逵部趁大雪之后，向小礼拜寺正面发起攻击，同时向大礼拜寺侧面进行攻击，并抄袭丰登堡、八里桥一带孙部，但因地形等因，未能取胜。

附记 · 孙马军阀混战

民国二十三年（1934年）1—3月，在宁夏发生了一场历时3个多月的孙马军阀混战。据亲身经历者王伯祥老人回忆，在热河抗战中，孙殿英的41军失利后，孙殿英率领部队5万余人，在居庸关外驻防。民国二十二年（1933年）6月，蒋介石担心孙殿英与冯玉祥联手对付自己，指派何应钦任命孙殿英为青海柴达木屯垦督办，让其率部去青海督办屯垦。孙殿英看出了蒋介石的用意，也看到西北军阀的势力弱小，为了再捞个地盘，趁机占据甘肃、宁夏、青海，恢复扩大自己的实力，称霸西北，便将计就计答应了。当年11月底，孙殿英就挥师西进，沿京包线经包头过五原，下临河入绥西。在西移开抵五原、临河的过程中，孙殿英又得到了山西阎锡山在军需用品以及粮秣方面的支持，势力不断壮大，冒险向宁夏挺进。民国二十二年（1933年）10月，孙殿英部路经宁夏的消息传来，震惊了主政宁夏的马鸿逵、青海的马步芳、甘肃的朱绍良。蒋介石得知后，电令西北绥靖主任、甘肃省主席朱绍良，在其统一指挥下，任命马鸿逵为左翼军总指挥、邓宝珊为右翼军总指挥、马鸿宾为右翼军前敌总指挥、马步芳为总预备队总指挥，西北各路大军准备迎战孙殿英。马鸿逵、马鸿宾为保存宁夏地盘，立即组织仅有的3万多人部队分别在宁夏北部门户磴口及石嘴山、平罗、银川等战略要地安营扎寨，准备迎战孙殿英部。

孙马混战分 3 个阶段进行。在第一阶段，马鸿逵在磴口一带安排了一个团的兵力。民国二十三年（1934 年）1 月 12 日夜晚，双方刚一接火就被孙殿英先头部队的猛烈炮火拿下。孙殿英部一路逼近，马鸿逵的守军不堪一击，石嘴山也被攻占，随后孙殿英部一路冲向平罗县城。马鸿逵调集重兵坚守平罗县城，孙殿英损兵折将，几天都攻占不下，就留 3 个团的兵力继续对平罗城实施包围，自己率主力部队绕道南进，于 1 月 26 日逼近宁夏省城。

在孙马混战第二阶段，即民国二十三年（1934 年）1 月下旬，孙部约有两师之众逼近宁夏省城。孙殿英率部利用唐徕渠地形，借着渠坝的掩护，一步步挨着渠坝，趁着暮色连夜行军，直奔宁夏省城（今宁夏银川市兴庆区）。第二天，天已大亮，孙殿英在前卫部队的保护下，坐着吉普车到了永宁县的大观桥。找人一问，部队已过了宁夏省城。这时，孙殿英的后卫部队枪声大作，原来甩在后面的步兵已同马鸿逵的城防部队在今宁夏银川西门桥处接上了火，孙殿英大部队闻讯火速返回，直接指挥向宁夏城西北郊区一带防线全面进攻。双方激战 2 天，只有一小部分堡寨落入孙军之手，孙殿英看到马部防线比较坚固，就退兵到宁夏省城北部一带。

在孙马混战第三阶段，为了攻占制高点，北塔便成了孙马大战士兵死亡最多、时间最长的主战场。孙殿英组织机枪队、大刀队、敢死队猛攻北塔。当时北塔四周都是芦苇草塘，一到冬天都是一马平川的冰面。马鸿逵部队占据有利地形向着冰湖开阔地冲上来的孙殿英部队猛烈开火，孙殿英的士兵横尸北塔冰面，血流成冰。此时，马鸿宾的增援部队也已赶到，孙殿英在付出惨重的代价后，见势不妙，加上补给困难，军无斗志，败局已难避免。但是，孙部兵无退路，在民国二十三年（1934 年）2 月春节将至，孙部利用大风黑夜，分 3 路暗袭宁夏省城，中路向北城进袭，左路向东城进袭，右路向西城进袭。孙部在这次攻城中再次惨遭失败。当孙部准备发动第二次攻城的关键时刻，蒋介石电令停发孙殿英 41 军的军饷供给，撤销了“青海西区屯垦督办公署”，免去孙殿英的一切职务，命令孙殿英的部队“退出磴口，等待编遣”，还派飞机往孙殿英的部队里投递《敬告41军将士及早觉悟反正投降书》，以达到分化瓦解41军的目的。孙殿英见大势已去，手下部队众叛亲离，不得不率剩余部队退回包头。民国二十三年（1934年）3月19日，孙殿英下令41军总退却，20日向蒋介石通电下野，残余部队被马鸿逵部缴械收编。孙殿英被阎锡山接到太原晋祠“优待”起来。1947年在解放战争中，孙殿英被解放军生俘，1948年10月在河北武安县战俘营病死。孙马混战，推原祸始，实与蒋介石阴谋手段难以分开。

图示 · 韦州战役我方部署态势要图

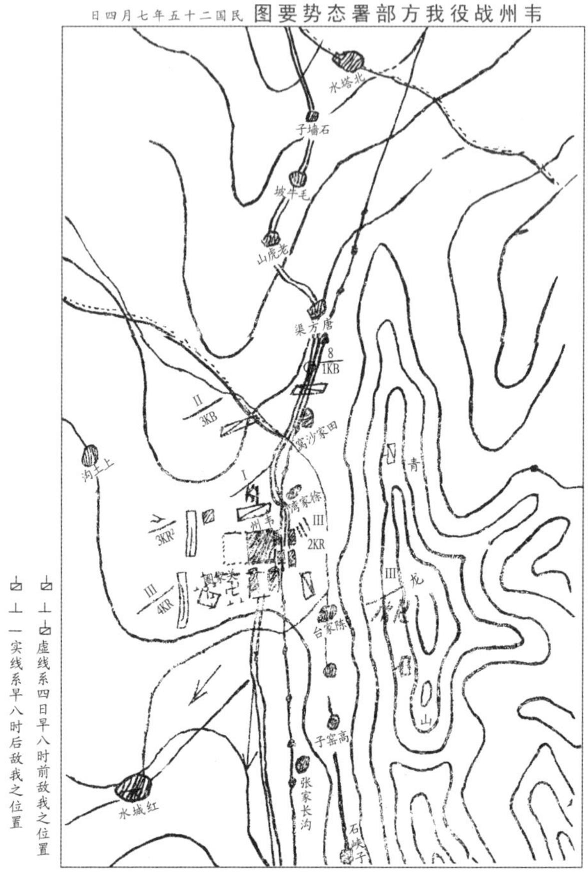

来源：民国《十年来宁夏省政述要》。

图解·马鸿逵部对红军西征的防御

1936年5月，红一方面军东征胜利回师陕北后，为了继续贯彻“以发展求巩固”的方针，中共中央决定以红一方面军主力组建西方野战军，由彭德怀任司令员兼政治委员，率红一军团、红十五军团、红二十八军、红八十一师及骑兵团共1.7万余人，分左、中、右3路向陕甘宁三省边界进军，进行历时2个月的西征战役。

宁夏是红军西征的主要战场，西方野战军总部曾设在今宁夏吴忠市同心县预旺镇（时名“豫旺堡”）和同心县王团镇吊堡子。

在红军西征中，右路军红十五军团七十八师于6月21日攻克了盐池县城。同日，红十五军团七十三师一部和回民独立师进抵王家团庄附近。王家团庄是同心城东南最大的一个村庄，分南北两个堡子，对称坐落，围墙又高又厚。全村有2 000多人，是回民聚居区。红十五军团首长决定，在包围豫旺县城下马关的同时，先进占王家团庄。6月27日晨，红七十五师红三团、红四团发起进攻下马关战斗。攻克下马关后的第二天，即6月28日，红七十五师就与红七十三师合兵包围了下马关以北20公里的韦州城。

韦州城是宁夏河东地区的战略要地，在地理位置上更接近银川。盐池、豫旺2县失守后，宁夏东南部也只有韦州是阻止红军西征的一个重要据点。因此，马鸿逵对韦州的防务非常重视。韦州城守军有马鸿逵骑兵第一团第三营（红马营），还有一个保安团100多人、壮丁队约300人。红军未到之前，敌已先行拆除了城外的民房，撤回城内固守。7月3日，红军乘夜色发起进攻，并一度架起云梯登上北城楼，战斗非常激烈。后因敌军火力过猛，为减少伤亡，红军便退回城下。7月4日，马鸿逵得知韦州被困，恐该地有失，危及金积、灵武和银川，派3个骑兵团前去增援，解韦州城围。

图示 · 绥西会战我以退却为进攻击方法略图

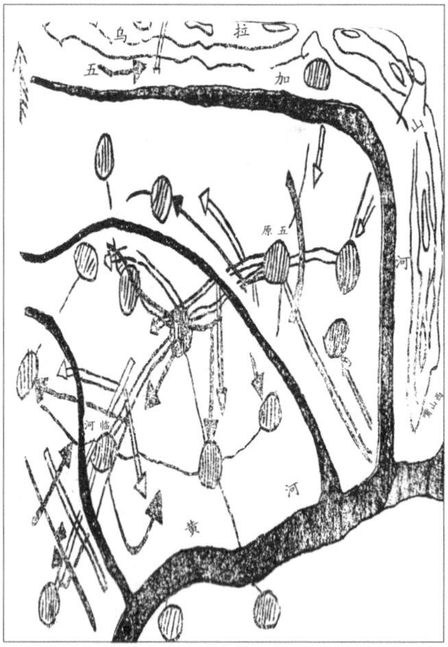

绥西会战我以退却为进攻击方法略图

来源：民国《十年来宁夏省政述要》。

图示 · 绥西会战反攻时敌我态势略图

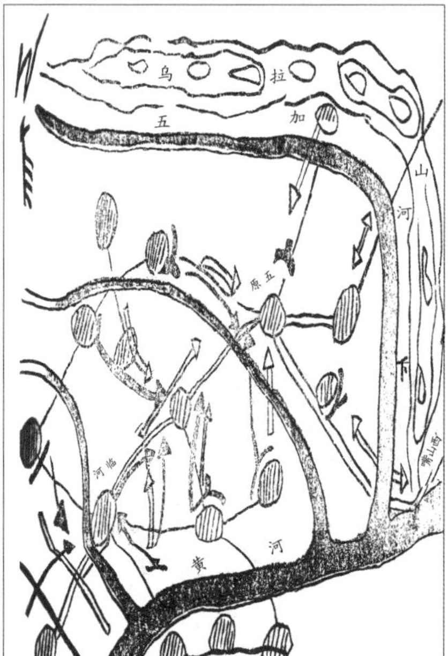

绥西会战反攻时敌我态势略图

来源：民国《十年来宁夏省政述要》。

图解 · 绥西会战

绥西会战，通常指 1939 年 12 月至 1940 年 3—4 月，防守甘肃、宁夏、青海、内蒙古一带的中国第八战区部队在绥远省（今内蒙古自治区中部）西部地区与日军以及伪蒙军队所进行的一系列战斗，主要指三场抗日战役，即包头战役、绥西战役、五原战役。

包头战役：1939 年秋冬之际，中国军队在华中地区将展开对日重大战役。为了牵制华北侵华日军南下，第八战区副司令长官、三十五军军长傅作义奉命执行“冬季攻势”，对包头日军进行攻击。当时，傅作义已经从山西回师绥远，军部驻绥西陕坝，遂调动军队发起了包头战役。

1939 年 12 月 19 日，傅作义部在门炳岳骑七师、马鸿宾八十一军等部队的策应下，由孙兰峰师安春山团突进包头城，于霖瑞团与敌展开激烈巷战，一度占领城区大部。城内日军利用坦克反攻，日军大批部队急速从归绥（今内蒙古呼和浩特市）方向增援，中国军队后续部队未能及时到达，随即撤出包头。包头战役历时 3 天 4 夜，此战极大地震慑了日军，歼灭日伪军 3 000 余名，毙敌小村一男大佐以下日军军官 20 余名。

宁夏八十一军主力三十五师于 1938 年 5 月跨省开赴绥西抗战，军长马鸿宾受命为绥西防守司令，在乌不浪口至五原一线修筑战壕和工事。在包头战役前期，三十五师担任外围策应。1939 年初，三十五师马玉麟旅进攻包头西北部的黑教堂日伪军，取得战斗胜利。2 月 1 日，受到最高当局包括蒋介石的嘉奖：“马旅将敌全部击溃，殊堪嘉许。”1939 年夏秋之交某日，日伪军在坦克、炮火掩护下，向绥西的乌拉敖包阵地进攻。三十五师二〇六团在敌军炮火打压下，第一营趁敌军下车之际，发起猛烈冲锋，与敌军展开激战至白刃战，将敌击溃。此战缴获两辆汽车、100 多发炮弹、几十箱子弹。战利品拉到五原城展示，民众欢腾。

绥西战役：包头战役打击了日军的嚣张气焰，日军为了报复中国军队，也演练驻蒙日军、德王伪蒙军和王英伪军“绥西联军”的西进能力，妄图扶持伪军建立五原伪政权。同时，在 1940 年 1 月底，日军调动小岛骑兵集团和黑田重德二十六师团大部分兵力，兵分三路对绥西进行扫荡。

1940 年 2 月 1 日，日军对宁夏八十一军三十五师扼守的乌不浪口、四义堂阵地进行攻击，八十一军马腾蛟三十五师奉命依托阵地阻击。由于装备落后，敌强我弱，虽然三十五师二〇五团、二〇六团将士经白刃战甚至肉搏战杀敌，争夺阵地，但日军在炮火和飞机掩护下强攻，还使用了毒气弹，导致乌不浪口、四义堂一线阵地最终失守。三十五师官兵阵亡、失踪 1 400 多人，部队向狼山方向撤退。傅作义三十五军和门炳岳骑七师等部队与敌激战几次后，也相继退出战场。此战历时 3 天 2 夜。

五原战役：绥西战役后，五原、临河、陕坝相继失守沦陷，傅作义三十五军等休整部队，秘密调动部队准备反攻五原。傅作义抓住春分前后黄河开河、冰块流凌阻断航运、五原周边灌溉渠网道路松软等不利于日军机械化部队行进有利时机，发起了“围点打援”的五原战役。

1940 年 3 月 20 日，收复五原战役开始。傅作义部孙兰峰新三十一师、袁庆荣新三十二师强攻五原，继而展开巷战。董其武一〇一师扼守乌加河并炸毁桥梁，阻击包头方向援敌，敌我几度隔河炮战，战斗惨烈。五原城最终被中国军队血战光复。五原战役击毙日军大桥大佐、桑园中佐及日军特务、技术军官 300 余人，击毙日兵 1 100 余人。毙伤伪蒙军和伪军 3 000 余人，俘虏伪蒙军和伪军 1 800 余人。傅作义部仅阵亡将士 679 名。五原大捷震动日本朝野，傅作义获得最高当局“青天白日”勋章，他是继蒋介石之后第二个获得此勋章的人。

五原战役中，八十一军从宁夏休整后返回战场，负责在五原丰济渠以西守备。此役后，中国军队第三十五军、绥远游击军、五临警备旅等主力部队也集结于丰济渠以西地区休整，绥西会战结束。

依据史学界的界定，跨度 2 年的绥西会战有别于“绥西抗战”和“绥远抗战”。绥西抗战，始于 1937 年“七七事变”之后，绥远省东部与省会归绥及包头相继沦陷，绥远多支中国军队辗转绥西、绥南奋起抵抗。绥西会战结束后，绥西抗战部队又开赴绥南拱卫伊克昭盟，直到 1945 年 8 月日本投降为止，跨度整 8 年，已约定俗成称为“绥西抗战”。而绥远抗战，则指 1936 年 11 月即全民族抗战之前，傅作义的三十五军收复日伪势力盘踞的红格尔图、百灵庙等地，史称“绥远抗战”。但整体而言，绥西是抗日战争时期西北地区唯一的战场，绥西战役又是宁夏军队直接参与过的唯一一场战役，并最终将日军赶出了中国西北，守住了西北的北大门，维护了河套后套黄河以南地区的安全。绥西战役阻挡了日军西进、南下，使日军铁蹄没能践踏到宁夏和陕西、甘肃等地。绥西战役的胜利，还保护了苏联援华物资运送的绥新公路（绥远至新疆）的安全，保证了苏联援助的中国抗战物资运往内地。

附记 · 乌拉山

乌拉山为历代兵家战略要地。秦汉时称“阳山”，北魏时称“跋那山”，隋唐时称“牟那山”，宋辽金时称“午腊蒻山”，元明清时称“穆纳山”（牟那山）。乌拉，蒙古语意为“山”。乌拉山属阴山山脉西段南支，位于内蒙古巴彦淖尔盟之南，黄河之北，东起包头市昆都仑河，西止巴彦淖尔盟乌拉特前旗西山嘴，全长 90 多公里。乌拉山平均海拔 1 900—2 000 米，其主峰大桦背海拔 2 324 米，素有“塞外小华山”美称。乌拉山天然森林茂密，野生动物众多，是国家级森林公园。

附记 · 五加河

五加河，在地理上正式名称为“乌加河”，民间称“五角河”“五加河”。乌加河自西发源于内蒙古杭锦后旗太阳庙海子，向东流入乌梁素海，长约 260 公里，是黄河的支流。

图示 · 宁夏省军警稽查处所配备图

图备配所处查稽警军省夏宁

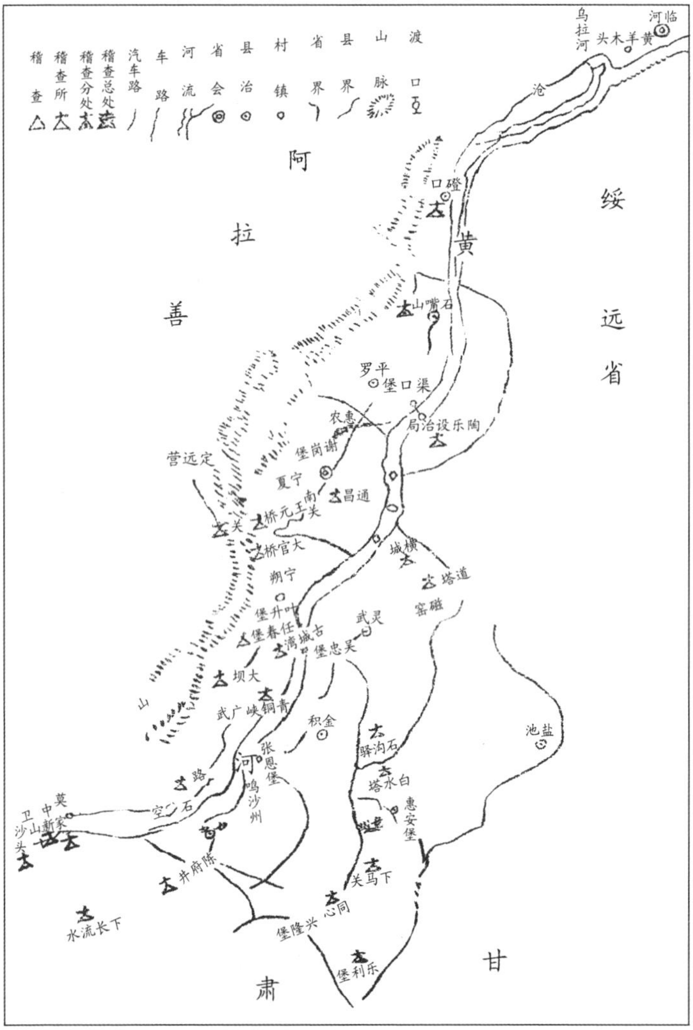

来源：民国《十年来宁夏省政述要》。

图解 · 宁夏省军警稽查处

民国二十三年（1934 年）1 月，孙殿英率部进攻宁夏。宁夏省主席马鸿逵为了抗击孙军，加强对内部的控制，在防内御外的名义下，成立了宁夏省军警联合督察处，委任十五路军总指挥部军法处处长苏连元兼任处长，副官处长马如龙兼任副处长。同年 3 月，孙殿英部败退后，宁夏省军警联合督察处随即撤销。1935 年，红军长征到达固原、环县地区，蒋介石调集大军围追堵截。为了配合蒋军行动，马鸿逵又恢复宁夏省军警联合督察处，仍以苏连元为处长，另委海涛、张仲璋为副处长。1936 年 12 月“西安事变”后，停止内战，酝酿国共合作，督察处又撤销。1937 年“七七事变”后，为适应抗战需要，马鸿逵第三次恢复督察处，海涛任处长，程福刚、马如龙任副处长。

从以上变化情况看，当时的宁夏省军警联合督察处是一个临时应变机构。民国二十九年（1940 年），蒋介石明令各省设立稽查处，马鸿逵便将宁夏省军警联合督察处改组为宁夏省军警联合稽查处，并任命十七集团军总司令部军法处处长程福刚兼稽查处处长。1945 年秋，抗战胜利后，随着时局的变化，马鸿逵又把军警联合稽查处改为宁夏省保安司令部稽查处，程福刚仍兼处长。民国三十八年（1949 年）春，根据国民党中央命令，成立宁夏省警保处，稽查处撤销归并警保处，由马如龙兼任处长，直到宁夏解放。

稽查处的组织机构分布宁夏全省各个角落，权威远远超过军法处。当时宁夏共有贺兰、永宁、宁朔、金积、灵武、中卫、中宁、同心、盐池、平罗、惠农、磴口、陶乐等 13 县，共设立 6 个稽查分处，贺永分处设在永宁杨和堡，负责贺兰、永宁、宁朔 3 县稽查工作；金灵分处设在吴忠镇，负责金积、灵武 2 县稽查工作；卫宁分处设在中宁，负责中卫、中宁 2 县稽查工作；盐同分处设在下马关，负责盐池、同心 2 县稽查工作；石嘴山分处设在石嘴山，负责平罗、惠农、磴口、陶乐 4 县稽查工作；定远营（巴彦浩特）分处设在定远营，负责贺兰山到定远营一带蒙、汉地区稽查工作。各分处又在所辖区内的关卡、渡口、要隘、重镇设置稽查所，全省共设置稽查所 28 个。各分处处长的军衔最低是中校，下设少校主任 1 人，稽查若干人，书记1 人，稽查兵若干人。在重点地区，当地驻军还派兵协助执勤。各稽查所设主任 1 人（上尉或少校级），稽查兵数人。总处编制为少将处长 1 人，上校副处长 1 人，中校主任 1 人。总处下设总务、稽查、审判 3 个科，1 个便衣队，并配属 1 个宪兵连。各科科长均为中校。

图示 · 宁夏省警察机关分布图

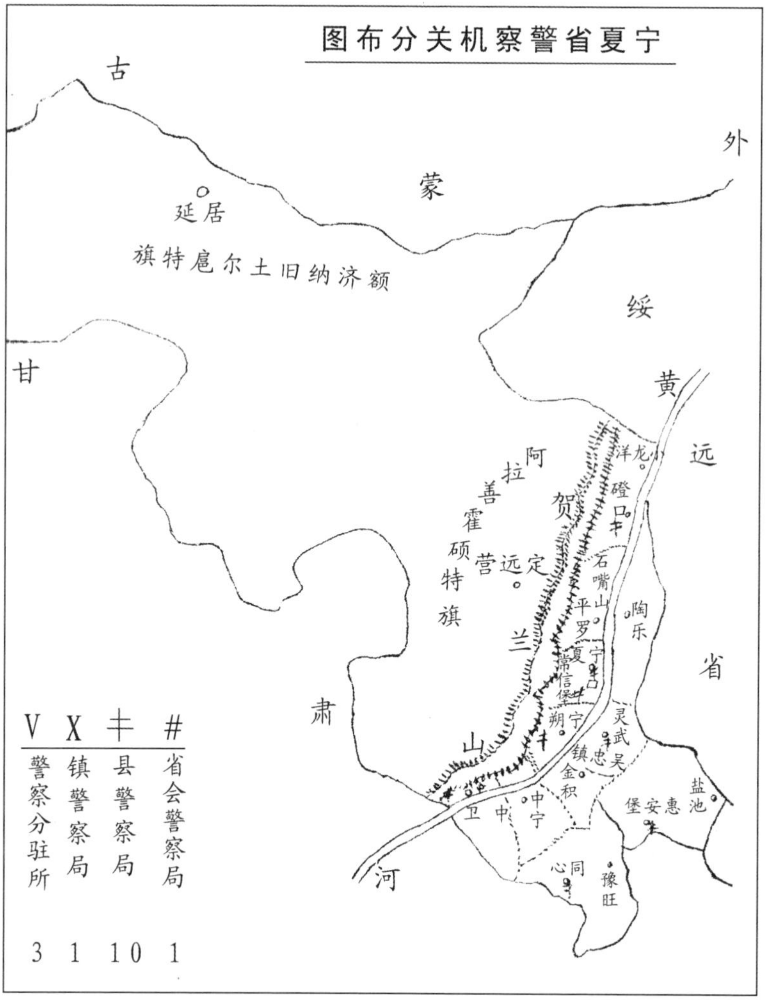

来源：民国《十年来宁夏省政述要》。

图解 · 宁夏省警察机构

民国元年（1912年），各县沿袭清末警制，设巡警总局、分局和警官、巡兵。民国三年（1914年）改各县巡警为警备队。民国六年（1917年）设县警察所。民国十八年（1929年），宁夏建省并设省会公安局，同时设县公安局6处，设宁安、惠安、同心、吴忠镇公安局4处，专司全省警政事务。

民国二十二年（1933年）设中宁县后，将宁安镇公安局改为中宁县公安局。民国二十四年（1935年）因宁夏县由省城迁出，增设宁夏县公安局。至民国二十五年（1936年），宁夏省会公安局下设公安分局4个。其他各县镇警察机构按等级划分，宁夏、宁朔、平罗3县和吴忠镇为一等局，灵武、中卫、中宁、金积4县为二等局，盐池、磴口、豫旺、惠安4县及同心镇为三等局。

民国二十七年（1938年）至民国三十年（1941年），依照国民政府警察法规，整顿各级警察机构，宁夏省会公安局改称警察局，辖直辖市（银川市）警察局1处、县警察局12处（甲种局4处、乙种局5处、丙种局3处）、县警佐室1处、警察分局4处、派出所1处、消防警察队4处、刑警警察队1处。民国三十七年（1948年），中华国民政府制定《战乱期间各省警务处设置方案》，实行警保分治，宁夏设立警务局，直属于省政府，为全省警察主管机构。1949年9月，宁夏解放时，原国民政府宁夏省会警务局内设总务科、行政科、司法科、督察处、保安队、侦缉队、看守所等，下设银川市区4个分局，共有警员392人。

水利图解

引言

了解宁夏经济社会发展，首先都会想到黄河，谈到黄河。黄河是中国北方大河，全长约 5 464 公里，流域面积约 752 443 平方公里，是世界第五大长河，中国第二长河。

黄河发源于青藏高原巴颜喀拉山脉查哈西拉山的扎曲、北麓的卡日曲和星宿海西的约古宗列曲，呈“几”字形。自西向东分别流经青海、四川、甘肃、宁夏、内蒙古、陕西、山西、河南及山东 9 个省（自治区），最后流入渤海。

黄河中上游以山地为主，中下游以平原、丘陵为主。由于河流中段流经黄土高原地区，因此夹带了大量的泥沙，所以它也被称为世界上含沙量最多的河流。在中国历史上，黄河下游的改道给人类文明带来了巨大的影响。

黄河河源至内蒙古托克托的河口镇为上游，河道长 3 471.6 公里，流域面积 42.8 万平方公里，占全河流域面积的 53.8%；黄河自河口镇至河南郑州市的桃花峪为中游，河段长 1 206.4 公里，流域面积 34.4

万平方公里，占全流域面积的43.3%；黄河桃花峪至入海口为下游，河道长785.6公里，流域面积2.3万平方公里，仅占全流域面积的3%。

宁夏地处祖国西北、黄河中上游，总面积6.64万平方公里，海拔1 090—2 900米。黄河干流冲出黑山峡，从中卫市南长滩入宁夏境，自西南而东北，流经中卫、吴忠、银川、石嘴山4个地级市，12个县(市、区)，至内蒙古乌海市海勃湾出境，在宁夏境内流程397公里。黄河冲出黑山峡后过境平均年径流量325亿立方米，总落差约200米，水势平缓，蜿蜒坦荡，有利于发展自流灌溉，从而形成了宁夏平原。宁夏平原是宁夏境内黄河两岸平原的泛称，包括卫宁平原与银川平原两大块。黄河冲出黑山峡后形成卫宁平原，冲出青铜峡后形成银川平原。宁夏平原南起中卫沙坡头，北至石嘴山，西抵贺兰山，东邻鄂尔多斯台地，沿黄河呈南北延伸，南北长约275公里，东西宽10—50公里。宁夏平原也是河套平原的重要组成部分。河套平原西起宁夏中卫、中宁，东至内蒙古托克托，长达750公里，宽50公里，海拔900—1 200米。河套平原北部阴山山脉高1 500余米，西部贺兰山、狼山主峰海拔分别为3 554米、2 364米。这些山脉犹如一道道屏障，阻挡着阿拉善高原上腾格里沙漠、乌兰布和沙漠等向黄河流域腹地的侵袭。

宁夏处于黄河水能资源的富集区，建设条件和综合效益都比较好，黄河从中北部穿越宁夏，年可利用水资源40多亿立方米。宁夏平原的年降水量为200—250毫米，而年蒸发量为2 000—2 500毫米，没有灌溉就没有稳定的农业。因此，历代统治者都很重视宁夏的农田水利事业。宁夏平原的开发，实际就是一部引黄灌溉史。黄河造就了久负盛名的宁夏平原。又因黄河进入宁夏平原落差较小，流速缓慢，依黄河修建的渠沟纵横交错，引黄河水自流灌溉黄河两岸农田，使宁夏平原成为富饶的农业绿洲，成为著名的“塞北江南”，由此“天下黄河富宁夏”也永载史册。

图示 · 宁夏省主要渠道图

宁夏省主要渠道图

来源：民国《宁夏人文地理图志》。

图解 · 宁夏主要渠道

宁夏引黄灌区是中国最古老的大型灌区之一，距今已有 2 000 多年的历史。自秦汉以来，历代都有增开新渠的记载，有据可查的是汉代已有秦渠、汉渠、汉延渠、唐徕渠等古渠的雏形。南北朝有高渠、艾山渠。唐代有光禄渠、七级渠、特进渠、汉渠、薄骨律渠等 5 条干渠。宋夏时期有汉延渠、唐徕渠、昊王渠等 12 条干渠。元代有秦家渠、蜘蛛渠等 12 条干渠。明代有铁渠、石空渠、胜水渠等 18 条干渠。清代有大清渠、惠农渠、昌润渠、天水渠等 24 渠。到中华人民共和国成立前夕，宁夏引黄灌区直接从黄河引水的大小干渠共 39 条，总长 1 350 公里，灌地 192 万亩。

2000 多年前沿用至今的古渠历经了开凿延伸的历史，逐步形成了覆盖宁夏平原的阡陌纵横、密如网织的引黄灌溉渠系，造就了“塞北江南”“鱼米之乡”的富庶。

图示 · 唐汉各渠图

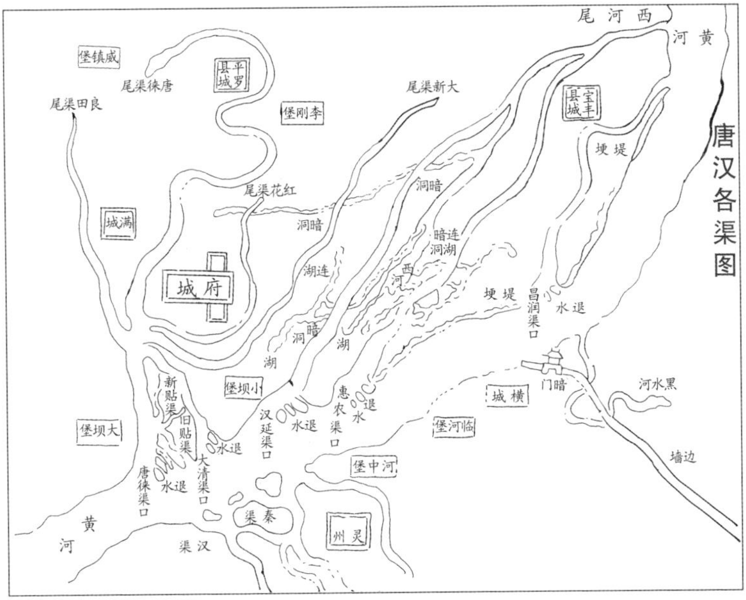

来源：清〔乾隆〕《宁夏府志》。

图示 · 夏朔平罗金灵五属渠道总图

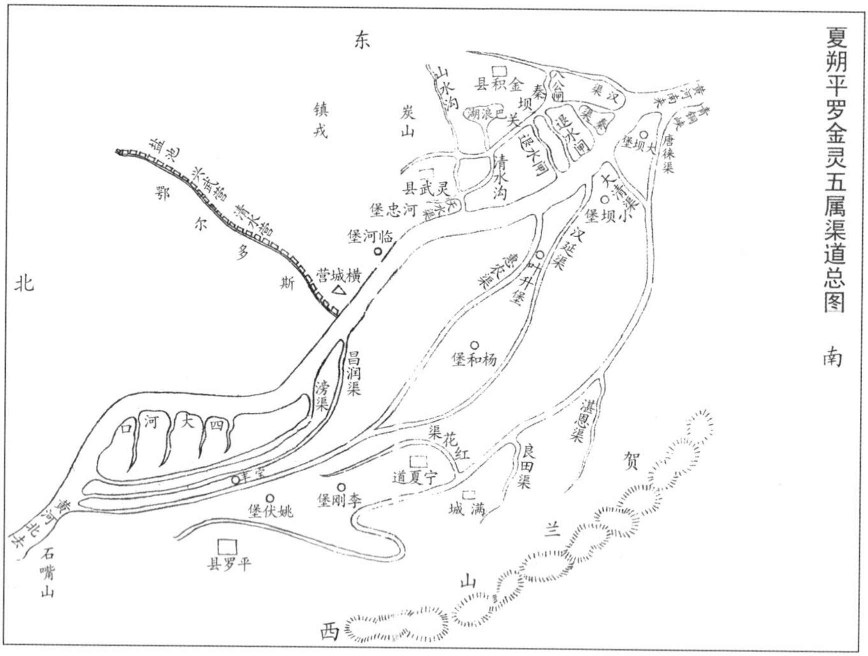

来源：民国《朔方道志》。

图解 · 秦家渠

秦家渠，又名秦渠，相传初凿于秦代，在黄河东。自青铜峡引黄河水，流经今宁夏青铜峡市、吴忠市、灵武市。有专家考证，它就是唐宋史书上记载的七级渠。因为宋代以后，七级渠名消失，秦家渠名出现，可以推断七级渠与秦家渠彼此间有因承沿革关系。据明〔嘉靖〕《宁夏新志》载，秦渠自黄河开闸口，长 75 里，灌田 900 余顷。支渠有里渠、仁渠、李渠、罗渠、大渠、中渠等。每年春三月，发灵州守御千户所军余挑浚。今秦渠长 60 公里，实灌面积 40 万亩。

图解 · 唐徕渠

唐徕渠，原名“光禄渠”，俗称“唐渠”，在黄河西。凿年不详，相传为西汉边将、汉武帝太初三年（前102年）任光禄勋要职的徐自为所开。有考证认为，唐徕渠创修于武则天统治时期（690—701年）。唐元和十五年（820年）重新疏渠修复，并招农户垦种，改名“唐徕渠”。据明〔嘉靖〕《宁夏新志》载，自汉渠口西凿引河流，长400里，其支流陡口大小808处。大支渠有：新渠，在宁夏镇城（今宁夏银川市）南，绕东北而流；红花渠，抱宁夏镇城南门、东门而流；良田渠，在宁夏镇城西，北流；满答剌渠，在宁夏镇城西北，转流东北；西南小渠，飞槽跨壕入新城西南；西北小渠，飞槽跨壕入新城西北。另有红花渠之支渠，即东南小渠，飞槽跨壕入旧城内。每年春三月，发宁夏卫、左屯卫、前卫、右屯卫、中屯卫军丁修治大坝，挑浚干渠、支渠。

唐徕渠流经今宁夏青铜峡市、永宁县、银川市、贺兰县向北流去，到平罗县、石嘴山市惠农渠终止，全长314公里，有大小渠道500多条，灌田100万亩。唐徕渠最宽处30多米，最窄处5米，平均宽度24米，居银川平原14条大渠之首。

图解 · 汉延渠

汉延渠，又名“汉源渠”，习惯称为“汉渠”，开口于黄河青铜峡出口左岸，渠道位于唐徕、惠农两渠之间，距今已有两千多年的历史，是宁夏引黄灌区最古老的干渠之一。汉延渠之名，最早始见于西夏《天盛改旧新定律令》，时间为1149—1169年。据清代宁夏知府钮廷彩《大修汉渠碑记》称，“汉之有斯渠，殆元封太初间”（前110—前101年）。又据明〔万历〕《朔方新志》记载，“浚汉渠者虞诩、郭璜也”，可见汉代已有此渠。虞诩，东汉时期名将，曾在西北指挥平定羌人的战斗。

汉延渠流经今宁夏青铜峡市、永宁县、银川市兴庆区、贺兰县，全长88公里。

图解 · 汉渠

汉渠，相传创始于汉代，故名。据明〔嘉靖〕《宁夏新志》载，自峡口之东凿引河流，长250里。其支流陡口大小365处。有大支渠 5 道，绕宁夏镇城东流。每年春三月，发宁夏卫、左屯卫、右屯卫、前卫军丁修治大坝，挑浚渠道。汉渠与光禄渠可能有因承沿革关系。《新唐书》《旧唐书》对光禄渠有载。据《读史方舆纪要》载，光禄渠在明代设置在灵州守御千户所东，志云“渠在灵州，本汉时导河溉田处也”。今汉渠全长44.3公里，实灌面积20万亩。

图解 · 良田渠

良田渠，在宁夏镇城（今宁夏银川市）西，北流，为唐徕渠支渠。始建年代不详，明〔宣德〕《宁夏志》载有其名。

图解 · 贴渠

贴渠，指新贴渠与旧贴渠。最早称“铁渠”，在黄河西。凿年不详。据明〔嘉靖〕《宁夏新志》载，铁渠在宁夏镇城（今宁夏银川市）西南与“唐坝同口而异闸”。清初改称“贴渠”。据清〔乾隆〕《宁夏府志》载，旧铁渠由唐坝正闸旁另开一闸，自西南迤北至汉坝渠，梢入汉渠，长42里，陡口31道。

图解 · 红花渠

红花渠在宁夏镇（今宁夏银川市）南5里，是唐徕渠的大支渠，东流溉田700余顷，复引入宁夏镇城南门、东门而流。相传红花渠开凿于唐仪凤年间（676—679年），因早年间两岸大面积种植贡品红花药材而得名。

又据《新唐书·地理志》载，唐代灵州共有贡品 21 种，首贡为“红蓝”。唐代李吉甫著《元和郡县图志》也称灵州首贡为红花。因此，红花渠开凿于唐代具有一定的道理。今红花渠渠首在唐徕渠东岸，南分唐徕渠水，环绕银川市兴庆区东南，向北流至八里桥村，全长 20 公里，灌溉面积 1.27 万亩，多为蔬菜花卉生产基地。

图解 · 大清渠

大清渠，初名“贺兰渠”。清顺治年间（1644—1661 年）创开，在青铜峡出口西河马关嵯之下 6 里处开口引水。清康熙四十七年（1708 年），宁夏水利同知王全臣于旧贺兰渠口以上 3 里、唐徕渠口以下 25 里、汉延渠口以上 5 里处新开渠口，引黄河水北流 72 里。因该渠始建于清代，故以“大清渠”命名。雍正十二年（1734 年）、乾隆四年（1739 年）及乾隆四十二年（1777 年）先后重修。光绪十三年（1887 年）重修涵洞，光绪三十年（1904 年）重修渠工，光绪三十四年（1908 年）修压迎水坝。民国二十九年（1940 年）在尚家桥下戴家车门附近新建石涵洞 1 座。该渠原由黄河引水，1953 年改由唐徕渠引水，1976 年与贴渠合并，于河西总干渠与唐徕渠正闸并列分水。今大清渠最大引水流量 20 立方米 / 秒，全长 23.5 公里，灌溉面积 6 万亩。

图解 · 湛恩渠

民国二年（1913年），宁夏护军使马福祥会同满营将军常连、宁夏道台赵维熙会商解决被遣散的满营官兵生计问题。次年在唐徕渠西岸靖益堡陈家田附近设分水口，新开长 50 余里的大支渠一道，名为“湛恩渠”。后因风沙淤渠，输水不利，又下移 3 里另开渠口，改名为“新开渠”。

图示 · 唐惠昌三渠图

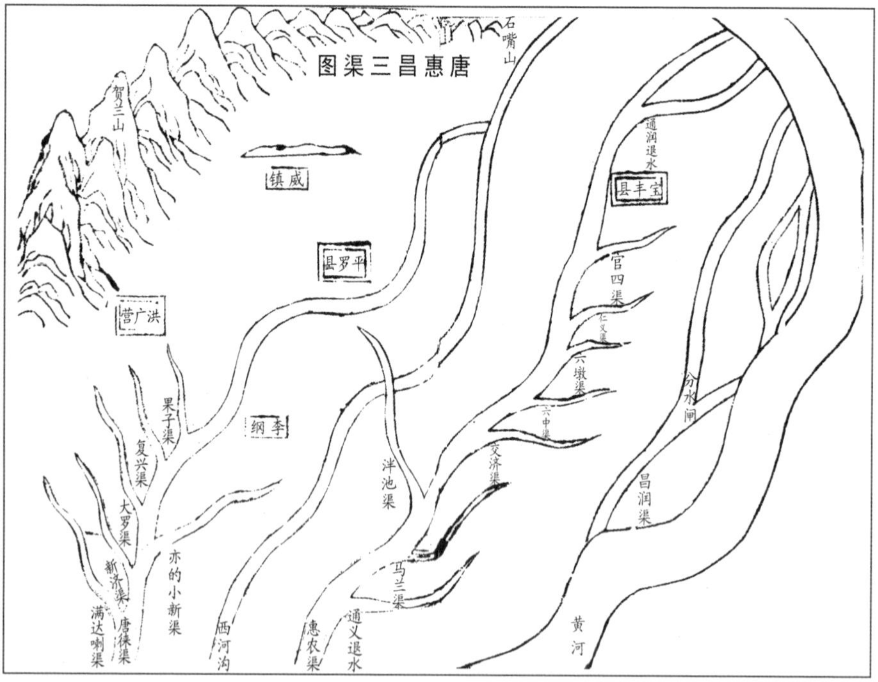

来源：清〔道光〕《平罗记略》。

图解 · 惠农渠

清雍正四年（1726 年），工部侍郎通智率众始于陶家嘴南花家湾凿渠引水，北流 300 里，下入西河。渠东岸筑长堤以防黄河泛滥，渠西疏西河旧淤以泻汉渠、唐徕渠两渠诸湖的溢水，两岸各开支渠百余道。乾隆五年（1740 年）又引渠至平罗县市口堡入黄河，与西河别流。惠农渠，也称“皇渠”，意思是以感皇恩。原由黄河汉河西河俞家嘴引水，1939 年与汉延渠并口，从西河口引水。1962 年改由唐徕渠三闸引水。今惠农渠自青铜峡北流经今宁夏永宁县、银川市兴庆区、贺兰县、平罗县、石嘴山市惠农区，全长 272 公里，溉田 75 万亩。

图解 · 昌润渠

清雍正四年（1726 年）七月，工部侍郎通智主持开惠农渠时，将黄河支流六羊河（又名“柳杨河”）改造成渠，名曰“昌润渠”。原接引惠农渠水，后因两渠一口，不够分灌，乾隆三十年（1765 年）另由宁夏县通吉堡溜山子开口，至永屏堡归入黄河，更名“复兴昌润渠”，长 136 里，灌溉田地 10.18 万亩。同时，通智开昌润渠后又于其旁开通滂渠。清道光五年（1825 年）因河崩渠废，平罗知县徐保字于距原渠口以下数里之温家桥地方另开新口，至渠阳堡归入黄河，渠长 60 里，溉田 2.64 万亩。中华人民共和国成立后于 1956 年将昌润渠、滂渠并入惠农渠作为支干渠。

惠农渠、昌润渠干渠的修成，使大片生荒地得以垦殖。清政府四处招徕流民，入籍编户，授予田地，开发屯垦，达到“辟田万亩，安户万家”的规模。不久，清政府在此设置新渠县、宝丰县。通智在开凿惠农渠、昌润渠建有首功，今宁夏银北地区的通贵、通义、通昌、通吉等冠以“通”字的地名，都因通智名字中的“通”而取名。

附记 · 官四渠

官四渠，原名四渠，自惠农渠永治闸（旧称“泗渠口”）引水，位于惠农渠梢段，因灌水而得官方文书一事，遂称之为“官四渠”。惠农渠素有“一渠二梢”之说，官四渠即为一梢，也称“惠农渠东梢”或“东梢官四渠”。清雍正年间（1723—1735 年）开挖惠农渠，至梢段，因东部垦殖农户较多，就向东开挖渠梢，即分官四渠。清嘉庆年间（1796—1820 年），贺兰山一带人口不断增加，必须向西开渠灌溉，这就是惠农渠梢。但因地势东高西低，特开西梢势必影响东梢灌溉，后经官方与东西两梢代表协商，决定每年灌溉必须为四渠上 3 天官闸，先开东梢 3 日，再开西梢，并写了牛皮文书，要求各方遵守。自此以后，四渠即名为“官四渠”。

图示 · 中卫县属渠道总图

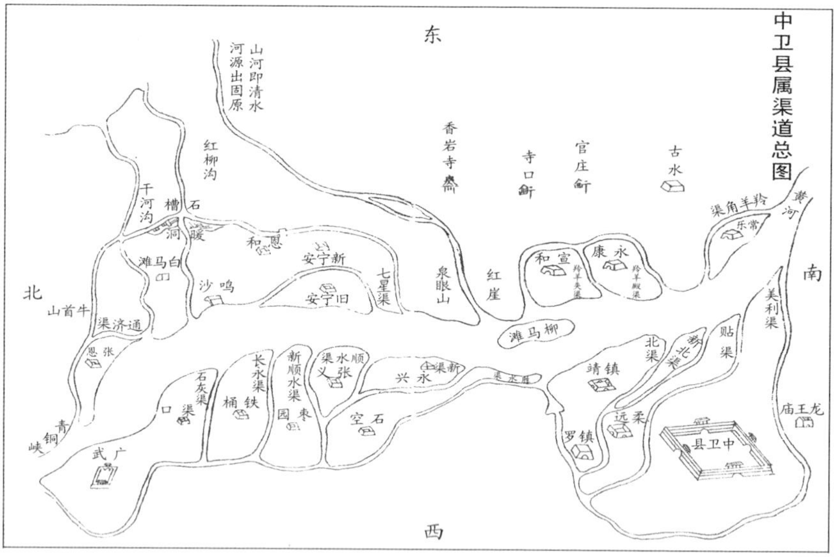

来源:民国《朔方道志》。

图示 · 中卫县水利图

来源:清〔乾隆〕《中卫县志》、清〔道光〕《续修中卫县志》。

图解·七星渠

七星渠，凿年不详。据明〔嘉靖〕《宁夏新志》载，斯渠在黄河东，长43里，溉田200余顷。旧由泉眼山下开口。相传泉眼山下有泉七眼，形若七星，故名。又说渠口居六渠（柳青、贴渠、大滩、李滩、孔滩、田滩）之首，与之罗列，犹如七星而得名。明正统四年（1439年）整修。天启七年（1627年）改修，由新宁安堡开新口，到鸣沙州止。每年春三月，发中卫、鸣沙州军余修治。清康熙年间（1662—1722年）、乾隆年间（1736—1795年）两次复浚。中华人民共和国成立后，因黄河主流偏北后，来水量减少，决定上延渠口到今宁夏中卫市沙坡头区申家滩羚羊夹渠口（又名“夹河渠”），上延工程于1972年11月开工，1978年4月竣工，宽辟夹渠14公里，夹渠并入后降为支渠。

图解·美利渠

美利渠，原名“蜘蛛渠”，又名“浚易渠”，是中卫黄河北（左）岸的主干渠，原渠口位于今宁夏中卫市区西15公里处的沙坡头南侧，傍河堆砌迎水掷引黄河水，于胜金关西钓鱼台经一排水沟入黄河。据明代王业撰写的《美利渠记》载，西夏时期已有此渠。又据《甘肃新通志》载，至元元年（1264年），董文用始复开浚，郭守敬更立闸牌堰。至明代，美利渠系由太平渠、沙渠、官渠等6条渠道构成。据明〔嘉靖〕《宁夏新志》载，斯渠在黄河西，长58里，溉田300余顷。明嘉靖四十一年（1562年），巡抚毛鹏（毛伯温）令中卫文武职官带领本卫丁夫，在旧口之西6里，开凿新口，建进退水闸各一座，渠成后以“乾始美利”意改名为“美利渠”。每年春三月，发中卫军余修治。

清康熙四十年（1701年），中卫协镇（副将）袁铃开石坎，垒石掷。康熙四十五年（1706年），中卫知县高士铎辟宽挖深引水段。中国人民共和国成立后，于1963年建成渠首进退水闸，1964年将原由黄河引水的太平、新北等渠陆续并入，经历年改造形成总干渠。1968 年春加固迎水湃，修迎水桥分水闸，至 1982 年后形成今美利渠渠系。2004 年，沙坡头水利枢纽建成，美利渠（沙坡头水利枢纽北干渠）由大坝左（北）岸 5 号发电机组尾水引水，结束了无坝引水历史。2012—2016 年，实施续建配套项目，对渠道及配套建筑进行扩整和改造，今渠道总长 77 公里，灌溉面积 35 万亩。

美利渠的引水原理是在河心筑堤引水，因此被称为宁夏的“都江堰”。河水撞击在 5 公里引水长堤上，但见浪花飞溅，恰似白云翻飞，远远望去，宛如一匹白马拖着长长的缰绳驰骋在黄河之中，这便是“中卫古八景”之一的“白马拉缰”。

图解 · 胜水渠

胜水渠，凿年不详。据明〔嘉靖〕《宁夏新志》载，斯渠在黄河西，明弘治六年（1493 年），参将韩玉修浚后，长 72 里，灌溉田地 170 余顷。因口狭腹阔，俗称“缸子渠”。每年春三月，发中卫军余修治。清乾隆年间（1736—1795 年）更名为胜水渠，自得胜墩黄河左岸开口，至东南倪家营子入黄河，长 70 里，灌溉田地 2 万亩。民国二十三年（1934 年）更名为“新生渠”。1958 年新开中宁跃进渠，其上段 16.5 公里是扩建利用新生渠，其下段是跃进渠支渠，新生渠从此消失。

图解 · 羚羊渠

羚羊渠，凿年不详。据明〔嘉靖〕《宁夏新志》载，斯渠在黄河东，长 48 里，灌溉田地 40 余顷。每年春三月，发军余修治。

图解 · 贴渠

贴渠，凿年不详，相传创始于元代，在今宁夏中卫市西南边墙（长城）

抵河处开口。据明〔嘉靖〕《宁夏新志》载，斯渠在黄河东，长48里，灌溉田地220余顷。每年春三月，发军余修治。清康熙四十五年（1706年），西路同知高士铎主持重修，并改新口于头塘滩，渠道延长至60里，灌溉田地2.3万余亩。清乾隆年间（1736—1795年），对贴渠进行浚淤修复，对黑马闸进行加固，遂将贴渠易名为“太平渠”。中华人民共和国成立后，曾予整修，随后并入美利渠，为其支干渠。

图解 · 羚羊店渠

羚羊店渠，凿年不详。据明〔嘉靖〕《宁夏新志》载，斯渠在黄河东，长45里，灌溉田地260余顷。每年春三月，发军余修治。

图解 · 新顺渠

新顺渠，明天启五年（1625年）开凿。据清〔乾隆〕《宁夏府志》载，斯渠自石空寺东南倪家营开口引水，向东北流至灰窑墩，长70里。

图解 · 石灰渠

石灰渠，凿年不详。据明〔嘉靖〕《宁夏新志》载，明正统四年（1439年），宁夏巡抚金濂曾主持疏浚。斯渠西经广武营，每年春三月，发军丁挑浚石灰渠之支渠石灰、大沙、快水等渠。清康熙年间（1662—1722年），渠口壅崩，民力不及，提督俞益谟捐千金建闸疏滞，一时有“千金渠”之称，自铁桶堡碾盘滩开口，至广武堡五塘墩止，长60里，灌溉田地1.23万余亩。中华民国初年，改名丰乐渠，延长至74里，溉田1.4万亩。中华人民共和国成立后，于1952年将该渠与长永渠合并，定名“丰长渠”，新开口于枣园堡沈家营黄河左岸，灌溉田地3.6万余亩。20世纪60年代，青铜峡水库蓄水后，广武十里碑以下渠随地被淹没，丰长渠废除，其上段成为由跃进渠供水的支渠。

图解 · 柳青渠

柳青渠，凿年不详。据明〔嘉靖〕《宁夏新志》载，斯渠在黄河东，明天启五年（1625 年）曾予整修，原进水口在泉眼山下，直引黄河水灌溉，长 35 里，灌溉田地 280 余顷。每年春三月，发军余修治。灌区为枸杞种植中心，久享“宁安枸杞”盛誉。1956 年并入七星渠，降为支渠。

图解 · 通济渠

通济渠，在张恩堡，明万历四十年（1612 年），付朝宇自堡之西南三道湖开口引水绕堡，东流至高家嘴子入河，延长 40 里，灌溉田地 2 420 亩。20 世纪 60 年代，青铜峡水库蓄水后，渠道及其灌区被淹没而废除。

附记 · 青铜峡

青铜峡，东汉时称“上河峡”，北魏时称“青山峡”，唐时称“硖石”“大石山”，宋代始称“青铜峡”。称为青铜峡有两种说法：一说黄河穿峡而过，水光山色相映，水体似青铜；一说水面如铜镜。

青铜峡位于今宁夏平原中部，是黄河穿过牛首山、峡口山之间形成的黄河上游的最后一道峡谷，长 8.6 公里，宽 300—600 米，最窄处仅 90 米，谷深约 200 米，两岸陡峭，地势险要，有“居山河聚会之处，雄银川锁钥之要”的战略地位。正因为这里两岸石壁劈立，对山交错，紧束洪流，1958 年兴建的青铜峡枢纽，就位于青铜峡峡谷出口处。1960 年 2 月截流后，将黄河水位抬高，使新开的西干渠进水有了保证。

附记 · 清水河

清水河为黄河上游支流，在宁夏南部。古称“西洛水”“高平川水”“蔚茹水”，发源于六盘山东麓的黑刺沟垴，向北流经固原市原州区、海原、同心、中宁，在中卫的泉眼山西侧注入黄河，长 303 公里。是宁夏境内流入黄河最大、最长的支流，流域面积 8 499.6 平方公里，年平均径流量 1.65 亿立方米。近年来，由于污染和干旱等原因，清水河流量不断减小，表现出干旱半干旱河流的特点。

图示 · 黄阳沟平面图

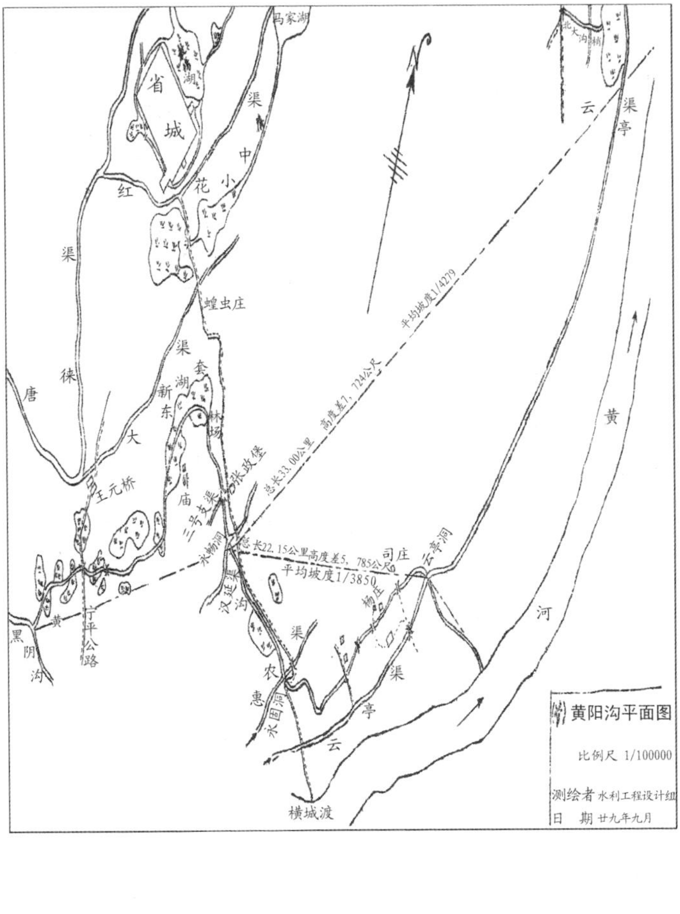

来源：民国《十年来宁夏省政述要》。

图解·黄阳沟

中华民国时期，银川平原的主要排水沟只有林皋沟（东沟）、王洪沟（西沟）、黑阴沟、黄阳沟、北大沟、西大沟以及河东的清水沟与山水沟等 8 条，总长度不过 310 公里，大都断面狭小、沟身弯曲、淤塞严重、水流不畅，因此排水作用非常有限。民国十八年（1929 年），宁夏省成立以后，省建设厅厅长魏鸿发开始筹购仪器，设立水工设计组，开始水利测量工作，上图虽属平面图，但也反映了当时的宁夏水利测绘成果。据民国《十年来宁夏省政述要》载，因黄阳沟退水不利，省建设厅特令水工设计组前往测量，设立了黄阳沟道测量队，内设队长 1 人、队员 6 人、事务 1 人、测工 10 人，分为导线组和水平组 2 个组。通过测量，规划了黄阳沟新沟线选择，即将旧有沟线裁直和废弃永固洞以下旧有沟线，将大梢移筑于北大沟梢处。随后又进行了北大沟、中小沟、西大沟等排水沟的测量，为宁夏排水沟的整修提供了科学依据。

黄阳沟口，位于王元桥西南 5 公里许，纵贯魏信、张政、李祥、通贵等地。其排水依次流经汪家大湖、马家大湖、史家湖、杨家湖、秦家湖、孙家湖、长湖及刘家湖。因多年废弃，只有沟道之名，而无排水之效。主要原因是沟线蜿蜒迂回，致使沟的坡度降低，水流不畅；沟底淤积，乱草丛生，横断面减少，致使沟水位高涨，湖水不能泻入沟中；永固洞、云亭洞等洞底过低，洞孔全淹没水中；沟梢淤没，不显沟身，且沟梢低于黄河水位，致使退水无处泄漏。为解决黄阳沟排水问题，经实地勘测，水利工程设计组提出整治黄阳沟两种措施：一是将旧沟裁直，不利用永固洞，另建新暗洞；二是废弃永固沟以下旧沟线，将大梢移筑于北大沟梢处。

附记·云亭渠

云亭渠系惠农渠支渠。由我国“近代水利事业的元老”郑肇经派员设计，由中华民国时任全国经济委员会委员长宋子文拨款20万银元，于民国二十三年（1934年）11月兴工，至民国二十四年（1935年）5月竣工。开口于宁朔县王太堡，东北行与惠农渠平行，至宁夏县通吉堡入黄河，渠长120里，灌溉20万亩。马鸿逵为纪念其父马福祥（字云亭），命名为“云亭渠”。中华人民共和国成立后，改名为“民生渠”，灌溉今宁夏永宁、贺兰2县及宁夏银川市兴庆区农田4万亩。

交通图解

引言

宁夏最早修筑的公路，都是在原有大车道基础上草草整修，没有进行测设。民国十六年（1927年），甘肃省省道管理处派出技术人员，对宁（银川）兰（兰州）汽车路的中卫至兰州段进行了勘测，据此决定摒弃原来的中卫、沙坡头、营盘水线路，改由莫家楼渡黄河，再经宣和堡、寺口子、兴仁堡、靖远至兰州。这次勘测使以后数十年兰（兰州）包（包头）公路网国道的走向基本稳定。

民国十八年（1929年），宁夏建省，公路事业处于萌芽阶段。民国二十年（1931年）初，宁夏省建设厅制订《春间修筑汽车路办法》，规定以渠工“搭车”筑路，即从唐徕渠、汉延渠、惠农渠、大清渠四大干渠的渠工中拨出5%专门筑路，解决筑路的劳力问题。这个《办法》还就公路的修建标准、绿化、管护等，作出了简要规定。到民国二十一年（1932 年）底，宁夏汽车路的“三大干线”和“四大支线”雏形形成。“三大干线”指宁夏省城至包头、兰州、平凉的省级路，“四大支线”指宁夏省城至盐池、灵武、豫旺、巴彦浩特的省内道路。

宁夏汽车运输始于民国九年（1920 年），以宁夏汽车运输公司成立为标志。民国二十二年（1933 年），在宁兰、宁包两线开始经营客货运输业务。当时，全省有汽车 34 辆，其中官车 21 辆、私车 11 辆、机器脚踏车 2 辆。民国二十九年（1940 年），宁夏省河运管理局成立，统制全省船筏，下辖河运所 4 个，计有行船 178 艘、渡船 51 艘、渔船 51 艘，全省水运开始步入短期正规的管理。民国三十一年（1942 年），宁夏省河运管理局撤销，所有船筏均由驻军调配使用。

图示 · 宁夏已成公路长度比较图

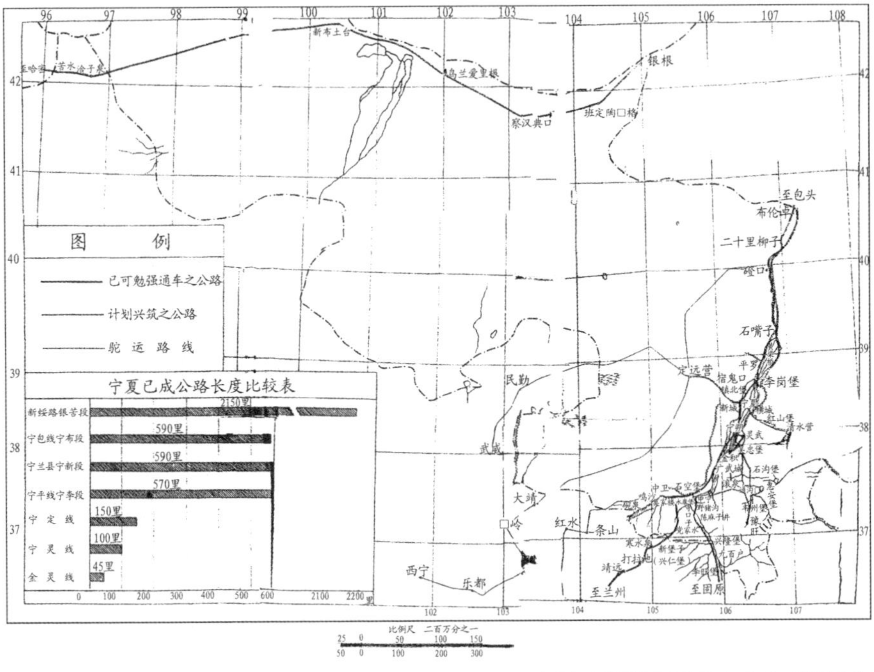

来源：民国《宁夏省人文地理图志》。

图示 · 宁夏全省汽车路线图

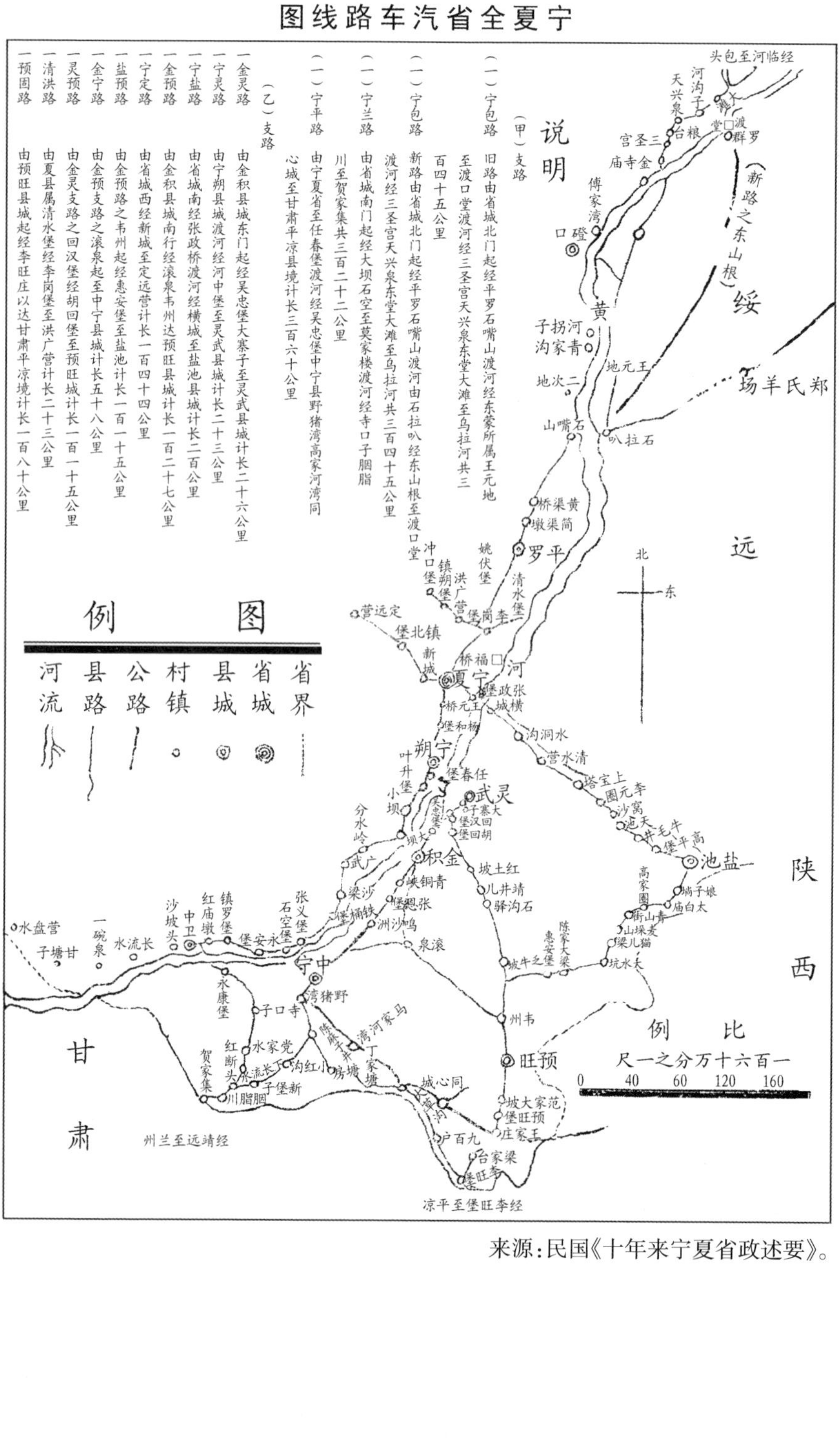

来源:民国《十年来宁夏省政述要》。

图解·宁夏公路

马鸿逵主政宁夏后，迫切需要一个比较完整的公路规划。民国二十二年（1933 年）3 月，宁夏省道管理处成立，这个专司公路建设、管理的行政机构，由前任建设厅厅长魏鸿发（亦名魏绍武）任处长，主要负责修筑省道，经营宁包、宁兰两线汽车运输。民国二十二年（1933 年）6 月，宁夏省道管理处首先制订了《宁夏省道修筑计划》，绘制了公路建设蓝图，即修筑 2 条干线、7 条支线。干线是宁（银川）包（包头）路、宁（银川）兰（兰州）路，共 530 公里。支线是宁夏省城辐射至灵武、盐池、豫旺、固原、定远营及金积至灵武、中卫至中宁的公路，共 793 公里。以上规划线路，都在以后四五年间陆续建成并投入使用。按照实施方案，主要采取 3 种办法进行公路建设：一是由驻军就地就近修筑附近公路；二是在居民密集路段就近征调民夫修筑；三是招募路工队到人烟稀少的路段专职修筑。民国二十四年（1935 年），在宁平路金积至中宁段改线工程施工中，调集十五路军军工 3 000 人、民工 1 200 人，从青铜峡崖壁炸石开山劈出公路 10 公里，这在当时是一项十分艰巨的工程，该山路的开通，使宁平、宁兰两线由此道通过。到民国二十五年（1936 年）底，全省已有干线公路 4 条、支线公路 11 条，总长 1 633 公里。

在修筑干线公路的同时，在其一侧另修一条大车道，专供非机动车和行人使用，公路只准汽车通行，从而保护了土质路面，保证了公路畅通及行车安全。限于财力，这种高等级公路并不多，只有从石嘴山到小坝的公路约 150 公里，被当时外地新闻媒体称为路况最好，广平如镜。另外，这个时期，严格市郊公路管理养护，不但要求路面平整，甚至每天都要洒水。银川以北 100 公里、以南 50 公里范围，各种非机动车（包括自行车）严禁上公路行驶，避免了混合交通的弊端。

1937 年，抗日战争全面爆发，我国的西北公路交通日显重要，为适应战争需要，国民政府决定对公路交通实行统一管理。民国二十九年（1940

年）9 月，宁夏的公路交通也由设在兰州的交通部西北公路管理局统一管理。因财力所限，抗日战争期间宁夏的干线公路建设被迫中止，兴建的支线公路也很少。到民国三十四年（1945 年）底，全省公路仍为 4 条干线、11 条支线，通车里程则减少到 1 565 公里。抗日战争结束后，国民政府又忙于内战，加上经济崩溃、物价飞涨，基本无力兴建公路，甚至无力顾及公路养护。到 1949 年 9 月，宁夏公路通车里程锐减至 1 167 公里。其中，干线公路 4 条，即西兰公路 76 公里、宁兰公路 240 公里、宁平公路 216 公里、宁包公路 105 公里；支线公路 5 条，即金积至灵武 21 公里、银川至盐池 136 公里、金积至豫旺 153 公里、银川至定远营（巴彦浩特）49 公里、盐池至豫旺 88 公里；其他公路 83 公里。

中华民国时期的公路有 4 个特点：一是基本沿用原来的大车道，路基普遍较低，宽度除干线公路大于 7.5 米外，其他支线只有 6 米；二是基本无路面，除西兰公路和宁平公路的个别路段铺有沙砾外，其余都是土路面；三是线型、弯曲半径、纵坡不合要求，如西兰公路的六盘山越岭线，坡度超过 10%，客车行至山麓，旅客要全部下车，与耕牛“并驾”将汽车拉上山，人称“上山人拉车，下山车拉人”；四是未按技术规范修建桥涵，仅有永久式、半永久式桥各 1 座，其余都是临时性便桥。

早在中华民国初期，现代交通工具开始进入宁夏。民国九年（1920 年）4 月，宁夏汽车股份有限公司成立。民国十四年（1925 年），宁夏第一条汽车路，即宁（银川）兰（兰州）汽车路修道。民国二十一年（1932 年），南京国民政府任命马鸿逵为宁夏省主席，马鸿逵率十五路军由河南信阳地区至宁夏赴任，随军带有汽车 30 辆。次年 4 月 1 日，将其中的 21 辆交宁夏省道管理处，开始经营客货运输业务，也标志着宁夏始有首批民用汽车。但是，因汽车数量极少，使用范围小，宁夏的运输方式仍以车驼、船筏等人畜力运输为主，货运也以军运物资为主。

民国二十五年（1936 年）1 月 31 日，宁夏省汽车管理局成立，接办省道管理处汽车营运业务，始在省城（今宁夏银川市）设汽车站，另在中卫、中宁设分站。民国二十九年（1940年），宁夏地方汽车运输企业倒闭，由国民政府交通部公路总管理局成立的西北公路运输管理局（驻甘肃兰州市）统筹西北公路的修筑养护并开始经营宁夏的公路运输业务，但调配的汽车一般不超过10辆。同年，正式开办宁（银川）平（平凉）公路营运业务。西北公路运输管理局在宁夏省的省城设宁夏汽车站，又先后在固原、同心、吴忠堡、中宁设汽车站。民国三十一年（1942年）又增设石嘴山汽车站和平罗代办点。西北公路运输管理局将宁平公路营运线路延伸至绥远省陕坝。宁夏至陕坝每月对开班车3次，宁平运输段更名为宁平绥运输段，段部由平凉迁至宁夏，并增设平罗汽车站、石嘴山汽车站、三盛公汽车站和陕坝汽车站。民国三十二年（1943年），宁平绥段全年客运6 040人，货运70 252公斤。民国三十三年（1944年），西北公路运输管理局开辟渝宁绥联运客车，由重庆经广元、兰州、宁夏到达绥远陕坝，每月对开2次。同时对线路管理机构进行调整，改宁平绥运输段为宁固绥运输段，下辖同心、三营、中宁、吴忠、石嘴山、三盛公和陕坝7个汽车站。抗日战争结束后，该局在宁夏设运输分处，并常驻一个运输中队，车辆最多时达55辆，其中美国产大道奇卡车30辆、苏联产吉斯卡车25辆。开辟营运线路6条，北及包头，南迄西安，西南至兰州，总里程达2 491公里。内战爆发后，宁夏境内军车日渐增多，民用车辆逐年减少。1949年9月，宁夏解放时，接收军用汽车321辆、民用汽车38辆，多数为美国产奇姆西、司迪培克、大道奇、小道奇、雪佛兰、福特，以及苏联产吉斯和日本产丰田汽车，以奇姆西型号车最多，共计233辆。因这些进口汽车牌号杂，结构、技术性能各异，加上司机大都不懂保养知识，汽车修理技术低下，由此在民国三十一年（1942年）建立了宁夏修车厂，聘请平凉修理所6名汽车修理工来厂工作。次年，宁夏修车厂扩大为保养场，并增设同心城救济站，均隶属平凉修车厂。到1949年9月宁夏解放时，宁夏修车厂共有技术工人和技术人员40人。宁夏修车厂是宁夏首次设立的汽车修理专业机构。

图示 · 宁夏水运略图

宁夏水运略图

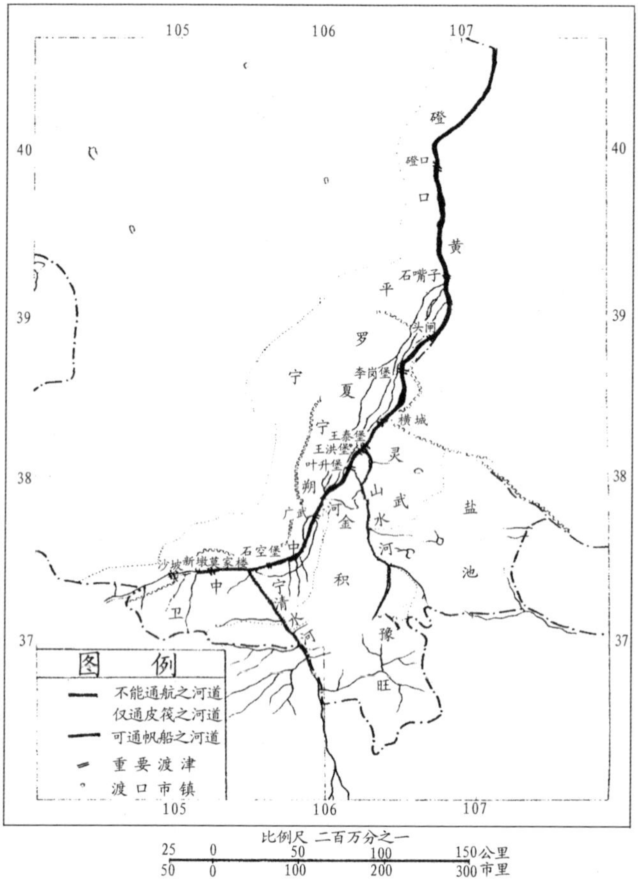

来源：民国《宁夏人文地理图志》。

图解 · 宁夏水运

宁夏水运，指黄河水运。宁夏黄河水运历史悠久，早在5世纪，北魏时期，薄骨律镇（即灵州，今宁夏吴忠市）镇将刁雍修艾山古渠，就曾经开始利用黄河水运。黄河运输工具有木筏、皮筏与木船3种。木筏、皮筏多用于黄河上游。兰州以上黄河上游森林资源丰富，可编木为排，顺流而下，供宁夏、包头之需，是为木筏，其上亦可搭客载货。皮筏分牛皮筏、羊皮筏两种，前者以载货为主，后者以搭客为主，其载重能力视所用皮袋多少而有不同，约 4 万斤至数千斤不等。木筏有五子、七子、扁船 3 种，一律平底，方形带圆，吃水较浅，载重约 3 万斤至数千斤不等。

民国二十四年（1935 年），全国经济委员会山西分会在包头创办汽船 3 艘。当年 5 月 9 日首次上船，于 5 月 22 日逆行抵达宁夏横城。

图示 · 宁夏省电话局长途电话线路略图

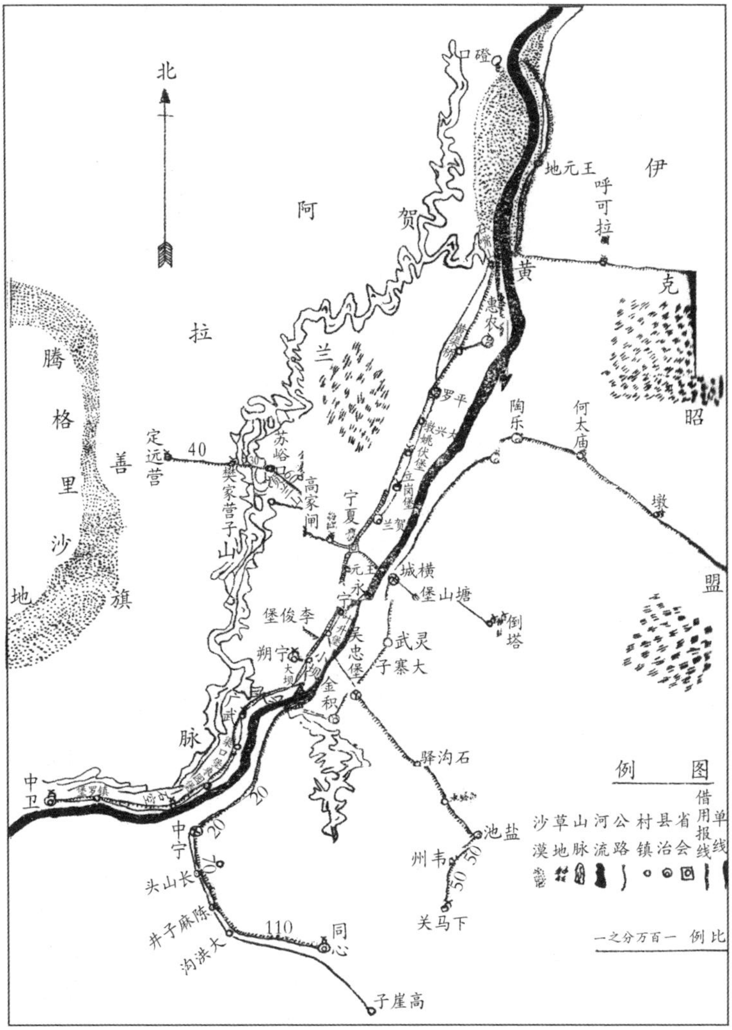

宁夏省电话局长途电话线路略图

来源：民国《十年来宁夏省政述要》。

图解 · 宁夏通信

中华民国初期，在西安设陕甘电政管理局，下设宁夏电报分局。民国五年（1916年），陕甘电政管理局撤销，宁夏电报分局更名为宁夏三等电报局，隶属兰州一等电报局。民国十八年（1929年），宁夏建省，国民政府通令甘宁两省在兰州合设甘宁电政管理局，在宁夏省城设三等电报局。是年，宁夏省城市电话仅架设铁质单线数条、杆路数公里。为保障政令、军令畅通，在省城组建磁石制人工市话网，仅供各机关使用，不分种类。

民国二十二年（1933年），马鸿逵主政宁夏，设宁夏长途电话局，后与市内电话合并，改称“宁夏省电话局”，并开始接办市话。次年4月11日，宁夏省电话局开放省内长途电话业务初期，业务不分种类。同年12月，宁安堡开办长途电话，业务种类有军政电话、商用电话2种。宁夏省电话局以其自营电话线路，在省内开放报话混合话路共11路，开放宁夏省城至定远营、中卫及中宁到同心串联混合话路各4路。是年，在银川小南门长途室设人工交换机2台，在吴忠、中宁等主要县镇也设人工交换机数台。除军政通话外，对外受理商民通话业务。

民国二十四年（1935年），架设宁夏省城经中宁、靖远至兰州铁线1条。次年，全省电话线路架设基本完成，并利用电报线开放宁夏省城至中宁、石嘴山等地话路3路。宁夏省电话局依线路走向，在军事要道及重要县镇设电话分所，黄渠桥、吴忠堡、大坝、中宁为一等分所，石嘴山、平罗、盐池、金积、韦州、宁朔、同心、中卫、石空、磴口为二等分所。截至民国二十五年（1936年），宁夏省电话局用铁线架设专供军用的省内线路901.2杆公里，主要走向是：省城至横城、陶乐，横城经灵武至吴忠；省城经永宁、小坝至中卫，大坝至中宁，中卫至中宁，中宁至同心，大坝至吴忠；省城经贺兰、平罗、黄渠桥、石嘴山至磴口等线路。

民国二十五年（1936年）12月1日，国民政府交通部颁行《长途电话营业通则》，将军政、商话分为叫号电话、叫人电话、传呼电话3类。

民国二十六年(1937年)，抗日战争全面爆发，将宁夏省电话局下设的一等分所、二等分所更名为一等分局、二等分局，另增设惠安堡二等分局。

民国三十年（1941年）4月，因宁夏增县，又增设贺兰、惠农、定远营、灵武4个二等电话分局。同月，宁夏省电话局利用600W报话双用无线电台，首开银川至兰州无线短波长话电路。同年7月1日增开银川至西安话路1路。民国二十九年（1940年）春，由中宁至中卫架铁线1条。

民国三十一年（1942年）7月，交通部统一各地电报管理机构名称及等级，宁夏省电话局更名为贺兰电报局，并确定为二等局。

民国三十二年（1943年)，由平凉至同心架设铜线1对。次年，由固原至同心架设铜线1条，由平凉至固原架设铜线1对。6月，由兰州至中宁加挂铁线1条。是年，交通部再次统一名称，贺兰电报局又更名为宁夏电信局。

民国三十三年（1944年)，开通宁夏省城至石嘴山、中宁，石嘴山至磴口，大坝至中宁话路。抗日战争胜利后，宁夏省政府将全省划分为银南、银北两个专区，银南专区辖8县和陶乐设治局，银北专区辖5县。省电话局相应对所辖机构进行调整：在省城设电话售票处；将一等分局、二等分局改为分局、分所，吴忠堡、中宁、黄渠桥、定远营设分局，惠安堡、韦州、中卫、同心、石嘴山设分所。次年10月，又设大坝分局、横城分局及金积分所、灵武分所、宁朔分所。11月，又增设立岗分所、永宁分所、惠农分所、石空分所、陈麻子井分所、灵武分所、补隆淖（今内蒙古磴口县补隆淖镇）分所、谢岗分所、陶乐分所、盐池分所。

民国三十六年（1947年）5月，在银川又增设10门交换机。9月11日，新开银川至张家口话路，至次年3月27日关闭。是年，由望洪堡经仁存渡过黄河至灵武架铁线1条。民国三十七年（1948年）3月，新开银川至包头话路。4月，临时开通银川至南京话路。5月，新开银川至归绥（今内蒙古呼和浩特市）话路。同年又开通宁夏省城至同心、平凉等地话路6路。

民国三十八年（1949年）3月，利用原铁线开放银川至宁朔（小坝）话路。同年，在原银川至中宁杆路架设铜线1对，将平凉至同心铜线北延至中宁。宁夏解放前夕，宁夏省有省办的17路、部办的21路长话电路全部阻断。

科教图解

引言

清末实行新政，改书院为中学堂，对于地方教育的影响较大，主要表现为不同教育模式的出现，主要有中学堂、小学堂等正规的学校教育和宣讲劝学公所等社会教育。从清末到中华民国，又是近代科学技术开始进入宁夏并得到初步发展的重要时期，主要有防疫、电报、矿物勘测、水利设计等新技术的应用，其中清光绪三十三年（1907 年）在固原州兴建的农事试验场，就首开了宁夏农业引种试验的先河。

图示 · 固原宣讲劝学公所图

来源:清〔宣统〕《新修固原直隶州志》。

图解 · 固原宣讲劝学公所

固原宣讲劝学公所位于固原州城南门阋城。宣讲劝学公所就是当时一种新的教育形式。这种形式，有助于更多的不能进学堂读书的人学习，主要目的是“以资劝学绅民”。光绪三十二年（1906 年），固原直隶州知州王学伊捐廉重修固原宣讲劝学公所，主要建筑有宣讲堂三楹，中间设奉圣谕牌座，东西为讲生的憩所，后面有储书室。固原宣讲劝学公所每次开讲，都有乡民环而听者。

图示 · 固原中学堂图

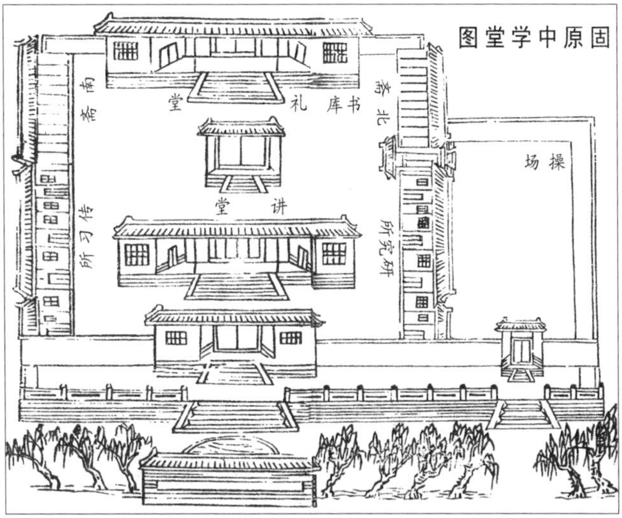

来源:清〔宣统〕《新修固原直隶州志》。

图解 · 固原中学堂

清光绪十七年（1891年），驻固原陕西提督雷正绾捐资创修书院，始冠名为“五原书院”。光绪二十七年（1901年）八月，清政府诏令实行“新政”、“改全国书院为大中小三级学堂”，正在高速发展的书院紧急叫停，全国各地兴起了创办新学的热潮，今宁夏的各级书院也陆续被改建为新学堂，从教学内容到教学方法都进行了改革。在这个大背景下，固原直隶州书院改为中学堂。到清光绪三十三年（1907年），固原直隶州知州王学伊一面在旧提督街择地定基，一面以自己的养廉银作为抵押，贷款兴修学堂，正式命名为“固原中学堂”。招收的生员除固原本州外，还有海城（今宁夏海原县）、平远（今宁夏同心县）、硝河（为固原州分州，今为宁夏西吉县）的生员，学科设置也相对完整。固原中学堂大门向东，与固原州城东清水河对面的东岳山相对。门前有照壁，门堂三楹，讲堂三楹，左右分列研究所和传习所，中列屏门，再往里就是礼堂、书库、教习所、憩所等。左右分别为北斋和南斋。操场在学堂外。学堂设校长1人，教习人选多为举人出身。中华民国时期又改为县立第一高等小学堂。民国二十四年（1935年）更名为固原提署街小学。民国三十年（1941年）8月创设初级中学，隶属甘肃省固原县。中华人民共和国成立以后，1956年增设高中部，1958年10月更名为“固原中学”，1980年更名为“固原一中”。2003年8月与固原民族师范合并，成立新固原一中。

图示·固原高等小学堂图

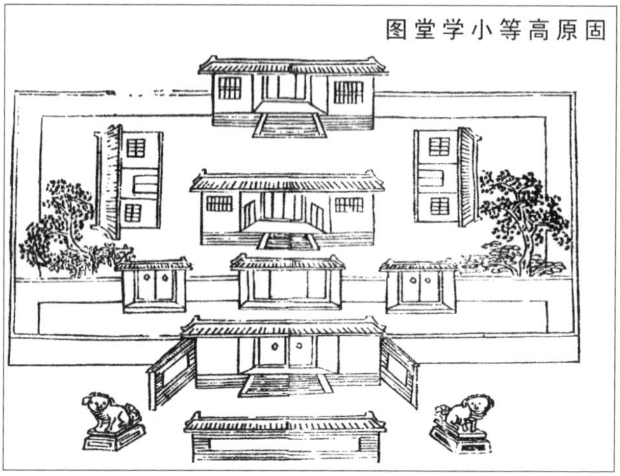

来源：清〔宣统〕《新修固原直隶州志》。

图解·固原高等小学堂

清末，随着中学堂的出现，小学堂也随之设立了不少。小学堂有高等小学堂与初等小学堂之分，有公立小学与私立小学之别，私立小学多在乡村。清末，固原高等小学堂暂设于文昌宫内。中华民国时期，新式教育影响较大，固原地区的学校教育亦发生了很大变化。中华民国初年，将固原中学堂改为固原县立第一高等小学堂，至民国二十四年（1935 年）更名为“固原提署街小学”，民国三十年（1941 年）改为初级中学。

图示 · 固原大校场图

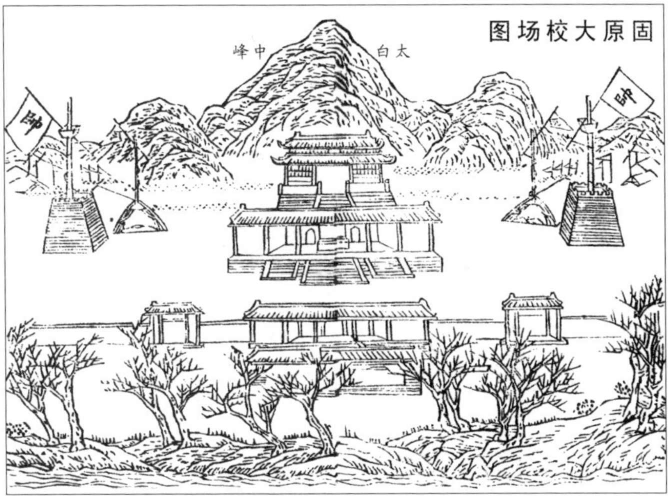

来源：清〔宣统〕《新修固原直隶州志》。

图解 · 固原大校场

固原大校场，又称“演武场”，为比武、军队操练或检阅之地，位于固原城外东南 3 里处的太白山下，周围 9 里，地极宽阔。太白山位于东岳山南侧。演武场最早修建于明代，总兵官赵文增建望军楼。场内建有演武厅及射楼，树立着三边总制张珩师诸葛法所建的《八阵图》和铭曰“固原开府重地，持此练士，为诸镇倡”的巨大石碑。

图示 · 固原小校场图

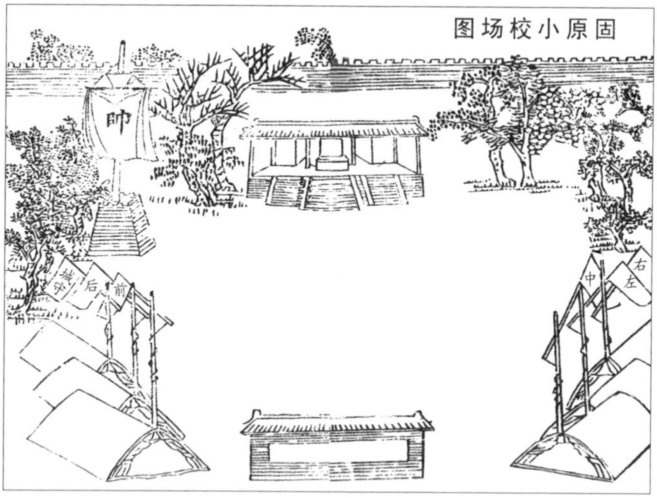

来源：清〔宣统〕《新修固原直隶州志》。

图解 · 固原小校场

固原小校场，位于固原提督署西，紧靠内城墙边，为固原提督所辖各营随时教练之所。中间为阅武亭，四周有新柳、古槐。

图示 · 固原试验场图

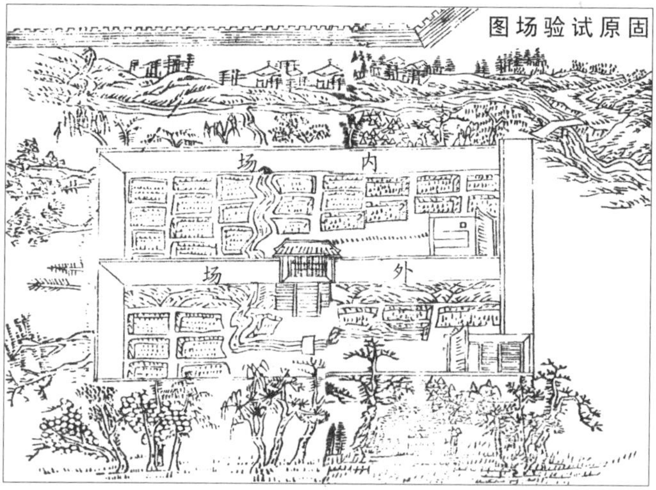

来源：清〔宣统〕《新修固原直隶州志》。

图解 · 固原农事试验场

清光绪三十三年(1907 年) 9 月，清政府设立商部。10 月，商部提出把“立农学堂，兴试验场”作为振兴农务之法，固原农事试验场就是在此背景下，由固原知州王学伊购地创办的，位于固原城西南中营署一侧，分为内场、外场，利用西海子渠水，主要从事木棉、葡萄、蟠桃等引种试种。固原农事试验场是今宁夏最早的农业试验机构。

图示 · 固原习艺所图

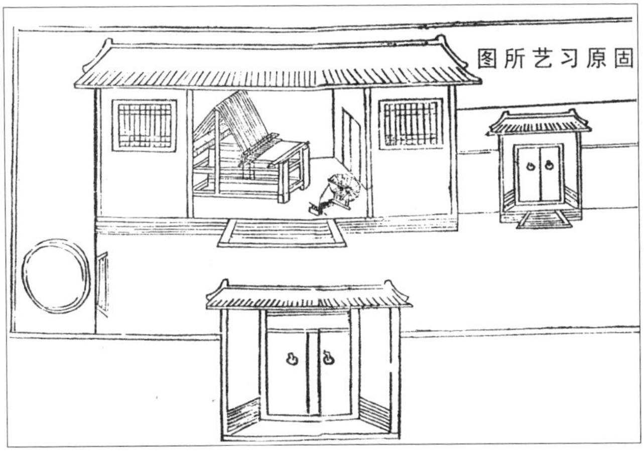

来源：清〔宣统〕《新修固原直隶州志》。

图解 · 固原习艺所

固原习艺所为军流习艺所，位于固原州署偏东，清光绪三十二年(1906 年)，由固原知州王学伊捐养廉银开办。“内设织绒毡、织褐布各机架，制宽窄花带、髻网各手机，造得胜袋机床”，技术上有一定的进步。但据地方志书记载，这个习艺所“举凡军流，皆得肄业于其间”，“所以恤狱囚而宏实业也”，实质上只是惩罚性的劳役场所，规模不大，产品有限，不可能有多少商品投入市场。

物产图解

引言

宁夏比较有名的物产有食盐、煤炭、大米及以羊为主的畜产。宁夏所生产的食盐是池盐，是天然结盐生成。池盐源于饱和的咸水，经阳光自然烈晒，天然形成，且取之复生，用之不竭。如果客水入池，池水冲淡，盐则不生。宁夏盐池县有可能是我国最早实行人工利用天日晒盐法的地方。利用天日晒盐的具体办法是“垦畦浇晒”，这是制盐史上的一项突破性技术变革，采用这种办法，可以提高池盐的质量和产量。这一完全依靠日光、风力等自然力结晶成盐的制盐技术，比我国“煮海为盐”和西欧的天日晒盐技术早了近千年，历经宋、元、明、清并沿用至今。煤炭资源开发较早，1272 年，马可·波罗穿越西夏旧地，就发现贺兰山北部有一种黑色的“会燃烧的石头”。明清以来，贺兰山腹里石炭沟（今宁夏石炭井）已久负盛名。中华民国时期，多次组织有关人员对贺兰山西北部的煤炭及其他矿产、植被资源进行调查，从而积累了一些珍贵的资料。

图示 · 宁夏稻米分布图

宁夏稻米分布图

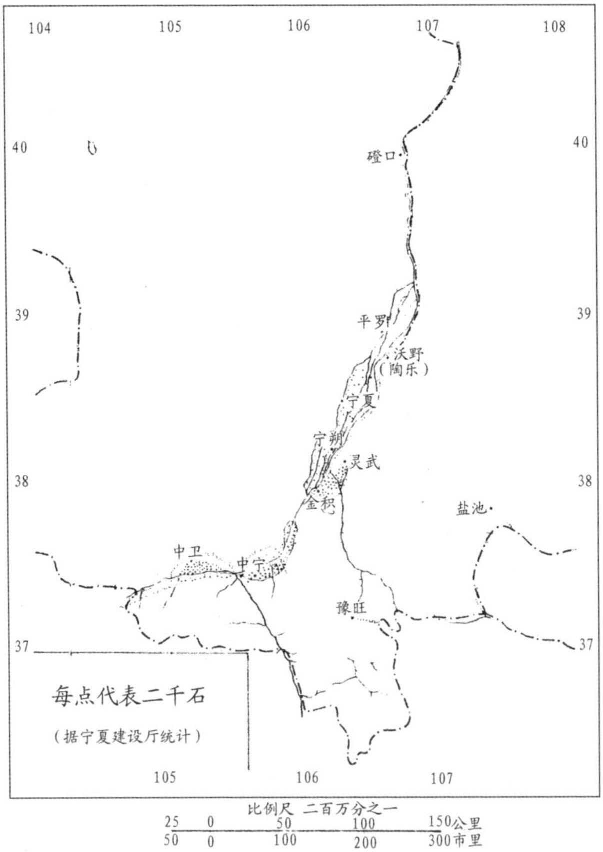

来源：民国《宁夏省人文地理图志》。

图解 · 宁夏水稻

据民国《宁夏省人文地理图志》载，宁夏水稻大概于芒种（6 月初）播种，夏至后以人工拢去杂草，至秋分前后（9 月终）即可收获。以各县稻田对灌溉面积比例而言，中宁、中卫、灵武各县水稻种植最多，约占 30%；金积县次之，占 20%；宁夏、宁朔两县最少，仅占 10%。“至于平罗，则稻米产量甚微，可不具论”。另外，宁夏省稻作区内人口密度常较种麦区域为高。就水稻产量而言，以中卫最高，约10万石，中宁次之，金积则产糯米最多。

图示 · 宁夏省三十年度粮食产销数量及运销路线简图

图简线路销运及量数销产食粮度年十三省夏宁

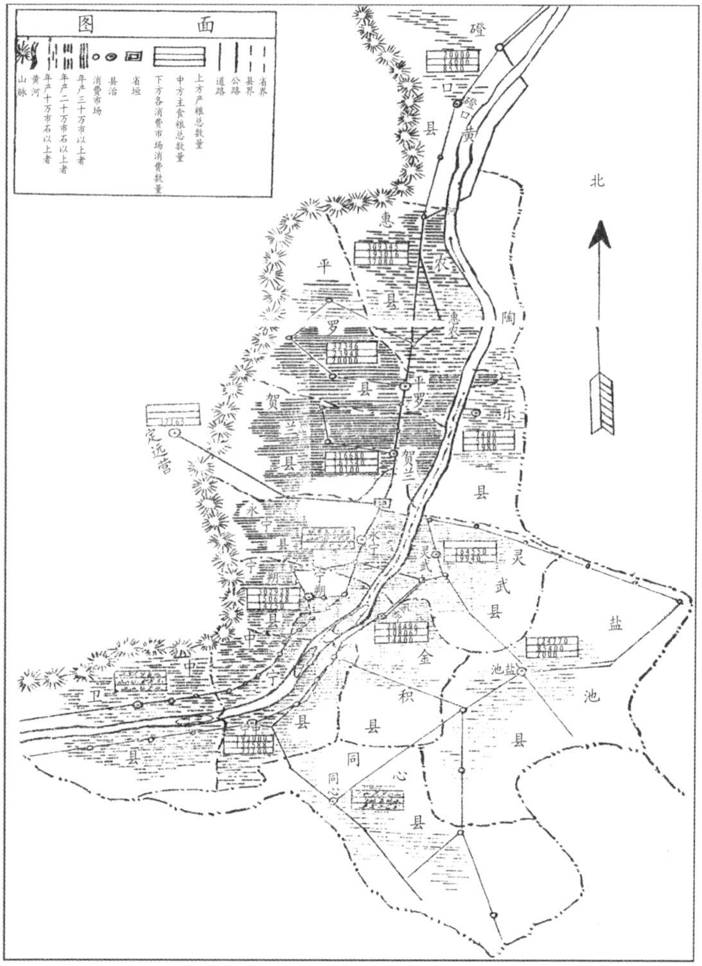

来源：民国《十年来宁夏省政述要》。

图示 · 宁夏省历年粮食产销盈亏数量统计图

宁夏省历年粮食产销盈亏数量统计图

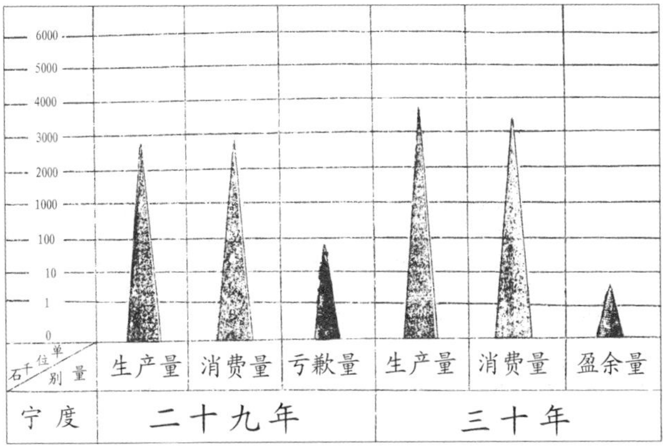

来源：民国《十年来宁夏省政述要》。

图解 · 宁夏粮食生产

中华民国时期的宁夏全省范围为今宁夏回族自治区大部分地区、内蒙古自治区阿拉善盟全境及巴彦淖尔市磴口县。民国三十六年（1947 年），宁夏省全境土地面积为 23.33 万平方公里。

民国二十年（1931 年），宁夏粮食产量 2 216 千市担。民国二十二年至民国二十五年（1933—1936 年）平均粮食产量 2 540.75 千市担，到 1945 年抗战胜利，粮食总产量达到 2 890 千市担。尤其是民国二十六年（1937 年）至民国三十三年（1944 年）的 8 年中，平均产量超过战前 10%以上，高于甘肃等省的增产幅度。宁夏之所以能取得如此成就，主要有以下六方面的原因。

一是稳定的社会环境。宁夏在建省前，一直处于战乱之中，西北地区各派系经常互相倾轧，宁夏也卷入其中，农业生产破坏严重。宁夏建省后，基本结束了派系混战，为发展生产提供了一个比较稳定的环境。民国二十三年（1934 年）初，宁夏爆发了“孙马之战”，虽然使农业生产受到极大的破坏，但此后的宁夏再没有发生过大规模的动乱，社会环境比较稳定。从全国局势看，自北伐胜利后，国民政府提出“开发西北”的口号，先后派遣西北科学考察团、西北学术考察团、西北实业考察团等，前往实地考察，为开发西北作准备。九一八事变发生后，国民政府接连通过了开发西北等决议案，出现了西北开发的第一次热潮。抗战全面爆发后，西北的地位越来越重要，被视为“抗战的根据地”和“建国的根据地”。因此，在战时经济体制下，宁夏作为西北大后方，作为一个产粮区的地位日益凸显。

二是宁夏省政府的利农政策。宁夏省农业生产事宜统归省建设厅管理。为了促进农业生产，省建设厅于民国十八年（1929年）在新开辟的中山公园划地创设农事试验场，负责农业改良。民国二十四年（1935年）冬，省建设厅决定扩充省立农场，又在省城之西设立示范农场，各县也依次恢复成立场圃，选聘专门技术人员从事农业研究试验。同时，在省立农场设立农业推广处，各县场圃增设农业指导员，指导农民生产。以后又陆续设立八里桥、谢家寨等农林场。民国二十九年（1940年），宁夏农业改进所成立，隶属建设厅，负责全省农业技术推广工作，下辖中山公园农事试验场及各县农事试验场。次年，农业改进所改组为农林局，中山公园农事试验场负责原农改所的农业试验研究工作。民国三十一年（1942年），农林局改组为农林处，省主席马鸿逵兼任处长。宁夏省政府还采取多种办法鼓励和帮助农民进行粮食生产。省政府鉴于秋季土地大量闲置，制定了督导秋耕办法，令各县在小麦收获之后，积极督促农民继续种植荞麦、小糜子等作物。为了传播农业知识，实行科学生产，宁夏省农业改进所在省垣《民国日报》出刊《农业推广》周刊，通过发行刊物来普及农业知识，推进农业科技的改良与应用。同时，省农业改进所在省垣民众教育馆举办为期3天的农业展览会，举办农业技术人员培训班，调训各县农林工作人员。全省成立农业生产合作社，发展农业生产。在农忙季节，宁夏省政府还命令地方驻军协助附近农民收割。

三是水利工程建设。宁夏黄灌区为主要的产粮区，“凡言宁夏之建设，莫不以整理河渠为急务焉”。宁夏建省前后，渠务已经废弛到不可想象的地步。民国二十二年（1933年）春，马鸿逵就任宁夏省主席后，决心整顿渠务。革新水利管理体制，制定整饬渠务的规章制度，修筑闸口，修理渠口，加固堤坝，疏浚河道，通畅灌溉系统，并调用军队，征发宁夏、宁朔、平罗 3 县民工修建云亭渠。水利工程的维护与修建保证了宁夏农业生产的灌溉。民国三十一年（1942 年），全省水田面积已达 200 万亩以上。

四是清丈土地与垦荒。民国二十二年（1933 年），宁夏第一次清丈土地，金积等 7 县农田共计 1 828 750 亩。民国二十六年（1937 年），第二次清丈土地，比第一次清丈又“增溢”30 万亩，共计全省农田面积为 2 255 555 亩，包括盐池、同心、陶乐各县旱田在内，还查出荒地 239 万亩。宁夏省政府鼓励垦荒，以期增加土地数量，提高粮食产量。民国二十三年（1934 年）至民国二十四年（1935 年），省政府指定云亭渠、河忠乡、镇朔、李刚、白马滩、广武、姚伏乡等地为移垦区，并规定移民优待办法。抗战爆发后，成立宁夏省垦务委员会，设立垦荒办事处，陆续颁布《垦荒规程》《土地使用新方案》《修正荒地承垦办法》《农民招垦荒地办法》《承垦条例》《承垦奖励办法》等法规，鼓励农民开荒。垦荒规程计划垦荒 50 万亩，5 年内免税，5 年后按收获 5 %征税，从而调动了农民垦荒的积极性。宁夏从事农垦的大致是外来移民、军队以及灾民难民。民国二十七年（1938 年）至民国三十三年（1944 年）5 月，全省放垦荒地 58.95 万亩。

五是移民的增加。抗战时期，中原战乱，大量流民涌入西北，宁夏出现了移民高峰期，这一时期的移民至少在 30 万以上，外来移民为农垦提供了充足的劳动力。

六是农业新技术的应用。抗战时期，宁夏省农林处组织技术人员，与宁达棉铁工厂合作，共同研究农具改良问题。民国三十五年（1946 年），中山公园、八里桥两农林场开始试用研制出的新式深耕器、施肥器、中耕除草器、撒播机、收割器、脱粒器等农具。民国二十九年（1940 年），宁夏省农业改进所成立后，即以稻作改进列为中心工作，根据 1941 年试验结果，以本省产叶升 3 号为最良。麦作也是宁夏省主要粮食作物，根据试验结果，以火麦品质产量为最佳。同时，在叶升堡仁存渡、平罗姚伏堡分别建水稻繁殖区、小麦良种繁殖场。加强病虫害防治工作。民国三十一年

(1942 年)，省农林处在中山公园、八里桥、谢家寨 3 个农林场从事绿肥试验推广，还提倡制造堆肥，改进厩肥，并收购各种兽骨制成骨粉，肥效显著。民国三十三年 (1944 年)，农林部拨款 18 万元与宁夏省政府在八里桥农林场合办骨粉制造厂。

总的来说，宁夏省成立至抗日战争胜利，是宁夏发展势头比较旺盛的时期，比较稳定的社会环境是粮食增产的前提，而政府的利农政策和农垦的发展以及水利的维护是粮食增产的主要原因，农业新技术的应用对粮食增产也产生了一定程度的影响。

图示 · 宁夏各县畜羊数目比较图

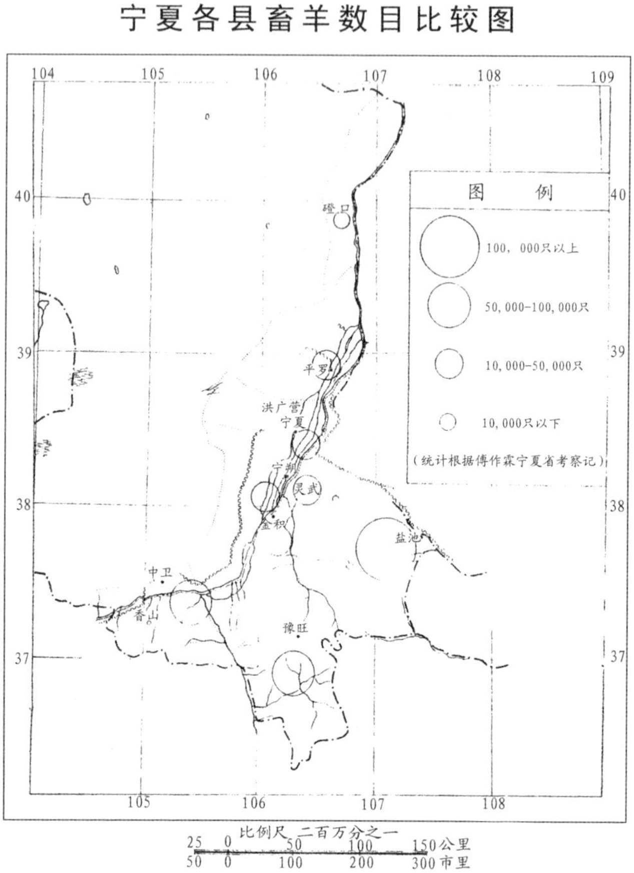

来源：民国《宁夏省人文地理图志》。

图解 · 宁夏羊只养殖

中华民国时期，宁夏荒芜广大，尤其盐池、豫旺两县山岭起伏，沙碛连绵，草原辽阔，畜产最盛，所饲牲畜，以羊为主，牛马等次之，且多随羊带牧。中卫、盐池两县畜养骆驼最多。另外，据民国《宁夏省人文地理图志》载，金积县农家有饲养肉鸽的习惯，年可获利二三千元。阿拉善旗、额济纳旗两旗因属游牧区域，故未作精细调查。

图示 · 旧花定区花马池滥泥池合图

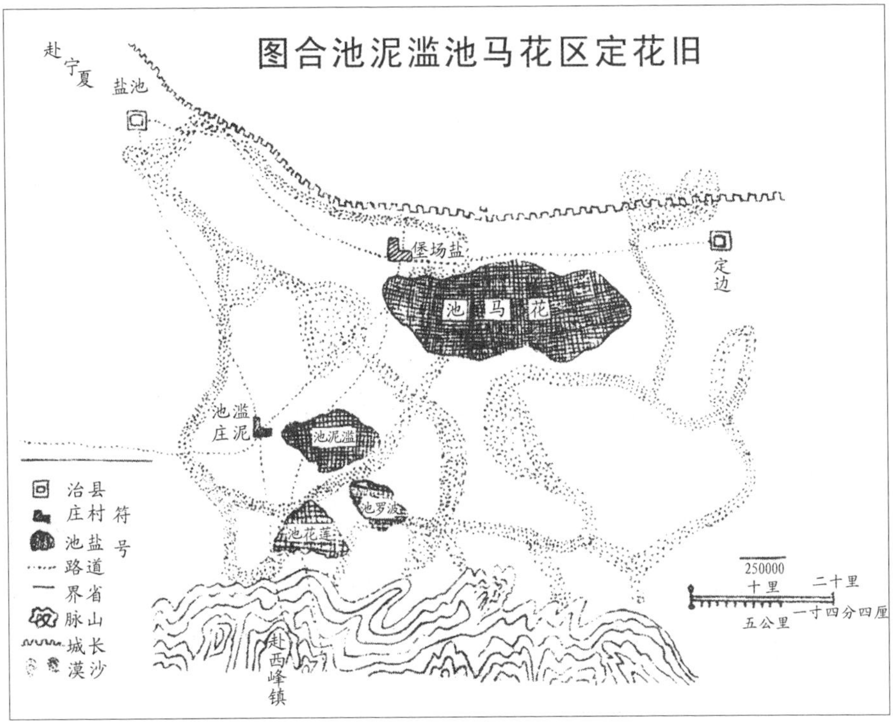

来源：民国《盐池县志》。

图示 · 蒙古北大池倭波池荀池合图

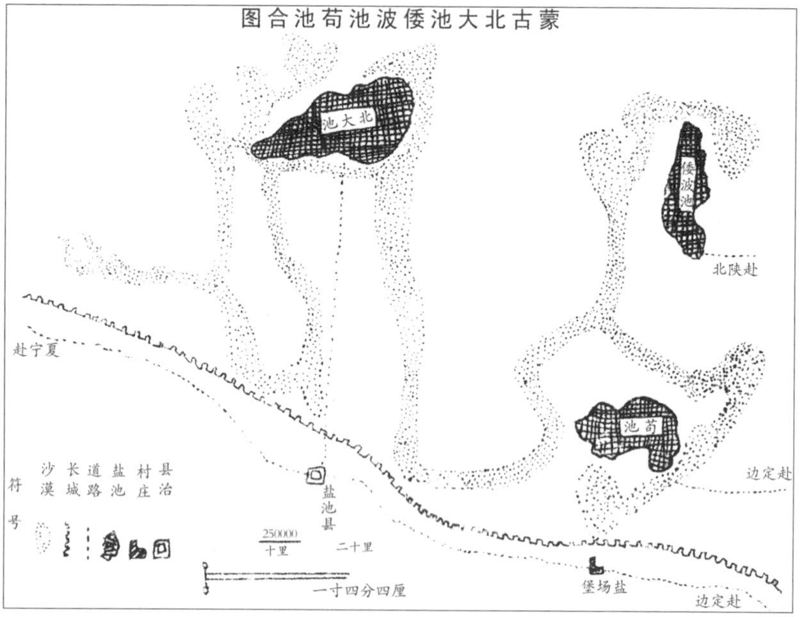

来源：民国《盐池县志》。

图解 · 花马池盐池

在宁夏盐池县北部曾经分布着乌池、荀池、滥泥池、倭波池、菠萝池、莲花池等盐湖。

后来，各盐湖名称有所演变，各类资料记载不同，相继出现了花马池、花马大池、北大池等新的称谓。据有关学者最新考证：

北大池，即白池，蒙古名“伊克锡克日”，周回 20 余里，位于内蒙古鄂托克前旗城川镇驻地西北 10 公里处，今建有盐化工厂。

乌池，即花马池，位于今宁夏盐池县与定边县交界处。

荀池，又名“红盐池”，最早记载始于北魏，时称“黑盐池”，蒙古语音译为“五楞池”，大致位于鄂托克前旗敖勒召其镇西南 48.5 公里处。

倭波池，又称“鄂包池”，大致位于陕西定边北部、内蒙古河套南部长城附近。苟池与倭波池地处黄土高原与毛乌素沙地过渡地带，是封闭型的闭水盆地。系坝筑、灌卤、晒制成盐，称为“青浪盐”，质佳量多，今都建有盐化工厂。

滥泥池、波罗池、莲花池、哇哇池、红崖池属陕西定边。

细项池、瓦窑池可能位于今内蒙古鄂托克前旗西南部，因受风沙影响而废弃。

白盐池，即北大池，位于今内蒙古鄂托克前旗境内。

锅底池，可能就是北大池。

花马大池位于今宁夏盐池县与定边县交界处，即盐场堡盐池。

清乾隆元年（1736 年）设宁夏盐捕厅，专门管理灵州、花马池诸盐务。清光绪六年（1880 年），左宗棠进军新疆，为筹措军饷，在西北的花（马池）定（边）产盐行盐区域创设花定榷运局。中华民国初期，沿袭旧制，花定榷运局下辖 10 个分局和西峰镇查验分卡，其中就包括花马池分局，负责当地池盐的产、运、销业务。民国七年（1918 年），花定榷运局改称“花马池产盐局”。

自民国十年（1921 年）5 月 1 日起，将倭波池与苟池租予甘肃榷运局。

民国十四年（1925 年），冯玉祥主政西北，次年将花定榷运局改为收税总局，同时花马池产盐局改为花马池盐税局。民国十八年（1929 年）宁夏建省后，成立宁夏榷运局，辖滥泥池、苟池、北大池、定边、惠安堡、中卫、红盐池（今属内蒙古阿拉善左旗）、同湖池（今属内蒙古阿拉善左旗）、叶升等 9 个盐税分局。民国二十二年（1933 年），马鸿逵主政宁夏，在盐池县城设花定一等盐务分局，管辖定边、北大池、苟池、滥泥池 4 个三等盐税分局和倭波池 1 个运放分卡。1936 年 6 月，红军西征解放盐池县大部分地区，原花定一等盐务分局所辖诸盐池全部归陕甘宁边区管理。自此以后十余年间，在三边一带，食盐生产主要集中在 5 处：花马池最大，产盐最多。苟池盐质最好。莲花池、滥泥池、波罗池最小。1940 年设陕甘宁边区盐务局，由中央军委后勤部领导，1942 年改归边区政府财政厅领导。陕甘宁边区盐务局下设三边盐务分局，管理三边一带的盐务。

1950 年 11 月经华北局、西北局批准，将倭波池与苟池划归内蒙古伊克昭盟管理。1953 年又经中央、西北局批准，将三边盐务分局连同所辖的盐场堡、烂泥池、莲花池交给陕西省定边县。

图示 · 旧花马区惠安堡盐池图

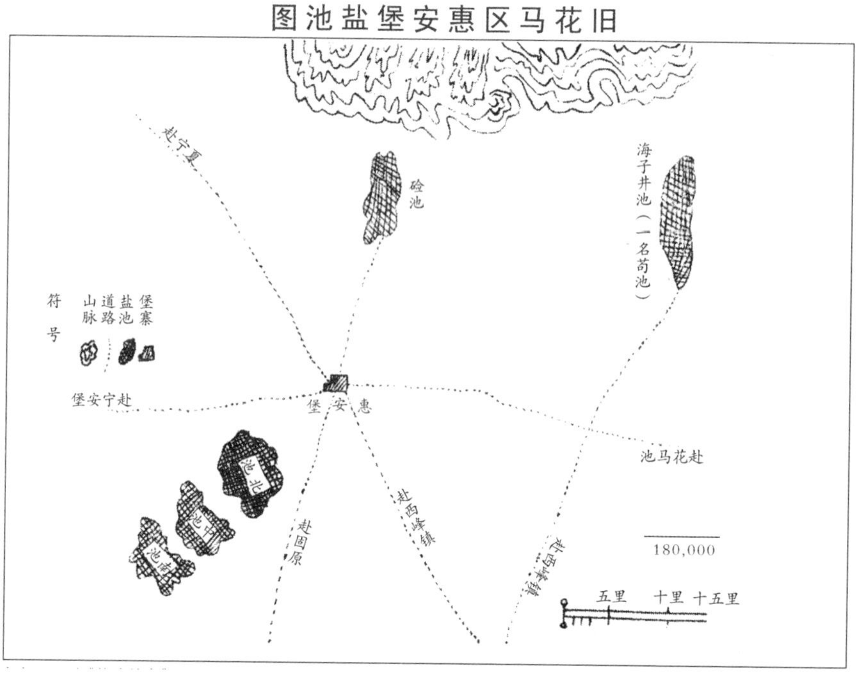

来源：民国《盐池县志》。

图解 · 惠安堡盐池

惠安堡食盐生产历史悠久，早在汉代就有开采的历史记载，当时的三水县有中央直接选派到地方的盐官或盐铁官，专门管理惠安堡一带池盐生产运销事务。对分布在惠安堡周围的盐湖的命名，历代少有记载。延至隋唐时期，这里的盐湖称“温泉池”，又称“温池”或“温泉盐池”，因为其西约10公里就是有名的太阳山温泉，池因泉而得名。唐代，在温泉池始设榷税使1员、推官2员、胥吏39人，专管盐业生产运销、盐税征收及巡缉私盐等。

明、清两代是惠安堡产盐最昌盛时期。明初，惠安堡盐湖的名称由古老的“温泉池”演变为“花马小池”，简称“小盐池”。“花马小池”的名称是相对于“花马大池”（大盐池）而言的。“花马大池”位于今宁夏盐池县与陕西定边县交界处，即盐场堡盐池。为了加强盐税征缴，明洪武二年（1369年），在惠安堡设灵州盐课司，主要管理花马大池、花马小池盐务，代管漳县、西和2处井盐。按明代盐法，盐课以“引”为计算单位，商贩购盐须先领取引目（引的数量），然后执引目到盐池购盐。所以，当时还在距花马小池南45公里、花马小池通往关陇的交通要道萌城专门设立了“批验盐引所”。嘉靖年间（1522—1566年），为了加强花马小池的盐务管理，特在盐湖东筑城1处，名为“惠安堡”。自此，灵州盐课司、巡检司就长期驻于惠安堡。

清代前期，花马小池产盐地方周围36里，“设有壕墙，按年疏筑”。这里所说的“壕墙”，是一道沿着盐湖东岸修筑的堤埂，南北长约7里，址厚约5丈，高1丈，顶宽约5尺。用沙蒿柴和泥土混合筑成，工程量大，每年都要检查修补，其作用是防御山洪淹毁盐田。壕墙的中间，建有砖石砌成的门洞1处，俗称“盐门洞子”，高约3丈，专为防止食盐走私而设，规定所有运盐的“脚户”，都必须经“盐门洞子”，通过验票放行。清乾隆元年（1736年）设宁夏盐捕厅，专门管理灵州、花马池诸盐务，在惠安堡置盐捕通判一员（正六品），专司惠安堡盐务。清光绪六年（1880年），左宗棠进军新疆，为筹措军饷，在西北的花（马池）定（边）产盐行盐区域创设花定榷运局。中华民国初期，沿袭旧制，花定榷运局下辖10个分局和西峰镇查验分卡，其中只有花马池分局、惠安堡分局为产盐局，其余都是收税分局或榷运分局。民国七年（1918年），花定榷运局改称“花马池产盐局”，惠安堡分局改称“惠安堡产盐局”。民国十四年（1925年），冯玉祥主政西北，次年将花定榷运局改为“收税总局”，同时花马池产盐局、惠安堡产盐局亦改为“盐税局”。民国十八年（1929年）宁夏建省后，成立宁夏榷运局，辖滥泥池、苟池、北大池、定边、惠安堡、中卫、红盐池（今属内蒙古阿拉善左旗）、同湖池（今属内蒙古阿拉善左旗）、叶升等9个盐税分局。在惠安堡设二等盐税分局。

中华民国时期，“花马小池”名称渐废，逐渐以“惠安堡盐池”取而代之。惠安堡周围分布着大小盐湖三处：西南城滩地（又名“凤凰台”）有一处大盐湖，分北、中、南三池，总面积约20平方公里；东北有海子井池，又名“苟池”；正北有碱池。惠安堡盐池所产食盐，又名“惠盐”，一般销往固原、西峰、平凉、邠县、长武等地。

1949年8月，惠安堡解放，新设惠安堡盐务支局，直属宁夏省盐务管理局领导。1956年，惠安堡盐池由当地社队集体开采。1959年在惠安堡建立国营盐场，将社队经营的盐井、盐田收归盐场。1981年因当地农民要求，宁夏盐池县政府批准将52.5亩旧盐田划归当地农民承包经营，盐场从销售总收入中提取6%管理费。另外，25亩新盐田仍由盐场经营。1986年，盐场进行全面技术改造，将盐田面积由95亩扩大到1 000亩，计划年产量达2.5万吨。但是，改造后的盐田含硝量大，且产量也不高。盐场又引进河南省偃师市化工技术和人才，联营新建年产200吨化工染料厂。1988年，化工染料厂投产。同年，盐场贷款62万元，上了一个“利用常规生产法，用食盐制取烧碱和盐酸”的项目。1990年，盐场停产整顿。1991年，化工染料厂被迫停产，至1994年宣告破产。2000年8月，盐场宣告破产，惠安堡盐池2 000多年的产盐历史至此结束。

图示 · 宁夏省矿产分布图

图布分产矿省夏宁

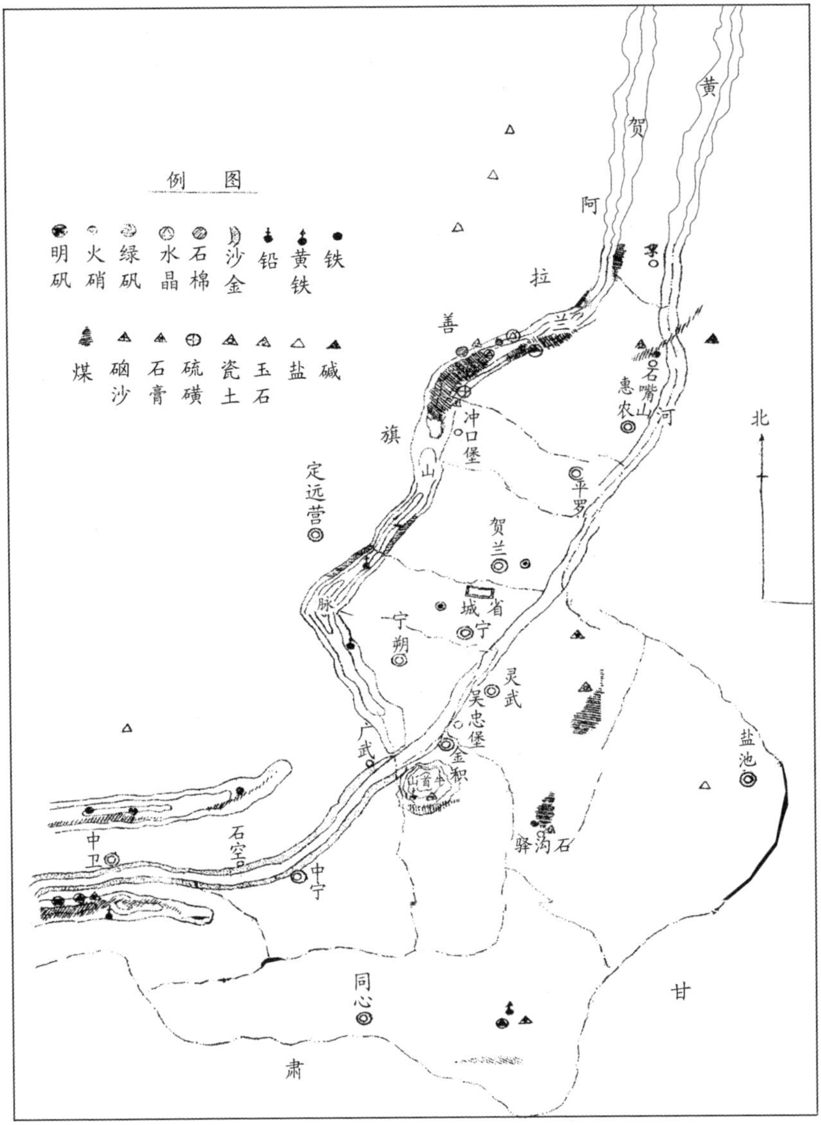

来源:民国《十年来宁夏省政述要》。

图示 · 贺兰山南石段地质矿产调查绘制图

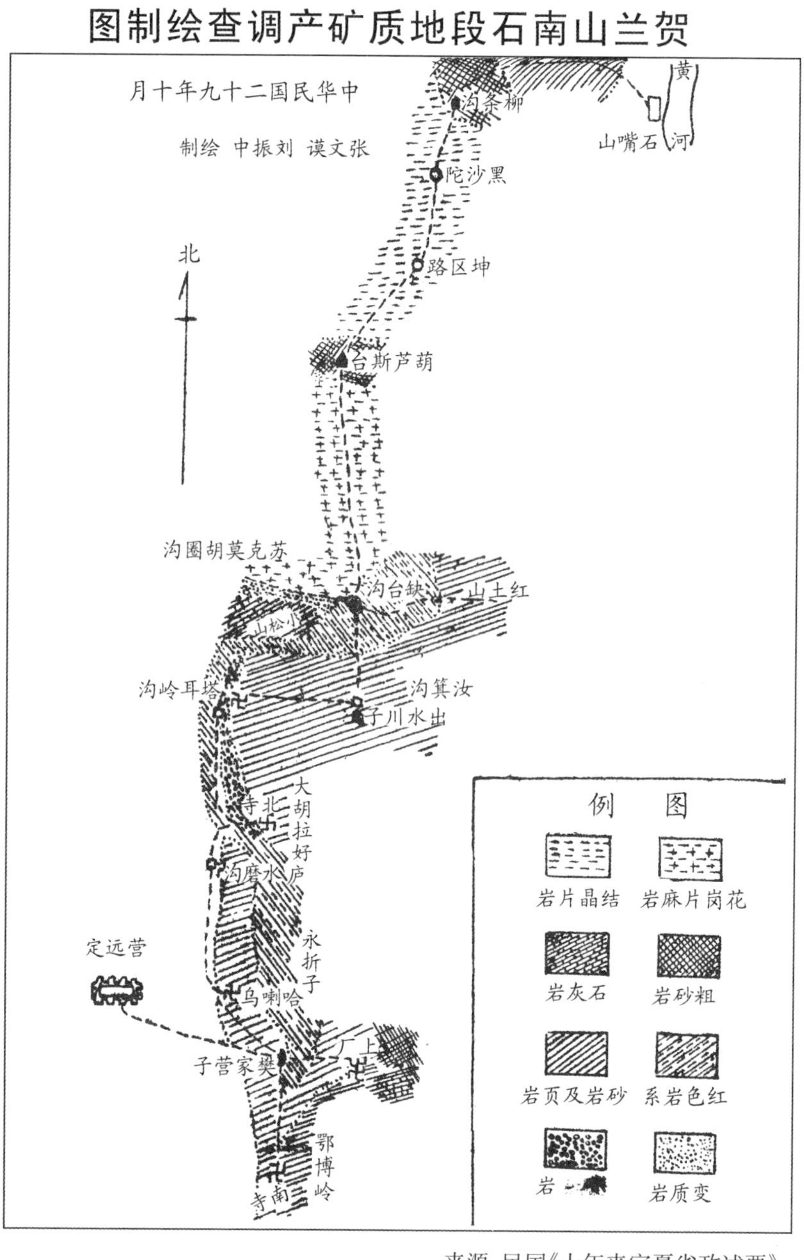

来源：民国《十年来宁夏省政述要》。

图示 · 贺兰山南石段地质矿产调查绘制图

图制绘查调产矿质地段石南山兰贺

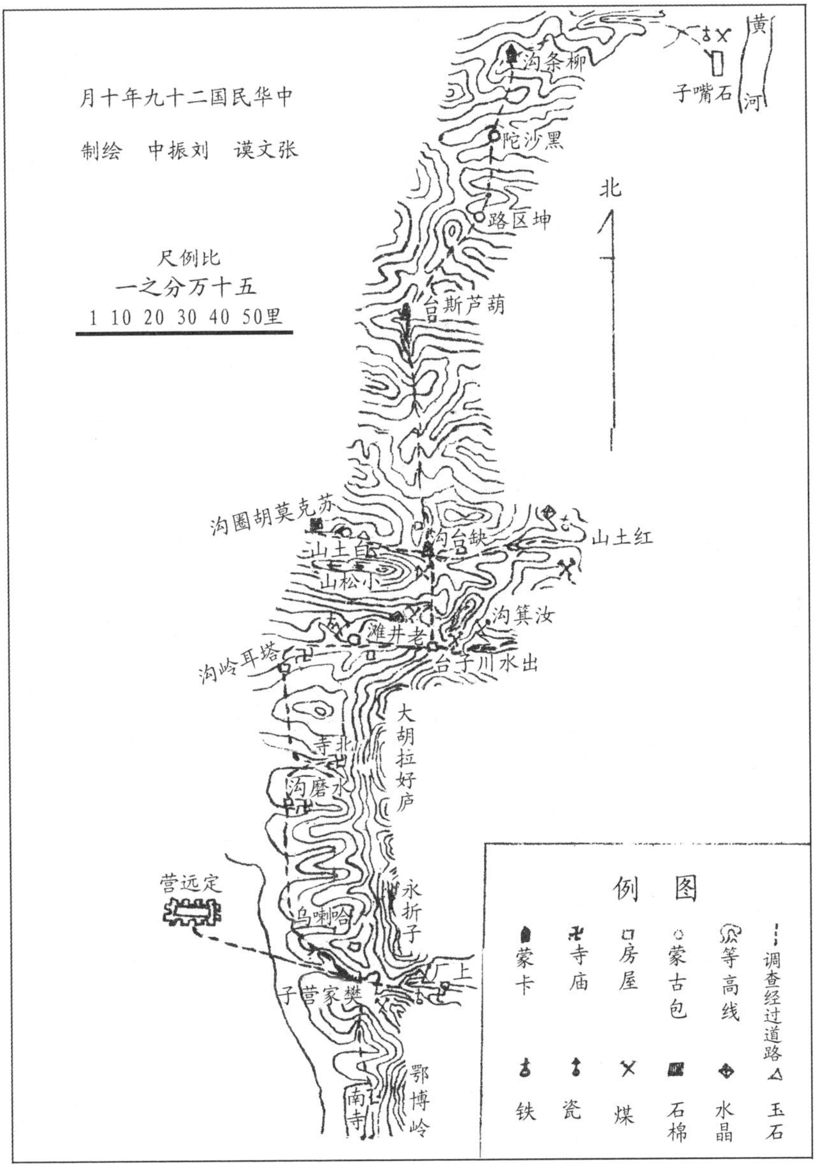

来源：民国《十年来宁夏省政述要》。

图解 · 宁夏矿产资源分布

贺兰山自然资源丰富，除了煤炭资源外，还有金、铁等金属矿产和磷灰岩、紫砂岩、石灰岩、黏土岩等非金属矿产，其中小滚钟口生产的黏板岩质地细润，清雅莹柔，用它雕成的贺兰石砚是宁夏“五宝”之一。

民国三十一年（1942年）9月22日至11月初，宁夏省建设厅派技术人员斯建行、张文谟、刘振中、边兆祥、李星学等人深入贺兰山，在南起三关口，北至石嘴山段，开展矿产调查，发现贺兰山储藏有不少的金属矿：金矿分布于贺兰山东麓石嘴山一带牛头沟、跑马崖附近；铁矿分布于贺兰山南起樊家营子，北至小松山，长百十里，宽数里的范围内，主要集中在塔尔岭沟、红土山、石嘴山子小铁山附近；磷灰岩主要分布于贺兰山中段东麓的贺兰县境内；紫砂岩主要分布在贺兰山北端沙巴台、正谊关、玉泉沟、马莲滩、清水沟一带；石灰岩主要分布在石炭井西南8公里的八号泉附近；黏土岩主要分布在贺兰山北端；铅主要分布于贺兰山大岭以东黑洞沟，这里有前人所采旧洞遗迹，相传为开采银矿所为。

据中华民国宁夏地方文献记载，宁夏省矿产大都未经开采，蕴藏若干，亦未详加勘察。只有若干土法煤矿，均规模不大，产量有限。民国三十四年（1945年）1月28日，国民政府资源委员会地质调查所西北分所筹备处派员进驻宁夏，测绘贺兰山地质图，涉及贺兰山矿产资源的种类与分布。总体而言，贺兰山的地质历史长达20亿年。20亿年的地质演变，不仅使贺兰山由一片汪洋演变为一座奇特的山脉，而且还留下了众多的矿产资源。已列入宁夏矿产平衡表的17种矿产中，产于贺兰山的就占10种。贺兰山富含优质煤炭，已被大量开采。铁、磷及稀有的铬、镁等金属都有一定的储量。石灰岩是贺兰山的优势矿种，这种岩石属海底沉积了火山爆发时的碎屑岩，质密坚硬，素有“贺兰山脊梁”的美誉。

图示 · 宁夏煤矿分布图

宁夏煤矿分布图

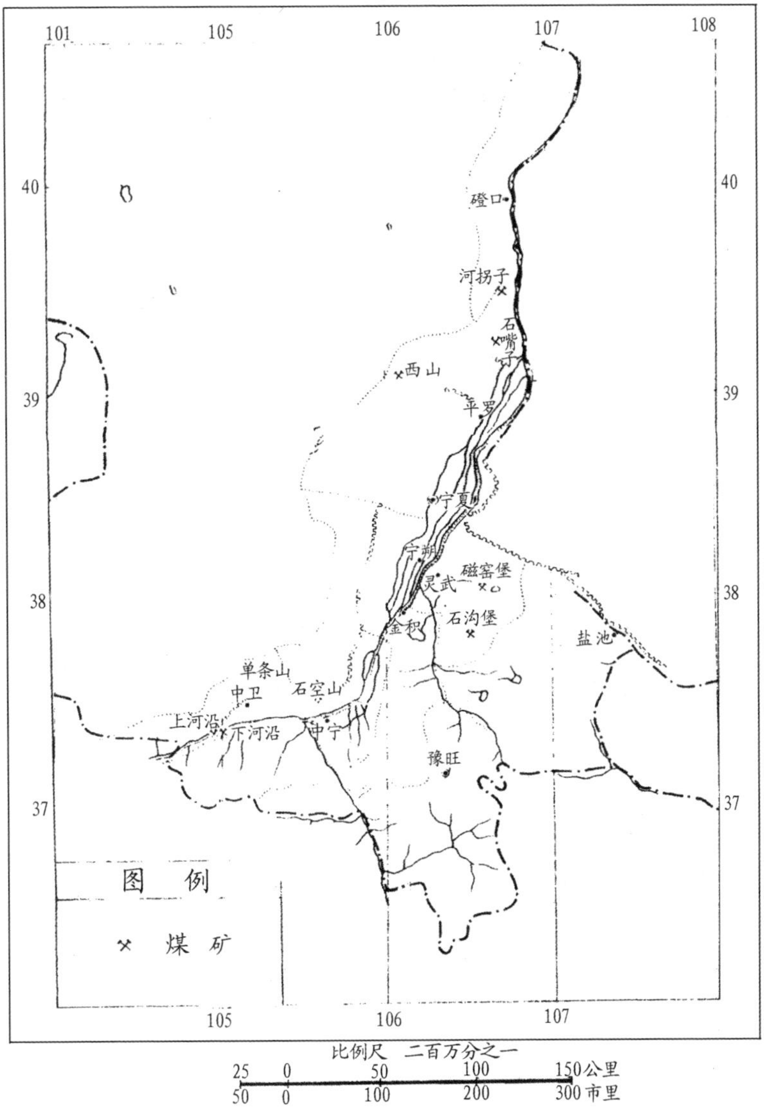

来源:民国《宁夏省人文地理图志》。

图解 · 宁夏煤矿

宁夏煤炭开采历史悠久。早在西夏时期，灵武磁窑的瓷器制作，就以煤炭为燃料，说明今磁窑堡一带煤炭已被开采利用。元代，马可·波罗穿越西夏旧地，发现贺兰山北部有一种黑色的“会燃烧的石头”，这就是贺兰山的煤。明代，中卫有“炭山夜照”一景，就是对中卫西南上河沿、下河沿一带煤炭自燃的记录。清代，在中卫县境大洪沟、碱沟山，平罗县境贺兰山打硙口、王玘口、汝箕口、石嘴子等地的煤炭都得到大量开采。到中华民国时期，宁夏省境煤矿由北向南，主要有河拐子、石嘴子、西山、磁窑堡、石沟堡、下河沿、上河沿等。在这些煤矿中，磁窑堡所产为最佳，燃烧无烟，火力甚强，俗称砟子”。该处共有矿工 200 余人，每年产额约 500 万斤，大都运销宁夏省城。石沟堡煤矿于民国二十年（1931 年）始行开采，产量最高，每年达 800 万斤。中卫不具备规模，产量很少，且煤质不佳，只能行销本省境内。另外，贺兰山腹地汝箕沟、石炭井煤炭开采已具规模。据文献记载，民国三十五年（1946 年），宁夏境内有煤窑 69 个，年产煤炭 65 795 吨，其中无烟煤窑 55 个，年产煤炭 44 745 吨。

图示 · 贺兰山北部煤田分布略图

贺兰山北部煤田分布略图

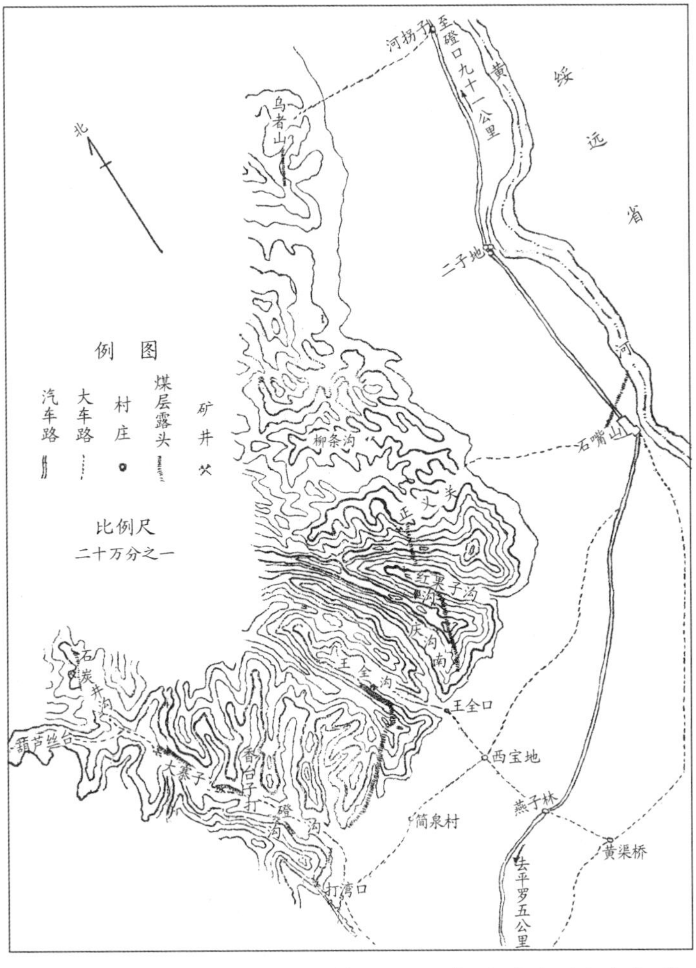

来源:《十年来宁夏省政述要》。

图解 · 贺兰山煤炭资源开采

民国三十年（1941 年），学者任绩、胡增壁从北起乌达，向南沿贺兰山东麓至汝箕沟一带，对石嘴山、正义关、清水沟、大磴沟、石炭井、汝箕沟 6 个煤田的地层、煤层及小煤窑的开采情况进行考察，并估算了煤田的储量。在这次调查中，发现了炭井沟、流梅子沟、千干岭子沟、上厂、樊家营子及塔尔岭沟、汝箕沟等6处煤田，煤炭“分布露处之处，几乎随处皆有”。其中，汝箕沟煤田分山前、山后两区，山前区煤田包括大风沟、黑梁子、黑头寨、大石头、老井、阴坡大岭湾各处；山后区煤田包括出水泉子、老井滩各处。其实早在清道光九年（1829年），汝箕沟无烟煤就被开采。民国二十七年（1938年），国民政府经济部颁发了汝箕沟无烟煤采矿证。

民国时期，平罗石嘴子及河拐子均产煤，品质尚佳，装船运出，顺流而下，行销临河、五原一带。

石炭井位于贺兰山北麓，明代称这里为“上迭里口”，蒙古语音译为“产石炭的地方”。中华民国时期，在这里挖煤者越来越多，故被民间称之为“石炭沟”。据民国《十年来宁夏省政述要》记载，“石炭沟产烟煤，质坚有光，故名为石炭”。民国三十年（1941年），宁夏省建设厅厅长李翰园视察此地时，更名为“石炭井”。后来，“石炭井”又演变成了行政区划名称。1970年设石嘴山市石炭区，1973年更名“石炭井区”，1975年改名“第三区”，1981年复名“石炭井区”。2002年撤销石炭井区，并入石嘴山市大武口区。

对石炭井煤炭资源的开发始于清代。雍正四年（1726年），兵部侍郎通智奉命主持修筑惠农渠、昌润渠以及修筑新渠县、宝丰县2县县城时，曾经在石嘴山开采煤炭用于施工，有“取煤炭不下十万车”“更取干泥，烧造瓷窑”等记述。据民国《十年来宁夏省政述要》载，民国三十一年（1942年），石嘴山一带有大小煤窑30处，并建有官商合办的德昌煤炭公司。

中华人民共和国成立后，国家对煤炭资源开发十分重视。1952—1956年，地质部组队到贺兰山西北部，进行矿产资源勘查，重点对贺兰山北段、内蒙古卓子山进行普查找煤，拉开了贺兰山煤矿开采的序幕。随着1952年在德昌煤炭公司基础上建成的国营宁夏第一煤矿，石嘴山、石炭井2个矿区先后加快了开采步伐。1965年，煤炭部成立贺兰山煤炭工业公司。

公司机关设在宁夏石嘴山市大武口区，统一领导宁夏、甘肃、青海、新疆、内蒙古5省区的煤矿建设。1971年11月，平罗至汝箕沟铁路的全线通车，加快了贺兰山东麓煤炭的开发，形成了石嘴山矿务局和太西集团（原石炭井矿务局）为主与其他煤炭企业为辅的贺兰山东麓各煤矿。石嘴山矿务局是国家在宁夏投资兴建的第一个煤炭基地。贺兰山生产的无烟“太西煤”是出口创汇最高的煤种，已建成石嘴山、石炭井、呼鲁斯太、汝箕沟、古拉本5个主要生产矿区。

图示 · 宁夏进出口货物比较图

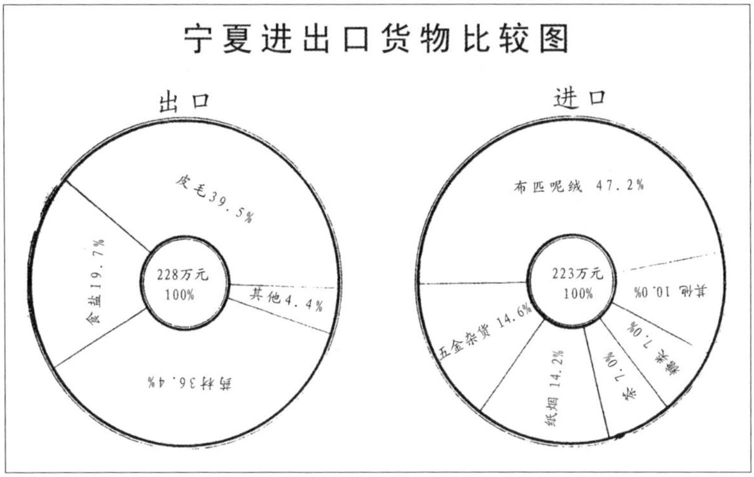

来源:民国《宁夏省人文地理图志》。

图解 · 宁夏进出口货物

中华民国时期，宁夏全省输入货物以布匹、绸缎为大宗，几占进口总值的一半。纸烟、茶叶、杂货等次之。进口货物均由平津及山西榆次、太谷、平遥等地购运。全省出口货物全部为土产，皮毛、药材各占出口总值的五分之二，食盐占五分之一。民国二十三年（1934年），宁夏全省进口货物约值423万元，出口约值228万元，总计超约195万元，全赖“特货”

(即鸦片)输出以资抵补。是年，宁夏全省生产“特货”约 60 万两，按产地售价每两 3 角计算，总值为 180 万元。按市均价格计算，则两倍于此。

图示 · 贺兰山植物之自然分布图

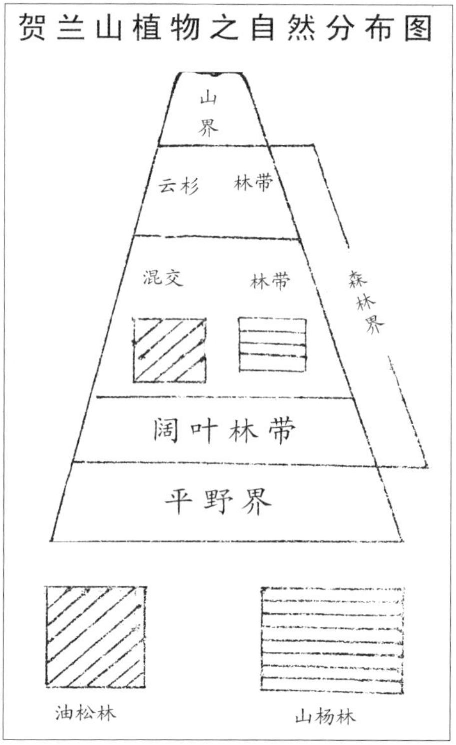

来源：民国《十年来宁夏省政述要》。

图解 · 贺兰山森林资源调查

民国二十九年(1940 年)9 月 20 日—11 月 6 日，宁夏省政府组织调查组，对南起贺兰山三关口，北迄石嘴山的贺兰山后山森林状况进行实地调查。调查结果显示，贺兰山因位置及高度关系，使植被有森林界与高山界之分。就森林界而言，自下而上，分为落叶阔叶林带、阔叶树针叶树混交林带及常绿云杉林带。

落叶阔叶林带面积小，且多为灌木，能生长成乔木的仅有山榆与柳树。山榆生长限于山涧两旁山坡，柳树则生长于山谷低地河流两岸。除此，还有交集从生于山坡岩缝之间的刺蘗（黄栌木）、水栒子、野蔷薇、野杏树、金腊梅、小叶金银花等。

阔叶树针叶树混交林带分布面积小于落叶阔叶林带，被视为过渡林带，主要有云杉、山杨、毛柳、杜松及油松等，其中山杨、杜松占多数，且山杨干直头圆，在山坡间形成小面积纯林。

常绿云杉林带分布面积最大，因砍伐破坏原因，仅存小面积片断林带。

另外，自阔叶林带上线至高山界下线，又属于云杉林带，因免遭破坏而处于自然生长，这里老木枯朽，幼木繁起。

今调查普查结果显示，贺兰山原始森林覆盖东西宽 50 公里，南北长 200 公里的群山，生长着 36 万亩天然次生林，主要有落叶阔叶林、针阔叶混交林、青海云杉林、油松林等，具体林种有云杉、油松、山杨、白桦、山榆、山柳、丁香、文冠果、沙枣树、蒙古扁桃等。1983 年，对贺兰山林进行考察，主要保护对象是青海云杉、油松、山杨等乔木林 1.34 万公顷，疏林地 0.28 万公顷，灌木林 0.25 万公顷。森林蓄积 144 万立方米。1988 年，国务院公布贺兰山自然保护区为国家级保护区，面积 6.1 万公顷。1992 年经国家批准建立了国家级自然保护区，1995 年纳入人与生物圈自然保护区网。宁夏贺兰山风景区位于贺兰山东麓，北起拜寺口，南至三关口，南北长 30 多公里，东西宽 4 公里，其管辖范围内的苏峪口森林公园是景区的主要景点之一。

图示 · 油松之树干解析图

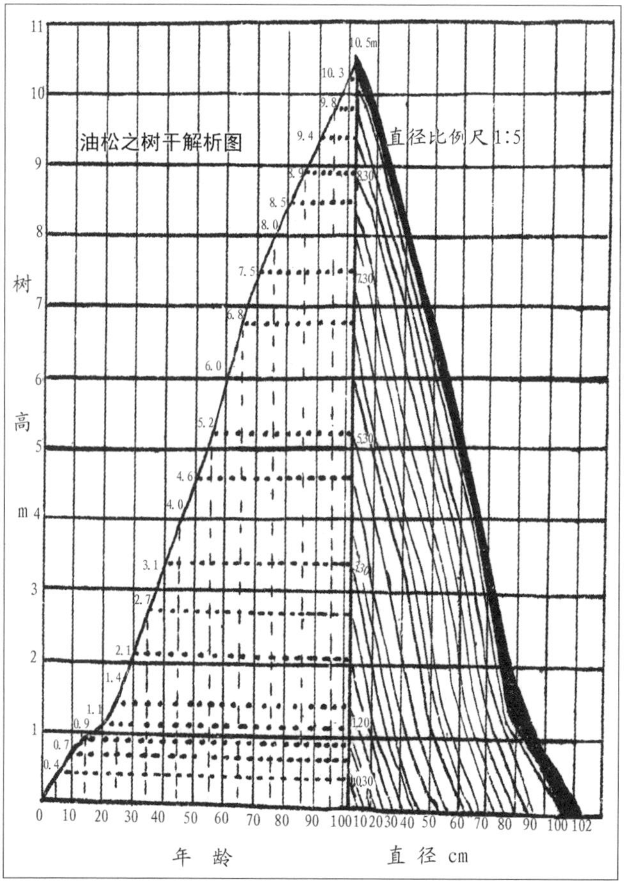

来源：民国《十年来宁夏省政述要》。

图解 · 贺兰山油松

贺兰山油松生长于阔叶树针叶树混交林带，多集中于北寺（福音寺）附近及小松山，树身端直，但树龄幼小，且其间常杂以云杉幼苗及山杨，这是过渡林带最明显的标志。民国二十九年（1940年）调查发现，北寺附近云杉林破坏后，又生长出了油松林，而油松林遭火灾后，又生成桦树及其他灌木。

贺兰山油松平均高约 30 米，叶刚硬而粗。其果为球形，种子为褐色。木材纹理通直，富于油脂，极能耐久，可作建筑、矿柱及造纸材料。

图示 · 云杉之树干解析图

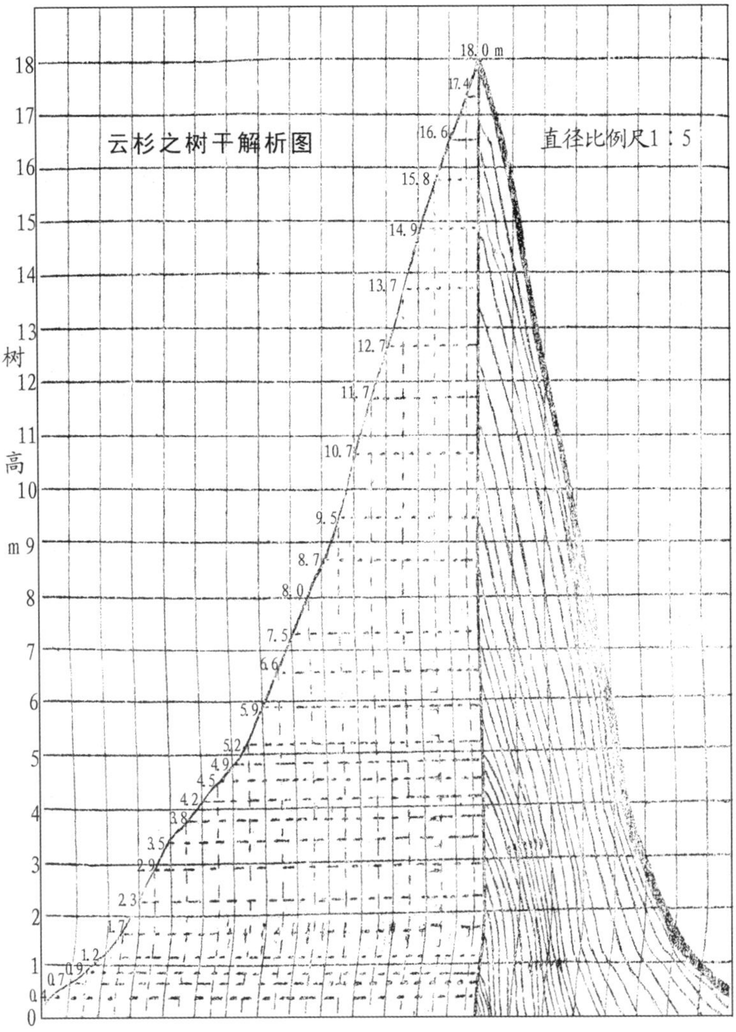

来源：民国《十年来宁夏省政述要》。

图解 · 贺兰山云杉

在民国二十九年（1940年）9—11月的调查中，对分布于贺兰山常绿云杉林带的云杉进行普查与观察，发现这里生长的云杉树冠发育良好，树干笔直，只因过度砍伐，导致树龄幼小，百年之树极为罕见。这次调查发现，北寺附近云杉林破坏严重。

贺兰山云杉平均高达30米，树冠卵形，或圆锥形，小枝黄褐色，有短柔毛。木材白色，纹理通直，组织细密，可作建筑用材，也是造纸的重要材料。

如今的贺兰山植被垂直带变化明显，有高山灌丛草甸、落叶阔叶林、针阔叶混交林、青海云杉林、油松林、山地草原等多种类型，其中分布于海拔2 400—3 100米阴坡上的青海云杉纯林带郁闭度大，更种良好，是贺兰山区最重要的林带。

地政图解

引言

中华民国时期，马鸿逵主政宁夏后，为了解决财政困难，首先组织力量对宁夏省土壤类型进行调查，在此基础上，对宁夏省耕地进行丈量清查，测算各县人均耕地亩数，然后依据地亩及田地等级定税，从而增加了财政收入，解决了财政困难，但在当时条件下明显增加了农民的负担。

图示 · 宁夏土壤区域略图

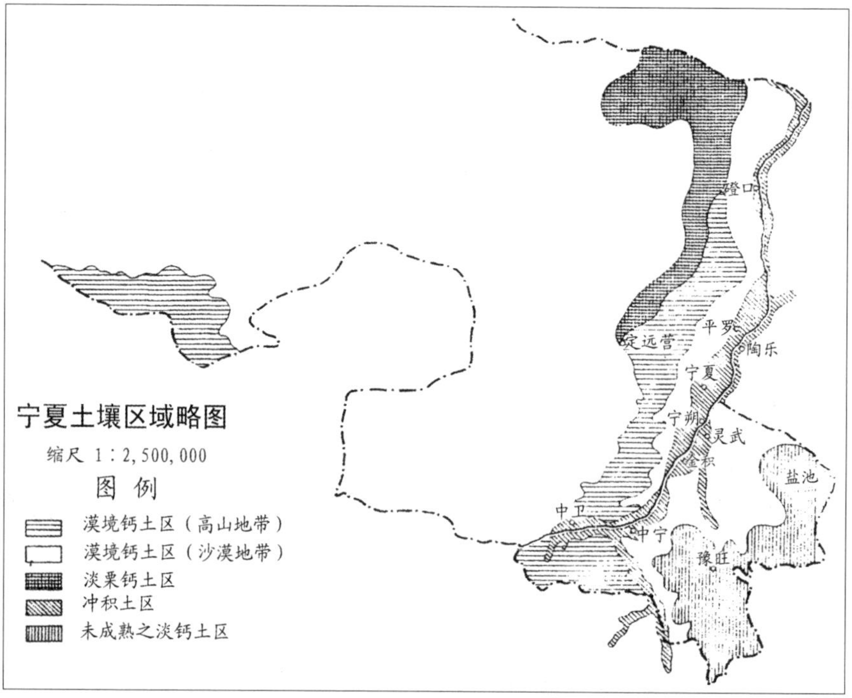

来源：民国《宁夏省人文地理图志》。

图解 · 宁夏土壤分区

据民国《宁夏省人文地理图志》载，宁夏全省土壤分为四区：漠境钙土区，包括阿拉善旗及额济纳旗大部，盐池县及金积县、灵武县一部，面积广，占全省三分之二；淡栗钙土区，包括阿拉善旗及额济纳旗一部；冲积土区，包括黄河两岸的卫宁平原、银川平原；未成熟之淡钙土区，包括盐池县、豫旺县大部。对土壤的这种分类，参照的是梭颇、侯光炯两人编辑的《陕甘青宁绥察六省土壤概图》。梭颇、侯光炯于民国二十三年（1934年）夏秋对陕甘宁三省土壤进行调查，著有《中国北部及西北部之土壤》一书。

图示 · 宁夏各县面积及水田图

宁夏各县面积及水田图

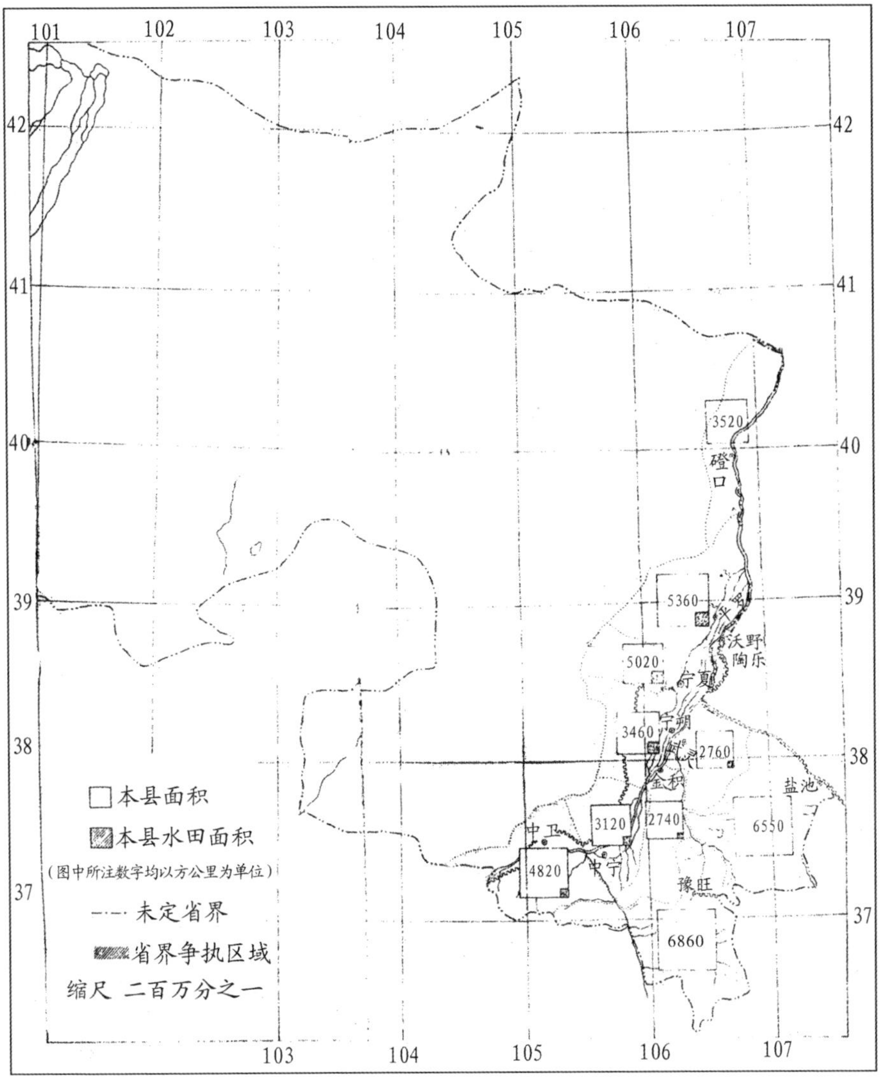

来源：民国《宁夏省人文地理图志》。

图解 · 宁夏各县面积及水田

《宁夏各县面积及水田图》是根据《民国新地图》丈量而绘制的。这次统计全省面积约 30 万平方公里，除内地 10 县共有 42 240 平方公里外，其余均为蒙古旗地。省府所辖 10 县，面积占前三位的是盐池县、豫旺县、平罗县，其他黄河两岸各县面积在 3 000 平方公里左右。

图示 · 宁夏省七县实测面积统计图

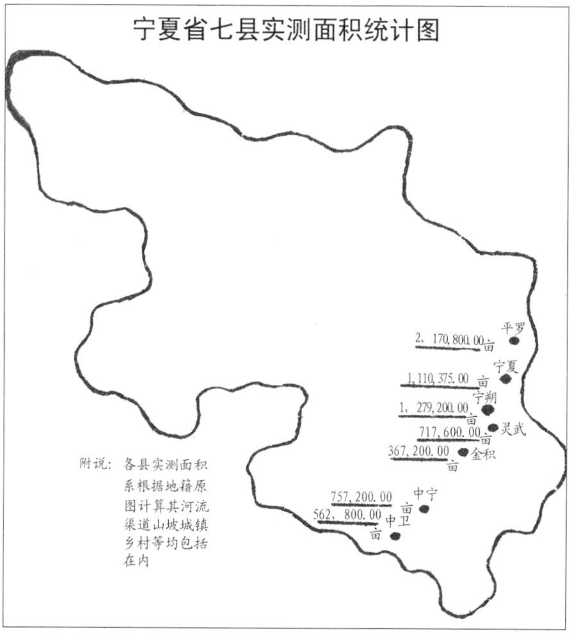

来源：民国《十年来宁夏省政述要》。

图解 · 宁夏省七县第二次实测土地面积

马鸿逵主政宁夏后，曾两次清查丈量地亩。民国二十二年（1933 年）着手成立宁夏省垦殖总局 2 个科及 3 个清丈队，首次在宁夏、宁朔、平罗、金积、灵武、中卫、中宁 7 个川区县开展土地清丈及田赋整理工作。民国二十三年（1934 年）1—3 月，时值孙殿英部进犯宁夏，土地清丈工作被迫中断。民国二十三年（1934 年）5 月，孙马混战停止，继续开展清理整理工作，至年底，7 县清理工作结束。民国二十四年（1935 年）1 月 10 日还于省城举行了第一次土地清丈结束典礼大会。这次清理沿袭旧规，以弓量亩，相土定等。民国二十五年(1936 年）5 月改省垦殖总局为地政局，增设技正科，开始 7 县土地复查工作，至民国二十七年（1938 年），7 县土地复查结束。

民国二十三年（1934 年）12 月底，第一次清丈土地完成，7 县农田共计 1 828 750 亩，与宁夏省成立初相比，增加近 100 万亩。民国二十七年(1938 年)，第二次清丈土地完成，比第一次清丈又“增溢”28.4 万亩，共计全省农田面积 225.56 万亩，包括盐池、同心、陶乐各县旱田在内，还查出荒地 239 万亩。宁夏省政府鼓励垦荒，增加土地数量，提高粮食产量。两次清查丈量地亩，使原来纳赋田由 80 多万亩，扩大到 225 万亩，直接增加纳赋田 150 万亩，增加了政府财政收入，也加重了百姓负担。

图示 · 宁夏省各县第一次所有权登记面积统计图

来源：民国《十年来宁夏省政述要》。

图解 · 宁夏省八县耕地面积

民国二十七年（1938年）至民国三十年（1941年）4月，宁夏省开展第一次土地所有权登记。《宁夏省各县第一次所有权登记面积统计图》所标的宁夏、宁朔、平罗、金积、灵武、中卫、中宁7县耕地面积系民国二十七年（1938年）登记结果，共计2 084 331.64亩。同心县耕地面积系民国二十八年（1939年）呈报亩数。以上8县共计2 315 268.93亩。

图示 · 宁夏七县地亩增溢比较图

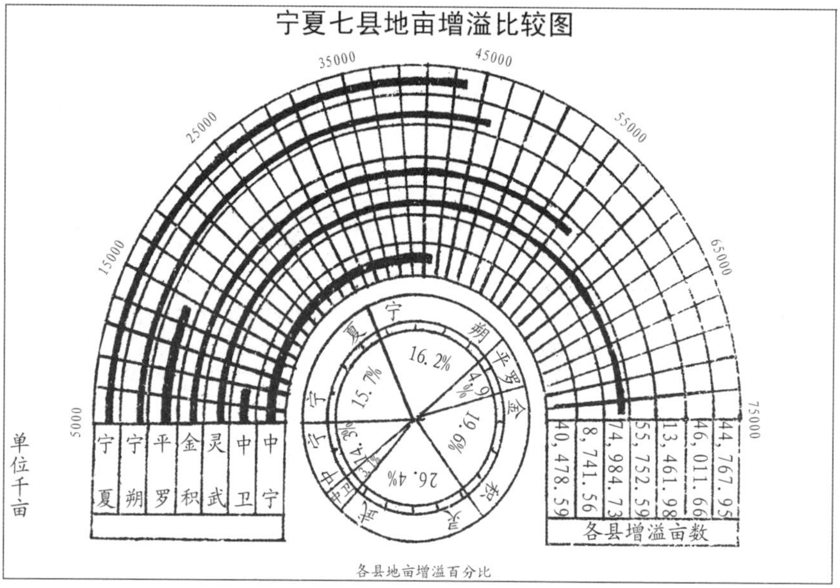

来源：民国《十年来宁夏省政述要》。

图解 · 宁夏七县地亩增溢比较

《宁夏七县地亩增溢比较图》所标宁夏、宁朔、平罗、金积、灵武、中卫、中宁7县耕地“增溢亩数”，指测量登记熟地亩数减去测量前调查熟地亩数所得结果。宁夏、宁朔、平罗、金积、灵武、中卫、中宁县测量前调查熟地亩数分别为：宁夏县 370 562.80 亩，宁朔县 340 769.98 亩，平罗县 453 380.80 亩，金积县 113 260.17 亩，灵武县 136 752.93 亩，中卫县 215 058.60 亩，中宁县 167 347.30 亩，七县共计 1 800 132.58 亩。七县测量登记熟地共计 2 084 331.64 亩，七县共“增溢”284 199.06 亩。该图所标“单位千亩”有误，应为“单位亩”。

图示 · 宁夏省各县田地类别统计比较图

宁夏省各县田地类别统计比较图

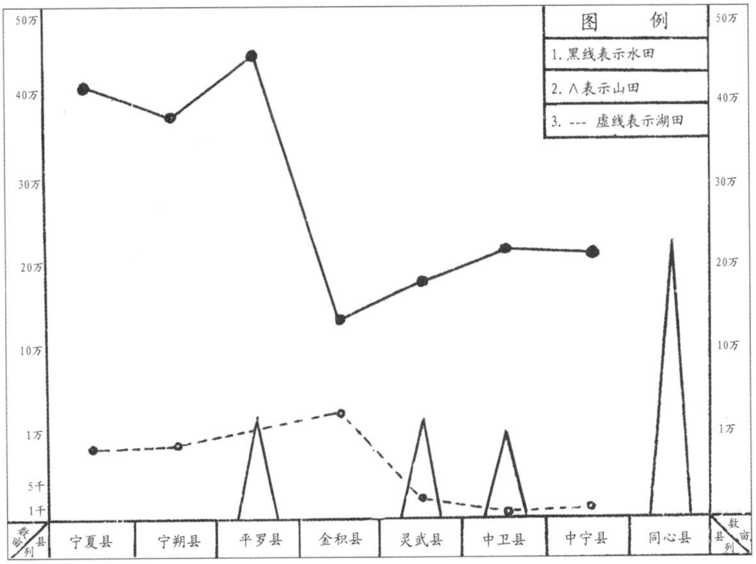

来源：民国《十年来宁夏省政述要》。

图解 · 宁夏八县土地类别

据民国二十七年（1938 年）第二次清丈土地统计，宁夏、宁朔、平罗、金积、灵武、中卫、中宁、同心八县共有耕地 2 315 268.92 亩。其中，水田 1 972 641.97 亩，占八县总耕地面积 85.2%；山田 292 462.75 亩，占 12.6%；湖田 49 964.21 亩，占 2.2%。从《宁夏省各县田地类别统计比较图》不难看出，平罗县水田最多，金积县水田最少但湖田最多，同心县山田最多。除同心县，其他七个川区县都有湖田分布。所谓湖田，就是在湖边围垦的水田，或在洪水退后，在沿湖地带形成的湖滩上围垦的水田。湖田排水不畅，每年只能种稻，不可轮作，所产稻米产量、质量均低于排水畅通、稻麦轮作的水田。

图示 · 宁夏省各县耕地人口平均亩数总计图

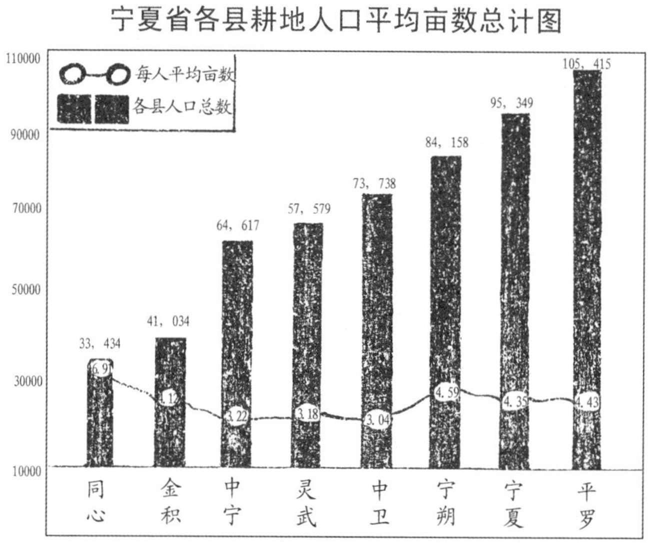

来源：民国《十年来宁夏省政述要》。

图解 · 宁夏八县人均耕地

《宁夏省各县耕地人口平均亩数总计图》中的宁夏、宁朔、平罗、金积、灵武、中卫、中宁、同心 8 县人口数为民国二十七年（1938 年）登记数，同心县人口数为民国二十八年（1939 年）呈报数。但是，宁夏县、灵武县、同心县人口数与统计表有别。

图示 · 宁夏省地政局历年地政收入数图

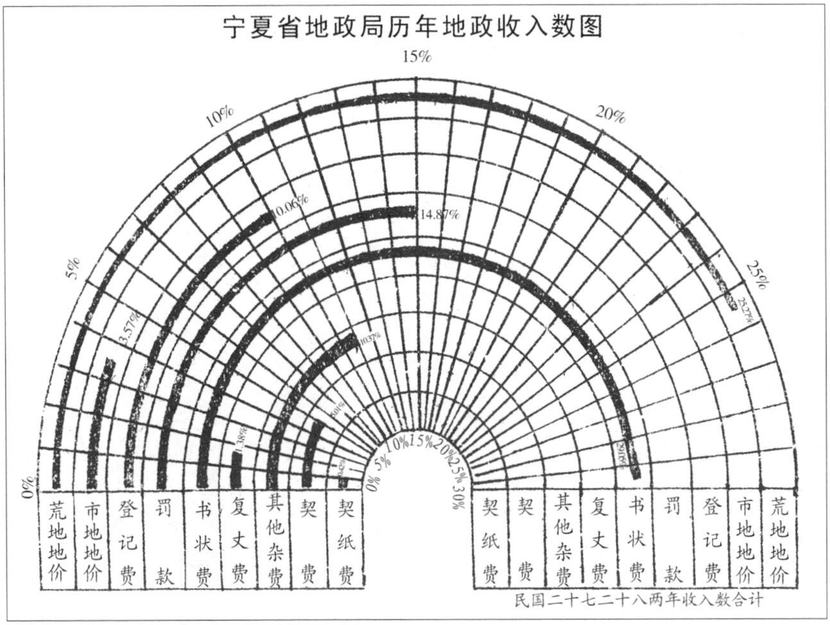

来源：民国《十年来宁夏省政述要》。

图解 · 宁夏地政收入

民国二十七年（1938年），宁夏省地政收入169 972元。其中，荒地价47 601元，市地价12 260元，登记费39 817元，罚款52 284元，书状费10 678元，复丈费5 117元，其他杂款2 215元。民国二十八年（1939年），全省地政收入283 500元。其中，荒地价66 994元，市地价3 860元，登记费5 834元，罚款15 045元，书状费121 066元，复丈费1 144元，契费22 736元，契纸费1 913元，其他杂款44 908元。

图示 · 宁夏省实施地价税区域图

来源：民国《十年来宁夏省政述要》。

图解 · 宁夏地价税

北洋政府统治时期，由于长期战乱，造成了宁夏财政赤字。民国二十二年（1933年），马鸿逵主政宁夏后，希望通过财税改革增加财政收入。这时，有个叫王敏悟的人向马鸿逵献策，认为宁夏地政混乱，土地隐私严重，如将地亩查清，即可增加一大笔收入。马鸿逵便于当年3月增设宁夏省垦殖总局，由王敏悟负责，具体筹办全省清丈土地事宜。宁夏省垦殖总局首先通过清丈土地，以弓量亩，视土定等，落实田赋，整顿税收。此次清丈收到了显著效果，较之前田亩数量大大增加。根据此次清丈土地，省政府拟定赋制，将土地定为七等，拟定税率，征收田赋。至民国二十四年（1935 年），宁夏省政府的田赋收入总额达 2 552 207 元，比上年 285 367 元的田赋总额，增加了 2 266 840 元。民国二十六年（1937 年）6 月开始进行第二次土地清丈，采用“小三角测量”的方法，控制土地面积，编造“地籍册”以管理土地变动，编造“归户册”以征收田赋。此次清丈田亩的等则更加详细，又把水田分为九等，湖泽（湖田）分为五等，山田分为七等。在土地面积方面，比第一次清丈又“增溢”了 30 万亩。民国二十九年（1940 年）1 月颁布《宁夏省各县农地地价税征规则》，将全省各县农地按照所处位置、土质、水分、气候、产量分为十四等区，其地价也分等实估，并以实估定地价数额千分之十为税率，按年征收，且地价税的征收以国币为标准。地价税于公布之日开始实行。各县自开征地价税后，原有的田赋及其他土地负担、各项正杂赋税一律取消。是年，全省地价税收入为 2 587 255 元，比第一次（1935 年）清丈时增加 35 000 元。随着抗日战争形势的严峻，国民政府于民国三十年（1941 年）颁布《田赋征实物办法暂行条例》，确定了田赋征实的原则。根据国民政府的部令，宁夏省自民国三十年（1941 年）将田赋全部改征实物，并进行随赋征借。是年，宁夏全省征实总额为市斗 95 908 石，比民国二十四年（1935 年）的 73 000 石增加了 22 908 石。

《宁夏省实施地价税区域图》实际反映的是宁夏、宁朔、平罗、金积、灵武、中卫、中宁七县每亩稻田、麦田应缴纳的租金和租粮，并分普通、最高、最低三个等级。就稻田而言，七县普通稻田每亩平均缴纳租金 4.22 元，平均缴纳租粮 2.53 斗；麦田每亩平均缴纳租金 4.89 元，平均缴纳租粮 2.67 斗。同心县未作统计。盐池县未作标志，也未作统计。

图示 · 宁夏省三十年度征购征实概况图

宁夏省三十年度征购征实概况图

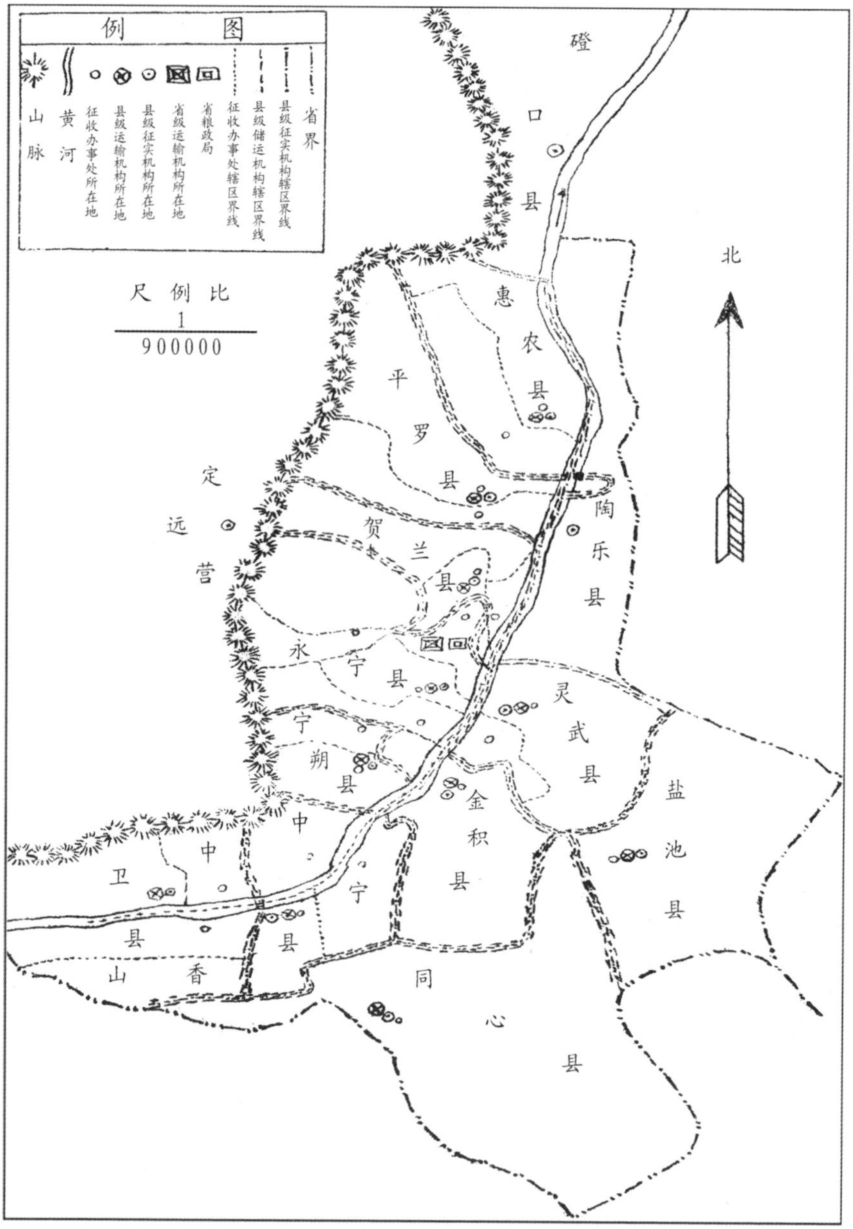

来源：民国《十年来宁夏省政述要》。

景观图解

引言

研究历史上的宁夏景观，首先想到的是地处宁夏镇的庆王府及其他诸王府邸。明建文三年（1401 年），朱栴奉命将庆王府从韦州迁到宁夏（今宁夏银川市）。作为明皇室庆亲王进驻宁夏，在当时不仅显示了宁夏在政治、军事方面的特殊地位，而且为宁夏这一历史文化名城在都市建设方面奠定了基础。庆王共传十代，历时 240 年，自始至终，世居宁夏镇。因此，庆王府及真宁、安化、弘农、丰林、巩昌诸王府邸宫室建筑，以及宁夏镇各级衙门建筑，特别是规模宏大、格局高雅的诸王府邸和园林建筑，集中凸显了明代宁夏镇园林建筑的特点。同时，宁夏镇城曾有“塞上湖城”之誉，这里水源方便，湖泊众多，也为其他诸王营造王府和园林创造了有利条件。也就是说，自明正统年间（1436—1449 年）起，宁夏镇城就是一座风光美丽的城市，城镇内外，建有丽景园、金波湖、南塘、小春园、静得园、寓乐园、凝和园、撷芳园等 53 处大小园林景观。

天下“八景”，原是以“潇湘八景”为规范而约定俗成的。它缘于宋代画家宋迪所画的《潇湘八景图》，再经大书法家米芾欣然赋诗，“潇湘八景”始得以传世。后人对此大加推崇，浓缩各地风物名胜的自然人文“八景”也就应运而生。“固原八景”就是这种时代风尚的产物。“固原八景”在明代志书中都没有出现，只有清〔宣统〕《新修固原直隶州志》刊印 10 幅木刻风景白描图，分别题为“东山秋月”“西海春波”“云根雨穴”“瓦亭烟岚”“须弥松涛”等。对应着这十景的诗文写得意境深远，将最能代表固原地方名胜文化的“八景”点缀得呼之欲出。

图示 · 南塘

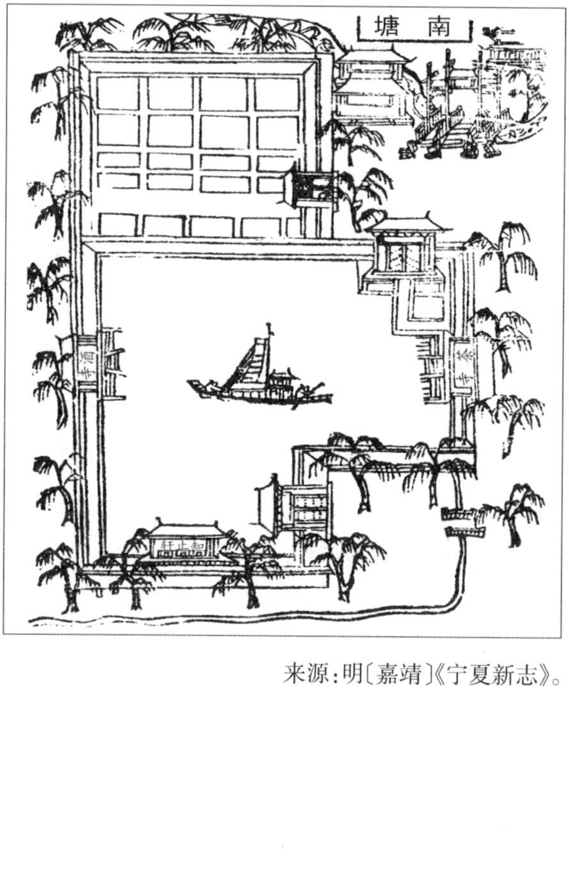

来源：明〔嘉靖〕《宁夏新志》。

图示 · 金波湖

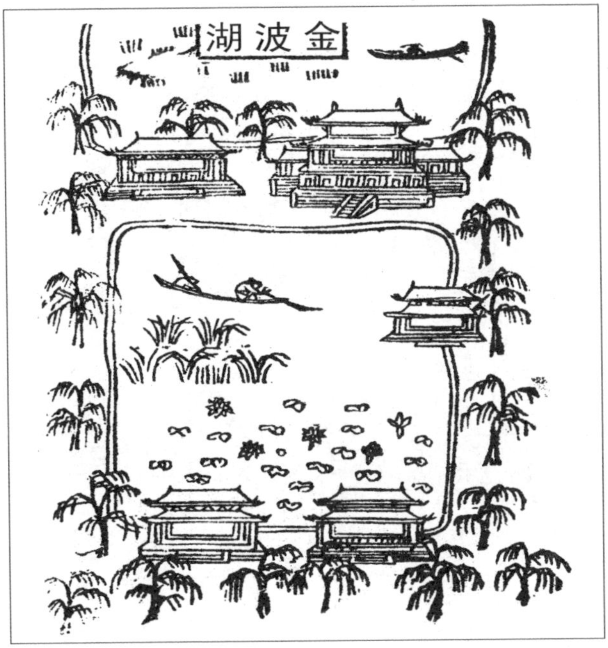

来源：明〔嘉靖〕《宁夏新志》。

图示 · 南塘与金波湖

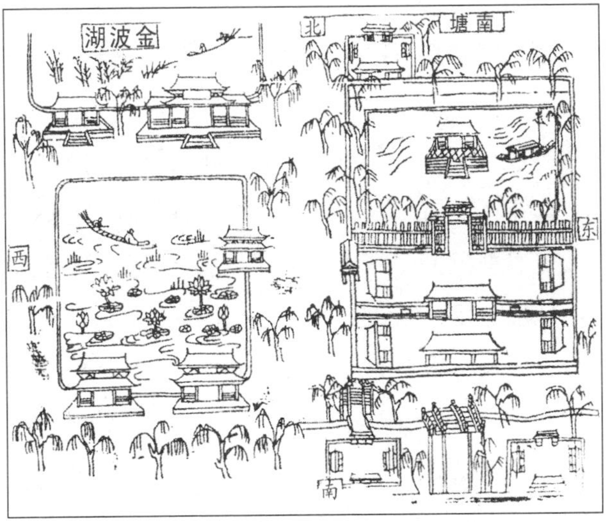

来源：明〔万历〕《朔方新志》、清《增补万历朔方新志》。

图示 · 丽景园 与小春园

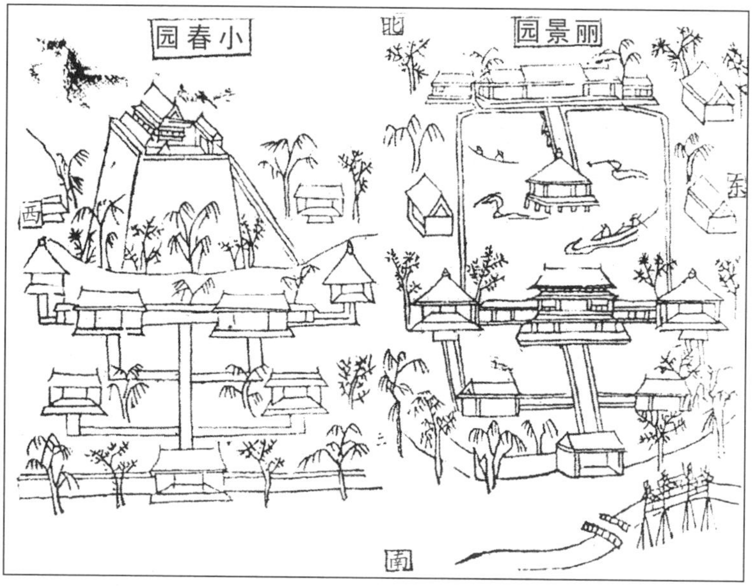

来源：明〔万历〕《朔方新志》、清《增补万历朔方新志》。

图解 · 南塘

南塘地处宁夏镇南薰门外二里许红花渠南，也处于建于红花渠上的永通桥西南，为庆王朱㮵主持兴建。在南塘内滂水而建造的知止轩，意在劝人凡事要知足而止。

据杨守礼主修的明〔嘉靖〕《宁夏新志》载，到嘉靖年间（1522—1566年），南塘环境已遭破坏，变成停潦（积水或沼泽湿地）之区。嘉靖十五年（1536年），宁夏巡抚张文魁曾打算将它辟为水上游乐区，但是没有完工就被调离宁夏。继任巡抚杨守礼到宁夏后，于嘉靖十九年（1540年）委托指挥方舆督办此役，经过一番整治，南塘再次成为宁夏城缙绅士民休闲娱乐的风景胜地，并以“周方百亩，菰蒲萍藻，鸥鹭凫鱼，杂然于中，泛以楼船，人目之如西湖，居民喜为乐土”而驰名。这次对南塘的整治，以“注以渠水，缭以短墙”为主，塘北为门，便于出入。塘南构建小亭三楹，并在墙内外植柳千株，又成为边镇奇观。南塘修浚后，杨守礼曾邀宁夏镇城文武官员同游南塘，并创作五言律诗《游南塘》。诗云：

小艇容宾主，乘闲半日游。
隔帘人唤酒，泊岸柳引舟。
垂钓双鱼出，随波一雁游。
夕阳催马去，清兴转悠悠。

诗中“清兴”，即有清雅的情趣。

图解 · 金波湖

金波湖，位于丽景园青阳门（东门）外，在丽景园中，为庆王朱栴主持修建，其旧址在今宁夏银川市解放东街与东门桥东北处。这是一处大型水上乐园，湖西有临湖亭，北有鸳鸯亭，南有宜秋楼，环湖“垂柳沿岸，青阴蔽日，中有荷芰，画舫荡漾，为北方盛观”。金波湖四周都是田畴，登上宜秋楼，“凭栏纵目，百里毕见”。

银川素有“七十二连湖”之说，西湖、银湖、湖滨湖、连湖、鹤泉湖、月牙湖等众多湖泊相连。如此众多的湖，唯有金波湖号称“官湖”，因为它由皇裔所建。朱栴接待朝使钦差、宴请宾客、会友吟诗和春日寻芳、夏时避暑、秋夜赏月、冬季踏雪，都在金波湖这处水上乐园进行。所以，庆王和巡边大臣，以及文人墨客在园中有许多吟对和美文产生。

朱栴“天性英敏，问学博洽，长于诗文”，著作有《宁夏志》2 卷、《凝真稿》18 卷、《集句闺情》1 卷，还有自编的《文章类选》《增广唐诗鼓吹续编》等共 5 种。另外，庆王的书法也是名闻遐迩，“其草书清放训雅，绝无俗碍，海内传重，视为珙壁”，可惜现今只有《宁夏志》和《文章类选》《增广唐诗鼓吹续编》等书传世。朱栴论著、诗作众多，反映金波湖的作品当属《戊戌岁金波湖合欢莲》。诗云：

圣泽周流遍八埏，穷边喜见合欢莲。
同根一柄凌波出，共蒂双头照水妍。
二女并肩游汉日，两乔低首读书年。
不惭才拙诗成后，拟继唐人短李篇。

这首诗载于明代宁夏首部志书〔宣德〕《宁夏志》。戊戌年指明成祖永乐十六年（1418 年）。诗中的“八埏”，谓“边际、边远之地”。“合欢莲”，即一种并蒂双头的荷花，作者将合欢莲拟人化为三国时期的“两乔”（大乔、小乔）。游汉日，意为“遨游天河的日子”。“短李篇”，唐李绅为人短小精悍，诗最有名，时号“短李”。白居易有“笑劝迂辛酒，闲吟短李诗”为证。

明代宁夏人刘鼎，科甲出身，其七言绝句《游金波湖》，是骚人墨客吟唱金波湖的代表作。诗云：

载酒东湖作胜游，鱼吹桃浪泛兰舟。
杜陵野老今何处，细柳新蒲绿满洲。

这首诗选自明〔嘉靖〕《宁夏新志》。〔弘治〕《宁夏新志》题作《东湖泛舟》。东湖，即金波湖。诗中的“鱼吹”，在〔万历〕《朔方新志》和〔乾隆〕《银川小志》中作“渔歌”。诗中的“兰舟”，即木兰舟，船的美称。“杜陵”，在今陕西西安东南，是汉宣帝的陵墓。杜甫的远祖是京兆杜陵人，杜甫在长安时曾在杜陵附近的少陵住过，因而自称“杜陵布衣”“少陵野老”。因而“杜陵野老”，即指杜甫。

20 世纪六七十年代，随着天然水域的减少，银川东门外的大部分天然水域被改造成集体所有的人工鱼塘，东门外最先消失的湿地就在金波湖一带。

图解 · 丽景园

庆王朱栴生于南国，他由韦州“徙国宁夏”后，便在当时的宁夏城（今宁夏银川市）南薰门内营建庆王府。他又十分眷恋江南的秀丽风光。为了消遣自娱，吟诗会友，除了宫殿建筑，朱栴还利用宁夏水利之便，以及城周湖泊、湿地众多的优势，在城内外修了大量园林建筑，其中把宁夏镇城清和门（东门）外、红花渠东畔的王府果园改建成为一处大型游乐园，并为这所新园命名为“丽景园”。此园，园中有园，景中有景。园内建有永春园、赏芳园、寓乐园、凝和园等。建有芳林宫、望春楼、群芳馆、大觉殿等。建有众多水榭亭阁，诸如芳意轩、清暑轩、拟舫轩、凝翠轩，以及望春亭、宜春亭、水月亭、清漪亭、蹴踘亭、涵碧亭、八角亭、湖光一览亭和桃蹊、月榭、杏坞、飞虹桥、小虹桥、宴仙桥等坞榭；碧沼、鸳鸯池、鹅鸭池等池沼；杏庄、涵碧、远畴、合欢道、红芗、翠阴等庄所；凫渚、菊井、鹤汀等洲渚。园东还有延庆寺，园南有小春园，园西临红花渠，穿过红花渠就是宁夏镇城。这些水光山色、楼台亭榭，点缀了园林景致，丰富了都市的情致。

清代，首任宁夏巡抚黄尔性从宁夏府城建筑文物遗存意义上考虑，提出了宁夏“八景”之一的“藩府名园”新说，即明代修建的丽景园。说明在清初，丽景园仍然为北方一处胜景。

图解 · 小春园

小春园建在丽景园南，内有佳赏轩、眺远台及眺远亭、芍药亭、牡丹亭、清趣斋等，属藩府名园，在清初仍然是极盛之观。

除了丽景园、金波湖、小春园、南塘四处大型游乐园和风景胜地外，在光化门外，即小南门外西南，建乐游园，内有来青楼、荷香柳影亭、山光水色亭等；在南薰门外，即南门外，建撷芳园；在德胜门外，即北门外东北 8 里许，建盛实园等风景游乐景观。这些园林建筑群，景致秀丽壮观，具有鲜明的地方特色，吸引了众多的文人墨客、官僚仕宦，他们寻幽览胜，欢宴其间，并创作了大量的赞美诗赋和文章。

图示·东山秋月

来源：清〔宣统〕《固原直隶州志》。

图解·东山秋月

“东山秋月”为“固原八景”之一。自明朝中叶始，固原定制驻有陕西三边总督。其间，明朝的部院大臣轮番坐镇固原。他们在主制三边军务的同时，大力开发和建设固原镇治和城池格局，而且修建了一些园林类的休憩之所，当时的东山（今宁夏固原东岳山）就得到了修筑和开发，形成了一定的建筑格局。

东山距固原城东 3 里，因山上建有东岳庙，又名“东岳山”。据明代后期修撰的〔万历〕《固原州志》记载，当时东岳山已有东岳庙宇等建筑。清

〔宣统〕《新修固原直隶州志》记载，东岳山建有玉皇、释迦牟尼、韦陀、如来等大殿，还有孟公祠、碧云洞及题词石坊等，是一处完整的寺院建筑景观。明清时期，东岳山上树木森森、郁郁葱葱，与错落的寺院遥相映衬，就是这种自然与人文景观相谐趣，当地人给它冠以俗名——杨柳巷道。清代襄平（今辽宁省辽阳市）人锡麒创作《东山秋月》诗，就点出了东山的地理环境和月朗风清的佳境。诗云：

萧关万里净无尘，秀耸东峰倚凤闉。
漫把防秋谈战事，且邀新月作诗邻。
莲花似滴平峦翠，杨柳犹怀旧苑春。
南望络盘北海刺，年年照彻远行人。

在清代晚期以后的战乱中，东岳山自然、人文景观多次遭到破坏。百年之后的东岳山，在改革的大潮中，再度兴盛，建筑沿山而起，植被得到恢复，在中秋时节登山赏月者逐年增多。

图示 · 西海春波

来源：清〔宣统〕《固原直隶州志》。

图解 · 西海春波

固原城西南20公里处，有一泓“甚澄且甘”的水源，古人称为“朝那湫”，也称“西海”。今称“西海子”或“海子峡”。旧时传说，西海专为祭祀龙神的地方，建有庙宇。明代巡抚赵时春撰写的《朝那湫庙碑记》，对西海的渊源祭祀有详细记载。西海子周围群峰环抱，绿树成荫，有战国秦长城、木峡关、石庙等历史文化景观，自古就以名湖载入史册。秦朝时，在这里修建了湫渊祠，湫渊祠就是祭祀湫渊龙神的庙宇。大约在明代，“西海”才得以开发与利用。据〔嘉靖〕《固原州志》载，明正德年间（1506—1521年），驻固原右军都督府佥事赵文因固原城内井水苦咸，便与兵备副使景佐商议，导引西海水入城，之后由驻固原军开渠引水。水由西门入，环流于街巷，自东门出，入清水河。西海引水工程，解决了明代固原农商、城镇人口及驻军用水问题。

清代皋兰人王兆骏创作《西海春波》，就赞美了西海的美景，肯定了导水入城的政绩。诗云：

飞来万朵玉芙蓉，中汇流泉列五峰。
地据朝那通朔漠，天开灵境接崆峒。
频将秋草肥屯马，信有春雷起蛰龙。
闻道当年兵备使，分渠犹自利三农。

如今的西海子下游就是海子峡水库，是固原城乡饮水三大水源地之一。2014年，固原市将海子峡以及上游的西海子划定为城乡饮水水源地重点保护区。整体而言，西海自然形胜犹在，西海春波依旧。

图示 · 云根雨穴

来源：清〔宣统〕《固原直隶州志》。

图解 · 云根雨穴

太白山位于固原城东南，是古人祈雨的地方。明万历十二年（1584年），陕甘大旱，固原更为严重。三边总督郜光先在这里选址立庙求神祈雨，建成的太白庙方圆2里，规模宏大。清代，这里香火依旧。清〔宣统〕《新修固原直隶州志》载，寺居绝顶，山阴有3泉，水色莹碧，澄澈幽深，遂在太白崖侧立石坊，名“云根雨穴”“蹑足云根”，景名由此而来。清代皋兰人梁济西创作《云根雨穴》。诗云：

三峰太白望巍然，谁辟山阴百丈泉。
溅玉跳珠空色相，瞻蒲望杏动机先。
甘霖尽许占盈尺，闿泽还宜偏大千。
信是蛟龙为窟宅，灵通地脉助风烟。

图示 · 瓦亭烟岚

来源:清〔宣统〕《固原直隶州志》。

图解 · 瓦亭烟岚

出固原城南行 45 公里，有一处拱卫在六盘山与三关口之间的形胜之地——瓦亭古关，自古以“铁瓦亭”著称。

瓦亭位于六盘山腹地，介于古六盘关与弹筝峡（三关口）之间，自古为易守难攻的战略要隘，历史上以“九塞咽喉，七关襟带”概括了瓦亭关的重要性。清光绪三年（1877 年），陕甘总督魏光焘曾上书朝廷“请币重修”，历时一年有余。重修后的瓦亭城，较旧城宽长都有增加，设“镇平”“巩固”“隆化”3 座城门，城上有敌楼、雉堞、墩台等设施。城内原建有城隍庙，乾隆年间（1736—1795 年）还铸有“瓦亭城隍庙铁碑”。城内设有驿站。这里虽然群峰环拱，但道路四达，向西沿丝绸之路中道可翻越六盘山，向北沿丝绸之路北道可抵达固原。

由于历代驻有军队，这里得到了开发。特别到了清代，周围的荒地得以开垦，并种植杨柳。这里深谷险阻，葱郁的山峰、坚固的城池、依依杨柳、潺潺河水，相映成趣，相得益彰。每当雨后放晴时，云蒸霞蔚，烟岚轻妙，胜似仙境。清人韩国栋作《瓦亭烟岚》。诗云：

六盘俯瞰接三关，斗大孤城万仞山。
不断云根横雁齿，每当雨霁拥螺鬟。
画图犹待倪迂写，旌旆常逢汉使还。
试向萧关一回首，依依杨柳水潺潺。

图示 · 营川麦浪

来源：清〔宣统〕《固原直隶州志》。

图解 · 营川麦浪

营川，指大营川，俗称“粮食川”，在固原城西 10 公里处，是主要的产粮区。这里夏则麦浪匀匀，秋则黄云霭霭；这里岩腰山角，村落环居；

这里农歌上下，犊叱雁催，处处可闻。清代韩谦创作《营川麦浪》诗，极言麦收时的景象。诗云：

马髦西望尽平畴，多稼年年祝有秋。
比户胥忘锋镝险，屯田自遂稻粱谋。
一犁红雨鸦锄足，万顷黄云犊背浮。
喜共边氓耕凿者，双岐百穗颂来牟。

图示 · 须弥松涛

来源：清〔宣统〕《固原直隶州志》。

图解 · 须弥松涛

须弥山，旧名“逢义山”。明代，须弥山不仅在佛教界闻名遐迩，作为一处风景名胜，也吸引着四方游人。这里自然风光优美，每当阳春三月，桃花盛开，石窟掩映其间。楼阁依山而建，流水潺潺。山上苍松翠柏，四季常绿，凉风吹来，涛声四起。因松涛之声又为山中石窟群增色，遂以

"须弥松涛"为景冠名。清代皋兰人李毓骧创作《须弥松涛》，描述了游人拜佛游山、香火极盛的情景和其胜景。诗云：

古刹巍然近石城，苍松万树自纵横。
维摩有室搜灵偈，逢义题山问旧名。
一幅云屏开界画，半天风铎助边声。
宵深惟听龙吟曲，随在参禅百虑清。

图示 · 六盘鸟道

来源:清〔宣统〕《固原州志》。

图解 · 六盘鸟道

六盘山高大雄浑，横亘陕、甘、宁三省区，山势陡峭，地貌险峻，林密草茂，阴湿多雨，春秋雾绕，隆冬雪飘，严重困扰着人们的出行。然而，自古以来，六盘山又扼控着古萧关道、回中道等交通要道，古人曾以

“绝岩排空扼秦陇”“东衔锁钥镇兰岷”来概括六盘山地理位置的重要性。

古代翻越六盘山共有 3 条古道，南面有略阳道（又名“陇坻道”），中间有鸡头道，北面是瓦亭道。瓦亭道是沿萧关古道北上至瓦亭，然后到六盘山下，再沿六盘山上的一条小道翻越六盘山，西至隆德、静宁、定西、榆中到兰州，大体就是今天的西兰公路走向。这条道经过的六盘山一段，就是后来闻名于世的“六盘鸟道”。因为这里每遇山雨欲来之际，山上一定出现云腾雾蔚的奇观，即便是晴天，山巅亦常见雾霭萦绕。行人翻越六盘山时，感觉在云雾里行走，但闻车轮声、甩鞭声从云雾中传出。如果是一行人登山时，后人只看见前面人的鞋底。前面人若回头看，只能看见后面人的头顶。这种登山时的奇景，被古人喻为“鸟道识奇”。而“六盘鸟道”又是形容六盘山道崎岖、险阻狭窄，只有飞鸟可度过的形象比喻。清代湘乡人金希声创作《六盘鸟道》，对六盘山的军事、地理位置的重要性和山势险峻进行了描述，看来“六盘鸟道”之称大约是清代的事。诗云：

虎牙龙脊自嶙峋，绝巘排空扼陇秦。
堑道崎岖通一线，征车迢递转双轮。
云封远隔蚕丛月，风劲横飞马足尘。
汉史络盘搜旧迹，东冲锁钥镇兰岷。

六盘山与六盘道得名众说不一：一种说法六盘山是民间“鹿盘山”的转音，并因先有民间的“鹿盘山”而后有民间的“六盘道”；一种说法是《史记》《汉书》多处出现“络盘道”“洛畔道”，由此“六盘道”就是络盘道、洛畔道的转音。

图示 · 七营驼鸣

来源:清〔宣统〕《固原直隶州志》。

图解 · 七营驼鸣

七营是明代杨一清督理陕西马政时屯养军马监牧的八大营地之一，地名沿袭至今。从固原城向北，沿清水河谷往北去中卫等处，必经七营。明清以来运输比较繁忙，特别是清代以来的盐运商贩，就是这条古道上的常客。车队、马队、驼队络绎不绝，而以驼队最具传统运输特色。深秋风声萧瑟之夜，驼铃叮咚作响，回荡在寂静的夜空，给广袤的大地增添了秋来驼鸣的塞外景象。清代王学周创作《七营驼鸣》，描绘了这一情景。诗云：

参横月落夜迟迟，络绎鸣驼任所之。
朝饮长城环毳幕，远来瀚海识羌旗。
盐茶春暖开屯际，水草秋高出塞时。
明驿汉营今尚在，筹边何以策安危。

图示 · 禹塔牧羊

来源：清〔宣统〕《固原直隶州志》。

图解 · 禹塔牧羊

禹塔，指固原城东 1.5 公里处耸立在东岳山的禹王宫铁塔，建于明代，是登东岳山时的必经景观。塔下辟有菜园和耕地，牧童樵夫往来其间。清〔宣统〕《新修固原直隶州志》的总纂王学伊认为这是一处“荒景”。但清代咸宁人韩庆文创作《禹塔牧羊》，再现了这里的山水风光。诗云：

浮图七级峙郊原，遗迹都从劫后存。
半岭寒云横断堠，一湾流水绕孤村。
苔花莫辨明臣碣，苜蓿犹肥汉将屯。
最是池阿歌上下，鞭声遥送月黄昏。

图示 · 蓬沼听莺

来源：清〔宣统〕《固原直隶州志》。

图解 · 蓬沼听莺

蓬沼听莺，特指北海子景观。北海子位于固原古城以北 2.5 公里处，古称北鱼池，是一处湖水碧波的园林文化与寺庙文化相结合的游览区。北海子水暖，冬不结冰，水域面积很大，深处丈余，四周碧绿葱翠，沿岸青柳环抱，栖息着各种鸟雀，莺歌燕舞，生机盎然，颇具情趣。据说湖中小岛上还建有亭轩，夏日纳凉于亭中，展望四周湖水，听四面莺歌，自然又是一种难得的佳境。人们把它与神话传说中的东海仙人居住的蓬莱相比，再经文人贤达点缀，被冠名“蓬沼听莺”。清代皋兰人刘继铭作《蓬沼听莺》，赞美北海子景观。诗云：

芳塘十亩北城隈，无限岚光到眼来。
且喜青骢行款短，时闻黄鸟语低徊。
香清蔬圃饶诗味，影落莲峰入酒杯。
四面荻花三面柳，斯游合纪小蓬莱。

庙宇图解

引言

在历史的长河中，宁夏地区留下了许多庙宇人文景观。这些庙宇建筑群，格调较高，规模可观，遍布城里城外。城里一般有城隍庙、三清宫、文庙、万寿宫等，城外一般有关帝庙、龙王庙。其中，文庙是祭祀我国古代著名思想家和教育家孔子的祠庙，又与儒学、学宫、书院等教育场所相连相邻，其规模大于其他庙宇，且保存完好。

文庙，又称“孔庙”。曲阜孔庙始建于鲁哀公十七年（前 478 年），历代增修扩建，与相邻的孔府、城北的孔林合称“三孔”。现存的孔庙建筑群绝大部分是明、清两代完成的，占地 327 亩，前后九进院落。庙内有殿堂、坛阁和门坊等 460 多间。四周围以红墙，四角配以角楼，是仿北京故宫样式修建的。1961 年，国务院把“三孔”列为全国重点文物保护单位。1994 年，又被联合国教科文组织列为“世界文化遗产”。曲阜孔庙与南京夫子庙、北京孔庙和吉林文庙并称为“中国四大文庙”，与北京故宫、承德避暑山庄并列为“中国三大古建筑群”。

图示 · 中卫文庙正殿陈设图

图设陈殿正庙文卫中

来源：清〔乾隆〕《中卫县志》、清〔道光〕《续修中卫县志》。

图解 · 中卫文庙正殿陈设

中卫文庙，坐落于原中卫县城，经明清两代多次修缮，自成规模。中卫文庙与中卫学宫自成一体。学宫最初不在文庙里，位于中卫城东北角，建于明正统八年（1443年）。后来，巡抚徐廷章认为学宫偏僻，不利学子就近读书，命将学宫迁至城中。自此，学宫与文庙连为一体，号称“左庙右学”。中卫文庙由大成殿、尊经阁和崇圣祠、名宦祠、乡贤祠、忠义节孝祠四祠组成。文庙大门外有东西牌坊，并立有石碑，上书“文武官员至此下马”。祭日为八月二十八日，为孔子诞辰纪念日，是日在庙内举行祭孔仪式，相当隆重。

文庙早期随孔子的谥号称“宣尼庙”“文宣王庙”“至圣文宣王庙”

“大成至圣文宣王庙”“先师庙”等名，从明代开始直接称为“文庙”。历代封建王朝和中华民国初期，都不断为文庙制定了祭祀制度，包括祭祀等级、祭祀名目、祭祀礼仪、祭品、祭祀音乐、祭祀舞蹈等。中卫文庙正殿陈设图就反映了中卫文庙的祭祀等级、祭祀名目、祭祀礼器和祭祀用品。

祭祀等级：汉高祖十二年（前195年），刘邦在南征时专程绕道到曲阜，以太牢（牛、羊、猪各一只）祭祀孔子。太牢就是大祀，是最高的祭祀级别。以后历代，按国、郡、县级别祭祀孔子，规格各有不同。至唐代，正式将国家祭祀分作大祀、中祀和小祀三级，将昊天上帝、五方上帝等并为大祀，将皇太子和国子释奠于孔子确定为中祀，将州县释奠于孔子确定为小祀。宋代，州县仍为小祀。

金大定十四年（1174年），确定释奠制度，孔子及配享的颜子、孟子为中祀。明成化十二年（1476年）升文庙为大祀。嘉靖九年（1530年），厘正孔子庙祀典，又恢复为中祀。

清初沿用中祀等级，至光绪三十二年（1906年）升为大祀。民国三年（1914年）颁布的《民国大总统祀典礼令》规定：“春秋两丁为祀孔之日，仍从大祀，其礼节、服制、祭品，当与祭天一律。”提高了对孔子的祭祀级别。

祭祀名目：隋朝规定，国子寺、州郡为“释奠”。宋朝增加了“释菜”。清朝顺治元年（1644年）增加了“行香”。从此开始，文庙祭祀名目有释奠、释菜和行香。

释奠即以牲牢进行祭祀，是文庙最高规格的祭祀活动，有两种情况：一种是定期的祭祀，一种是非定期的祭祀。定期的释奠一般在夏历二月、五月、八月、十一月的第一个丁日举行。非定期的释奠主要由皇帝、皇太子或在遣官祭祀时举行。

释菜是以芹藻为祭品举行的祭祀。文庙在每月初一释菜，只因正月初一各官行朝贺礼，所以正月释菜改在次日进行。清代释菜时只有芹、枣、栗3种祭品，各置豆内，祭祀时上香献爵。

行香本来是礼佛的形式，明洪武十七年（1384 年），令祭酒每月朔望在国子监文庙释菜，郡县长官每月朔望诣学行香，即每月的初一、十五两次到文庙上香。清顺治元年（1644 年）规定，文庙月朔释菜，月望行香，将文庙上香改为每月一次。行香不设祭品，只上香行礼。

祭祀礼器：唐开元时规定，祭祀礼器有簠、簋、笾、豆、登、铏。后来，将爵也列为祭祀礼器之列。

簠是中国古代祭祀和宴飨时盛放饭食的器具。簠的基本形制为长方形，盖和器身形状相同，大小一样，上下对称，合则为一体，分则为两个器皿。簠出现于西周早期，主要盛行于西周末春秋初，战国晚期以后消失。

簋是古代中国用于盛放煮熟饭食的器皿，也用作礼器。圆口，双耳。流行于商朝至东周，是青铜器时代标志性青铜器具之一。后来也出现了木簋、瓦簋。一般人不分簠、簋，认为外方内圆为簠,内方外圆为簋。

笾是古代祭祀宴飨礼器的一种。似豆而盘平浅、沿直、矮圈足。笾从豆分化而来，有竹编，又有木制、陶制和铜制的多种。

豆即竹豆，是古代多用竹编成的食器，形状如豆。

登是古代盛放熟食的器具，也是祭祀盛肉食的礼器。形如高足盘，上为圆盘或碗形盘，下为高（柄）圈足，有的有盖。

铏是古代盛羹的鼎，圆口，身长，有盖，上宽下窄，如杯，两耳三足，有盖，常用于祭祀。与豆、簋等放在一起，常用于文庙祭祀。

爵一般为三足，上有两柱、双耳。

一般而言，各类礼器盛放祭品有别：簠为置粱、稻之器。簋为置黍、稷之器。笾为置果脯类干物之器。豆为盛肉酱、腌菜之器。登为置大羹（极高祭品）之器，为肉湆，不调以盐、菜等。铏为置牛、羊、猪羹之器。爵为盛酒之器。

祭祀用品：汉高祖刘邦经过鲁国，以太牢（牛、羊、猪）三牲祭祀孔子。东汉永平二年（59 年），命学校以犬祭祀周公、孔子。后来，祭品还有鸡、米等。一般而言，祭祀用品分两类，释奠时用稻、粱、黍、稷、枣、桃、榛、菱、饼、形盐、槁鱼、韭葅、菁葅、芹葅、笋葅等，而家祭时多用果、菜蔬、羹饭等。多以笾盛形盐、槁鱼、枣、栗、榛、菱、芡、鹿脯、白饼、黑饼；豆盛韭葅、醓醢、菁葅、鹿醢、芹葅、兔醢、笋葅、鱼醢、脾析葅、豚胉。

清〔乾隆〕《中卫县志》绘制的《文庙陈设图》涉及以下几种祭祀用品：

形盐指特制成虎形的盐，供祭祀用。

鹿脯指鹿肉干。

鹿醢指鹿肉制成的酱。故兔醢，即兔肉制成的酱。鱼醢，即鱼肉制成的酱。

葅指为了利于长时间存放而经过发酵的蔬菜，也就是泡菜。

韭葅指腌渍的韭菜。菁葅、芹葅、笋葅等，都指各种泡菜。

醓醢是指有汁的肉酱。醢，指肉酱。古文有“用肉为醢，特有多汁，故以醓为名”的记载。醢，本意指肉酱，也指古代的一种酷刑，即将人剁成肉酱。

清〔乾隆〕《中卫县志》、〔道光〕《续修中卫县志》都有《中卫文庙图》，还有《中卫崇圣祠图》《中卫文庙祭祀图》，为我们留下了一笔珍贵的资料，彰显了孔子和儒家文化的地位，使我们对中卫文庙多了一份历史厚重感，让人心生敬畏。

图示 · 中卫崇圣祠陈设与配位图

图位配与设陈祠圣崇卫中

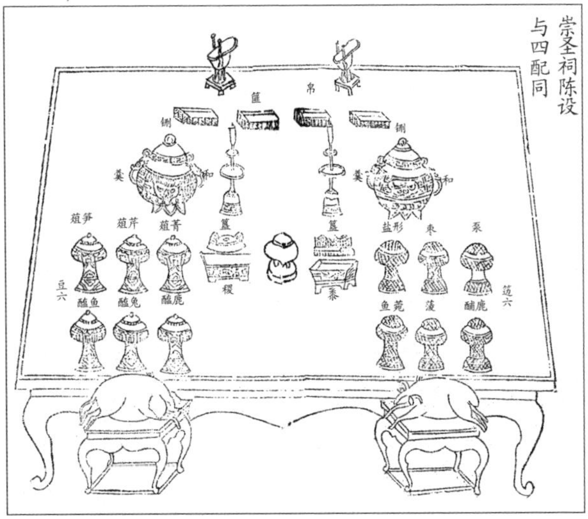

来源:清〔乾隆〕《中卫县志》、清〔道光〕《续修中卫县志》。

图位配与设陈庙文祠圣崇卫中

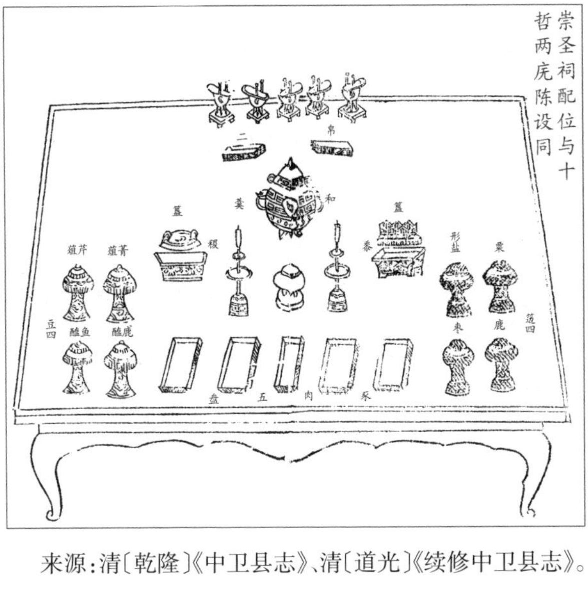

来源:清〔乾隆〕《中卫县志》、清〔道光〕《续修中卫县志》。

图解 · 中卫崇圣祠陈设与配位

虽然说文庙是祭祀我国古代思想家、政治家、教育家孔子的庙堂，但奉祀的又不限于孔子一人，还有从祀的“四配”“十二哲人”“七十九先贤”“七十七先儒”。可以说，文庙奉祀的是以孔子为代表，包括历朝历代儒家思想继承和传播中的最优秀人物。

崇圣祠，原称“启圣祠”，主祭孔子父亲叔梁纥。清雍正元年（1723年），追封孔子五代祖先为王爵并予入祀。自此，崇圣祠奉祀孔子上五代先祖先妣等。崇圣祠祭品在明代时仿照大成殿，主祀比孔子少太羹（礼器为登）和牛，配享比十哲多一个猪头，从祀比配享少一盘猪肉。清代时正位与大成殿四配相同，配享、从祀与大成殿哲位相同。

“四配”是最受儒家门徒推崇的孔子学说的四大传人，分别指颜回、孔伋、曾参、孟轲四人。古时以此四人配祀孔子左右，即颜回、孔伋居东，曾参、孟轲居西。但四人进入配享的时间有先后，最早得到配享殊荣的是颜回。

颜回（前521—前490年），字子渊，鲁国人，孔子弟子。性格恬静，长于深思，安贫乐道。一生都追随孔子学习和生活，是孔子最钟爱、最得意的门生。对于“仁”德的修养，颜回为最高。三国魏正始二年（241年）为始配之年。唐开元八年（720年），玄宗尊颜回为“十哲”之首，被封为“亚圣”，命国学配祭孔子。唐开元二十七年（739年）被封为“亚圣兖国公”，宋大中祥符二年（1009年）被封为“兖国公”，元至顺元年（1333年）改封“兖国复圣公”，明嘉靖九年（1530年）封为“复圣”。

曾参（前505—前436年），字子舆，鲁国南武城（今山东平邑）人，沉静、谨慎、谦逊、正直，尤以孝事父母著称。受业于孔子后，学有成就，便开始讲学。极力传播孔子思想，他的弟子也有70多人。最终成为儒家名师，在孔门中被视为道统的继承者。唐总章元年（668年）被封赠“太子少保”。唐太极元年（712年）为始配之年，唐开元二十七年（739年）封为“成伯”，北宋政和元年（1111年）封为“武城侯”，南宋咸淳三年（1267年）赠“成国公”，元至顺二年（1331年）封为“成国宗圣公”，明嘉靖九年（1530年）封为“宗圣”。

孟轲（约前372—前289年），字子舆，又字子车，鲁国邹（今山东邹城东南）人。鲁国公族孟孙氏的后代。父亲早死，母倪氏为了教育他成人，能有个良好的学习环境，曾经三次搬家。孟轲受业于孔伋的门人，学业有成后聚门授徒，也历游列国，也有弟子3 000多人。他发挥了孔子的思想，提出了一套“仁政”学说。在哲学上，他提出“性善论”，即人人生来皆具有“仁”“义”“礼”“智”等天赋的道德意识、“良知”和“本能”，但又强调后天所受的教育与环境，强调人的主观精神作用，断言“万物皆备于我”。在政治上，他提出“民为贵，社稷次之，君为轻”的思想。由于孟子的思想学说，以孔子为旗帜，又相当深刻全面地继承发展了孔子的思想，故被后世尊奉为仅次于孔子的圣人。北宋元丰七年（1084年）为始配之年，封为“邹国亚圣公”。明嘉靖九年（1530年）封为“亚圣”。

孔伋（前483—前402年），字子思，孔子之孙、孔鲤之子。父亲早年病故，母亲随后改嫁，年幼的孔伋随祖父生活和学习。祖父去世后，他拜曾参为师，继续学习。他发挥了孔子的“中庸”思想，并使之系统化，成为自己学说的核心。宣传儒家“诚”的道德，并视之为世界的本原。孔伋除授徒外，还致力于著书，儒家经典《中庸》，即他所作。儒学八派中有“子思子之儒”，便是孔伋一派，为孔门嫡传。孔伋是儒家中一个承前启后的重要人物，他前承孔子，后传孟子，孟子继承并发展，后人称为“思孟学派”。北宋崇宁元年（1102年）追封为“沂国公”。南宋咸淳三年（1267年）为始配之年，元至顺二年（1331年）封为“沂国述圣公”，明嘉靖九年（1530年）封为“述圣”。

哲人，是称智慧卓越的人。唐开元八年（720年），玄宗皇帝李隆基命国学祭祀孔子，尊孔子弟子中“四科”最优秀的十人为“十哲”，配祭于大成殿内孔子左右。他们是：德行科颜回、闵损、冉耕、冉雍；言语科宰予、端木赐；政事科冉求、仲由；文学科言偃、卜商。这十人被公认为孔子的好学生。

南宋咸淳三年（1267年），颜回升为“四配”之首，便以颛孙师递补“十哲”。孔孟之后，儒学最杰出的功臣是朱熹，被尊为“亚圣”。清康熙五十一年（1712年），就增祀朱熹而成“十一哲”。清乾隆三年（1738年）又增祀有若，遂成“十二哲”。

十二哲人塑像，列于大成殿内四配之后，东西各六人，东位西向的是闵损、冉雍、端木赐、仲由、卜商、有若，西位东向的是冉耕、宰予、冉求、言偃、颛孙师、朱熹。

大成殿东西两侧的房子叫“两庑”，就是后世供奉历代先贤先儒的地方。在唐朝仅有20余人，经过历代增添更换，到中华民国时有“七十九先贤”“七十七先儒”。这些配享的人原为画像，金代改为塑像，明成化年间一律改为写有名字的木制牌位，供奉在神龛中。“先贤”“先儒”在文庙中从祀，但级别又低于四配、十二贤。

图示 · 中卫文庙祭祀图

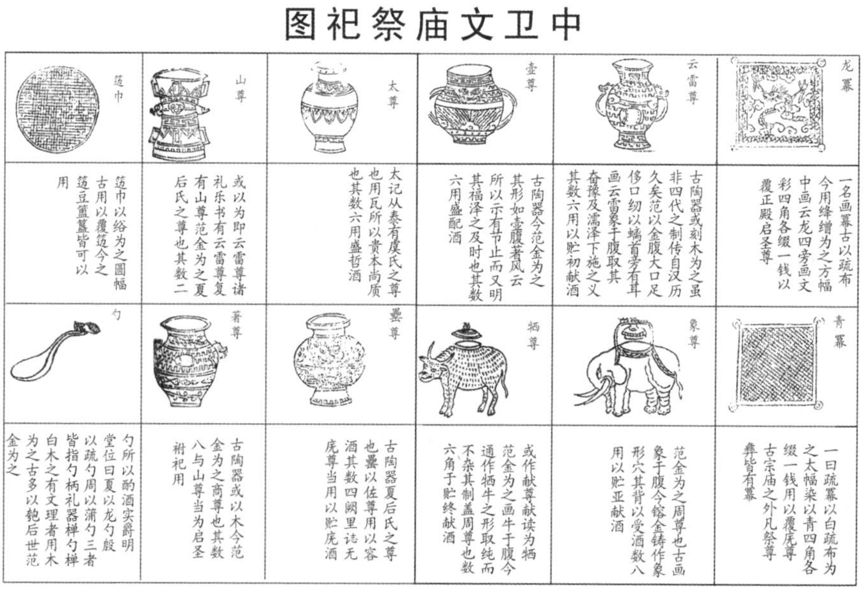

来源：清〔乾隆〕《中卫县志》、清〔道光〕《续修中卫县志》。

注：两志绘图有别，清〔道光〕《续修中卫县志》将“笾巾”及“勺”置于右。

图解 · 中卫文庙祭祀

在清〔乾隆〕《中卫县志》中绘制的这幅图，集中反映了中卫文庙内的献祭用器，主要为各类尊器和笾巾、青幂等。

尊为盛酒、醴（甜酒或甜美的泉水）之器，是献祭之器的统称。《周礼》中的六尊指牺尊、象尊、著尊、壶尊、太尊。山尊，清〔乾隆〕《中卫县志》记载为八尊。

太尊：指大瓦或缶，有盖。图文曰："太，记从泰，有虞氏之尊也。用瓦，所以贵，本尚质也。其数六，用盛哲酒。"

罍尊：罍亦属尊类盛酒、醴器，体形最大，地位最低，居六尊之外，或附之六尊之后。图文曰："古陶器，夏后氏之尊也。罍以佐尊，用以容酒。其数四，阙里志无，庑尊当用以贮庑酒。"

山尊：即山罍，体形较高，肩有双耳，圈足有盖罍等。图文曰："或以为即云雷尊，诸礼乐书有云雷尊，范金为之。夏后氏之尊也。"

著尊：或曰甒，即着地无足或圈足，侈口无盖无耳器。包括今所谓尊、觚、无盖圆觯等。图文曰："古陶器，或以木，今范金为之，商尊也。其数八，与山尊当为启圣祔祀用。"

云雷尊：为古陶器，或刻木器。其数六，用以贮初献酒。

壶尊：体形或圆或方，有盖，或有耳，或有提梁。包括今所谓壶、卣、有盖扁圆觯等。其数六，用盛配酒。属周尊。

象尊：简称"象"，包括今所谓凤鸟尊、鸱鸮尊、鸟兽尊、犀尊、象尊等。背上或颈部开口。古画象于腹，今镕金铸作象形。其八，以贮亚献酒。属周尊。

牺尊：简称"牺"，包括今所谓牛尊、羊尊、主尊、犬尊等。背上开口，有盖。图文曰："或作献尊，献读为牺。范金为之，画牛于腹，今通作牺，牛之形，取纯而不杂，其制盖周尊也。数六，用于贮终献酒。"幂，覆也。谓祭天时以粗布为巾，以覆尊也。

笾巾：古代祭祀或宴会盛果脯所用，形状像高脚盘，这里指一种竹编器。图文曰："箃巾以绤为之，圆幅，古用以覆箃。""绤"音 xì，指粗葛布。

勺：口径 6 寸，柄长 2.4 尺。图文曰："勺所以酌酒，实爵，《明堂位》曰夏以龙勺，殷以疏勺，周以蒲勺。""龙勺"是柄端刻成龙头形的酒勺，"疏勺"是柄端刻有饰纹的舀酒浆的器具，"蒲勺"是柄端刻有凫头的酒勺。《明堂位》是《礼记》中的一篇，记述周公朝见诸侯于明堂之位之事，反映了天子与诸侯的等级之别。

龙幂：用以覆尊之巾。以绛帛为之，中画云龙，加边画香草回纹，角缀以金钱，主要为供案之用。图文曰："一名画幂。古以疏布，今用绛缯为之。方幅，中画云龙，四旁画文采，四角各缀一钱，覆正殿启圣尊。""疏布"指素布、粗布；"绛缯"是红色缯帛。

青幂：图文曰："一曰疏幂，以白疏布为之。太幅染以青，四角各缀一钱，用以覆庑尊。古宗庙之外，凡祭彝皆有幂。""彝"是古代中国先民用于盛酒的器具，亦泛指古代宗庙常用的祭器。

图示 · 中卫文庙乐舞图

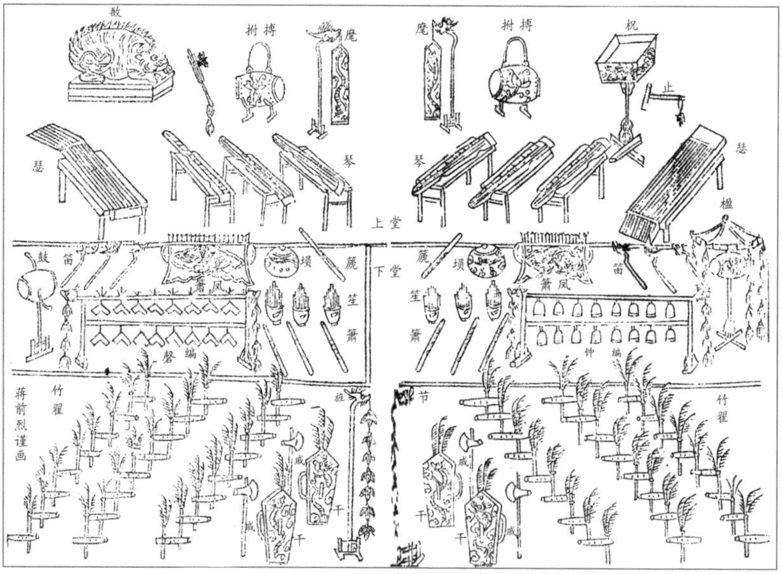

中卫文庙乐舞图

来源：清〔乾隆〕《中卫县志》、清〔道光〕《续修中卫县志》。

图解 · 中卫文庙乐舞

本图反映了中卫文庙祭祀音乐，也从侧面反映了祭祀舞蹈礼仪。

国学释奠用乐始于东汉。南朝宋元嘉二十二年（445 年），皇太子释奠“乐用登歌”，孔子庙祭祀已经采用本朝制定的乐歌。梁大同七年（541 年），首先为孔子庙祭祀制作了专门的歌词。从隋朝开始，每个王朝都为文庙制定专门的音乐和歌词。唐代，乐曲以“和”为名，孔子庙释奠为“宣和之乐”。北宋大观三年（1109 年），制定新的释奠乐章《凝安九成之乐》。北宋政和元年（1111 年）又制定了新的释奠礼仪，即皇太子释奠迎神奏崇安之乐，跳文舞《天纵将圣之舞》。升降奏翼安之乐。奠币奏成安之乐。酌献奏恭安之乐。兖国公酌献奏宪安之乐。亚献前文舞退，武舞入，奏宣安之乐。亚献奏肃安之乐，跳武舞“无思不服之舞”。饮福奏介安之乐。送神奏崇安之乐。至此，八乐九奏、文舞武舞并用，为孔子庙专门制作的礼、乐、舞、歌四位一体释奠仪式全部完成。明洪武二十六年（1393 年），令各级学校文庙释奠一律都用乐舞，将文庙释奠乐舞推向了全国。清顺治二年（1645 年），诏定释奠乐章，凡六奏。清顺治十三年（1656 年），钦颁释奠文庙乐章六首。康熙年间（1662—1722 年）定名为中和韶乐。乾隆六年（1741 年），歌辞选自孔尚任创制的《大成乐章》，凡六章六奏。民国四年（1915 年）颁布新的文庙释奠乐章。新乐章以“和”为名，迎神奏始和，初献奏雍和，亚献奏熙和，终献奏渊和，彻馔奏昌和，送神奏德和，六章六奏。

国学释奠用舞始于东汉。据《后汉书·儒林传》记载，舞具为干戚（盾牌和斧子），舞蹈自然是武舞。北魏天兴四年（401 年），命乐师入学习舞。齐永明三年（485 年），朝廷议定释奠用“六佾之舞”，从此文庙释奠除个别时间外，基本上都是六佾舞。唐代皇太子释奠文舞武舞并用，先文后武，文舞在迎神至初献饮福阶段进行，武舞在亚献至送神阶段进行。宋代专门为孔子庙释奠创作了舞蹈，文舞名《天纵将圣之舞》，在迎神至初献阶段表演；武舞名《无思不服之舞》，在亚献至送神阶段表演。明代改为只用文舞，成化十三年（1477 年）孔子升为大祀，国学舞蹈改为八佾，郡县仍为六佾。嘉靖九年（1530 年）厘正文庙祀典，国学也改为六佾。清代，国学和各级学校文庙一律用六佾舞。光绪三十二年（1906 年）祭祀孔子升为大祀，恢复了文舞武舞并用。宣统元年（1909 年）为完善礼制，颁发了祭祀武舞谱。民国三年（1914 年），民国政府规定释奠孔子仍为大祀，也是文舞武舞并用。

图示 · 固原文庙图

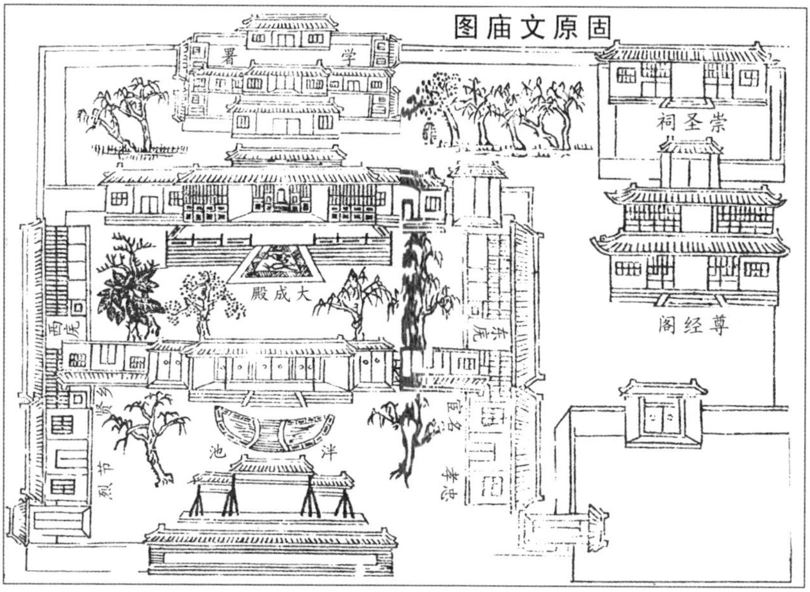

来源：清〔宣统〕《新修固原直隶州志》。

图解 · 固原文庙

明弘治十六年（1503 年）七月，因兴办庙学而在固原州城西角择地重建文庙。弘治十八年（1505 年）九月，文庙建成，有大成殿 7 间，高 4

丈，殿内塑孔子像。大成殿前建戟门3间、棂星门3间，均高1丈6尺。东西两庑各25间，高1丈6尺。大成殿后修明伦堂5间、东西厢书房各6间，堂后有先生住舍4间，书房后有学生住舍40间。戟门右建神庙3间，学生住舍左建食堂5间，学生住舍右建廪仓3间。可见明代的固原文庙规模可观。

明嘉靖六年（1527年），兵部尚书、都察院左副都御史秦铉主持对文庙进行维修。隆庆四年（1570年），都察院右都御史、三边总督王之诰始建尊经阁。万历年间（1573—1619年），总督黄嘉善又建牌坊3座，使固原文庙更加宏伟壮观。

清同治年间（1862—1874年），固原文庙因兵乱而遭到破坏。同治十年（1871年），平凉道总督魏光焘到固原，主持对文庙及庙学进行修复，在东角增设礼门，西角增设义门。第一级有牌坊和泮池，左右两侧建忠孝、节烈祠堂。第二级中建棂星门，左右两边建名宦、乡贤祠及文武官厅。第三级中建大成殿。第四级大成殿后设学正署。所以清代的固原文庙主体由学宫（署）、大成殿、尊经阁以及崇圣祠、名宦祠、乡贤祠、忠孝祠、节烈祠和泮池组成。

固原文庙大成殿是供奉孔子的正殿，因为孔子被追封为“大成至圣”。尊经阁，亦称“御书楼”，为藏书之所，用以贮藏儒家重要经典及百家子史诸书，以供学宫生员博览经籍，阅读研求。崇圣祠是祭祀孔子先祖的祠堂。泮池，又称“泮宫”，是位于大成殿门正前方的半月形水池，意即“泮宫之池”，它是官学的标志。

1920年发生海原大地震，固原文庙被毁。之后重修，但规制发生变化，规模更小，仅大成殿由原九楹改为五楹。

图示 · 固原武庙图

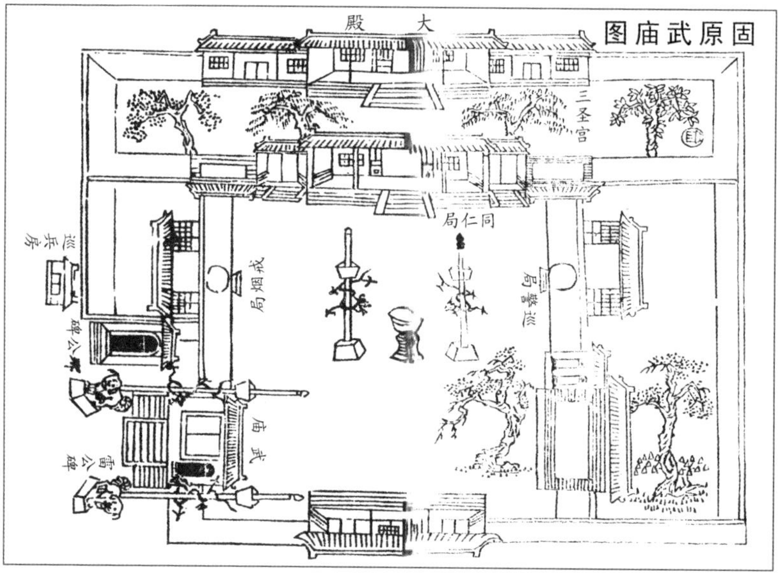

来源：清〔宣统〕《新修固原直隶州志》。

图解 · 固原武庙

不同时期，武庙奉祀对象不同。唐代奉祀吕望。吕望就是辅佐周武王灭商建周的姜子牙。姜姓，吕氏，名尚，一名望，字子牙。因其先祖辅佐大禹平水土有功被封于“吕”，故以“吕”为氏，也称“吕尚”，被周武王尊为“师尚父”。明清时，武庙供奉关羽，称“关帝庙”。中华民国时合祀关羽、岳飞，故称“关岳庙”，也称“武庙”。固原武庙，又叫“关庙”，位于固原州城南。正殿端坐着被称为“武圣”的关公，两边站立的是关平和周仓，威武肃穆。固原武庙形成四合院格局。中间空坪是习武、看戏、祭祀的场所，居中竖立铁制旗杆。武庙东北处有井一口，并设洞供奉泉神。当地人常言这里为“庙中井，井中庙”，为固原武庙一大奇观。

图示 · 固原庆祝宫图

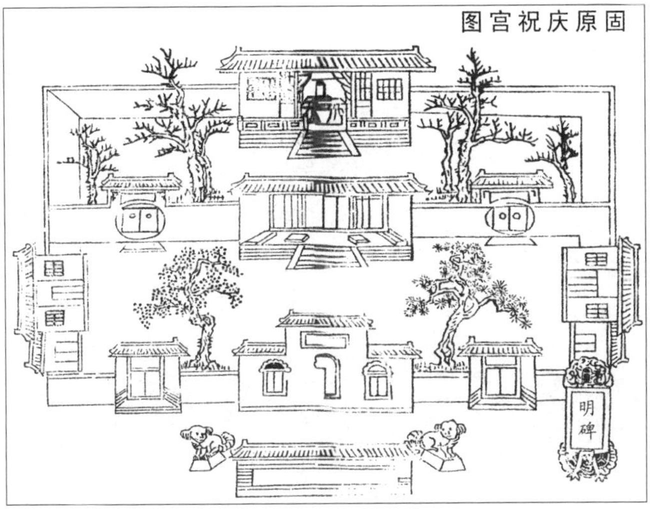

来源：清〔宣统〕《新修固原直隶州志》。

图解 · 固原庆祝宫

固原庆祝宫，位于固原州城西。第一级有宫门三处，为百官趋进之阶；第二级为序班亭，分左右角门，文武官厅分列两厦；第三级中建御牌殿。宫门有石刻“九天阊阖开宫殿，万国衣冠拜冕旒”联句。冕旒，为古代礼冠之一种。相传冕制起于黄帝，至周代始于完备。古时，帝王、诸侯、卿大夫参加盛大祭祀所服。冕旒为礼冠中最贵重者。“旒”就是用五彩缫（丝绳）贯五彩玉而制成的礼冠。顶有延，前有旒，故曰“冕旒”。后来，冕旒专指皇冠，借指帝王、帝位。

图示 · 固原文昌宫图

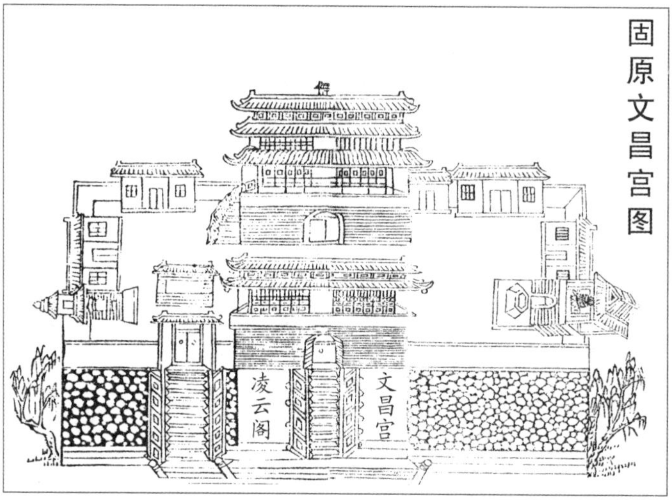

来源:清〔宣统〕《新修固原直隶州志》。

图解 · 固原文昌宫

文昌是星名，即北斗魁前六星的总称，亦称“文昌六星”“文曲星”。按古占星术，文昌宫主文运。

固原文昌宫内建凌云阁。最早建于明代，称“屹塔寺”，位于固原州城正中偏东。清同治年间（1862—1874 年）进行改建，砖砌而成，镌额“凌云阁”，并建有魁星楼。凌云阁，又称“凌烟阁”，首创于唐贞观十七年（643 年）。当时唐太宗怀念当初一同打天下的诸多功臣，就命画家阎立本在凌烟阁内描绘了 24 位功臣的画像。文昌宫院中有井，甘甜可饮。

图示 · 固原城隍庙图

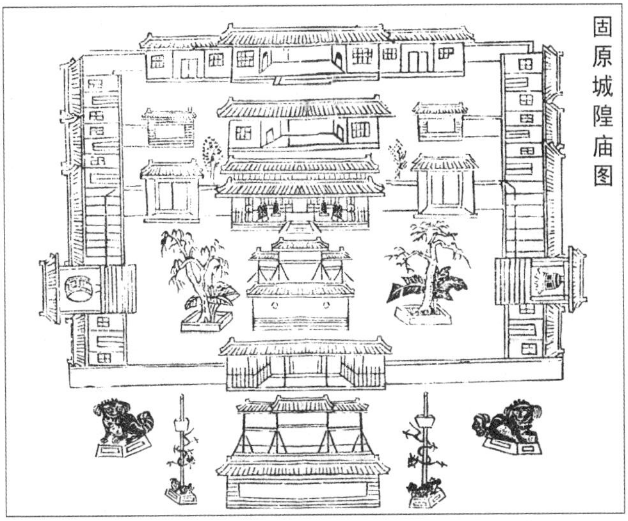

来源：清〔宣统〕《新修固原直隶州志》。

图解 · 固原城隍庙

城隍庙是用来祭祀城隍神的庙宇。城隍，本指护城河，班固《两都赋序》中就有“京师修宫室，浚城隍”的记述。《说文解字》也说：“城，盛民也；隍，城池也。有水曰池，无水曰隍。”后来，人们把城隍与祭祀结合起来，又经民间和道教演绎而使城隍成为地方守护神。祭祀城隍神的例规形成于南北朝时期。唐代，信仰城隍已成习俗。宋代，对城隍神的信仰已纳入国家祀典。元承宋制，并封城隍为佑圣王。明代，对城隍神的信仰已趋于极盛。洪武三年（1370年），皇封城隍为“承天鉴国司民升福明灵王”。同时，定立庙制，府、州、县城隍庙与各地官署正衙高广相当。

固原城隍庙历史悠久，创建年代不详。明景泰元年（1450年）增筑固原城时，便修建了真正意义上的城隍庙，其“殿宇廊庑，焕然一新”，成了“水旱疾疫，以致其祷，去凶祸福，以显其应”的地方。清同治十年

（1871年）后重修，主要建有城隍大殿、城隍坐殿、城隍行宫等。第一级门前有铁铸两狮对蹲。第二级中建乐楼、鼓楼。第三级有献殿三楹，左右以海城县、平远县隍神配位。固原城隍庙主体结构保存较好，1982年被列为县级重点文物保护单位，2005年被列为自治区重点文物保护单位。每年农历五月十一举行庙会。

图示 · 固原列祀坛图

来源：清〔宣统〕《新修固原直隶州志》。

图解 · 固原列祀坛

固原列祀坛主体包括坛门、正殿、献殿、神厨、乐所等。在固原城内，建于明代的山川社祀坛、风云雷雨坛、先农坛、厉坛等，到清同治年间（1862—1874年）已毁为废墟。清光绪三十二年（1906年），固原直隶州知州王学伊主持重新修建，但仅仅将以上所毁各坛合建为一处，故称“列祀坛”。

图示 · 固原关帝立马灵泉祠图

来源：清〔宣统〕《新修固原直隶州志》。

图解 · 固原关帝立马灵泉祠

固原关帝立马灵泉祠，位于固原城北郊半里许，创建年久，至清光绪年间（1875—1908年）重建关帝立马祠，包括祠门、乐楼、文武官厅、正殿三楹、献殿三楹、关帝铜甲铁马神像，巍然令人肃敬。马腹下有神泉一眼，清流有声，味甘如淳，遇天大旱，祈祷神泉，多月灵验，时人称为“立马灵泉”。

图示 · 固原熊公祠图

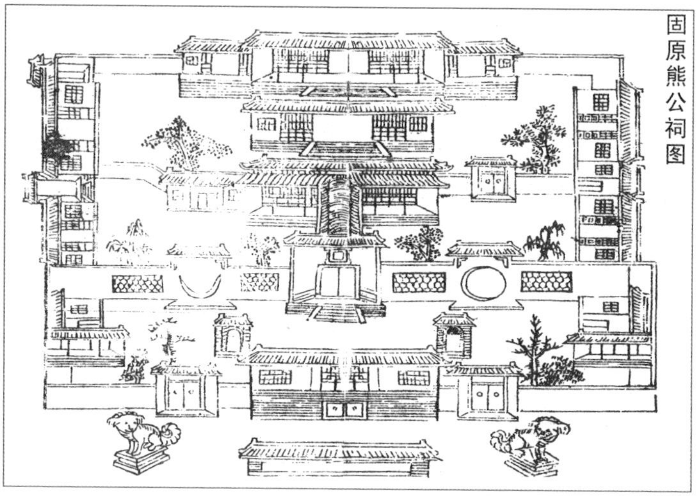

来源：清〔宣统〕《新修固原直隶州志》。

图解 · 固原熊公祠

原为清军副将熊观国专祠，位于今宁夏固原城王字街。熊观国是清军提督雷正绾部将，在清同治三年（1864年）五月与回民军争夺固原城的战斗中战死，清廷予以世职加等，建了专祠。清光绪十五年（1889年），雷正绾主持修复，并立昭忠祠碑，以熊观国为主祭，其他在固原一并战死的官兵为附祭，故又名“昭忠祠”。

图示 · 隆德韩魏公祠

来源：清〔道光〕《隆德县续志》。

图解 · 隆德韩魏公祠

隆德县城北有座峻峭挺拔、巍然耸立的高山，因形似大象，又在县城之北，所以称为“北象山”。在北象山山脚曾建有韩魏公祠，祭祀北宋抗击西夏名将韩琦，祠宇已废不存。

韩琦，北宋相州安阳（今河南安阳）人，为北宋天圣五年（1027 年）进士，历任将作监丞、开封府推官、右司谏等职。宋夏战争爆发后，他与范仲淹率军防御西夏，在军中享有很高的威望，人称“韩范”。韩琦又与范仲淹等主持庆历新政。韩琦去世后，宋神宗赵顼为他御书“两朝顾命定策元勋”之碑。朝廷追赠韩琦为尚书令，谥号“忠献”，配享宋英宗赵曙庙庭。宋徽宗赵佶时追封为“魏郡王”，故世人为其修建的祠堂称为“韩魏公祠”。

题词图解

引言

题词题记是编修地方志书的一大亮点，为地方志书增色不少。为地方志书题词多由主持编修地方志书的地方要员和地方文化名流提笔完成。地方志书对题词的要求，正如明代官吏、学者徐师曾对题名的要求同样，“叙事欲简而赡，其秉笔欲键而言”。即题词要做到叙事简洁充实，语言严谨有力，这对现代题词也仍然适用。宁夏历代地方志书的题词集中于清末和中华民国时期。

图示 · 张维题记

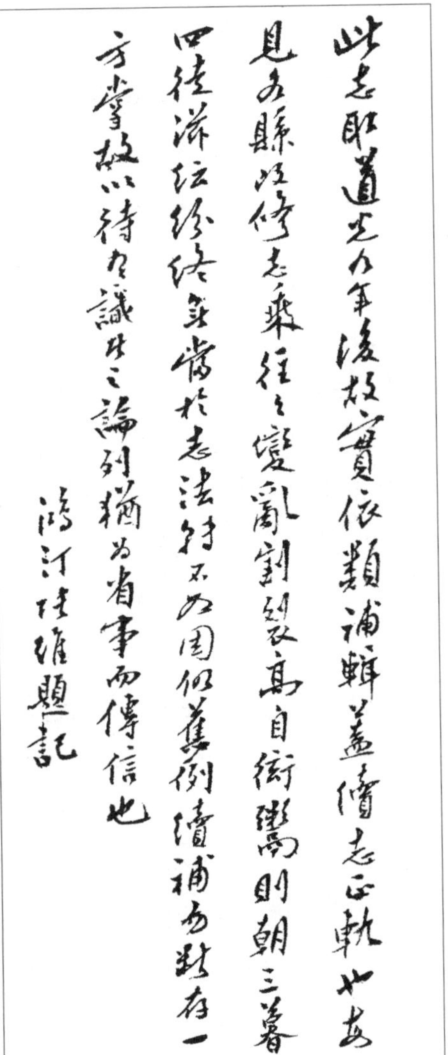
此志取道光八年後板實依類補輯蓋續志正軌也每
見各縣近修志乘往往變亂割裂高自衒鬻明朝三暮
四徒滋紜紛終無當於志法特不如因仍舊例續補易雖存一
方掌故以待有識者之論列猶為省事而傳信也
鴻汀張維題記

来自:清〔道光〕《续增平罗记略》。

图解

这是张维先生在阅评清〔道光〕《续增平罗记略》后的题记与书评，全记如下：

此志取道光九年后故实，依类补辑，盖续志正轨也。每见各县改修志乘，往往变乱割裂，高自炫鬻，则朝三暮四，徒滋纭纷，终无当于志法。转不如因仍旧例，续补忽断，存一方掌故，以待有识者之论列，犹为省事而传信也。

这段志评中，张维先生首肯清〔道光〕《续增平罗记略》就是对〔道光〕《平罗记略》的续修，是对清道光九年(1829年)以后平罗历史的补记，是符合续修志书体例、章法要求的。同时，通过评说〔道光〕《续增平罗记略》，对所见到的一些续修县志在修志体例与章法上往往与前志割裂，另辟蹊径，名为创新变革，实为乱志乘规矩，提出了批评。

张维（1890—1950年），字维之，别号鸿汀，甘肃临洮人。拔贡生。曾任甘肃省临时议会文书，倡办《甘肃民报》《大河日报》《政闻报》并为主笔，历任国会众议院议员，甘肃省署秘书长，甘肃省政务、财政、建设厅厅长，省政府委员，国史馆顾问，兰州大学、西北师范学院特约教授。抗日战争和解放战争期间，曾任国民党甘肃省党部主任委员，国民党中央执行委员、省参议会议长。兰州解放前夕出走青海，后返回兰州病逝。平生致力于西北史志的研究，为国内史学界所重视。著有《甘肃新通志稿》《陇右金石录》《陇右方志录》《甘肃人物志》《仇池国志》《陇右著作录》《陇学略述》等数十种。张维修志与评志，在甘宁两省颇有威望。民国三十二年(1943年)，宁夏省政府成立省通志馆，由马鸿逵兼任馆长，计划两年内完成通志编修任务，特聘张维任总纂，而张维认为马鸿逵借修志为其家族在宁夏的统治树碑立传，怕留骂名，就以生病为由，回兰州“调养”未返，《宁夏省通志》也由此仅形成初稿。

图示 · 张维题记

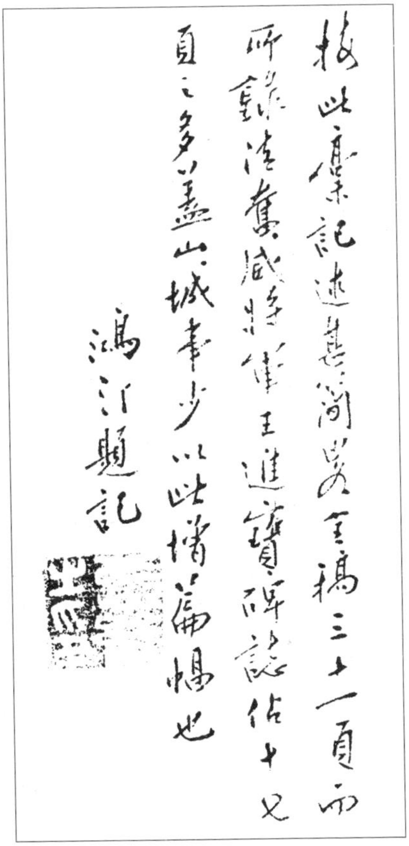

按此稿記述甚簡略全稿三十一頁而
所錄清奮威將軍王進寶碑誌佔十七
頁之多蓋山城事少以此增篇幅也
鴻汀題記

来源：清〔光绪〕《新修打拉池县丞志》。

图解

这是张维先生为清〔光绪〕《新修打拉池县丞志》所作的题记与评述，全记如下：

按此稿记述甚简略。全志稿三十一页，而所录清奋威将军王进宝碑志占十七页之多，盖山城事少，以此增篇幅也。

题词提到的王进宝，甘肃靖远人，是清代名将。康熙二年（1663 年）起历任甘肃提标左营游击、参将、副将，至西宁总兵。在平定“三藩之乱”中，在陕甘屡破叛军，被授为陕西提督、奋威将军、一等男爵。康熙二十四年（1685 年）病逝，追赠太子太保，谥号“忠勇”。

图示·张维题记

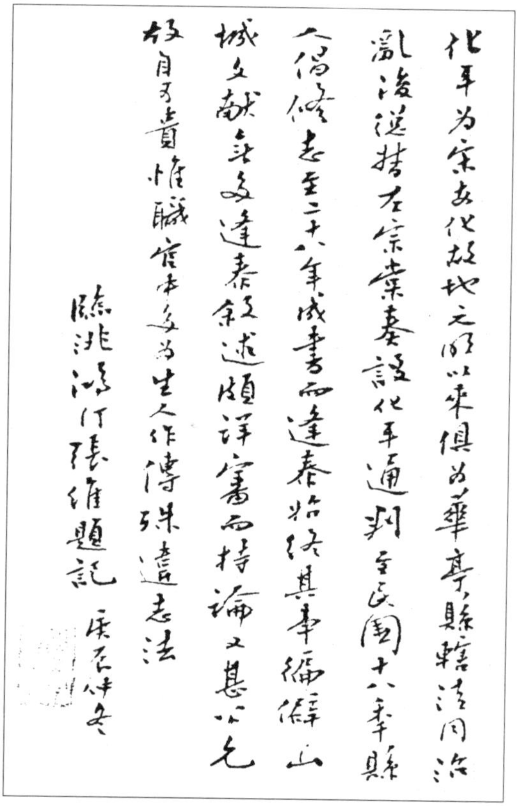
化平为宋安化故地之明以来俱为華亭縣轄清同治
亂後從[illegible]左宗棠奏設化平通判至民國十八年縣
人倡修志至二十八年成書而逢春始終其事編輯山
城文獻無多逢春叙述頗詳審而持論又甚公允
故自可貴惟職官本多為生人作傳殊違志法
臨洮鴻汀張維題記　庚辰仲冬

来源：民国《化平县志》。

图解

在民国二十九年（1940 年），《化平县志》石印之际，张维先生为该志题记如下：

化平为宋安化故地。元明以来俱为华亭县辖。清同治乱后，总督左宗棠奏设化平通判。至民国十八年，县人倡修志，至二十八年成书，而逢泰始终其事。偏僻山城，文献无多，逢泰叙述颇详，审而持论，又甚公允，故自可贵。唯职官中多为生人作传，殊违志法。

临洮鸿汀张维题记。庚辰仲冬。

在题记中，张维先生追记了化平县历史和县志编创背景及成书时间。同时，对张逢泰在志书编修中的贡献给予了充分肯定。同时，以一名方志大家的身份，抱着客观的态度，指出了为生人立传，违背志书“生不立传”章法的不足之处。

张逢泰（1883—1946年），今宁夏泾源县黄花乡人，字子平。民国十年（1921年）以来，历任化平县劝学所所长、教育局长、国民党甘肃省政府咨议、化平县文献委员会委员长。民国二十四年（1935年）秋奉化平县县长盖世儒之命主持编纂《化平县志》。民国二十六年（1937年）4月，新任县长张建勋令人把志书稿件送往南京付印，适逢南京沦陷，志稿几经辗转，不幸遗失。民国二十八年（1939年），县长郝遇林执政后，又令张逢泰重修《化平县志》。张逢泰老骥负重，重整旗鼓，在原纂修基础上多方采录，整理回忆，孜孜不倦，奋笔疾书，终于在一年后写出新编《化平县志》。民国二十九年（1940年），《化平县志》石印发行。

图示 · 王学伊题书

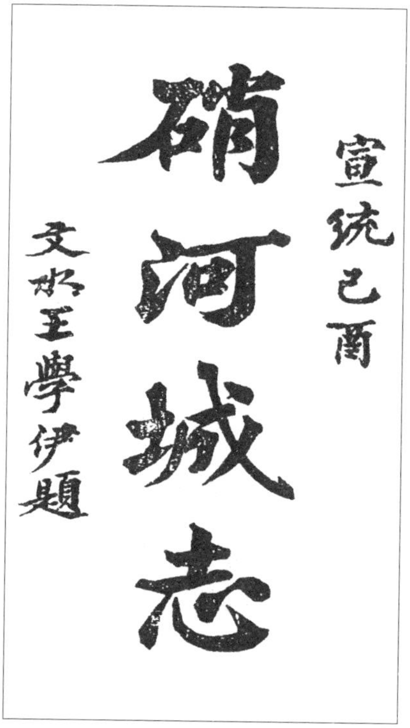

来源:清〔宣统〕《新修固原直隶州志·硝河城志》。

图解

王学伊为清〔宣统〕《新修固原直隶州志》附志《硝河城志》题写了志名。王学伊，字聘三，山西文水县人。清光绪甲午科（1894 年）进士，精于书法，史评其“文章灿烂，书法优良”。光绪三十一年（1905 年）任固原直隶州知州。民国二年（1913 年）提升为泾源道尹，任内兴学劝农，禁赌戒烟，成为在固原地区为官时间较长、颇有政绩的一位官吏。他以“名进士”的才学，历时两年，修纂了清〔宣统〕《新修固原直隶州志》。

图示 · 王学曾题词

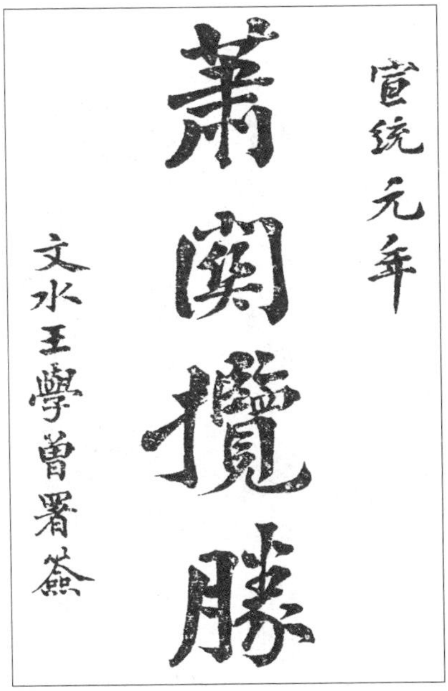

来源：清〔宣统〕《新修固原直隶州志》。

图解

清宣统元年（1909 年），由王学曾签署的“萧关揽胜”收入清〔宣统〕《新修固原直隶州志》。

王学曾（1884—1919 年），字鲁斋，山西盂县城关镇南关人。幼年就读私塾，清廷废除科举后，于光绪二十七年（1901 年）被选送山西大学深造专修，光绪三十一年（1905 年）毕业，光绪三十二年（1906 年）赴京接受学部（原礼部）复试，授予“举人”头衔，清政府以“河南补用通判”任用，并授承德郎（正六品）。光绪三十三年（1907 年）补河南开封候缺，等候 3 年未能补缺，于宣统二年（1910 年）愤然返晋，参与反清斗争。民国元年（1912 年）任职于“经界局”，后任职于商业专门学校。民国八年（1919 年）病故于山西太原。

图示 · 锡麟题书

来源：清〔宣统〕《新修固原直隶州志》。

图解

锡麟为清〔宣统〕《新修固原直隶州志》题写了志名。

锡麟，襄平（今辽宁省辽阳市）人，满族。赏戴花翎，官衔为盐提举，甘肃与新疆分省后遇缺补为知县。锡麟以分纂身份，协助总纂王学伊，参与了〔宣统〕《新修固原直隶州志》的编修。

图示 · 马福祥题书

来源：民国《朔方道志》。

图解

马福祥为民国《朔方道志》题写了志名。

马福祥，回族，甘肃省兰州府河州城（今甘肃临夏）人。光绪二十三年（1897 年）中武举，历任西宁镇总兵、阿尔泰护军使、陕甘总督要职。中华民国时期拥护共和，历任绥远都统、宁夏总兵、宁夏护军使，主政宁夏长达 8 年之久。主修了《朔方道志》。马福祥对汉文化及传统的儒家学说下过相当功夫，对诗词格律、书法艺术均有所研究。因此，马福祥的大字书法“虎”及行书书法对联，颇受时人好评并有作品传世。马福祥的行书作品，行笔工整，行与行、字与字之间整齐划一，点划到位，笔笔送到，笔力遒劲自然。

图示 · 朱绍良题词

来源：民国《重修隆德县志》。

图解

“国史备征”是朱绍良为民国《重修隆德县志》的题词。

朱绍良（1891—1963 年），字一民，祖籍江苏武进，生于福建福州。同盟会会员，国民党陆军一级上将（四星上将），抗日名将。1949 年 8 月去台湾。

民国二十二年（1933 年），朱绍良任甘肃省主席兼驻甘绥靖主任。1939 年任第八战区司令长官，指挥部队在绥西战役中重创日军。就是在西北任职期间，朱绍良应邀为《重修隆德县志》题词，才在地方志书中留存了珍贵的墨迹。

图示 · 雒文麟题书

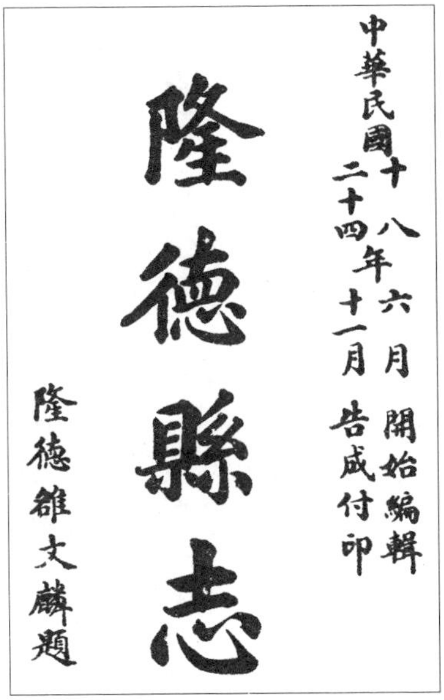
中華民國十八年六月開始編輯
二十四年十一月告成付印
隆德縣志
隆德雒文麟題

来源：民国《重修隆德县志》。

图解

在民国二十四年（1935 年）11 月《重修隆德县志》告成印制之际，雒文麟应邀题写了志名“隆德县志”。

雒文麟，今宁夏隆德县人，从事教育事业，工诗文、善书法。1943 年，与其第四子雒达等，在丰台书院的基础上创办了甘肃省立隆德中学(今宁夏隆德一中)。雒氏后世，多以教育传家，又潜心练习书法。2008 年 8 月出版的《中国书法》杂志这样评价雒氏家族：“隆德自古墨香浓郁，墨迹名家众多，仅清代乾隆到民国时期，就有张维岳、雒象屏（即雒文麟)、雒达、雒玉麟、张蔚儒等丹青妙手。特别是雒达，是宁夏籍唯一的齐派（白石）嫡传弟子，成为造诣精深的书画家和一代学识渊博的学者及教育工作者。”宁夏隆德县被中国书法家协会命名为“中国书法之乡”，追溯翰墨薪传，雒氏家族特别是雒文麟、雒达父子功不可没。

图示 · 范振绪题词

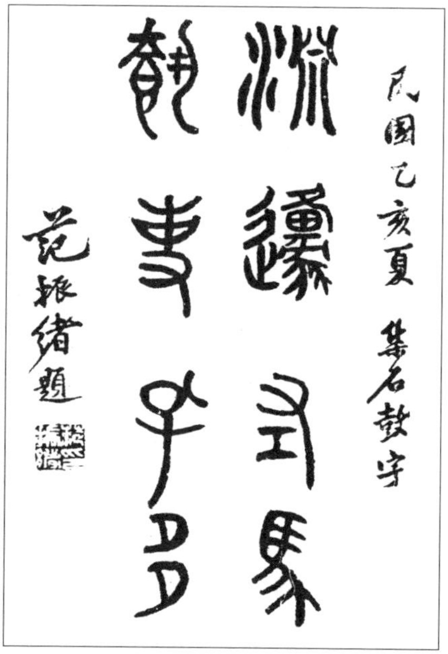

来源：民国《重修隆德县志》。

图解

在民国二十四年（1935 年）11 月告成印制的《重修隆德县志》中，有甘肃省靖远县人、著名书画家范振绪的八个字题词：“渊原左马，载事孔多。”这是宁夏首次发现的以石鼓文书法艺术为地方志书的题词，应该说这种艺术表现形式在历代旧志中鲜见。

石鼓文是我国最早的石刻文字，世称“石刻之祖”。现存的石鼓文是宋代收集的，最早发现于唐代初期，刻于 10 座花岗岩石上，因石墩形似鼓，故称为“石鼓文”。石鼓文自出土到现藏于北京故宫博物院，历经千百年风雨沧桑，受到历代诸多文人墨客的赏识，其故事一直被人津津乐道，除此之外，它的身世之谜也备受关注和争议。对于石鼓文刻于秦前还是秦后，考古界暂无定论，也就成为诸多文人学者一直考究的问题。“秦前说”认为，石鼓文内容最早记叙的是周宣王出猎的场面，故又称“猎碣”。周宣王于前 827—前 782 年在位。“秦后说”又分两种观点：一是郭沫若鉴定认为应是秦襄公（前 777—前 766 年）时期的作品；二是刘星、刘牧《石鼓诗文复原译释》研究认为，石鼓文产生于秦始皇二十八年（前 219 年）与“鲁诸儒生议刻石颂秦德”至秦始皇三十四年（前 213 年）焚书令下三十日之内一段时间的可能性较大。2013 年 1 月 1 日《国家人文历史》杂志推出“秦石鼓文”是中国九大镇国之宝的宣传，显然是接受了“秦后说”的研究观点。其实，几种说法都有所据，但都无法成为定论。但是，作为国之重器的石鼓文，引起了历代诗人与学者的重视，创作了一些石鼓诗歌，产生了一些比较重要的石鼓研究著作，从而传承了石鼓文脉。

一般来说，石鼓文书法艺术处于承前启后的时期，承秦国书风，为小篆先声。石鼓文与金文有较大差别，石鼓文具有明显的动感，也比金文规范、严正，但仍在一定程度上保留了金文的特征，可以说是从金文向小篆发展的一种过渡性书体。在石鼓文出现时，当时由于尚没有发现甲骨文，所以被认为是中国最古老的文字。石鼓文其书法字体多取长方形，体势整肃，端庄凝重，笔力稳健，石与形、诗与字浑然一体，充满古朴雄浑之美。

对《隆德县志》“渊原左马，载事孔多”题词的初步解读：“渊原”一词，指事物的本源。《汉书·成帝纪》载：“儒林之官，四海渊原，宜皆明于古今，温故知新，通达国体，故谓之博士。”“左马”，有两种含义。一指左丘明、司马迁。左丘明是春秋时期著名史学家，是中国传统史学的创始人，史学界推左丘明为中国史学的开山鼻祖，被誉为“百家文字之宗，万世古文之祖”。司马迁是西汉时期著名史学家、散文家。左丘明出任鲁国太史，司马迁出任西汉太史，都是著名的史官，他们的修史笔法直接影响了后世，志书又源于史书，所以这里的“左马”专指左丘明、司马迁是有道理的。一指左丘明的代表作《春秋左氏传》和司马迁的代表作《史记》。《春秋左氏传》是中国第一部叙事详细的编年体史书，主要记载了东周前期254年间各国政治、经济、军事、外交、文化方面的重要事件和重要人物，是研究中国先秦历史很有价值的文献，也是优秀的散文著作。司马迁以其“究天人之际，通古今之变，成一家之言”的史识创作了中国第一部纪传体通史《史记》，被公认为是中国史书的典范，是“二十五史”之首，被鲁迅誉为“史家之绝唱，无韵之离骚”。后世编史修志，自然也受到了这两部史学巨著的影响。所以，从为著作题词而言，这里的“左马”专指《春秋左氏传》和《史记》，更为贴切，与“渊原”一词搭配，更符合题词本意。

“载事”一词，指对事件、事物的记载、记录。“孔多”一词，指很多。《诗·小雅·小旻》：“谋夫孔多，是用不集。”意思是出谋划策的人太多了，反而意见不能集中。东晋文学家、史学家干宝《搜神记》卷十六载：“意欲从君，谗言孔多。”讲的是吴王夫差小女紫玉与童子韩重的爱情悲剧。当韩重到紫玉墓前悼念她时，紫玉鬼魂现身，向韩重哭诉道：“本想嫁给您，坏话又太多。郁结生重病，没命葬黄土。”

范振绪为《隆德县志》的八字题词，大意以“左马”二位史家来点明地方志书的编纂笔法和地方志书的起源，并肯定地方志书“存史、资政、教化”的功能，也从侧面肯定了《隆德县志》的编修质量和社会价值。

范振绪（1872—1960年），字禹勤，号南皋，晚年号东雪老人、太和山民，祖籍甘肃省靖远县。自幼受到家庭的良好教育，勤奋笃学。1906年加入中国同盟会，成为甘肃早期参加辛亥革命运动的主要人物之一。工于书画，尤擅山水。1941年与张大千同往敦煌，研究壁画，抢救国宝。中华人民共和国成立后，历任西北军政委员会委员、甘肃省政协副主席。

图示 · 喇世俊题词

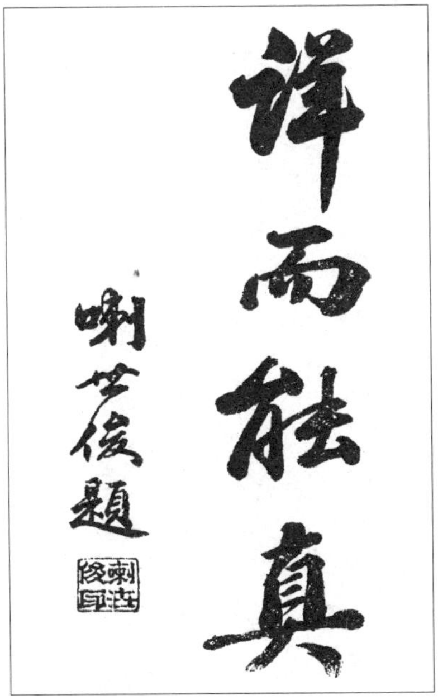

来源：民国《重修隆德县志》。

图解

喇世俊为民国《重修隆德县志》题字：“详而能真”。

喇世俊（1865—1946 年），字秀珊，回族，今甘肃临夏喇家巷人，幼年就读私塾，聪慧好学，清光绪十九年（1893 年）中恩科举人。清光绪二十一年（1895 年）入京应试，参与在京应试举人联名上书的“公车上书”活动。后历任董福祥部军务秘书，清四川东乡县知事、四川灌县知事，民国甘肃省建设厅厅长、银行董事长等职。喇世俊一生对兴办地方实业、发展教育文化、维护民族团结多有建树，甘肃省政府曾呈请国民党中央明令褒扬。喇世俊学优工诗，写作颇多。

图示 · 刘庆笃题词

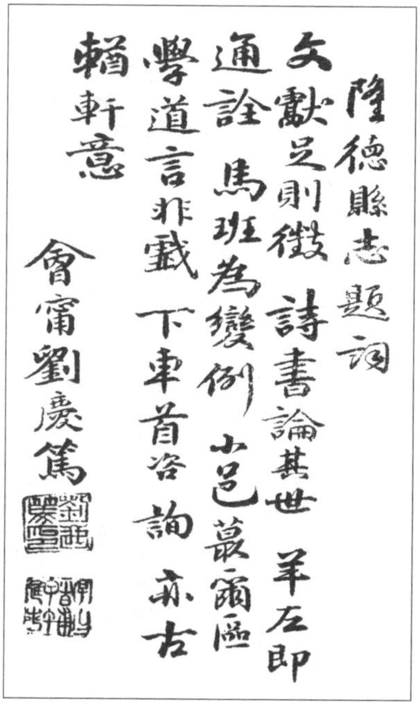

来源：民国《重修隆德县志》。

图解

刘庆笃为民国《重修隆德县志》题词：

文献足则征，诗书论其世。羊左即通诠，马班为变例。

小邑蕞尔区，学道言非戏。下车首咨询，亦古輶轩意。

题词中的“羊左”指《公羊春秋》和《左氏春秋》；“马班”指司马迁《史记》和班固《汉书》；“輶轩”，为古代使臣乘坐的一种轻车，也代称“古代使臣”，或谓“輶轩之官”。

刘庆笃（1870—1936 年），甘肃省会宁县城东关人。清光绪二十年（1894 年）中甲午科进士，即授内阁中书。未几父丧居家，不久主讲平凉柳湖书院，后又供职京师。中华民国初建，以甘肃代表身份赴上海公议国事。一生博览群书，擅长诗赋，见长文史，著作颇丰。书法有较高造诣，善写馆阁体，金石雕刻、丹青彩画、音乐琴弹亦为上乘。在北京与梅兰芳大师结为知音，在陇原大地传为佳话。民国三年（1914 年），刘庆笃先生回归故里，不问政治，饮酒赋诗，寄情于山水之间。主笔撰修《会宁县志》，参与订正《甘肃通志》稿。修志体例严谨，结构新颖。刘庆笃客居兰州病逝，范振绪亲自书写追悼词，在兰州故友设祭追悼，对刘庆笃的一生给予了很高的评价。

图示 · 慕寿祺题词

来源：民国《重修隆德县志》。

图解

慕寿祺为民国《重修隆德县志》题词：“上光国史”。

慕寿祺（1874—1947 年），甘肃省镇原县平泉镇古城山人。出身于书香门第，天性聪敏，自幼好学，随父练笔习文。光绪二十九年（1903 年）考中举人，宣统二年（1910 年）任兰州地方审判厅刑厅推事，次年考取最优等法官。清朝覆没，中华民国继立，慕寿祺多在甘肃任职。他喜以文会友，常与有识之士往来，更乐于苦读经史，著书立说。他主笔重修《镇原县志》，还著有《西北道路志》《甘宁青史略》《经学概论》《小说考证》，在甘肃享有“学富五车，才储八斗”之誉。家中藏书甚多，1952 年由家属向甘肃省人民政府捐赠各种图书数万册。

图示 · 原佑仁题书

【民国】盖世儒修 【民国】張逢泰纂

化平縣志

来源：民国《化平县志》。

图解

原佑仁（？—1950 年），甘肃甘谷县磐安镇原家庄人，上海大学毕业，南京政府视察员。民国二十八年（1939 年）12 月任化平县县长。民国二十九年（1940 年）4 月为即将石印的《化平县志》作序并题写了志名。同年转任甘肃省渭源县县长。1950 年被处决。

图示 · 马鸿逵题书

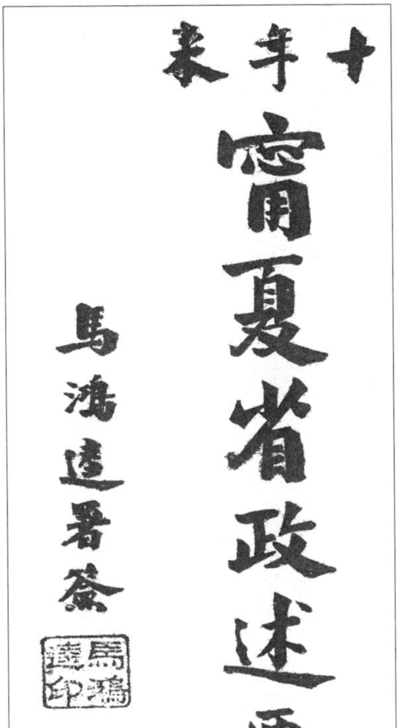

来源：民国《十年来宁夏省政述要》。

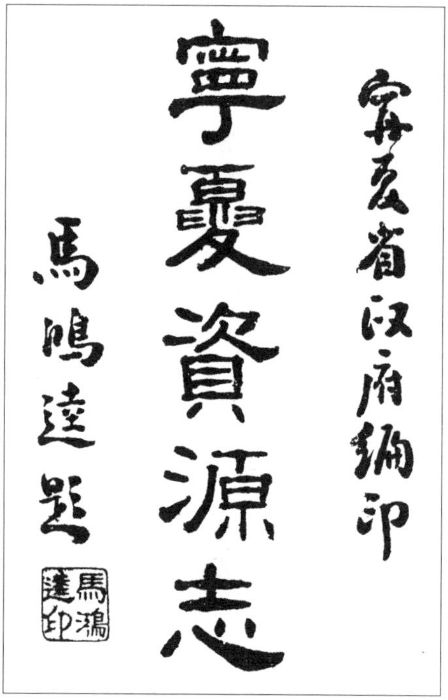

来源：民国《宁夏资源志》。

图解

民国三十一年（1942 年）由宁夏省秘书处编修《十年来宁夏省政述要》告成，马鸿逵为此题写了书名。民国三十五年（1946 年）1 月，由梅白逵编修，在宁夏省政府编印《宁夏资源志》之际，马鸿逵又为该志题写了书名。

马鸿逵（1892—1970 年），回族，甘肃河州（今甘肃省临夏回族自治州）韩家集阳洼山人，马福祥长子，祖父马千龄。马鸿逵为西北军阀“四马”之一，先依附冯玉祥，后投靠蒋介石，任宁夏省主席长达 17 年，集军政大权于一身，被人称为宁夏的“ 土皇帝”。加授陆军上将衔，曾获得一等云麾勋章、胜利勋章。抗战时任第八战区副司令长官兼第 17 集团军总司令，后任西北军政副长官、西北行辕副主任。1949 年 9 月宁夏解放前逃离宁夏，后到台湾，又离台赴港，接着“赴美就医”，以后长期留居美国洛杉矶，至 1970 年 1 月 14 日客死洛杉矶。

宁夏现存旧志及绘图简表

书名		作者	完成时间	绘图
明	〔宣德〕《宁夏志》	朱栴编	正统三年(1438 年)	
	〔弘治〕《宁夏新志》	王珣修,胡汝砺纂	弘治十四年(1501 年)	宁夏城图、国朝混一宁夏境土之图
	〔嘉靖〕《固原州志》	杨经纂修,王琼裁正	嘉靖十一年(1532 年)	
	〔嘉靖〕《宁夏新志》	杨守礼修,管律纂	嘉靖十九年(1540 年)	国朝混一宁夏境土之图、宁夏城图、南塘、金波湖
	〔万历〕《固原州志》	刘敏宽修,董国光纂	万历四十四年(1616 年)	固原疆域图、固原州城图
	〔万历〕《朔方新志》	崔景荣、杨应聘主修,杨寿撰修,黄机纂	万历四十五年(1617 年)	南塘、金波湖、丽景园、小春园、总镇舆图、镇城图、河西总图、河东总图、东路图、中路图、南路图、西路图、北路图
清	〔康熙〕《隆德县志》	常星景修,张炜纂	康熙二年(1663 年)	境内图、县城图
	〔康熙〕《增补万历朔方新志》	康采臣、黄图安增补	康熙五年(1666 年)	镇城图、南塘、金波湖、丽景园、小春园、总镇舆图、河西总图、北路图、南路图、河东总图、西路图、中路图、东路图、井宿鬼宿尾宿柳宿图
	〔康熙〕《新修朔方广武志》	李品珣、高嶷、俞汝钦纂修	康熙五十六年(1717 年)	广武疆域地理图、分野星宿图
	〔乾隆〕《盐茶厅志备遗》	朱亨衍修撰	乾隆十九年(1754 年)	厅地原图、厅地新图、盐茶厅城图
	〔乾隆〕《银川小志》	汪绎辰编纂	乾隆二十年(1755 年)	
	〔乾隆〕《中卫县志》	黄恩锡纂修	乾隆二十五年(1760 年)	中卫县舆图、水利图、星野图、文庙祭祀图、文庙乐舞图
	〔乾隆〕《宁夏府志》	张金城纂修,杨浣雨、杨梦龙等编辑	乾隆四十五年(1780 年)	宁夏舆地全图、府城图、满城图、唐汉各渠图、贺兰山图、井宿图、鬼宿图

续表

	书　名	作　者	完成时间	绘　图
清	〔嘉庆〕《灵州志迹》	杨芳灿监修，郭楷纂修	嘉庆三年（1798 年）	星野图、灵州舆图、灵州城图
	〔嘉庆〕《平罗志迹》	国兴编修	嘉庆十五年（1810 年）	
	〔道光〕《隆德县续志》	黄璟纂修	道光六年（1826 年）	六盘八泉图、莲花池、灵湫、隆德寨、六盘关寨、韩魏公祠
	〔道光〕《平罗记略》	徐保字编纂	道光九年（1829 年）	舆地全图、县治图、唐惠昌三渠图、贺兰山图
	〔道光〕《续修中卫县志》	郑元吉修，余懋官编	道光二十一年（1841 年）	县城全图、县境舆图、水利图、星野图、文庙陈设图、文庙乐舞图
	〔道光〕《续增平罗记略》	张梯增补	道光二十四年（1844 年）	
	〔光绪〕《平远县志》	陈日新编纂	光绪五年（1879 年）	平远县疆域图、平远县城池图
	〔光绪〕《花马池志迹》	佚名	光绪三十三年（1907 年）	舆图、城图、井宿、鬼宿、尾宿、柳宿
	〔光绪〕《重修灵州志》	陈必淮监修	光绪三十四年（1908 年）	
	〔光绪〕《宁灵厅志草》	成谦纂修	光绪三十四年（1908 年）	星宿图
	〔光绪〕《海城县志》	杨金庚总纂，陈廷珍协修	光绪三十四年（1908 年）	全境图、城池图
	〔光绪〕《新修打拉池县丞志》	廖丙文修，陈希魁等纂	光绪三十四年（1908 年）	
	〔宣统〕《新修固原直隶州志》	王学伊总纂，锡麒分纂	宣统元年（1909 年）	井宿、鬼宿、固原疆界图、固原五属总图、固城图、文庙图、武庙图、庆祝宫图、文昌宫图、城隍庙图、列祀坛图、关帝立马灵泉祠图、熊公祠图、提署图、州署图、中营署图、城守营署图、宣讲劝学公所图、中学堂图、高等小学图、大校场图、小校场图、试验场图、习艺所图、东山烁月、西海春波、云根雨穴、瓦亭烟岚、营川麦浪、须弥松涛、六盘鸟道、七营驼鸣、禹塔牧羊、蓬沼听莺

续表

书名		作者	完成时间	绘图
清	〔宣统〕《新修固原直隶州志·硝河城志》	杨修德总纂	宣统元年(1909 年)	硝河疆域图、硝河城图
中华民国	《豫旺县志》	朱恩昭编纂	民国十四年(1925 年)	
	《朔方道志》	马福祥、陈必淮主修,马鸿宾监修,吴复安、王之臣纂修	民国十六年(1927 年)	井宿图、鬼宿图、朔方道疆域总图、朔方道疆域特图、宁夏县疆域分图、宁朔县疆域分图、中卫县疆域分图、平罗县疆域分图、灵武县疆域分图、金积县疆域分图、盐池县疆域分图、镇戎县疆域分图、朔方道城池并图、宁朔县城池图、中卫县城池图、平罗县城池图、灵武县城池图、金积县城池图、盐池县城池图、镇戎县城池图、朔方道尹公署图、镇守使署图、甘肃第三高等审判检察分厅图、夏朔平罗金灵五属渠道总图、中卫县属渠道总图、宁朔县城池图
	《重修隆德县志》	桑丹桂等督修,陈国栋等编纂	民国二十四年(1935 年)	隆德县全图、隆德县城图、北京中线恒星天球图、井鬼柳三宿图、太阳高度图、余切线求直影图
	《宁夏省人文地理图志》	国民政府资源委员会编	民国二十五年(1936 年)	宁夏各县面积及水田图、宁夏人口分布图、宁夏人口密度图、宁夏地形区域略图、宁夏土壤区域略图、北纬 43° 中亚高山之气候区域图、宁夏省主要渠道图、弱水下游水道图、宁夏稻米分布图、宁夏水运略图、宁夏各县畜羊数目比较图、宁夏煤矿分布图、宁夏进出口货物比较图、宁夏已成公路长度比较图、宁夏都市人口比较图、宁夏市镇分布图、宁夏回族分布图、陶乐滩详图

续表

书名		作者	完成时间	绘图
中华民国	《化平县志》	盖世儒等督修，张逢泰等编纂	民国二十八年（1939年）	化平县舆地总图、化平县山脉水道图
	《十年来宁夏省政述要》	宁夏省政府秘书处编修，蒯敦道主纂，石生琦审编	民国三十一年（1942年）	宁夏全省形势一览图、宁夏省各县行政区域图、宁夏警察机关分布图、哨站标牌式样图、黄阳沟平面图、贺兰山南石段地质矿产调查绘制图、贺兰山北部煤田分布略图、贺兰山植物之自然分布图、油松之树干解析图、云杉之树干解析图、宁夏省汽车路线图、宁夏省电话局长途电话线路略图、宁夏省地政局历年地政收入数图、宁夏省七县实测面积统计图、宁夏省各县第一次所有权登记面积统计图、宁夏七县地亩增溢比较图、宁夏省各县田地类别统计比较图、宁夏省耕地人口密度图、宁夏省各县耕地人口平均亩数总计图、宁夏省实施地价税区域图、宁夏省矿产分布图、汉延渠之线与敌接触略图、熊家团庄吴庄击溃敌之骑兵略图、韦州战役我方部署态势要图、满达桥与敌接触略图、小礼拜寺之攻击略图、绥西会战我以退却为进攻击方法略图、绥西会战反攻时敌我态势略图、宁夏省军警稽查处所配备图、宁夏省三十年度征购征实概况图、宁夏省粮食产销数量及运销路线简图、宁夏省历年粮食产消盈亏数量统计图
	《宁夏资源志》	宁夏省政府编，罗时宁、梅白逵编修	民国三十五年（1946年）	宁夏全省形势图

续表

书名		作者	完成时间	绘图
中华民国	《宁夏纪要》	叶祖灏编著	民国三十六年(1947年)	
	《西吉县志》	庞育德修,马国玙编纂	民国三十六年(1947年)	
	《固原县志》	叶超等编纂	民国三十七年(1948年)	
	《盐池县志》	陈步赢纂修	民国三十八年(1949年)	盐池县形势图、旧花定区花马池滥泥池合图、蒙古北大池倭波池苟池合图、旧花马区惠安堡盐池图

后　记

赓续编修地方志书，是中华民族的优秀文化传统。修志编史是我的本行，近年从事的行政管理工作虽然占用了大量时间，耗费了不少精力，但也丝毫没有影响我对地方历史文化研究的热爱，而且还不时探索一些有关历史地理学等其他领域的问题，只是在这方面没有成就罢了。

每当与史志同仁谈起专业话题，总有人问我近年又有什么研究成果，这使我难免有些尴尬。感到尴尬的倒不是自己没有成为身怀独门长技的专家，因为自己就没有树立成名成家的志向。虽然不少人在口语中冠以我诸如“宁夏方志界专家”头衔，即使被誉为“宁夏方志拓荒第一人”的吴忠礼先生在我出版的第一部专著《盐池旧志笺证》的序文中，说我是“宁夏方志界的后起之秀”，我也没有为之动容。如今，又是一个年代，未见一个“后起之秀”“秀”出什么状态，倒是“后来居上”者在不断涌现，守正出新，使我或多或少产生了一种“新芽生出老叶黄”的心态，当然更有一种“世上新人赶旧人”的欣慰。

《宁夏旧志图解》是我出版的第五部专著，是2015年申请立项的自治区哲学社会科学规划课题。本课题的实施，得到自治区地方志办公室助理研究员黄鑫、宁夏社科院西夏研究院助理研究员孙广文的无私帮助和支持。孙广文、黄鑫二位青年学者是我的同乡，有幸先后从事地方历史文化研究，是一种缘分。孙广文是我结对“传帮带”对象，于我而言，又多了一份责任。但愿通过这项课题研究，对提升他们的学术水平有所帮助，使他们成为名副其实的后起之秀。

由于课题组成员学识水平有限，在课题审改过程中，我多次求教于大学恩师白述礼老教授。先生在宁夏史学研究方面造诣颇深，独树一帜。先生细心审阅书稿，亲自动笔斧正，提出宝贵意见，提升了课题的研究质量和水平。同时，我还请区内同仁刘华、张家铎等老同志分别对有关历史图照地名进行了考证核实；请大学同窗好友，如今是山西大学马克思主义学院副教授、硕士生导师程敬恭先生通读书稿，提出审改意见。

本课题得以顺利出版，得益于宁夏社科院对各学科的培育建设和经费支持。宁夏历史文化学科带头人、宁夏社科院副院长刘天明，宁夏历史文化学科负责人、自治区地方志办公室主任负有强多次建议、鼓励我坚持从事地方历史文化研究，积极给予支持帮助，并在这部著作出版前进行认真审阅，提出修改意见，严把综合质量关。

本书出版前后，黄河出版传媒集团宁夏人民出版社古籍编辑室主任管世献、黄河出版传媒集团组织宣传部王艳在排版设计、编辑校对等方面，做了大量工作。另外，银川市西夏区文锦印刷厂刘仲旭先生、玄鸟广告公司杨祎霞女士、宁夏社科院副研究馆员张玉梅女士、宁夏社科院地方史志办公室编审吕棣女士、宁夏社科院实习生姜钰婷等在不同方面给予了无私的帮助。在此，一并深表谢意！

因时间仓促，加上水平有限，未能精解精审，错误之处在所难免，渴望同仁随时指摘谬误。

范宗兴

2018 年 5 月 20 日于宁夏银川

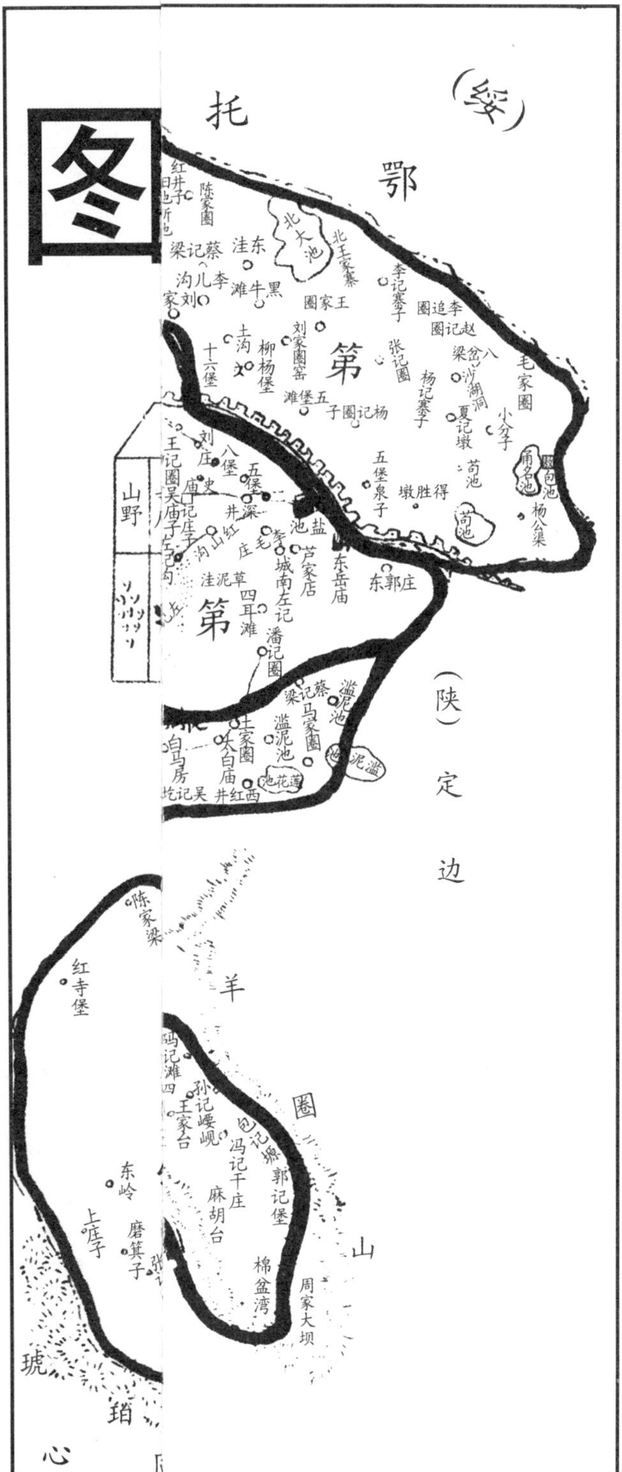
托
（绥）
鄂
北大池
北王家寨
李记寨子
王家圈
毛家圈
苟池
杨公集
得胜墩
五堡泉子
张记圈
柳杨堡
刘家圈窑
十六堡
陈家圈
第
盐池
东岳庙
东郭庄
芦家店
城南左记
四耳滩
潘记圈
第
山野
（陕）
定
边
马家圈
滥泥池
陈家梁
红寺堡
羊
圈
山
孙记崾岘
王家台
郭记堡
冯记干庄
麻胡台
东岭
上庄子
磨箕子
棉盆湾
周家大坝
心

来源：民国《盐池县志》。

固原疆界图

来源：清〔宣统〕《新修固原直隶州志》。